AF492756

Juan Ortiz García

ESOS DIEZ AÑOS
(Ecuador 2007 – 2017)

Ediciones del Palmar

Un millón de gracias a:

Maripaz Bustamante
Fina Crespo (corrección de textos)
Eugenia Rosero (investigación general)
Alexandra Sevilla (investigación y edición)
Agradezco también a todas aquellas personas que contribuyeron
a la publicación de esta obra y quienes, por uno u otro motivo,
no son mencionadas.

Primera edición (impresa): noviembre 2017
Segunda edición: julio 2019
C 2017, Juan Ortiz García
C Ediciones del Palmar

ISBN 978-9942-30-164-2

Ediciones del Palmar
Email: juanortizjuan@yahoo.com
Twittwer: @juanortizgarci

ESOS DIEZ AÑOS
(Ecuador 2007 - 2017)
ÍNDICE GENERAL

I. Prólogo del autor

Esta obra reúne una selección de los acontecimientos trascendentales ocurridos en el Ecuador durante los años comprendidos entre 2007 y 2017. La selección ha sido una tarea muy compleja, ya que resulta casi imposible observar con perspectiva los sucesos cuando acaban de ocurrir. El tiempo suele tamizar los hechos e impregnarlos de claridad. Su luz contribuye a distinguir los verdaderamente trascendentes. También el tiempo permite revelar nuevos aspectos de los sucesos, a tal punto que lo que parecía una cosa, resulta ser otra a la luz de los nuevos descubrimientos. Del mismo modo, lo que hoy parece sustancial, mañana puede resultar completamente baladí.

Sin embargo, hay hechos que, por sus singulares características, conservan su trascendencia a lo largo del tiempo. Estos sucesos suelen cambiar la historia de las naciones y de las personas. Una guerra o la declaración de paz. Un terremoto. Una nueva escuela en medio del campo. Un triunfo deportivo. Un crimen. Esta obra ha querido reunir esos sucesos -usualmente olvidados por la historia- en un intento de conservar la memoria del país y de consolidar su frágil y desdibujada identidad.

Cada individuo, conforme a su manera de ser, apreciará un suceso de diferente manera. Sus valores, experiencias e ideas; sus temores y pasiones; su acervo cultural y familiar definirán el modo de observar y entender un suceso. Y esa mirada, única e irrepetible, obrará el prodigio de transformar el hecho. Y será una visión tan propia, que otra persona que contemple el mismo suceso lo apreciará de modo diferente. Y las dos visiones, las dos formas de comprender un hecho, serán verdaderas para cada uno de ellos...

La inevitable subjetividad en la apreciación de un acontecimiento es tan particular y diversa como lo es cada individuo de la especie humana. Somos sujetos, esclavos de nosotros mismos. Pedirle objetividad a un sujeto es tan inverosímil como pedirle subjetividad a un objeto. No obstante, he intentado situarme al margen de los hechos aquí compilados y ser solamente un espectador. Para esta misión casi imposible, he recurrido a la prensa (real y virtual) y a diversos informes y documentos como fuente de información. Sobre esa base he desarrollado los artículos que, a modo de crónicas, contiene este libro. En muchos casos he citado textualmente lo que dice el medio informativo. En otros casos he citado la opinión que tiene un personaje sobre un determinado tema. En la mayoría de episodios reunidos en este libro, y particularmente en los más controvertidos, he recurrido a la mirada de dos o tres personas.

Como decía, me ha resultado muy complejo desentenderme de mí mismo en esta tarea; no obstante, en esta publicación he prescindido casi completamente de mi voz narrativa, con el propósito, justamente, de alejar al sujeto del hecho en sí. Y si bien muchos autores contemporáneos están inmersos obsesivamente en sus obras, y se inmiscuyen en los sucesos como si su presencia y opinión fuesen necesarias y le interesaran a alguien, soy de la idea de que mientras más impalpable sea la impronta del autor en textos de esta naturaleza -crónica histórica-, más cerca se estará de alcanzar la pretendida imparcialidad en la apreciación de los hechos.

Juan Ortiz García
Cumbayá, junio de 2017

1. Asume Rafael Correa la Presidencia de la República

Rafael Correa triunfó sobre Álvaro Noboa luego de realizar una intensa campaña electoral. Sus técnicas de captación de voto, dentro y fuera de Ecuador, fueron calificadas de 'demagógicas'. Eslóganes como "pasión por la patria", o "porque otro país es posible", transmitían optimismo, mejores días, esperanza. La estrategia de propaganda electoral se completaba con un repertorio de tonadas pegadizas y, sobre todo, el efectista logotipo animado de un cinturón restallando a la voz de "¡dale correa!", en clarísima alusión al apellido del candidato. "Había una puesta en escena triunfalista donde el aspirante presidencial se deshacía en sonrisas, exudaba dinamismo juvenil y vislumbraba un futuro luminoso para el país", conforme lo describe el Centro de Estudios y Documentación Internacionales de Barcelona, España, CIDOB.

Correa triunfó con el 56,7 % de los votos. El nuevo mandatario señaló que el triunfo se debió al "afán de cambio". Afirmó que la Asamblea Constituyente era "inclaudicable" y que para concretar su conformación estaba dispuesto a dialogar con diferentes agrupaciones políticas. El 14 de enero de 2007, junto a los presidentes Chávez y Morales, Rafael Correa fue investido simbólicamente por los indígenas de Zumbahua, en Cotopaxi. En la ceremonia se le entregó un bastón de mando -emblema de autoridad entre las comunidades indígenas-, un poncho y un sombrero, y le fue practicada una "limpia". En su discurso, Correa afirmó que "La larga noche neoliberal está terminando [...]. Se acabó la democracia de plastilina [...]. Empieza a surgir la democracia digna y socialista del siglo XXI". Al día siguiente, Correa asumió su mandato en el Congreso Nacional. Al acto asistieron, además de varios mandatarios latinoamericanos e invitados internacionales, el presidente iraní, Mahmoud Ahmadinejad. Su presencia levantó comentarios. ¿Era ese un signo del nuevo rumbo que tomarían las relaciones internacionales ecuatorianas?, se preguntaban algunos.

Es de rigor que al momento de su investidura los presidentes ecuatorianos juren "Cumplir y hacer cumplir la Constitución"; sin embargo, cuando el presidente del Congreso le formuló esa pregunta, Correa contestó: "Ante Dios y ante el pueblo ecuatoriano, juro cumplir el mandato que me otorgó la ciudadanía". Su juramento, dicho en esos términos, anunciaba que no cumpliría la Constitución sino "aquello" que él considerara, a su leal saber y entender, el mandato ciudadano. En el discurso que pronunció a continuación, afirmó el inicio de lo que durante todo su período dio en llamar la "revolución ciudadana", y convocó, para realizar en marzo de ese año, una consulta popular que permitiría instalar una Asamblea Constituyente. También anunció su intención de "renegociar la deuda externa en el contexto de una nueva política económica, que independizara al Ecuador de los organismos multilaterales de crédito, de tal manera que se produjera un cambio radical, profundo y rápido del modelo vigente de explotación y de injusticia".

2. Luto en el gabinete

El 24 de enero de 2007 ocurrió un accidente en el que fallecieron la ministra de Defensa, Guadalupe Larriva, su hija de 17 años y cinco oficiales del Ejército. Cerca de la base aérea de Manta, el helicóptero en el que viajaban chocó contra otro aparato similar, mientras realizaban ejercicios militares. Días antes, la ministra, afiliada al Partido Socialista–Frente Amplio, había afirmado que el Gobierno no renovaría el convenio de utilización de dicha base aérea, suscrito entre Ecuador y Estados Unidos. El informe del ya citado CIDOB, señala que "Esta circunstancia, y más todavía el hecho de ser la víctima una mujer civil y una política de fuertes convicciones izquierdistas y con planes de reforma de la institución castrense, despertaron la predecible sospecha dentro y fuera de su partido de que el siniestro, en realidad, fue un atentado".

Si bien esta hipótesis fue descartada por el Gobierno, pocos días después del accidente y, al parecer, a consecuencia de este, fue relevado de su cargo el comandante del Ejército, general Pedro Machado, por su eventual responsabilidad al no respetar las normas básicas de seguridad. Poco más tarde, Correa nombró a Lorena Escudero ministra de Defensa, al tiempo que afirmaba que no existía tensión entre el Ejecutivo y los mandos militares.

3. Destitución de 57 diputados, y otros más

El ambiente político, casi siempre convulsionado en el Ecuador, se exacerbó al inicio del Gobierno de Correa. Las tensiones giraban en torno al referendo "en el que Correa se jugaba el elemento medular de su proyecto". En el decreto número 2 de su Gobierno (del día 15 de enero de 2007), Correa convocó a una consulta popular para la instalación de la Asamblea Constituyente, que se habría de realizar el 18 de marzo de ese año, y encargaba su organización al Tribunal Supremo Electoral, TSE. Sin embargo, esta dependencia remitió el expediente al Congreso, para que este determinara si la convocatoria se ajustaba a la Constitución vigente. La oposición, que dominaba el Congreso, no tramitó de inmediato el pedido del TSE pues "no tenían prisa en emitir la luz verde a un proceso constituyente que no les gustaba y que les suscitaba serias dudas de legalidad". Correa no contaba con diputados propios, pero le apoyaban los legisladores de Pachakutik, de la ID, la RED, el PS–FA y el MPD. A fines de enero, "miles de irritados manifestantes progubernamentales asediaron el palacio legislativo y pusieron en fuga a los congresistas". Rebasaron el cordón policial e irrumpieron en el recinto exigiendo agilizar la convocatoria a consulta popular.

Correa censuró los hechos violentos de esos días, pero responsabilizó de ellos a los legisladores y a los vocales del TSE, ya que, adujo, su actuación había sido contraria a la voluntad popular, manifestada por los ciudadanos en las urnas. Más aún, el presidente instó a sus seguidores a que continuaran con las movilizaciones, para doblegar la "voluntad de los caciques de los partidos políticos". Tras la presión popular, el día 13 de febrero, con el voto de 54 de los 57 diputados presentes en la sesión, todos ellos de la minoría progubernamental y con la ausencia de casi toda la oposición, el Congreso dio vía libre para convocar la Consulta. Pero, cuatro días después, la mayoría opositora del Congreso, con 57 votos, "decidió recurrir la convocatoria ante el Tribunal Constitucional, con el argumento de que el estatuto enviado por el Gobierno y ratificado por TSE, no respetaba los términos aprobados por el Legislativo sobre la consulta". Con ello la consulta era inconstitucional. Aumentando su presión contra el oficialismo, el Congreso removió a Jorge Acosta, titular del TSE. En respuesta, el 7 de marzo, el TSE, "en una medida sin precedentes", destituyó a 57 congresistas, "los 52 que habían votado el cese de Acosta y los cinco que habían presentado la demanda de inconstitucionalidad". Se les acusó de "interferir en el proceso electoral".

El informe del CIDOB afirma que Correa avaló la insólita decisión del TSE, apoyado en el 70 % de respaldo popular que le conferían los sondeos, e ignorando las acusaciones de "dictador" que empezaban a lanzarle los partidos opositores. El presidente exhortó a "mantener una resistencia pacífica" contra quienes se oponían a su proyecto político. A la espera de que el Tribunal Constitucional dirimiera el conflicto de competencias institucionales entre el Legislativo y el TSE, partidarios y detractores del Gobierno midieron sus fuerzas a golpe de manifestaciones en Quito y Guayaquil. En la capital, ciudadanos enfurecidos volvieron a amenazar y agredir a algunos de los diputados destituidos. El 12 de marzo, como signo de que la grave crisis política no le distraía de su gestión, Correa declaró "en estado de emergencia" al sistema de salud, y ordenó al Ministerio de Finanzas desembolsar 40 millones de dólares para atender las necesidades del sector. Cuatro días más tarde, era el sistema educativo el declarado en emergencia y el destinatario de otra partida extraordinaria, de 125 millones de dólares, para "sacarlo de la destrucción en que lo han dejado 20 años de neoliberalismo". Además, el Gobierno aumentó el bono de desarrollo humano (de 15 a 30 dólares), con lo que madres solteras, ancianos y discapacitados sin recursos se vieron favorecidos. Eliminó cobros en hospitales y colegios públicos; duplicó el subsidio para viviendas de interés social, y distribuyó urea traída de Venezuela para los agricultores.

Los 57 diputados destituidos presentaron un recurso de amparo, pero fue desestimado. Se posesionaron 21 diputados suplentes que, "pese a pertenecer a los partidos de oposición, eran maleables a los deseos del Gobierno". Muchos analistas tildaban este episodio de "arbitrario" y "dictatorial". Aun así, Correa instó a votar "Sí" en el referéndum que daría paso a "una Asamblea Constituyente de plenos poderes para reformar el marco institucional". Correa afirmó que si ganaba el "No" en la consulta, dimitiría de su cargo. El 15 de abril de ese año, el "Sí" triunfó con el 81.7 % de los votos. Con este aplastante triunfo, el mandatario exhortó a la población a ir "con júbilo" a la Asamblea "para tener una democracia representativa y mucho más participativa, para despolitizar los tribunales y los organismos de control, para descentralizar, para superar el nefasto modelo neoliberal" y remplazarlo por el "socialismo del siglo XXI", concepto acuñado por Chávez y eje de su proyecto político.

El 24 de abril, el TSE convocó a elecciones de representantes a la Asamblea Constituyente, en tanto el Congreso, ya con mayoría oficialista, destituyó a los nueve magistrados del Tribunal Constitucional que la víspera habían restituido en sus cargos a 51 de los 57 congresistas "despedidos". Para Correa, la acción del Tribunal Constitucional era una "nueva jugarreta de la partidocracia".

4. Otras acciones controvertidas

En abril de 2007, el presidente de la República dio por terminadas las relaciones con la "burocracia indeseable", que, según sus palabras, representaban los funcionarios del Fondo Monetario Internacional (FMI) y del Banco Mundial, BM. Correa declaró cancelada la deuda nacional con el FMI, tras el pago de 9 millones de dólares, y, además, declaró persona "non grata" a Eduardo Somensatto representante del Banco Mundial en el

Ecuador "por su actitud de 'chantaje' en 2005 al Gobierno de Palacio y a él en particular como ministro de Economía y Finanzas, cuando congeló un préstamo en represalia por la supresión del FEIREP".

Una nota de prensa proveniente del Perú (perupuntocom.com) afirmó que "En breves declaraciones, el ministro de Economía del país andino, Ricardo Patiño, expresó que el mandatario fue claro y valiente al decidir que el emisario del Banco debe irse a su casa y que "no es bien recibido en el Ecuador por corrupto". Patiño reiteró que Correa [...] decidió expulsar al delegado del BM debido también a que esa institución se negó a desembolsar un préstamo por 100 millones de dólares que ya estaba aprobado para el país en 2005. Apuntó que el crédito fue suspendido por el Banco, en represalia por la decisión de Correa de no aceptar reformas a un millonario fondo petrolero del Ecuador que favorecía a la entidad bancaria [...]".

En julio de 2007, el Gobierno ecuatoriano pidió al Fondo Monetario Internacional, que trasladara sus oficinas fuera de las instalaciones del Banco Central. El entonces ministro de Economía, Ricardo Patiño, afirmó que "no quiere ninguna relación crediticia con ese organismo". La nota de hoy.com.ec informó que "El Banco Central es del Ecuador, no del FMI; por lo tanto esperamos –y nos lo ha prometido– que el 15 de julio se vaya a buscar quién le arriende local".

Otras acciones controvertidas de aquellos primeros meses de Gobierno lo constituyeron los epítetos insultantes contra los medios de comunicación y contra los periodistas críticos a su gestión, a quienes denominó –durante todo su mandato– "la prensa corrupta". En ese contexto, el mandatario entabló una querella contra el periódico La Hora, que la Asociación Ecuatoriana de Editores de Periódicos, AEDEP, la calificó como un intento de amordazar la libertad de información.

Así mismo, el mandatario se negó a acatar la censura que el Congreso dispuso el 13 de julio, contra el ministro Patiño, luego de que el canal de televisión Teleamazonas divulgó un video en el que se veía a dicho funcionario "haciendo unos comentarios que sugerían una connivencia del Gobierno con ciertas operaciones especulativas de agencias aseguradoras que comerciaban con bonos ecuatorianos", conforme afirma el CIDOB. Pese a ser censurado por los llamados "Pativideos", el ministro continuó en su cargo hasta que, días después, el mandatario removió a Patiño del Ministerio de Economía y lo nombró ministro del Litoral. En su remplazo fue nombrado Fausto Ortiz, quien estuvo en ese cargo menos de un año, pues renunció por estar en desacuerdo con la orden, dictada por la Agencia de Garantía de Depósitos, AGD, y ejecutada por el Gobierno, de embargar varias empresas del grupo Isaías, incluidos cuatro canales de televisión que hasta entonces había sido críticos al oficialismo.

El Gobierno triunfó nuevamente en las elecciones del 30 de septiembre, en la que se eligieron representantes a la Constituyente. Los categóricos resultados obtenidos en los sufragios le permitirían a Correa elaborar una Constitución que vertebrara su proyecto de "refundar" el Estado, "con unas instituciones políticas fortalecidas a costa de los poderes fácticos tradicionales". Alianza PAIS tuvo el 69,5 % de los votos; de ese modo, alcanzó 80 asambleístas de 130, una holgada mayoría absoluta.

La enorme victoria electoral fortaleció al Gobierno, y el 4 de octubre se decretó que, de las ganancias extraordinarias obtenidas por las empresas petroleras que operaban en el país, el 99 % fuera a las arcas fiscales, y no el 50 %, como era hasta entonces, y que el 1 % restante quedara en beneficio de esas empresas. Como ganancia extraordinaria se entendería la diferencia entre el precio de mercado y el precio pactado por el Estado y las respectivas compañías. Para el Gobierno, la medida era impostergable si el Ecuador pretendía 'retomar el control soberano' de sus recursos. Cinco compañías, Petrobras, Repsol-YPF, Perenco, Andes Petroleum y City Oriente, ya habían aceptado renegociar sus contratos de participación.

5. Robo de la custodia del monasterio de las conceptas

El 13 de octubre de 2007, una finísima e invaluable pieza de arte religioso fue sustraída del museo del convento de las conceptas, en Riobamba. Se trataba de la custodia, una figura de oro macizo y plata que había sido fabricada en 1705, supuestamente con el aporte de familias adineradas de esa ciudad. Medía un metro de altura, pesaba 36,5 kilos y estaba compuesta de una cruz, un sol de oro, una espiga, una corona y un pedestal. Tenía 3.500 piedras preciosas: diamantes, perlas, amatistas, rubíes, zafiros, topacios y esmeraldas. La invalorable pieza sobrevivió al terremoto de 1797, y durante el siglo XIX y buena parte del XX, pasó enterrada por largas temporadas para preservarla de los ladrones. Desde 1980, la custodia se exhibía en el monasterio. En el año 2003, una pandilla de colombianos ya había intentado robarla, pero la Policía desbarató la banda que estaba bien provista de planos y mapas del museo. No tuvieron el menor obstáculo los seis ladrones que ingresaron al museo y sacaron la pieza de la vitrina de cristal, sin siquiera romper un solo vidrio ni desconectar alarma alguna. Tampoco había cámaras de seguridad. Al único guardia del convento le habían encargado que cuidara los autos de los visitantes. Como es muy frecuente, nadie vio nada.

Según datos de la Interpol, difundidos por el diario El Universo, entre 2004 y 2006 se registraron 3.008 robos de objetos patrimoniales ecuatorianos, tales como pinturas, esculturas y piezas arqueológicas. "La Cancillería mantiene una página web con la descripción y fotografías de casi dos centenares de obras sustraídas de templos y museos". En el año 2007, la iglesia de San Marcos, en Quito, sufrió el robo de nueve valiosas piezas, y entre 2001 y 2006, se sustrajeron 16 obras de la iglesia de Santo Domingo de Quito. Pero este no es "un mal que afecte solo al país; el robo y tráfico ilícito de bienes culturales, junto al tráfico de drogas y armas, representa un descomunal y próspero negocio en manos de mafias internacionales", agrega el matutino. Por su parte, el diario Hoy, en octubre de 2007, señaló que "El arte religioso está a merced de la delincuencia [...]. La seguridad en los museos ecuatorianos, donde reposan obras de arte de inmenso valor económico, religioso, cultural e histórico, es cuestionada de nuevo, a raíz del robo de la custodia de Riobamba y la sustracción de la corona de la Virgen de la iglesia San Vicente de Cuenca".

Tras varios meses de investigaciones, la policía de Colombia logró recuperar (enero 2008) varias piezas sueltas de la custodia que había sido robada en Riobamba, pues al parecer, la obra de arte había sido desbaratada y se pretendía venderla por partes. Entre las piezas recuperadas se encontró la cruz de oro de 10 cm, el manto, el cetro y la corona, estas dos últimas, pertenecientes a la Virgen de las Nieves, o de Cicalpa, que también había sido sustraída junto con la pieza principal.

Una nota publicada en el diario El Universo, en abril de 2010, informó que el caso pasaría a la justicia internacional, toda vez que "dos de las personas presuntamente implicadas" en el robo (Enrique Auria, guayaquileño, y Wilson Bastidas, cuencano) habían desaparecido a manos de la Policía.

En mayo de 2011, cuatro años después del robo de la Custodia de Riobamba, la prensa dio cuenta de la detención de Édgar Ramiro Espinoza Aguirre, alias "Rambo", sospechoso de haber participado en el atraco. "Rambo" fue capturado mientras cantaba alegre y despreocupado en un bar Karaoke de Ambato. El comandante de dicho distrito informó que Espinoza se había fugado en dos ocasiones del penal García Moreno, y que estaba vinculado al plagio y asesinato, en el año 2006, de José David Stisin Barriga, hijo de los propietarios de la empresa de colchones Chaide y Chaide, que estuvo secuestrado 41 días hasta que su cuerpo fue hallado sin vida.

En agosto de 2011, se conoció el asesinato de "Rambo" Espinoza, de 37 años de edad, ocurrido en "el centro de máxima seguridad Bellavista" de Santo Domingo de los Tsáchilas. La Fiscalía de dicha ciudad acusó de asesinato a Jairo Mafla, guía penitenciario, y de cómplices del crimen, al director de la cárcel y a otros 8 guías. Supuestamente, Espinoza murió cuando intentaba fugar de la prisión. Tras ser capturados, los reos probablemente fueron conducidos a la celda de castigos y torturados. "El castigo habría (sic) causado el deceso de Espinoza, cuyo cuerpo ingresó a la morgue a las 05:30. Presentaba hematomas en el ojo izquierdo, cortes en la cabeza, un orificio en su brazo derecho. El asesinado cumplía condena de 25 años. Fue acusado del robo de la Custodia de Riobamba […]. También estaba acusado por el secuestro y muerte de José Stisin Barriga".

6. La Asamblea de Montecristi y la nueva Carta Magna

La Asamblea Constituyente se instaló en Montecristi, Manabí, en noviembre de 2007. Sus primeras disposiciones fueron ratificar a Rafael Correa en el cargo de presidente, revestirlo de "capacidad plenipotenciaria", y cesar en funciones al Congreso. En la sesión inaugural, Correa advirtió que el proceso de cambio de las estructuras vigentes iba a ser "radical, profundo y rápido", y que había llegado la hora de "ajustar cuentas con la historia". Ocho meses tardó la Asamblea en elaborar la nueva Carta Magna.

La nueva Constitución, aprobada en julio de 2008 con el voto favorable de 94 asambleístas de los 126 presentes, "reforzaba considerablemente la Función Ejecutiva, al otorgar al presidente de la República las capacidades de promulgar decretos urgentes en materia económica, disolver el Legislativo en una serie de circunstancias y formular en exclusiva la política monetaria, crediticia, cambiaria y financiera, hasta ahora manejadas por el Banco Central del Ecuador". Esta institución, por tanto, perdía su autonomía. El presidente, además, podría ser reelegido por un "mandato cuatrienal consecutivo".

Así mismo, la nueva Constitución incluyó algunas modificaciones respecto de sus anteriores: "La definición del Ecuador como un Estado plurinacional y el reconocimiento de un capítulo de derechos a las comunidades indígenas; la asunción por el Estado del control exclusivo sobre sectores estratégicos como energía, agua, biodiversidad, minería y telecomunicaciones; la institución de la Asamblea Nacional como titular de la Función Legislativa, en lugar del Congreso Nacional; la 'construcción', como nuevo poder del Estado, del 'poder ciudadano', ejercido 'a través de los mecanismos de la democracia representativa, directa y comunitaria'; la concesión del voto facultativo a los jóvenes de entre 16 y 18 años; la equiparación en derechos y deberes entre el matrimonio y las uniones de hecho, tanto heterosexuales como homosexuales; el reconocimiento de los derechos de emigrantes e inmigrantes; la incorporación a la normativa laboral del 'permiso de paternidad'; la prohibición de trabajar a los menores de 15 años y la erradicación progresiva del trabajo infantil; la universalidad y obligatoriedad de las coberturas educativa [...] y de la seguridad social; y la prohibición de tener bases e instalaciones militares extranjeras".

El 28 de septiembre del año 2008 la "Constitución de Montecristi" fue aprobada en un referendo por el 63,9 % de los votos, frente a un 28,1 % que la rechazó, y un 7,2 % de votos nulos. "Gracias a Dios, mi triunfo ha sido tan contundente y aplastante que ha superado nuestras expectativas", manifestó Correa. La Constitución entró en vigor el 20 de octubre de 2008, tras lo cual se abría un plazo de 45 días para llamar a elecciones generales".

7. "Zorra, inmigrante de mierda"

Las cámaras de video del metro de Barcelona mostraron una escena horripilante: en uno de los vagones del tren subterráneo se ve a un tipo con pinta de *"skinhead"*, que, hablando por su celular, se acerca donde una joven, la insulta, le da una cachetada, un par de empujones y hasta le agarra un pecho. Parecía que la cosa terminaba allí, pero al bajarse del vagón, el tipo le da a la muchacha una patada en la cara.

La escena de salvaje racismo y cobardía contra una joven ecuatoriana de 17 años conmocionó al mundo entero, que observó las escenas a través de la web. Una vez apresado el joven español causante de la agresión, alegó estar bajo los efectos del alcohol y no acordarse de nada. El caso, ocurrido en octubre de 2007, se volvió un estandarte de lucha contra la creciente xenofobia en España, principalmente dirigida contra los inmigrantes latinoamericanos, entre quienes los ecuatorianos conforman el grupo más numeroso.

Una crónica del diario El Universo, de octubre de 2007, escrita por Jaime Cevallos, Patricia Villarroel y Silvia Coello, titulada "Sergi

Martín derramó el vaso de la xenofobia", relató que "los ecuatorianos, al igual que otros inmigrantes en España, sufren discriminación a diario, pero la mayoría calla y prefiere seguir trabajando en busca de un mejor futuro. Sin embargo, la agresión en el tren a la joven guayaquileña a manos de un español ha descicatrizado (sic) las heridas y surgen voces de protesta contra la xenofobia. Ayer varias manifestaciones se realizaron por esta causa en diferentes ciudades de España, organizadas por colectivos de migrantes de, sobre todo, ecuatorianos" (sic).

La nota de prensa dio cuenta que solo "en el (sic) 2005 se registraron en España 612 hechos ofensivos contra inmigrantes, según las organizaciones SOS Racismo y Women's Link Worldwide, muchos cometidos por cuerpos de seguridad". Escenas parecidas se observan con frecuencia en diversos países del mundo, pero las imágenes del tren en Barcelona causaron marchas de protesta en Barcelona, Madrid, Quito y Asunción. Es conocido que en la mayoría de los casos los agresores no son sancionados, pero una excepción la constituyó el caso de Sergi Martín que, en marzo del año 2009, fue condenado a ocho meses de prisión y a pagar una multa de 360 euros, unos USD 460, y a indemnizar a la joven agraviada con el pago de 6.000 euros (7.700 dólares aprox.), por el delito contra la integridad moral.

La ONG denominada "SOS Racismo, Catalunya" afirmó que, de 158 denuncias tramitadas en el año 2006 por acciones contra inmigrantes, 44 de ellas implican a cuerpos de seguridad (la Policía Autonómica Catalana) que operan en dicha comunidad. En la mayoría de los casos denunciados, los inmigrantes recibieron golpes e insultos dentro de las comisarias. "El perfil del policía agresor es el mismo: cuando se percata de que la persona es extranjera, solicita la documentación de forma prepotente, provocando la reacción del afectado. Es ahí cuando se desencadena la agresión o el abuso", informa la nota de prensa referida.

8. "Prisionera de conciencia"

Guadalupe Llori, integrante del Movimiento Pachakutik, había sido electa en el año 2004 para desempeñar las funciones de prefecta de la provincia de Orellana. Los pobladores de la localidad de Dayuma (en dicha jurisdicción) realizaron, entre 26 de noviembre y el 2 de diciembre del año 2007, varias acciones de protesta con el objeto de presionar al Gobierno para la conclusión de una carretera en la zona, para la utilización del impuesto a la renta de las petroleras en beneficio de los Gobiernos locales, y para la contratación, por parte de esas empresas, de un mayor número de habitantes de esa región. Frente a las protestas, el Gobierno declaró el estado de emergencia, y en un violento operativo militar, apresó a Llori junto con otras 26 personas, y la acusó de ser la cabecilla de las acciones. Días antes de su apresamiento, Correa había tildado a Llori de "Mama Lucha", (controvertido personaje vinculado a pandillas callejeras) ante lo cual la prefecta respondió diciendo que el presidente era un "vulgar patán" y una "mala réplica de Hugo Chavez".

Cuatro meses estuvieron presos los 26 revoltosos de Dayuma hasta que fueron amnistiados por la Asamblea Nacional, a excepción de la prefecta Llori cuya prisión se extendió durante 5 meses más, pues fue acusada del delito de peculado. Una información proveniente de Nueva York, de julio 8 de 2010, dio cuenta de que la Human Rights Foundation, HRF, había publicado un video sobre el caso de la prefecta, en el cual se recogía su testimonio presentado en el Oslo Freedom Forum, celebrado en Noruega en abril de ese año. Sobre la funcionaria, afirmó Thor Halvorssen, presidente de la HRF: "Esta líder indígena estuvo encarcelada injustamente por enfrentarse verbalmente con el presidente de su país, exigiendo mejoras económicas para un pueblo sumido en la extrema pobreza. [...] La historia de los abusos sufridos por Guadalupe Llori causó un fuerte impacto entre los defensores de derechos humanos congregados en Oslo". Por su parte, Llori afirmó en dicho foro: "El 7 de diciembre de 2007, efectivos militares y policías entraron en mi casa rompiendo puertas y ventanas, golpeando salvajemente a mi anciano padre y a mi sobrina [...] Sin darme ninguna explicación, fui apresada y trasladada a la ciudad de Quito, a más de 300 kilómetros de mi residencia. Para justificar mi encarcelamiento, el juez y la fiscalía me imputaron como autora intelectual del delito de sabotaje y terrorismo."

La HRF tomó el caso de Llori y la declaró "prisionera de conciencia" del Gobierno del Ecuador. Después de enviar cuatro misivas al presidente Correa, en las que solicitaba que se le restituyera su libertad, el 27 de agosto del 2008, la HRF, en representación de LLori, presentó una demanda contra el Estado ecuatoriano ante el Grupo de Trabajo sobre la Detención Arbitraria de la Organización de las Naciones Unidas. Veinte días más tarde, la prefecta fue absuelta de toda culpa mediante un fallo emitido por la Corte Superior de Justicia de Nueva Loja, en el que se reconocía que no existían fundamentos para su encarcelamiento. A pesar del fallo de la Corte, la funcionaria permaneció detenida varios días más, pues no se extendía su boleta de libertad, debido a que el presidente de la Corte de Sucumbíos, Juan Núñez, había salido de vacaciones sin dejar un subrogarte encargado del despacho. Ante la presión de varias personas apostadas frente a la cárcel de El Inca en Quito, donde la señora LLori se encontraba, el Municipio capitalino le concedió el habeas corpus, por lo que el 23 de septiembre de 2008, la funcionaria salió de la cárcel. Meses más tarde, en abril del año 2009, Guadalupe Llori fue reelecta prefecta de Orellana.

9. Colombia bombardea campamento de las FARC en territorio ecuatoriano

Más de dos hectáreas tenía el campamento de las FARC establecido en territorio ecuatoriano. Se ubicaba a dos kilómetros de la frontera con Colombia, en la zona llamada Angostura, región de difícil acceso, en la provincia de Sucumbíos. El campamento, por sus características, debió ser instalado tiempo atrás en ese inhóspito lugar, y debió constituir un refugio permanente para el grupo armado, pues contaba con varias construcciones que otorgaban todas las facilidades para alojar a medio centenar de personas.

Los insurrectos tenían allí equipos electrónicos de entretenimiento y de comunicación, de última tecnología, y generadores de energía. Según el Informe de la Comisión de

Angostura, "El área aproximada es de dos hectáreas con una topografía irregular; en la parte más alta se destaca el puesto de mando de alias Raúl Reyes y de su Estado Mayor, y personal de confianza, quienes disponían, de acuerdo con el reconocimiento realizado, bohíos de madera con techo de plástico a dos aguas y con piso a cincuenta centímetros del suelo, instalación que permitía una relativa comodidad para el desempeño de las actividades y descanso; en las áreas aledañas, se pudieron encontrar facilidades sanitarias, zonas para entrenamiento físico, polígonos de tiro, aulas, cocinas, corrales para aves y cerdos, comedores con una capacidad entre 60 y 80 personas, y áreas de descanso, lo que evidenciaría la naturaleza de ser un campamento de ocupación, por lo menos, de semipermanencia (sic), cuya construcción no sería inmediata al bombardeo sufrido".

Allí operaba Luis Edgar Devia Silva, alias "Raúl Reyes", considerado el segundo jefe de las FARC luego de Manuel Marulanda, "Tirofijo". Contra Reyes pesaban varias condenas y 25 órdenes de captura por terrorismo, homicidio agravado, narcotráfico, secuestro con fines terroristas, rebelión, lesiones personales y porte ilegal de armas.

A las 00h20 minutos del 1 de marzo del año 2008, el Ejército colombiano bombardeó el campamento. Su objetivo primordial era acabar con Reyes. El dato inequívoco de que dicho jefe de las FARC se encontraba en el campamento, se obtuvo por medio de un detector satelital que portaba Julio César Rivera "El Pirata", y con el que de manera ex profesa había ingresado al campamento, días antes, el 21 de febrero. Otra versión, proporcionada por "una fuente militar anónima" afirmó que la localización de Reyes se debió al uso que el guerrillero hizo de un teléfono satelital el 27 de febrero, y con el cual recibió una llamada de Hugo Chávez.

El informe de la Comisión de Angostura, al que nos referiremos en extenso más adelante, señala que una de las guerrilleras entrevistadas por la Asociación Latinoamericana de Derechos Humanos, ALDHU, dijo que "El Pirata" [...] fue la (persona) encargada de mantener la información sobre la presencia de Reyes, en el momento preciso, para proceder al bombardeo". El informe agrega que "El Pirata" salió del país dos días después del bombardeo y no se conoce su paradero.

Una nota del diario el Universo recogió las afirmaciones que luego de la incursión hizo el ministro de Defensa ecuatoriano, el general Wellington Sandoval: "No hay dudas, el ataque se hizo desde posiciones ecuatorianas. [...] Hay evidencias claras". La crónica afirma que el campamento que ocupó Reyes "se redujo a escombros. Los impactos de por lo menos seis bombas y explosivos que cayeron en el centro de los dormitorios lo destruyeron todo. Los cinco cuerpos sin vida que ayer se observaron en la zona cero vestían trajes de descanso. La mayoría prendas interiores. Para los comisionados (de Angostura) ello evidenció que no tuvieron tiempo para reaccionar. Esto contradice la versión del Gobierno colombiano, en la cual se asegura que los guerrilleros atacaron a sus FF.AA. Los cadáveres tenían heridas penetrantes de armas de fuego e impactos de esquirlas en brazos, cabeza y espalda. La onda explosiva alcanzó hasta cuatro metros de altura, ello era evidente con la destrucción de las copas de los árboles, ramas y los impactos en los troncos. Los disparos también se observaron en las carpas, prendas de vestir y viandas que fueron perforadas por esquirlas y balas". El ministro de Defensa agregó que "Se trata de una operación quirúrgica como ellos la llaman, con presión y uso de tecnología de punta. Actuaron con visores nocturnos y detectores de calor".

La crónica de El Universo informó que "A lo largo del campamento guerrillero las fuerzas militares ecuatorianas desplazadas en la zona encontraron trozos de manos, dedos y otras evidencias como armamento, prendas militares, cartas, literatura subversiva, chancheras y criaderos de aves de corral. Los explosivos que cayeron en la zona ocasionaron grietas de hasta dos metros de profundidad y la mayoría cayeron en el área de dormitorios. En la cocina y en la lavandería no se registraron daños. El general Ernesto González, jefe de Estado Mayor de las FF.AA., con brújula en mano ratificó que los ataques colombianos provinieron de sur a norte. [...] El personal militar desplegado en Angostura informó que las aeronaves colombianas volvieron a sobrevolar la frontera, pero del lado colombiano y a distancias considerables. Entretanto, otro grupo de militares continuó con el rastreo de la zona. Ayer una patrulla ubicó y evacuó a tres guerrilleras heridas…"

Sobre el bombardeo al campamento de las FARC en territorio ecuatoriano, recogemos algunos párrafos del informe que, en octubre del año 2010, emitió la Organización de Estados Americanos, OEA, en atención a la demanda que ante ese organismo presentó, en junio de 2009, el Estado ecuatoriano en contra de Colombia. "Sostiene el Estado de Ecuador que el operativo fue diseñado para ejecutarse en dos fases. La primera, consistiría en un bombardeo por parte de dos aviones Súper Tucano de la Fuerza Aérea colombiana y la segunda fase, en el desembarco de tropas helicotransportadas, las cuales estarían integradas por 18 hombres del Comando Jungla de la Policía colombiana, 20 soldados de las Fuerzas Especiales del Ejército y 8 especialistas de la Armada. La Operación se lanzaría desde la base de Tres Esquinas en Caquetá, Colombia, aunque se agrega que existe información según la cual, el ataque pudo ser coordinado desde la base de Larandia, Caquetá. Expresa el Estado de Ecuador en su denuncia que ambas bases militares pertenecen a los Estados Unidos por acuerdo suscrito con el Estado de Colombia. Ecuador alega que pasada la noche del 1 de marzo el ataque se dirigió a la localidad de Angostura en Ecuador, ubicada a 1.850 metros de la frontera con Colombia. Hacia las 00:20 horas se habría bombardeado el campamento en el cual se encontraban aproximadamente 50 personas, entre ellas insurgentes de las FARC, 5 ciudadanos mexicanos y un ciudadano ecuatoriano. Hacia las 03:30 horas la Fuerza Aérea de Colombia habría realizado otro bombardeo para evitar que los guerrilleros huyeran y se llevaran consigo a los muertos y heridos" (sic).

Así mismo, el Ecuador presentó una demanda ante la Comisión Interamericana de Derechos Humanos, CIDH, entidad del sistema interamericano de protección y promoción de los derechos humanos en las Américas. En la demanda, el Ecuador sostiene que "El Estado colombiano violó el Derecho a la vida, el Derecho a la integridad personal, y otras garantías y protecciones judiciales establecidas en dicha Convención, […] en perjuicio del ciudadano ecuatoriano Franklin Guillermo Aisalla Molina, por su presunta ejecución extrajudicial por parte de agentes de la fuerza pública de Colombia en el marco de la "Operación Fénix". Ecuador afirma en su comunicación a la CIDH, que Colombia comenzó a preparar la 'Operación Fénix' desde el año 2007 y que la Policía colombiana 'habría sido autorizada por el Gobierno a crear 7 grupos especiales, uno de ellos al mando de un coronel que se encargaría de tomar contacto con autoridades ecuatorianas y norteamericanas, con el fin de desarticular a las FARC'. Agrega el Ecuador que 'el coronel localizó a 5 miembros de la Policía de Ecuador que en enero del 2004 habrían colaborado con oficiales del Ejército colombiano en la captura de Ricardo Palmera, alias 'Simón Trinidad', y entró en contacto con funcionarios de la Agencia Central de Inteligencia de Estados Unidos (CIA), en Quito. A todos ellos les habría informado acerca de la operación dirigida por él para ubicar el paradero de Raúl Reyes" (sic).

En la referida demanda ante la CIDH, el Ecuador afirma que "A las 08:30 horas, (del 1 de marzo), el jefe del Comando Conjunto de Ecuador recibió una llamada del comandante de las Fuerzas Militares de Colombia, para informarle las coordenadas del enfrentamiento de las fuerzas militares colombianas con grupos ilegales armados de Colombia (GIAC). Agrega el Estado ecuatoriano que dichas coordenadas fueron inexactas, y que, a eso de las 09:00 horas, el general Mario Montoya, comandante del Ejército de Colombia, le entregó nuevas coordenadas del lugar de los hechos al comandante ecuatoriano. Ecuador sostiene que a las 17:30 horas de ese mismo día, el presidente de Ecuador ordenó proceder según la Cartilla de Seguridad que comparten los Ejércitos de ambos países y que establece que 'las tropas invasoras entreguen sus armas a las autoridades del país invadido', se aclare la situación, se levante un acta y los extranjeros sean acompañados hasta la frontera [...]". Más adelante, el informe señala que "en el operativo Fénix murieron 25 personas, entre civiles y guerrilleros." Entre ellos varios jóvenes mexicanos, estudiantes de la Universidad Nacional Autónoma de México. Agrega que junto a Raúl Reyes, [...] también murió Guillermo Enrique Torres, alias Julián Conrado, líder de las

FARC. Las únicas sobrevivientes del ataque fueron Martha Pérez, de 24 años y Doris Bohórquez Torres, de 21 años, ambas ciudadanas colombianas y presuntas miembros de las FARC; así como Lucía Morett, de 27 años, estudiante mexicana, quien declaró haber sido víctima de acoso e insinuaciones sexuales por parte de soldados y policías colombianos, quienes, pese a encontrarse heridas, las habrían dejado abandonadas" (sic).

10. Informe de la "Comisión de Transparencia y Verdad Caso Angostura"

El informe que encabeza este capítulo expresa que la Comisión – creada en marzo del año 2009 por iniciativa del Gobierno de Correa– se estableció en razón de que "se han efectuado denuncias por supuestos vínculos de funcionarios del Gobierno Ecuatoriano con las Fuerzas Armadas Revolucionarias de Colombia y con redes de narcotráfico", (por lo que) "el Gobierno Ecuatoriano ha considerado procedente que las denuncias efectuadas en relación con los hechos antes referidos sean investigadas de manera responsable, imparcial e independiente, con el fin de que se conozca la verdad de lo sucedido, a la cual tiene derecho el país..."(sic). El documento hace un extenso análisis del asunto, sobre la base de varias declaraciones tomadas a muchos de los testigos y personas involucradas en los hechos. En estos acápites se recogen varias de las conclusiones de la Comisión. (La Comisión estaba integrada por Francisco Huerta Montalvo, que la presidía; Enrique Galarza, Walter Gellibert, Israel Batista, y el general en servicio pasivo Carlos Moncayo).

"Para esta tarea se necesitó un profundo trabajo de inteligencia que incluye el conocimiento de los planes de Raúl Reyes [...], la ubicación del campamento, el conocimiento de la movilidad de ese grupo guerrillero y el momento preciso de cuándo estaba Reyes en el campamento para realizar el bombardeo. Toda una obra de inteligencia que incluye lo humano, lo electrónico y lo satelital".

Sobre la presunta utilización de la base de Manta para el despegue de los aviones que bombardearon Angostura, el informe cita la carta de respuesta al requerimiento que hace la Comisión, enviada por la señora Heather M. Hodges, embajadora de los Estados Unidos, en la que afirma "Quisiera aclarar que ninguna de las aeronaves que operaron desde el FOL (Foreign Operating Locations) –instalaciones de operaciones extranjeras– tuvo la capacidad para realizar una misión de este tipo". La embajadora, agrega la Comisión, "informó el registro de vuelos programados, los tipos de aeronaves y el personal extranjero que ingresó a la FOL de Manta. La Comisión comprobó y mantiene el Registro proporcionado por la FAE y el propio comandante ecuatoriano de la Base de Manta, donde no se registra la presencia de aviones con tal capacidad de combate, que corroboran las palabras de la embajadora norteamericana"(sic).

Agrega el informe que "En la Base de Manta ni aterrizaron ni despegaron aviones con la capacidad de bombardeo como la empleada en Angostura. Manta no fue una base para implementar ataques aéreos, más bien habría que hablar de la posibilidad de apoyos de inteligencia a la operación militar colombiana". Más adelante, el documento expresa que "Aunque el obtener informaciones secretas de este tipo es muy difícil, ya que son informaciones que "no dejan rastro", [...] el coronel Bud Leonard, comandante de la FOL de Manta, afirmaba que un CH –130 se encontraba en vuelo en el momento de la operación colombiana. Agregando, que el FOL proporcionaba información a los estamentos militares y reconoció que esa información es recabada por un centro de inteligencia en Key West, Florida, donde tienen acceso diversos departamentos del Gobierno estadounidense y se le entrega en caso de ser requerido a 14 países latinoamericanos {...] El monitoreo que se realizaba desde la base era ininterrumpido y pensado desde la óptica del "just in time", –justo a tiempo– capaz de versátilmente convertir cualquier información en un "golpe quirúrgico" (sic).

Del mismo modo, el informe de la Comisión expresa que "El 29 de febrero de 2008, desde la base aérea de Manta despegó a las 19:00 horas el avión HC-130 de la fuerza aérea norteamericana, tripulado exclusivamente por pilotos de esa nacionalidad. A las 00:25 del 1 de marzo se inició la llamada Operación Fénix, donde se emplearon diez bombas [...] de 500 libras en el Campamento de Angostura en territorio ecuatoriano. El HC-130 regresó a las 04:40 del 01 de marzo a la Base de Manta, contabilizando un total de 09 horas y 12 minutos de vuelo según registros de vuelos de esos días. Los HC-130 tenían una rutina de navegación de 7 a 9 horas de duración, pero en horario diurno y un máximo de hasta las 19 horas. En la fecha del 29 de febrero a la mañana del 1 de marzo, viajó, como excepción en horas de la noche, coincidente con el bombardeo a Angostura. Se rompe la rutina de este tipo de vuelo en esa nave aérea. Este HC-130 abandonó el Ecuador el 3 de marzo de 2008" (sic).

11. Inteligencia cuestionada

El informe de la Comisión también se refiere a los organismos de inteligencia del Estado ecuatoriano. Afirma que "Se detecta una debilidad institucional y de coordinación entre el sistema de inteligencia nacional y los subsistemas de inteligencia de las diferentes ramas de las Fuerzas Armadas". De manera puntual el informe menciona el papel de la Unidad de Investigaciones Especiales de la Policía Nacional, UIES. Afirma que dicha dependencia al "haber admitido financiamiento externo (de los Estados Unidos) condiciona una inaceptable dependencia operacional a los organismos externos que sustentan dicho financiamiento", y agrega que "El presidente Correa debió ordenar la expulsión del agregado del Departamento de Seguridad de los EE.UU., Armando Astorga, debido a la carta dirigida a la Policía en la que condicionaba la ayuda de su país, a fin de que se incluyan las operaciones contra el contrabando y la trata de personas. Públicamente se revelaron las presiones por parte de agentes norteamericanos en el nombramiento de personal de inteligencia ecuatoriano". Concluye afirmando que "En el caso de Angostura se develaron problemas de demoras en la entrega de informaciones, ocultamiento, falta de profundidad en los análisis relevantes, irrespeto de los canales de mando y escasas acciones operativas" (sic).

Sobre estos problemas detectados en la entrega de información, el documento ilustra el caso afirmando que "Los canales utilizados para la transmisión y el cómo se manejó esta información sobre el ataque a Angostura levanta dudas que deben ser aclaradas". Agrega que el Mayor Silva, jefe de la UIES, en cuanto recibió la llamada de Colombia informó al Capitán Rommy Vallejo de la seguridad presidencial, que el presidente Uribe se comunicaría con el presidente Correa temprano por la mañana. "Esta información, continúa el informe, no fue trasmitida inmediatamente a las autoridades políticas". Este dato es corroborado por el propio Capitán Vallejo, "aunque este expresó a nuestra comisión que la información la comunicó al presidente alrededor de las 8:00 a.m. de 1ro de marzo. El presidente Correa señaló que conoció del bombardeo por una llamada del propio presidente Uribe [...] El presidente Correa, en la entrevista que le realizamos como comisión, manifestó lo que en público ha dicho repetidamente: Supo de Angostura al momento de su intervención en la transmisión sabatina el sábado 1 de marzo, esto es, a media mañana. El informe se pregunta: ¿cómo es posible que el presidente del país conozca de esta situación entre 8 a 10 horas de acontecido el bombardeo? ¿Cómo una información de tal naturaleza se maneja con tal discrecionalidad?, ¿cuáles son los canales de transmisión de información?, ¿por qué no hay constancia escrita de estas informaciones?, ¿por qué Silva y Pazmiño son las dos primeras personas que reciben la información, uno desde la Embajada de los EE.UU. y el otro desde Colombia?, ¿por qué el capitán Vallejo demoró o no informó al presidente de la información recibida?" (Sic).

Una nota de El Universo, de febrero del año 2009, afirmó que "El asesor de seguridad -Rommy Vallejo- dijo que en la madrugada de ese día, –1 de marzo– (el mayor Manuel) Silva le comunicó que 'se iba a producir un ataque en territorio colombiano, un enfrentamiento en caliente'. Vallejo remarcó que Silva siempre le dijo que el enfrentamiento se iba a 'producir en territorio colombiano' y que le comunicaba ese asunto, ante el posible desplazamiento de ciudadanos de Colombia hacia Ecuador" (sic).

La Comisión agrega que "Entre marzo y abril 2007 por medio de informantes, documentos, fotos y fuentes, existen pruebas sobre el incremento de movimientos de las FARC en dicha zona –Angostura–. No existe constancia en la Comisión si esta situación, aparte de la destrucción de campamentos y laboratorios, conllevó un análisis de inteligencia que permitiera inferir indicios y diseñar una política más coherente por parte del Gobierno Nacional" (sic). Agrega el informe que "Se detectó una presencia itinerante de Raúl Reyes en el Ecuador en las semanas y meses anteriores a Angostura. Se ubicaron sus posibles 'caminos de paso' y lugares donde frecuentaba. ¿Por qué no se operó su captura? Se detectaron campamentos en Puerto Asís y lugares cercanos en Putumayo. Se daban indicios de una política de establecer bases temporales y más estables en la región ecuatoriana. ¿Cómo se analizó esta situación?" (Sic).

El informe da cuenta de que era conocida la celebración de los 59 años de Raúl Reyes el 30 de septiembre, en las proximidades de Santa Rosa, y agrega que "En septiembre 2007 la senadora colombiana Piedad Córdoba, tras llegar a Ecuador vía Guayaquil, se reúne con Reyes en un Campamento en las proximidades de La Gabarra, en Sucumbíos" (sic), territorio ecuatoriano. El documento señala que "En noviembre 2007, en Yanamaru, ocurre un encuentro entre una patrulla del Ejército ecuatoriano y fuerzas guerrilleras, que presuntamente resguardaban a Raúl Reyes" y que en esa acción muere una guerrillera de las FARC. Estas informaciones [...] se conocían y no se actuó apropiadamente. Hay indicios de incapacidad, corrupción e incumplimiento de protocolos militares y policiales" (sic).

12. ¿Se ocultó información?

Se presume que algunas autoridades del Gobierno de Correa conocían la existencia del campamento de las FARC en Angostura, y sabían que ahí se refugiaba Raúl Reyes. Ese parece ser el caso de José Ignacio Chauvin, ex subsecretario del Ministerio de Gobierno, y también el de algunos altos funcionarios del Ejecutivo, del Ejército y la Policía. Una amplia información publicada en la página web de explored.com.ec, de mayo de 2009 afirma que "Al cabo de poco más de un año del bombardeo de Angostura, sale a la luz que la fuerza pública informó a las autoridades sobre los campamentos de las FARC. Oficiales de la Policía afirman que entregaron información sobre bases de las FARC a las autoridades. Estas niegan haber recibido datos".

La noticia, que se basa en el Informe de la Subcomisión de Investigación del "Caso Angostura" que realizó la Asamblea Nacional, afirma que "Según el informe presentado al ministro de Defensa, Javier Ponce, la Unidad de Investigaciones Especiales (UIES) de la Policía Nacional informó del bombardeo a los pocos minutos de haber sucedido. De hecho, el jefe de la UIES, el mayor Manuel Silva, se comunicó con Rommy Vallejo, de la Unidad de Inteligencia de la Presidencia, para alertarle sobre el operativo contra la guerrilla. Vallejo reconoció que recibió esa información, pero, al parecer, no alertó a Correa [...] Luego, el ex subsecretario de Asuntos Políticos José Ignacio Chauvin, al entregarse a las autoridades, admitió que se reunió siete veces con Reyes y que ayudó a coordinar una cita con Gustavo Larrea [...] El ex ministro (Larrea) admitió la reunión, y afirmó que el Gobierno sabía de esos contactos, aunque no que eran con Reyes, porque fue con su autorización. Además, que no fue ni en el Ecuador ni Colombia, sino en un tercer país [...] Sin embargo, el mayor Silva, en su declaración ante la Fiscalía del 14 de abril, y repetida el martes 28 ante la Comisión de Fiscalización (de la Asamblea) dijo que meses después del bombardeo se contactó con una fuente llamada "Karina", la que confirmó que el encuentro de Larrea y Reyes fue en el Ecuador (probablemente en Angostura). Es más, dijo que el encuentro habría sido el 7 de febrero de 2008" (sic).

Sobre la reunión de Gustavo Larrea, ministro de Gobierno de Correa, con el jefe de las FARC, Raúl Reyes, la Comisión de Angostura da cuenta en su informe de que "Investigaciones de la UIESS a cargo de Mayor Silva indican que Gustavo Larrea viajó al campamento de Angostura el 7 de febrero del 2008. Larrea llegó en gabarra al sector de Cantagallo, tomó una lancha que lo trasladó a Angostura y que Raúl Reyes 'mencionó que había recibido en el campamento al ministro de Seguridad de Ecuador y le había pedido que cambie al general que estaba hecho cargo del área, por cuanto hacía muchos operativos y les hostigaban, a lo cual Larrea se comprometió'. (Gonzalo Cabezas, fue dado el pase la provincia del Guayas como comandante provincial)" (sic).

El informe de la Asamblea Nacional del Ecuador afirma que en diciembre de 2007, es decir más de un año antes del ataque al campamento de Angostura, "El ex agregado policial del Ecuador en Bogotá coronel Juan Carlos Barragán entregó los datos de los posibles campamentos de las FARC al ex comandante Bolívar Cisneros y al ex ministro de Gobierno Fernando Bustamante [...] En febrero del 2009 (el coronel) Rommy Vallejo (asesor de Seguridad de la Presidencia) recibió por lo menos en dos oportunidades información clave del (mayor de Policía) Manuel Silva (jefe de la Unidad de Investigaciones Especiales, UIES): el 1 de marzo de 2008, cuando lo llamó para alertarle sobre el operativo contra la guerrilla, y en julio de 2008, sobre José Chauvin". A su vez, "José Ignacio Chauvin, antes de entregarse a la Fiscalía, dice que se reunió siete veces con Raúl Reyes, número dos de las FARC, y que ayudó a organizar la cita con Gustavo Larrea. Dijo que no se reunió en el Ecuador con el guerrillero [...] Manuel Silva aseguró que Larrea probablemente se reunió en Angostura con Raúl Reyes en febrero de 2008. Dijo que el Gral. Jaime Hurtado y Rommy Vallejo solicitaron informes sobre la relación de Larrea con las FARC, por un pedido presidencial, y por eso investigaba" (sic).

La nota citada (de explored.com) agrega que el mayor Manuel Silva y el coronel Juan Carlos Barragán informaron el ex ministro de Gobierno, Fernando Bustamante, sobre posibles campamentos de las FARC en el Ecuador. "Él (Bustamante) aseguró no haberla recibido nunca". La nota agrega que Valentina Ramia, en su calidad de subsecretaria de Seguridad Ciudadana, estuvo en la reunión en la que Barragán entregó los datos a Bustamante, así como a Bolívar Cisneros. Según Bustamante, ella no sabe nada al respecto". También se informa que "Bolívar Cisneros, como ex comandante de la Policía, según Silva, recibió en dos oportunidades la información de las coordenadas de los supuestos campamentos. Cisneros dijo que no hablará con la prensa sobre esto. Jaime Hurtado, comandante de la Policía, recibió los datos sobre la cita Larrea-Reyes en Angostura. El ministro de Gobierno, Gustavo Jalkh, pidió que se investiguen a quienes jugaron un papel en Angostura" (sic).

La Subcomisión de la Asamblea, afirma la crónica citada, "Investigó las influencias de la Central de Inteligencia de los Estados Unidos (CIA)" [...] Se dijo que tanto en las Fuerzas Armadas como en la UIESS de la Policía hay infiltraciones, por lo que se planteó su restructuración. [...] El primer afectado fue el jefe de Inteligencia del Ejército, coronel Mario Pazmiño, que fue señalado como principal responsable de ocultar información sobre los documentos que pertenecían a Aisalla y que fueron encontrados en el campamento. El oficial fue dado de baja [...] Producto de la misma crisis, Héctor Camacho, jefe del Comando Conjunto; Guillermo Vásconez, comandante del Ejército, y Jorge Gabela, comandante de la Fuerza Aérea Ecuatoriana (FAE), presentaron su disponibilidad [...] En la Policía, la crisis estalló en febrero de este año, una vez que el jefe de la UIES, Manuel Silva, pasó a la clandestinidad. Desde ahí reveló que él llamó, el 1 de marzo a las 00:30, a Rommy Vallejo, jefe de la Unidad de Inteligencia de la Presidencia, para informarle sobre problemas en la frontera norte" (sic).

"También se supo que el cambio de mando de la UIES se postergó. Este debía darse el 5 de agosto de 2008. Pero, dado que esa Unidad investigaba las vinculaciones del ex subsecretario de Asuntos Políticos José Ignacio Chauvin con una red de tráfico de drogas que tenía vinculaciones con las FARC, se postergó hasta febrero de este año [...] En ese momento se produjo la denuncia, desde dentro de la misma Policía, de que el jefe saliente había ordenado la entrega de equipos e información sensible a la Embajada de los Estados Unidos [...] El presidente Correa ordenó la expulsión de Mark Sullivan, representante de la CIA en el país, y se abrieron las investigaciones, tanto a escala policial como judicial [...] A mediados de abril, el ex director de la UIESS mayor Manuel Silva aseguró ante el fiscal de Sucumbíos, Carlos Jiménez, haber proporcionado a varias autoridades un informe de las coordenadas de varios campamentos de las FARC en la zona fronteriza con

Colombia. Según Silva, el ex ministro de Gobierno Fernando Bustamante, la ex subsecretaria de Seguridad Ciudadana Valentina Ramia y el ex comandante de Policía Bolívar Cisneros recibieron esos datos. Esta versión fue ratificada por Juan Carlos Barragán, quien consiguió la información cuando era agregado policial en Colombia" (sic).

Al ser consultado por el diario Hoy, agrega la nota, "Cisneros dijo que responderá 'en lo que es seguridad nacional ante las autoridades, y no ante la prensa' [...] Mientras que Bustamante, cuando fue consultado hace semanas, se mostró sorprendido. El jefe del Comando Conjunto, Fabián Varela, aseguró que los militares no recibieron información alguna al respecto. [...] Los miembros de la Comisión de Fiscalización del congresillo analizarán las pruebas de cargo y descargo (versiones y documentación) de los llamados a declarar en el proceso que intenta llevar a juicio político al ex ministro de Seguridad Interna y Externa Gustavo Larrea por parte del asambleísta Julio Logroño (Sociedad Patriótica). El funcionario es acusado de negligencia, por incumplimiento de sus funciones y por conflicto de intereses, por sus supuestas vinculaciones a grupos subversivos. [...] En su intervención en la Comisión de Fiscalización, Barragán dijo que los 'detalles dados por Silva son correctos'. Sin embargo, ninguna de las coordenadas corresponde a Angostura. Ratificó que entregó la información al comandante de Policía y al ministro de Gobierno de la época" (sic).

La crónica citada afirma que el ex ministro de Gobierno "Gustavo Larrea, que iba a candidatizarse (sic) a asambleísta por AP para las elecciones del 26 de abril, renunció, por sus vínculos con Chauvin y las revelaciones que este ex funcionario hiciera [...] El ex ministro de Seguridad Interna y Externa Gustavo Larrea dijo que nunca recibió informe alguno sobre coordenadas de campamentos de la guerrilla en suelo ecuatoriano, pues esa no es su misión. Aclaró que todo informe sobre coordenadas o información de inteligencia era procesado por las FFAA y que las fuerzas operativas inmediatamente se encargaban de verificarlo. "Jamás llegó a mis manos. No era mando operativo, sino ministro coordinador de Políticas de Seguridad, no de Operaciones de Seguridad" (sic), dijo.

Y aseguró que ha pedido a la subcomisión del congresillo que le permita ir a juicio para explicar cómo manejó la política de seguridad del Estado, y aclarar cualquier duda.

13. ¿Recibió la campaña electoral de Rafael Correa recursos de las FARC?

Durante el operativo que desbarató el campamento guerrillero en Angostura se encontraron computadoras, notas y cuadernos que han proporcionado diversa información respecto de la interrogación planteada en este artículo. En uno de estos cuadernos, de propiedad de Raúl Reyes, se menciona al coronel en servicio pasivo, Jorge Brito. El informe de Angostura sostiene que Brito, vinculado, tanto a Sociedad Patriótica, como a Alianza PAIS, aparece en uno de esos cuadernos relacionado también con los hermanos Ostaiza y con el doctor Luis Ayala. Así mismo, los diarios del comandante guerrillero relacionan a Brito como la persona que recibió fondos con propósitos electorales para la Campaña del presidente Rafael Correa.

El coronel Brito, en su declaración ante la Comisión, negó su vinculación con este hecho. No obstante, Fabricio Correa, hermano del presidente, en declaraciones al coordinador de la Comisión, manifestó que Brito "le propuso entregar fondos de las FARC, para la campaña electoral de Rafael Correa, pero esta fue rechazada" (sic).

Pero ¿quién era Jorge Brito? Una crónica del El Universo titulada "Jorge Brito, de héroe del Cenepa a supuesto amigo de la guerrilla colombiana" señala que el militar participó en 1995 como observador en las negociaciones de paz entre el Ecuador y el Perú; luego, se desempeñó como subdirector de operaciones del Ejército y fue parte de la asonada lidera por Lucio Gutiérrez contra el Gobierno de Mahuad. Más adelante fue asesor de seguridad del presidente Palacio y participó en el grupo de monitoreo de los impactos del Plan Colombia, junto a René Vargas Pazzos. A inicios de 2006 se sumó a la campaña de Correa y fue miembro de los Movimientos Bolivarianos, que también integraba Vargas Pazzos.

Según el diario El Tiempo de Bogotá, citado por El Universo, Brito recibió de las FARC los aportes para la campaña de Correa. El diario colombiano publicó, en julio del 2009, "un detalle del contenido de tres computadoras que portaba una mujer capturada en mayo pasado por la Policía de ese país. En esas computadoras, según el relato del diario, se encontraron varios videos en los que Jorge Briceño, alias Mono Jojoy y jefe militar de las FARC, (reconoce) que los secretos de las FARC se han perdido totalmente en la incautación de los computadores del camarada Raúl (Reyes). Entre los secretos a los que se refiere, está el 'ofrecimiento de materiales del amigo Ortega en solidaridad con FARC, [...]. Ayuda en dólares a la campaña de Correa y posteriores conversaciones con sus emisarios'" (sic).

El Tiempo informó que "El video del Mono Jojoy y una carta a Marulanda tienen como antecedente al menos cinco correos electrónicos intercambiados entre Reyes y otros miembros del secretariado sobre el tema del supuesto aporte a la campaña del 2006. En septiembre de ese año, Reyes le informó a Marulanda que recibiría 'a unos enviados del doctor Correa, entre ellos el general René Vargas' [...]. El 12 de octubre, Tirofijo respondió que 'el secretariado está de acuerdo en proporcionarle la ayuda a los amigos de Ecuador'. Dos días después, Reyes decía que se había reunido 'con el coronel Jorge Brito y el médico (Luis Ayala)'. Agregaba que notificó la decisión de 'aportarles $ 100 mil' y de ayudarlos electoralmente en la frontera. 'De una vez hice la entrega al coronel', añade Reyes. El 21 de noviembre, hubo otro mensaje: 'De los $ 100 mil aportados a la campaña de Correa, el Bloque Oriental donó $ 50 mil y el Sur $ 20 mil. Quedan 30 mil para los restantes. Estos se le deben al Frente 48'. Otros rotativos también hacen eco de la misma información e incluso dicen que Reyes informó sobre su reunión 'con el coronel Jorge Brito y el médico (Luis Ayala)'. Y agrega que notificó la decisión de 'aportarles $ 100 mil' dólares y de ayudarlos electoralmente en la frontera" (sic).

El diario El Espectador de Colombia citó, en una nota de abril de 2011, un cable de Wikileaks, en el que se daba cuenta de una "posible financiación de Venezuela" a la campaña de Correa.

Agregó el diario que la Fiscalía del Ecuador investigará dicho cable que dice que "dos fuentes estadounidense alegaron que el canciller del país, Ricardo Patiño, recibió dinero de Venezuela y las FARC para la campaña presidencial".

Patiño, por su parte, afirmó que la información que aparece en dichos cables es "absolutamente falsa" y acusó a los medios de comunicación de publicarla para repercutir en la campaña electoral ecuatoriana de cara a la consulta popular del próximo 7 de mayo. Por su parte Correa pidió a las FARC "que digan si el video es real, que digan si aportaron dinero a la campaña, y a quién le aportaron". Correa insistió en que nunca recibió financiamiento ilegal para su campaña en 2006, y mencionó la posibilidad de que las FARC fueran engañadas por falsos colaboradores de su movimiento político. "Entre las miles de personas (que apoyaron su candidatura) tal vez alguien se tomó el nombre de Alianza PAIS (partido de Gobierno) y las FARC le dieron el dinero", agregó.

14. "Huracán verde y Huracán de la Frontera"

En enero de 2009, una crónica del diario El Universo titulada "Agentes del GAO y FAE en red de narcotráfico", informó que en el mes de octubre del año 2007, agentes antinarcóticos decomisaron casi 4 toneladas de cocaína en el sector rural de Colope, cerca de Camarones, provincia de Esmeraldas. El comandante general de la Policía, Jaime Hurtado Vaca, dio ocho días de plazo a la Inspectoría General de la Institución para que emitiese el informe sobre la presunta participación de dos agentes del Grupo de Apoyo Operacional, GAO, en una red nacional de narcotráfico. "Los gendarmes inculpados eran Pablo Córdova y Eduardo Zambrano, a quienes la Policía Antinarcóticos halló indicios que los involucran en los casos de narcotráfico conocidos como Huracán Verde y Huracán Fronterizo. En ambos, la Policía evitó el tráfico de más de ocho toneladas y media de droga", afirmaba el diario citado.

El operativo "Huracán Verde" tuvo lugar en Esmeraldas a mediados de octubre de 2007. Las cerca de cuatro toneladas decomisadas de clorhidrato de cocaína iban a ser trasladadas a

México por vía aérea. Días después un avión tipo jet fue detenido en ese país por llevar cocaína escondida en el fuselaje. Esa aeronave, conforme lo determinó la Fiscalía del Guayas, había llegado el 7 de octubre de 2007 a la Base Aérea de la Fuerza Aérea Ecuatoriana, FAE, en Quito, donde permaneció durante 15 días y luego partió a Esmeraldas. "He realizado las averiguaciones y el avión sí llegó a Quito. La empresa Jet Heading sería la operadora que recogió a los tripulantes, y les llevó para la aduana a que hagan el trámite normal" (sic), dijo el comandante de la FAE. En este operativo hubo siete detenidos, cuatro de ellos fueron liberados en el proceso judicial.

Las investigaciones posteriores sobre este caso dieron lugar al operativo "Huracán Fronterizo" en el que se decomisaron cerca de cinco toneladas de cocaína en el sector Campanita, cantón San Lorenzo, también en Esmeraldas. "La droga estaba en 4.415 paquetes con las marcas Nike, Apache y Águila. A esto se sumaron 2.170 kg encontrados en una finca de Sucumbíos", informó El Universo. Agregó el diario que en el operativo también se decomisó un submarino, que según informó el comandante Jaime Hurtado, era el nuevo medio de transporte para enviar la droga a México. En el operativo se apresó a cuatro colombianos y ocho ecuatorianos, en cuatro provincias. Dos de los extranjeros fueron identificados como Edison y Miguel Ostaiza. En "Huracán fronterizo" la Policía allanó seis inmuebles en los que se encontraron armas, 15 vehículos, cerca de 10 mil dólares y 59 mil pesos colombianos. En el mercado negro de los Estados Unidos, el valor de la droga incautada en ambos operativos probablemente alcance los 400 millones de dólares.

Una nota de El Universo dio cuenta de "la vinculación de los hermanos Ostaiza a una red internacional de narcotráfico como exportadores de droga". Esa es la hipótesis del fiscal antinarcóticos de Guayas, Jorge Solórzano, "quien además implica en este caso al ex asesor del Ministerio de Seguridad Interna y Externa, José Ignacio Chauvin". Las investigaciones realizadas por Solórzano y sustentadas en informes de inteligencia policial y en los operativos antinarcóticos, revelaron que los hermanos Ostaiza estaban relacionados con los carteles de Cali, en Colombia, y de Sinaloa, en México. La red de narcotráfico funcionaba en siete provincias del Ecuador. Cinco meses tardó la Fiscalía de Guayas en concluir que los hermanos Ostaiza Amay tenían vínculos con el narcotráfico. Edison Ostaiza fue sentenciado a 12 años de reclusión por el delito de tenencia ilícita de sustancias estupefacientes, mientras que su hermano, Miguel, fue sentenciado a 2 años de prisión, al ser calificado de cómplice. Jefferson Ostaiza está prófugo: las autoridades colombianas determinaron que es protegido por las FARC. "El presunto narcotraficante ecuatoriano es, al parecer, el enlace directo con el cártel de Sinaloa y encargado de enviar cocaína a través de Nicaragua", informó El Tiempo de Bogotá.

El diario Hoy, en su columna "Opinión" del 3 de febrero de 2009, afirmó que "Ecuador merece una explicación contundente sobre los verdaderos alcances de la red de narcotráfico de los hermanos Ostaiza, sobre todo por la vinculación en esa organización de José Ignacio Chauvin, un ex subsecretario de Gobierno y alto dirigente del movimiento oficialista Alianza PAIS. La explicación es más urgente todavía porque, pese a que la Policía aseguró que tenía localizado a Chauvin, resulta que cuando sale la orden de prisión y se monta un operativo para capturarlo, él desaparece como por arte de magia. Nadie lo puede hallar. La magnitud de la red organizada en torno a la empresa Jooamy Ema, es demasiado significativa como para pasarla al olvido, porque revela que esa compañía estaba infiltrada en muchos negocios, desde camaroneras hasta petroleras, pasando por la compra de accesorios y equipos, y hasta se preparaba para ser abastecedora de algunas instituciones del Estado, como la misma Policía"(sic).

El Universo, en una crónica de febrero 25 de 2009, afirmó que el Gobierno conocía el caso Chauvin desde hace 7 meses. "El presidente de Ecuador, Rafael Correa, ordenó en julio pasado investigar los supuestos nexos del ex subsecretario de Gobierno con los hermanos Ostaiza, presuntos integrantes de una red de narcotráfico que trabajaba con droga que al parecer era proporcionada por las FARC. Así lo reveló hoy Ronnie Vallejo, asesor de seguridad de la presidencia de la República, en una rueda de prensa conjunta con el ministro de Gobierno, Gustavo Jalkh, y el comandante general de la Policía, Jaime Hurtado" (sic).

Una nota de explored.com de enero de 2009, informó que "Chauvin expresó ante la Fiscalía que mientras fue jefe de Acción Política del Movimiento País en Pichincha, conoció a Edison Ostaiza y después entabló amistad con su hermano Jefferson. 'En una de las reuniones en el departamento de Ostaiza, fue donde se me planteó que se les ayudara en temas petroleros' afirmó Chauvin" (sic). A pesar de los aparentes indicios en su contra, el Juzgado Segundo de Garantías Penales de Esmeraldas absolvió a Chauvin, aunque los hermanos Ostaiza sí fueron sentenciados.

15. "El dueño del circo" y su asesor el "Come cheques"

"Es una estupidez pelearse con uno de los dueños del circo", afirmó Raúl Carrión, ministro de Deportes del Gobierno de Correa, en junio de 2007. Minutos antes había afirmado "lo que yo ordeno hace el presidente Rafael Correa... él me quiere de querer, somos amigos como hermanos". Carrión era ferviente militante de la autoproclamada "Revolución Ciudadana", y había dirigido la campaña de Alianza País (partido oficialista) en Esmeraldas. Su gestión al frente del Ministerio duró casi un año, hasta que en diciembre de 2008 renunció a su cargo, luego de que la Unidad de Gestión de Seguridad Interna de la Presidencia de la República ordenó la detención de tres de sus asesores. Denuncias de supuestas irregularidades en el Ministerio de Deportes ocasionaron el allanamiento de las oficinas de dicha Institución, y la detención de Fernando René Moreno Viana, asesor principal de Carrión; Mario Montevideo Monroy, miembro de la Comisión organizadora del Sudamericano de Baloncesto, y Fausto Padilla Cevallos, contratista de obras para el Ministerio. Varios cheques fueron decomisados, al igual que dinero en efectivo, facturas en blanco de varias empresas presumiblemente fantasmas, y computadoras que fueron entregadas a la Fiscalía.

Una investigación del suplemento "Blanco y Negro" del diario Hoy informó que "Entre otros documentos, Moreno fue encontrado con 134 cheques de diferentes Bancos, por un total de USD 2.219.463.19. Estos fueron girados por 49 personas, entre constructores y empresas, a nombre del "portador", de las compañías Impro-Hersa e Insergi, de Fernando Moreno y de Margarita Carvajal de Moreno" (sic). Conforme a versiones de la Policía, al momento de ser capturado, Moreno intentó comerse algunos cheques que presumiblemente demostraban que recibió comisiones para adjudicar construcciones deportivas. "Al momento de su detención, Moreno también tenía USD 44.700 en una funda, seis comprobantes de la constructora Padilla & Asociados, USD 11.400 en una maleta, un listado de proyectos para 2008, actas de entrega-recepción de 700 balones de fútbol y 320 de básquet, un Blackberry y un celular, una computadora y el libro de poemas 'Ámame siempre'. Así consta en el parte de evidencias halladas por la Policía, al que tuvo acceso BLANCO Y NEGRO. [...] A su vez, Montevideo tenía en su poder [...] una hoja con copias de cheques girados a su nombre, por 22 mil dólares, y cheques de otro banco por la suma de USD 45 mil. También había un cheque por USD 130 mil".

Un informe de la Contraloría indicó que existían irregularidades en el Ministerio, que luego fueron investigadas como serios indicios de enriquecimiento ilícito, proveniente del cobro de coimas, que fluctuaban entre el 15 % y el 35 % del valor de las obras contratadas. Luego de renunciar al Ministerio, Carrión estuvo oculto cerca de un mes; en enero del 2009 fue capturado y llevado a prisión, donde permaneció cuatro meses. Tras recobrar su libertad, el diario Hoy informó que "El presidente de la Primera Sala de lo Penal, Hernán Ulloa, defendió hoy la revocatoria de la orden de prisión que pesaba en contra del ex ministro de Deportes, Raúl Carrión, acusado de peculado durante su estancia en la cartera de Estado. Ulloa justificó la salida del ex ministro alegando que se respetó la caducidad de la prisión preventiva, aunque aseguró que esto no exonera al ex funcionario de los procesos en su contra. "Nosotros actuamos de acuerdo a (sic) la Ley, jamás podremos inmiscuir la política en las decisiones judiciales (...) Yo asumo la responsabilidad total de esas decisiones y seguiremos trabajando en la misma línea", dijo Ulloa. Sobre el proceso contra Carrión por supuesto lavado de activos, el funcionario judicial señaló que el "fiscal general de la Nación emitió un dictamen absolutorio a favor de Raúl Carrión y hemos actuado de acuerdo a (sic) Derecho, porque el Código de Procedimiento Penal indica que si no hay acusación fiscal, no hay juicio y los jueces tenemos la obligación jurídica de dictar el sobreseimiento".

En febrero de 2010, Notiagencia.com informó que "El ex asesor del ministerio de deporte, Fernando Moreno, obtuvo la libertad tras 14 meses de estar en prisión y no haber recibido sentencia por el caso de sobornos recibidos para adjudicar obras. [...] Ahora, el denominado "Come cheques" sale libre en otro caso de presos sin sentencia, que se repiten continuamente en la justicia ecuatoriana, por falta de celeridad y control en los procesos judiciales" (sic).

16. "Cacería de Latinos"

En noviembre de 2008, fue asesinado en Nueva York, Estados Unidos, el ecuatoriano Marcelo Lucero, tras ser atacado por un grupo de pandilleros racistas que con frecuencia salían de "cacería de latinos", según confesaron posteriormente. Ese día habían salido siete muchachos (entre 17 y 19 años) con el afán de "divertirse", y acosaban, maltrataban y golpeaban a todo latino que veían por las calles. Uno de ellos confesó que "no lo hacían frecuentemente, tal vez una vez por semana", y que para ellos "era un deporte". Antes de encontrar a Lucero, de 38 años, habían perseguido a otro hombre a quien insultaron antes de que lograra escapar. Luego de ello, cerca de las doce de la noche, en las proximidades de la estación de tren de Patchogue, rodearon a Lucero y a su hermano, los insultaron, los empujaron, los golpearon, y ya en el suelo, los patearon, y uno de ellos le clavó a Marcelo una puñalada en el cuello que le causó su muerte.

Marcelo había emigrado en 1993 a los Estados Unidos, donde vivía con sus hermanos Catalina y José. Todos eran de Gualaceo, provincia del Azuay, donde vivía su madre. Tras el crimen, la Policía de Nueva York buscó y apresó a la pandilla. Luego de los interrogatorios, se determinó que Jeffrey Conroy había sido quien apuñaló a Lucero. Una vez concluido el juicio, en abril de 2010, fue declarado culpable de homicidio sin premeditación, por lo que el juez le impuso una pena de 25 años de prisión.

En el mes de agosto de 2009, circulaba por internet una nota que decía "Niña ecuatoriana golpeada salvajemente por españolas racistas". En esta ocasión, la agresión a la joven fue captada en un celular que mostraba a una muchacha que pateaba, incluso en la cabeza, a otra caída en el suelo, mientras que las "amigas" de la agresora miraban la escena y la alentaban. Las seis chicas que participaron en los hechos tenían entre 14 y 16 años, y la escena ocurrió en Colmenarejo, Madrid. Una crónica del diario El Comercio contó que las muchachas gritaban "Písale la cabeza", mientras que la agresora la sujetaba del cabello y arrastraba a la víctima hasta dejarla inerte. "Ya déjala, ya déjala", le ordenan a la española, pues se percatan que la sudamericana ya está seminconsciente.

Nicolás Issa, embajador ecuatoriano en España, anunció que "investigará la golpiza que sufrió la menor", y exigirá castigo para el que sería el segundo acto de violencia contra inmigrantes del Ecuador a ese país en los últimos nueve meses. "Ordené al agregado policial que realice (sic) todas las investigaciones pertinentes para tener una versión oficial y creíble de este hecho", sostuvo el diplomático durante una charla con el Canal TC. Días más tarde, la Guardia Civil española detuvo a dos menores y acusó a una tercera por la agresión a la menor ecuatoriana de 14 años. La agresora resultó ser hija de una funcionaria de la Alcaldía de Madrid que, paradójicamente, atendía a mujeres víctimas de violencia. Al parecer, el hecho lamentable no fue por racismo sino por un "ajuste de cuentas" entre las muchachas; de todas formas, la agresora ingresó a un correccional, mientras que la muchacha que alentaba la golpiza fue expulsada del colegio.

17. "Furgonetas adaptadas"

En diciembre de 2008, la ministra de Salud, Caroline Chang, fue investigada por la compra de 115 ambulancias. En realidad eran furgonetas adaptadas por la empresa Euromedical, según una denuncia presentada por Leonardo Viteri, asambleísta socialcristiano. En un inicio, la Fiscalía impulsó el caso por peculado, aunque posteriormente, en julio de 2010, se abstuvo de acusarla, por lo que la Corte Nacional de Justicia no siguió el proceso en su contra.

La ministra Chang renunció a su cargo en abril de 2010, luego de ejercer sus funciones por un lapso de 39 meses. El Diario Manabita, en su página *eldiario.ec*, informó, en diciembre de 2009, que "la Fiscalía General anunció el inicio de una instrucción fiscal por peculado en contra de la ministra Chang y varios de sus colaboradores, bajo la acusación de haber violado la Ley de Contratación Pública para favorecer a los contratistas. El fiscal subrogante, Alfredo Alvear, hizo público que, en esta semana, solicitará que la Corte Nacional de Justicia le fije día y hora, para formular cargos contra la Ministra y los demás imputados. A ellos se los investigó por la adquisición de equipos para unidades médicas del Ministerio de Salud. [...] Hace tres meses, el contralor general del Estado concluyó el examen especial a los procesos de adquisición de equipos, bienes y servicios, estableciendo responsabilidades penales en la compra de 115 ambulancias" (sic).

Luego de la denuncia presentada por Viteri, se sumaron nuevas acusaciones de sobreprecios en la compra de camas eléctricas a Colombia, esterilizadores para hospitales, mosquiteros y otros. El diario Expreso publicó, en cinco entregas, un informe sobre las adquisiciones del Ministerio de Salud, donde se evidenciaba que "ciertas empresas adjudicatarias de contratos se encontraban relacionadas entre sí, y otras estaban involucradas en casos investigados por la desaparecida Comisión de Control Cívico de la Corrupción, en administraciones pasadas".

Con el fin de desestimar las acusaciones contra la ministra y sus colaboradores, el Gobierno de Correa organizó, en el mes de diciembre de 2009, una marcha de apoyo a la funcionaria. En el parque de El Arbolito, el vicepresidente Lenin Moreno dijo que todo el gabinete la apoyaba. En la marcha participaron cientos de funcionarios de las diferentes áreas del ministerio de Salud Pública; quien dirigía el evento, exclamó que el acto era para combatir a "los canallas que quieren destruir la revolución". El subsecretario de

Salud, Marcelo Aguilar, "tomó el micrófono y dijo señalando al público que la base social y ciudadana la apoya y continuó con las consignas para sus detractores: 'miopes, miserables, exclusores, canallas... solo mente ratoniles pueden pensar que la salud en el país no ha cambiado'" (sic).

En julio de 2010, el diario El Universo informó que "El fiscal general subrogante, Alfredo Alvear, culpó a la Contraloría y a la Corte Nacional de Justicia (CNJ) por la decisión que permitió absolver en forma definitiva a la ex ministra de Salud, Caroline Chang, del delito de peculado en el caso de la compra de 115 ambulancias para el Ministerio de Salud con un supuesto sobreprecio. Ayer, la ex ministra de Salud, Caroline Chang, y otros ocho funcionarios de esa institución fueron absueltos [...] a pesar de que la Fiscalía y la Procuraduría General del Estado confirmaron el mal manejo de fondos públicos en el caso de la adquisición de 115 ambulancias. Alvear explicó que la Contraloría no determinó la participación de la ex funcionaria en el caso de la compra de las ambulancias y por eso no la acusó. Y también culpó a la Corte Nacional de Justicia por la resolución que emitió en febrero pasado y que determina que no se puede iniciar una acción penal sin el informe previo de la Contraloría General del Estado. Alvear aseveró que la resolución de la Corte Nacional, que a su juicio permite la impunidad, le impide avanzar en las cinco acusaciones que tiene en contra de Caroline Chang, por varios delitos [...]. La Sala decidió no acusar a Chang, así como a Lino Sarmiento Hidalgo, secretario de dicho Comité, y a Nelly Mendoza, secretaria del Ministerio. Para ellos, la sala dictó el sobreseimiento definitivo. Mientras, el resto de acusados fueron sobreseídos en forma provisional".

En el mes de junio de 2010, *elciudadano.gob.ec*, medio de prensa del Gobierno de Correa, informó que la ex ministra de Salud, Caroline Chang, había sido nombrada Secretaria Ejecutiva del Organismo Andino de Salud. "Mi compromiso es trabajar por el fortalecimiento de la integración andina y sudamericana y profundizar la convergencia entre el ORAS y UNASUR Salud, señaló la doctora Chang al conocer la noticia de su designación para tan alto cargo, aprobada por unanimidad por los ministros de Salud de Bolivia, Chile, Colombia, Perú, Venezuela y Ecuador".

18. Situación económica en el año 2008

Transcurridos los primeros 24 meses del mandato de Correa, la economía ecuatoriana mostraba los siguientes resultados:

- El Producto Interno Bruto, PIB, que en el año 2006 era de 41.763 millones de dólares, MDD, terminaba el 2008 con 54.686 MDD.
- El PIB per cápita en el año 2006 era de USD 3.115; en el año 2008 fue de USD 3.961.
- La inflación promedio anual en el año 2006 fue del 3 %; en el año 2008 subió al 8 %.
- Las exportaciones en el año 2006 llegaron a 12.728 MDD; en el año 2008 subieron a 18.511MDD.
- Las importaciones en el año 2006 fueron de 12.114 MDD; alcanzaron los 18.686 MDD en el año 2008.
- El porcentaje de dependencia del petróleo en las exportaciones nacionales, es decir, el total de exportaciones de petróleo en relación con las exportaciones totales alcanzó el 59 % en el año 2006. En 2008 ese porcentaje subió al 63 %. Este indicador promediaba el 36,6 % en la década de los noventa. De 2000 a 2007 su promedio fue del 50,5 %.
- El gasto del sector público no financiero, SPNF, fue de 9.927 MDD en el año 2006. Se incrementó en el año 2008 a 22.094 MDD (El SPNF está integrado por el Gobierno Central, las Empresas Públicas no Financieras, tales como Petroecuador, Tame, Empresas de Ferrocarriles, Flopec, y empresas menores, y el resto de entidades del sector público, tales como universidades, Gobiernos seccionales, IESS, etc.). En el año 2000, el gasto del SPNF fue de 3.889 MDD; en el año 2004 fue de 7.493 MDD.
- El gasto del Gobierno Central (Funciones Legislativa, Judicial y Ejecutiva) fue de 3.230 MDD en el año 2000; en

el año 2004 fue de 5.497 MDD; en el año 2006 fue de 7.011; en el año 2008 llegó a los 14.413 MDD.

- El tamaño del Estado en la economía, es decir, el SPNF comparado con el PIB, era 24 % en el año 2006; subió al 40 % en el año 2008. Durante las décadas de los 80 y los 90, ese valor promedió el 25 %; igual promedio se registró entre 2000 y 2007.

- El precio promedio anual del barril del petróleo fue de USD 51 en el año 2006; subió a USD 83 en el año 2008. Su precio promedio en la década de los ochenta fue de USD 24,3. En la década de los noventa fue de USD 15,4. De 2000 a 2007, su promedio fue de USD 34,25.

- La producción petrolera promedio del año 2006 fue de 536.033 barriles diarios; esa cifra cayó a 504.720 en el año 2008.

- Los ingresos petroleros en el año 2006 fueron de USD 1.519 MDD; en el año 2008 subieron a USD 4.642 MDD.

- La deuda externa pública en el año 2006 fue de USD 10.215 MDD; en el año 2008 fue de 10.089 MDD. (En el año 2000 la deuda pública externa fue de USD 10.881 MDD; en 2004 fue de USD 11.058 MDD).

- La deuda externa privada en el año 2006 fue de USD 6.884 MDD; en 2008 fue de USD 6.857MDD. (En el año 2000 fue de USD 2.229 MDD; en 2004 fue de USD 6.151 MDD).

19. ¿Y la situación social?

Respecto de los indicadores sociales, la pobreza urbana por ingresos fue del 18 % en el año 2006. Bajó al 15 % en el año 2008.

La esperanza de vida al nacer no varió de los 75 años, entre 2006 y 2008. (En el año 80 era de 64,5 años; en el año 90 era de 70 años; en el año 2000 era de 74,2 años).

La tasa de mortalidad infantil (muertes por mil nacidos vivos) fue de 13 en el año 2006; subió a 16 en el año 2008. (En el año 80, la tasa de mortalidad infantil fue de 54; en el año 90 fue de 30; en el año 2000 la tasa fue de 19).

La tasa de desempleo fue del 8 % en el año 2006; bajó al 7 % en el año 2008.

El subempleo fue del 57 % en el año 2006; bajó al 49 % en el año 2008.

El salario mínimo vital, SMV, fue de USD 187 en el año 2006; subió a USD 233 en 2008. (En el año 80, el SMV fue de USD 144; en el año 90 fue de USD 60; en el año 2000 fue de USD 80).

El Instituto Ecuatoriano de Estadísticas y Censos, INEC, informa en su página web algunos indicadores sociales (disponibles a diciembre 2011):

Los establecimientos públicos de salud a nivel nacional que no ofrecen internación hospitalaria, fueron 2.898 en 2004; en 2005 fueron 2.943; en 2006 fueron 2.817; en 2007 fueron 2.915; en 2008 fueron 2.922, y en 2009 fueron 2.973.

Los establecimientos públicos de salud a nivel nacional que sí ofrecen internación hospitalaria, fueron 189 en 2004; en 2005, 193; en 2006, 182; en 2007, eran 184; en 2008, 181, y en 2009, 186.

Respecto al presupuesto asignado al Ministerio de Salud dentro del Presupuesto General del Estado, PGE, el propio Ministerio informó, en diciembre de 2011, en su página web, que dicha cantidad en el año 2000 representó el 2,4 % del PGE; en el año 2004, el 5,2 %; en 2006, el 5,5 %, y en 2008, el 7 %. Se indicó que esa cifra era provisional y correspondía a la proforma presupuestaria del año 2008.

Sobre la situación de la educación en el país hay poca información. Aunque el Gobierno de Correa –a base de un informe de la UNESCO– anunció, en septiembre de 2009, que el Ecuador era un país libre de analfabetos, el VII Censo de Población realizado en 2010 por el INEC "determinó que el 6,8 % de personas de entre 15 y más años no saben leer ni escribir". Ese porcentaje representa a 984.878 habitantes de los 14.483.499 con los que cuenta el país. En 1990, la cifra de analfabetismo fue del 11,7 % y en 2001, fue del 9 %. (Diario El Universo, septiembre de 2011).

El INEC informó que el número de años de promedio de estudios en el Ecuador era de 7,36 (años) en 2006; en 2008, de 7,52; en 2010, de 7,89, y en 2011, de 7,85.

El costo de la canasta familiar vital a enero del año 2000 (inicio de la dolarización) era de aproximadamente USD 18; de USD 66, a diciembre de 2006, y de USD 82, a diciembre de 2011.

20. Ley de Comunicación o "Ley mordaza"

A mediados del año 2009, la Ley de Comunicación fue presentada a consideración de la Asamblea Nacional por el experiodista y por entonces diputado oficialista, Rolando Panchana. Muchos sectores sociales la calificaron como "Ley mordaza". En su columna "Opinión", del 19 de septiembre de 2009, el diario Hoy afirmó que "El proyecto oficial de Ley de Comunicación [...] responde a una inaceptable visión intervencionista del Estado", que busca controlar la comunicación. Y agregó: "Es una burda limitación a la libertad de expresión y de prensa. [...] Ninguna democracia se construye con este tipo de normas que pretenden entregar al Estado y al Gobierno de turno un derecho esencial que corresponde a los ciudadanos".

Las críticas a la Ley se plasmaron en varias protestas ciudadanas, concentraciones y marchas. A finales de noviembre de 2009, el diario Hoy informó que "al grito de 'fuera Correa' y 'Abajo la ley mordaza', cientos de ciudadanos participaron de (sic) una concentración en la plaza de San Francisco, en Guayaquil". El periodista Carlos Vera, en rechazo a dicha ley y al Gobierno, planteó la revocatoria del mandato del presidente, y para ello propuso la recolección de firmas como un mecanismo contemplado en la normativa vigente.

Mientras llovían las críticas ciudadanas, avanzaba de manera apresurada en la Asamblea el trámite de la ley, acorde con las expectativas del régimen. El diario El Tiempo, de Cuenca, en su edición del 19 de noviembre de 2009, expresó su preocupación por la aparición, "a última hora", de un texto que formaría parte de la Ley, y que no se hallaba incluido en aquellos que conocía y debatía la Legislatura, por lo que afirmaba que "Se trataría de un camino sinuoso y nada correcto para que prevalezca el criterio oficial en torno a lo que en su criterio debería contener la Ley de Comunicación, esto es sujeta al control político de los contenidos por parte de un Gobierno de turno..."(sic).

En 2010 continuó el rechazo a la "Ley mordaza". El Diario de Manabí, en su edición del 5 de enero, afirmó que "El trámite en primera del proyecto estuvo previsto para el 22 de diciembre pasado y se postergó ante la suspensión temporal por tres días de Teleamazonas y el cierre de Radio Arutam de Morona Santiago". La persecución a la prensa por parte del régimen se evidenciaba en acciones como las descritas por el diario manabita, a la que se sumaba la retahíla de agravios proferidos por Correa en sus enlaces sabatinos. El Diario de Manabí agregó que "Se prevé que en su primera sesión del año 2010, la Asamblea incluya observaciones y sugerencias, entre estas los siete puntos acordados entre las bancadas, dentro de la formulación del informe para segundo debate que se realiza en febrero".

El rechazo a la ley obligó a la bancada oficialista a incluir en el proyecto algunas observaciones planteadas por la oposición, unida férreamente en rechazo al cuerpo legal. El establecimiento de un Consejo Nacional de Comunicación que habría de tener la facultad de regular los contenidos de las informaciones, fue uno de los puntos que mereció el mayor repudio. En su crónica, el diario manabita dio cuenta de que "También la Convención Interamericana de Derechos Humanos (CIDH) presentó observaciones al registro de medios, la profesionalización y las atribuciones que se pretendían para el Consejo que restringirían la libertad de expresión". Las bancadas legislativas lograron, a finales de 2009, un acuerdo "ético político" que se comprometieron a honrarlo. Lo convenido acordaba, entre otros aspectos "garantizar la libertad de expresión sin censura previa y con responsabilidad ulterior; crear un Consejo de Comunicación autónomo e independiente del Gobierno".

21. Llueven las críticas

La Sociedad Interamericana de Prensa (SIP), en un comunicado emitido en diciembre de 2009, reiteró su preocupación y críticas al proyecto de Ley, cuyo contenido "afectará la libertad de prensa y de expresión, al contravenir principios interamericanos sobre el derecho del público a la información". La preocupación aumentó meses más tarde, cuando se conoció que el Gobierno de Correa gastó 900 mil dólares en una campaña contra los medios, que se difundía en el marco de la Copa Mundial de Fútbol 2010. La Asociación Ecuatoriana de Editores de Periódicos, AEDEP, calificó a los anuncios de "gravemente ofensivos", y criticó que hubiese sido rechazado un recurso legal presentado para detener la campaña de la que Correa dijo estar "contentísimo". Ante las críticas de la AEDEP, Correa afirmó "Como la ley les establece responsabilidades de lo que dicen para que no puedan engañar, ahora nos quieren meter miedo de que hay censura previa, que se acabó la libertad. ¡Mentira!".

El fuerte y generalizado rechazo a la Ley ocasionó su estancamiento en la Asamblea, pese a que Correa controlaba y tenía mayoría en la Legislatura desde el año 2007, en que "decapitó" a 57 diputados mediante una "movida" efectuada por el TSE, y que constituyó el punto de partida del modelo autoritario y concentrador de poderes que ejerció durante todo su mandato. El asambleísta Paco Moncayo −ex alcalde capitalino− afirmó que el bloque de oposición quiere que la ley incluya el acuerdo político firmado por todas las bancadas de la Asamblea, y cuyos fundamentos se basan en la Convención Americana de Derechos Humanos (CADH), que estipula que la libertad de expresión no puede ser limitada por una censura previa, pues es la responsabilidad ulterior la que la controla. El Asambleísta César Montufar, integrante de la Comisión de comunicación de la Asamblea, afirmó que la propuesta de la oposición pretende reformar o remplazar varios artículos del proyecto que violentan las normas nacionales e internacionales. Ese es el caso del pretendido Consejo de Comunicación que integrarán delegados del Ejecutivo que, obviamente, "filtrarán" la información en beneficio de su mandante. La propuesta de los partidos de oposición era que el Consejo se integrase con miembros de las universidades y de la ciudadanía; también proponían que se modificaran sus facultades para sancionar a los medios de comunicación.

Otra norma cuestionada fue la referente a los "requisitos previos" que debería tener la información para su difusión. La Convención Interamericana de Derechos Humanos, de la cual el Ecuador es signatario, determina que "La libertad de pensamiento y de expresión comprende la libertad de buscar, recibir y difundir informaciones e ideas de toda índole, sin consideración de fronteras", y agrega que el ejercicio de ese derecho no puede estar sujeto a censura previa, sino a responsabilidad ulterior.

El 20 de noviembre de 2011, el diario La Hora reseñó el accidentado trayecto del proyecto de Ley: "Mordaza es un instrumento que se pone en la boca para impedir hablar a alguien, un nombre coloquial que se aplicó [...] para identificar al proyecto de Ley de Comunicación [...]. Desde hace dos años, tres meses, la propuesta deambuló por el escenario político, en un tira y afloja entre el oficialismo y el sector opositor. Juntos firmaron un acuerdo ético político para respetar los estándares establecidos en la Carta Interamericana y la jurisprudencia de la Corte Interamericana de Derechos Humanos (CIDH), pues siempre existió la amenaza de restricción del derecho a la libre expresión y opinión por la inclusión de un consejo regulador de contenidos para medios masivos, Internet y redes sociales. El eje de atención se centró en el aumento de penalidades que se aplicarán por el principio de responsabilidad ulterior y por la naturaleza de quienes integrarán el organismo sancionador".

En noviembre de 2011 el proyecto de Ley seguía su tortuoso trámite. Una nota de la Agencia AFP informó que no existe una fecha precisa para votar el texto de la Ley "cuya aprobación requiere el apoyo de 63 de los 124 miembros de la Asamblea". Al parecer, Alianza PAIS contaba solo con 55 votos, razón por la que no se daba paso a la discusión final del proyecto. El primer debate que exige el trámite de aprobación se había dado en la sesión del 5 de enero de 2010. El informe para segundo debate prevé la conformación de un consejo que regulará los contenidos y ordenará rectificaciones a los medios. Se limitarán los contenidos violentos, discriminatorios o explícitamente sexuales. El mandatario ecuatoriano justificó una vez más la Ley indicando que en muchos países, incluido Estados Unidos, "Hay ley de comunicación y consejos de regulación con participación del Ejecutivo, y allí a nadie se le ocurrió decir que no hay libertad de expresión".

La batalla entre el Gobierno y varios medios de prensa se agudizó luego de que el 25 de octubre de 2011, la ONG Fundamedios (Fundación Andina para la Observación y Estudio de Medios) y varios periodistas denunciaran ante la CIDH, en Washington, la "sistemática política de acoso" del Gobierno. La Revista Vistazo, en su edición de noviembre de 2011, informó que varios periodistas acudieron a la Comisión de Derechos Colectivos de la Asamblea Nacional, a denunciar que eran víctimas de constantes amenazas luego de haber presentado su denuncia ante la CIDH. "Una cascada de ofensas en redes sociales, correos electrónicos e incluso llamadas telefónicas, incluyendo amenazas a nuestra integridad personal", es lo que experimentaban los peticionarios, indicó Mauricio Alarcón, de Fundamedios. En respuesta, el Ejecutivo difundió varias cadenas de radio y televisión en las que cuestionó a Fundamedios, así como la objetividad e independencia de la OEA.

A nivel internacional, múltiples voces se levantaron contra la nueva Ley de Comunicación en el Ecuador. Ente ellas, el diario "O'Globo", del Brasil, publicó en 2010 un artículo que se titulaba "Correa quiere una Ley Mordaza en Ecuador". El diario El Mercurio, de Chile, publicó un editorial titulado "Libertad de Prensa en Ecuador", en el cual mencionaba el ataque a la prensa a través de publicidad transmitida durante los partidos del mundial de fútbol. Añadía que le preocupaba la forma en que se integraría el Consejo de Comunicación previsto en el proyecto de Ley. El diario El Comercio, de Lima, en julio 8 de 2010, expresó en su editorial: "Contraviniendo su discurso democrático, el régimen del presidente Correa promueve en Ecuador una peligrosa arremetida contra la libertad de prensa, al más puro estilo de su mentor Hugo Chávez".

Agregó el rotativo limeño, que "Por otro lado, se pone en marcha una ofensiva judicial, valiéndose de magistrados politizados, pusilánimes o acomodadizos, para amedrentar y denunciar a periodistas o dueños de medios de comunicación por cualquier pretexto y obligarlos a morigerar su línea editorial [...] con lo que se coloca una espada de Damocles a los periodistas".

22. "Hola, me llamo Evelyn y he decidido subastar mi virginidad"

Una joven ecuatoriana de 28 años, residente en España, publicó en agosto de 2009 un anuncio en internet, en el que ponía en subasta su virginidad, para obtener recursos económicos que le permitiesen atender a su madre enferma de alzhéimer, y ayudarse a costear sus estudios. Su caso, que levantó gran polémica en España y en el Ecuador, ocasionó que dos de los programas con mayor sintonía en la península transmitieran sendas entrevistas a la joven, cuyos padres vivían en Bahía de Caráquez, provincia de Manabí. Una nota del diario electrónico español "elmundo.es" dio amplia cobertura a la noticia: "Necesita el dinero para sufragar el tratamiento de su madre enferma. El sexo será su sacrificio. Evelyn asegura no tener alternativa. Su salario de media jornada como limpiadora es insuficiente para costear a un buen especialista. En España, apenas cubre los gastos mensuales, por lo que remitir divisas a su país se ha convertido en una misión casi imposible. En realidad, esta joven sudamericana es una víctima más de la crisis. Ahora sus trabajos escasean y las nóminas adelgazan. Por primera vez desde que aterrizara en España (hace ya siete años) está desesperada" (sic).

Evelyn era consciente de que si no fuera por la necesidad económica no se habría embarcado en semejante aventura, sobre todo, como en su caso, por las firmes creencias religiosas con las que había sido educada: "Mis padres nos explicaron que una mujer tiene que ser pura, llegar virgen al matrimonio, ser de un solo hombre y entregarse a la persona que ama", explicaba. Superados los dilemas morales por la necesidad de atender a su madre, afirmaba que "Me gustaría poder pagarle un buen especialista y volver a Ecuador a cuidarla [...] Y si la cifra (de la subasta) es lo suficientemente elevada, incluso estudiar medicina [...] No creo que subastar mi virginidad vaya a resolver todos mis problemas, pero me proporcionará alguna estabilidad financiera. Quiero superarme, salir adelante por mí misma y terminar mis estudios"(sic).

El diario español informó que la subasta de Evelyn había recibido más de medio centenar de ofertas al alza: "En apenas dos meses las pujas [...] alcanzan ya cifras escandalosas. La última ha superado los 2,3 millones de euros. En vano. Evelyn no ha dudado en rechazarla porque el postor pretendía seguir viéndola tras la citada noche. Una opción que no contempla ni en la peor de sus pesadillas". La joven manabita había puesto algunas condiciones para su "primera vez": no permitiría besos ni caricias; el uso de preservativo sería obligatorio, como también, un certificado médico que garantizara la buena salud del interesado. Por su parte, Evelyn presentaría un certificado que acreditara su virginidad. El pago debía ser por adelantado, sería una sola noche y a la consumación del acto acudiría acompañada de una persona de su confianza. "La joven no ha dejado ningún cabo suelto", agregó el diario español. "Internet es su escuela. Durante semanas buscó información en la red sobre casos similares. Allí descubrió que las subastas acostumbran a prolongarse durante meses. Seis, siete, a veces nueve. Y que, en ocasiones, finalizan sin éxito. La suya, que data del 10 de mayo, ya supera los 70 días en activo. Todos ellos interminables. Desde entonces, Evelyn dice estar sumida en una depresión terrible. Por eso desea que todo acabe cuanto antes. Eso sí, renunciar, nunca: "Lo estoy pasando muy mal, pero no hay marcha atrás".

La joven afirmó que nunca olvidaría la noche en que formalizó la subasta: "El día que colgué el anuncio no dormí en toda la noche. Me la pasé entera llorando [...] Mi mayor temor era que mi madre se enterase por terceras personas así que se lo dije. No le gustó, me pidió que no lo hiciera, pero sé que me entiende" (sic). Ante las críticas que había recibido, incluso en España, donde suponía que vivía en una sociedad más abierta y permisiva, expresaba. "Yo no estoy robando nada. Es mi cuerpo y con él hago lo que yo quiera". El diario español agrega que "Más comprensivos resultan los hombres que responden a su oferta [...] salvo excepciones (algunos creían que era una prostituta con una técnica comercial diferente) se han mostrado respetuosos y correctos".

El Gobierno ecuatoriano, por su parte, ofreció ayudar a la familia de Evelyn para tratar de disuadirla. Por aquellos días, la Secretaría Nacional del Migrante trataba de localizarla para reunirse con la joven e informarle de varias opciones de asistencia. El desenlace de esta historia no se ha hecho público; se aceptan apuestas...

23. La declaratoria de emergencia como política de Gobierno

Aunque la Constitución vigente, la del año 2008, dispone que "La Presidenta o Presidente de la República podrá decretar el estado de excepción en todo el territorio nacional o en parte de él en caso de agresión, conflicto armado internacional o interno, grave conmoción interna, calamidad pública o desastre natural", el Gobierno de Correa ha declarado el estado de emergencia en varias ocasiones, incumpliendo en la mayoría de los casos lo que dispone la Carta Magna.

La primera declaratoria fue a los pocos días de asumido el Poder, el 26 de enero de 2007, cuando renovó la emergencia eléctrica que estaba vigente desde abril del año anterior. A los pocos días, el 2 de febrero, decretó la emergencia para auxiliar, a través de la Secretaría del Migrante, a más de dos mil ecuatorianos perjudicados por el cierre de operaciones de la aerolínea española Air Madrid. Pocos días después, el 12 de marzo, firmó la primera emergencia para el sector de la salud, y asignó 250 millones de dólares para equipamiento, infraestructura y otros recursos médicos. También en marzo, firmó el decreto para el sector vial, y asignó los recursos económicos necesarios para el denominado "Plan Relámpago". Meses más tarde, en junio del mismo año, las cárceles fueron declaradas en emergencia; se construyó una prisión en Santo Domingo, aunque la situación calamitosa, inhumana y degradante de los reclusos ha permanecido sin cambio. Poco después, se dictaron dos decretos de emergencia para atender a los habitantes de los pueblos afectados por la actividad permanente del volcán Tungurahua; muchas familias fueron reubicadas en casas construidas por el Ministerio de la Vivienda. La educación también fue declarada en emergencia, al Ministerio del ramo le fueron entregados 45 millones de dólares adicionales a su presupuesto para la reconstrucción de escuelas, provisión de material escolar y contratación de profesores. El patrimonio cultural también fue declarado en emergencia como consecuencia del robo de la custodia de Riobamba. También lo fueron los ferrocarriles, para su rehabilitación.

El 30 de septiembre de 2010, día en que ocurrió una sublevación de la Policía que el Gobierno consideró "intento de golpe de Estado y magnicidio", el Mandatario dispuso la emergencia nacional. A fines de ese año el edificio de la Asamblea Nacional fue declarado en emergencia, en previsión de la "conmoción interna" que podría devenir como secuela de la citada sublevación policial. Desde entonces, las Fuerzas Armadas custodian la Legislatura. Una nueva emergencia, otra más, fue decretada en enero de 2011 para intentar atenuar la permanente crisis del sector de la salud. Esta vez, se destinaron 50 millones de dólares.

En agosto de 2010, la revista Vistazo afirmó que una auditoría preliminar efectuada por la Contraloría a sesenta obras del "Plan Relámpago" -nombre dado al proyecto del sector vial, amparado con el decreto de emergencia del año 2007- había determinado varias "inconsistencias", tales como el incumplimiento de los requisitos en los procesos contractuales de las obras, la entrega de anticipos de más del 75 %, y demoras en la contratación de la fiscalización externa. La Contraloría dispuso un nuevo examen sobre la ejecución total de las obras.

Por su parte, "entre 2008 y 2010, la Fiscalía General de la Nación inició siete indagaciones previas por supuestas irregularidades en la contratación de algunas de las obras" del Plan Relámpago. Las denuncias han provenido de diversas fuentes: del asambleísta Galo Lara de SP; de Fabricio Correa, hermano del Mandatario; del fallecido asambleísta Julio Logroño; del asambleísta Fernando González, "alejado de Alianza País", el partido de Gobierno. Sobre ninguna de estas denuncias se ha pronunciado la Fiscalía hasta finales del año 2011. Vistazo agregó que "González además pidió a la Asamblea que enjuiciara políticamente al ex ministro de Transporte y Obras Públicas (MTOP), David Ortiz, a quien acusó de haber permitido que el Estado perdiera seis millones de dólares por la terminación unilateral del contrato de la vía Ambato-Río Blanco. El proceso no prosperó. También la Secretaría de Transparencia de Gestión inició en 2009 el estudio de 150 proyectos viales, en su mayoría del Plan Relámpago, pero sus resultados aún no son públicos".

24. Agravios, insultos e injurias proferidos con recursos públicos

Una nota del Diario Hoy, publicada en marzo de 2010, se refirió al informe presentado por la consultora Ethos, que afirmaba que el presidente Correa, durante parte del año 2009, había proferido 170 insultos en 48 enlaces sabatinos (cadenas informativas que el presidente presenta todos los días sábados). El informe de la consultora fue una respuesta al emplazamiento hecho por Correa en su enlace sabatino del 23 de enero de 2010, para que alguna persona le demostrara qué insultos, palabras soeces, bajas, viles o groseras había proferido contra sus opositores, periodistas u otras personas. "Lo más preocupante, afirmaba Mauricio Rodas, director de dicha organización, es que el presidente Correa asegura que nunca ha insultado a nadie, ante lo cual se le preguntó: ¿Si él hubiese sido el receptor de esas ofensas, cuántas personas habrían sido puestas tras la rejas?".

El informe señala que Correa agravió de manera persistente a seis grupos: los políticos, que son quienes más insultos recibieron; luego, la prensa y los periodistas; las organizaciones sociales; los empresarios, los ciudadanos en general; instituciones y ex funcionarios públicos. "Sin embargo, Rodas precisa que el grupo de receptores de agravios es muy amplio, e incluye a catedráticos, mujeres, jóvenes y cualquier otra persona crítica con la tendencia política del régimen". El informe se refiere también al tiempo que el mandatario se dedica a insultar. En su recuento señala que un 30 % del tiempo de los enlaces del año 2009 se dedicó a agresiones. Es decir, sin fines informativos o de interés nacional. "A Rodas, la cifra le resulta preocupante pues recuerda que esos espacios se financian con recursos del Estado". Excepto Ecuador y Venezuela, "no hay otros países de la región en los que el presidente dedique espacios, financiados con recursos públicos, para insultar a personas o sectores críticos de sus Gobiernos".

En julio de 2011, el asambleísta Andrés Páez presentó, durante la sesión en pleno de la Asamblea Nacional, un listado de 172 diferentes insultos proferidos por Correa, y dijo; "Solamente para que el país se dé cuenta de que, por desgracia, el mayor insultador que tiene el Ecuador es el presidente de la República. Los afectados por todos estos agravios también tienen honra, familia. [...] Que esto sirva para reivindicar su nombre frente a los ultrajes cometidos por quien está llamado a dar ejemplo de ponderación, ecuanimidad, equilibrio..."

Transcribimos algunos de los epítetos citados por Páez : "alcalde de 20 cuadras, aniñaditas, argolleros, babosada, bestias salvajes buitres especuladores, burro volando, cachetón, cara de estreñido, cheerleaders del neoliberalismo, cloaca con antenas, coloraditas plásticas, consejeros sexuales siendo vírgenes, diario de vergüenza, disfrazado de periodista, enano fachín, enano latin lover, enfermo, estúpido, fascista de la camisa negra, gallinazos, hijos de la oligarquía, idiota, ignorante, imbécil, incapaz, insignificante, izquierda boba, ladilla, limitadito, locos furiosos, majadero insolente, masón que pega a la mujer, matón de barrio, medio hombre–medio mujer, mercenaria, momias cocteleras, mujer desagradable, no puede caminar y mascar chicle al mismo tiempo, no servían para un carajo, oligarquía laboral, parapolíticos, pelafustanes, pequeñitos de siempre, periodicuchos, periodista perverso, perros rabiosos, pitufo gruñón, politiquero alcalde de media cuadra, porquería de gente, prensa corrupta, prensa mezquina, podredumbre, sapos, sátrapas, se la tira a muy bacán, sepultureros de la educación, tienen un zapato en la cabeza, tipejo, tonto astrólogo, trogloditas, trompudos, vacas sagradas", etc., etc., etc.

En el año 2011, la fundación Ethos dio cuenta de que desde enero de 2007 hasta mayo de 2011, el presidente Correa había transmitido 1.025 cadenas de radio y televisión. Esto corresponde a 9.064 minutos, es decir a 151 horas, que equivalen a casi cuatro semanas laborables ininterrumpidas de transmisión. El directivo de la fundación expresaba que la Ley de Radio y Televisión vigente establece que las cadenas "serán usadas exclusivamente para la información de las actividades de las respectivas funciones, ministerios u organismos públicos". Según el reglamento de esa norma, los funcionarios podrán solicitarlas "una vez al mes como máximo y no podrá exceder de 10 minutos". Pero en el Ecuador estos espacios "han rebasado el ámbito informativo para convertirse en un instrumento de proselitismo y confrontación".

Por su parte, Fernando Alvarado, secretario de Comunicación, expresó en una entrevista radial, que esos espacios ayudan al Gobierno a dar a conocer su verdad, y que se los utiliza "cuando consideramos que hay alguna mentira, alguna deformación, creemos que eso le hace daño al país... Pero no es una razón de propaganda, es una necesidad de aclarar. Lo que hacemos es proponer nuestra verdad y los medios proponen la suya. Cada uno tiene el derecho de hacerlo; el Gobierno utiliza legítimamente este derecho a través de lo que le faculta la ley".

Además de las cadenas de radio y televisión, para mayo de 2011 el Gobierno había realizado 221 enlaces ciudadanos, los días sábados, cuya duración fluctúa entre 2 y 3 horas. El director de Ethos, Mauricio Rodas, afirmó que "Estos enlaces se justifican diciendo que son mecanismos de rendición de cuentas. Pero son un monólogo, en el que si bien el presidente informa sobre sus actividades de la semana, lo cual es legítimo, el resto del tiempo se dedica a atacar, a insultar o contar experiencias personales". Para el presidente, sus enlaces son "un deber sagrado", que cuenta con una alta aceptación de los ciudadanos y que sirven para desvirtuar las calumnias que recibe de sus opositores y de la prensa.

El régimen cuenta con una tercera forma para difundir su mensaje: la propaganda. Hasta agosto de 2010, de acuerdo con las cifras del Ministerio de Finanzas citadas por Rodas, el Gobierno había gastado 121,9 millones de dólares en publicidad oficial. De esa cifra, el Ejecutivo gastó el 77,7 %; las otras funciones del Estado gastaron el 22,3 % restante. Aun así, en diciembre de 2010, el secretario de Comunicación escribió en su "blog" personal, que los enlaces ciudadanos no tenían un costo adicional para el Estado. Afirmaba que no hay gente que en forma exclusiva se encargue de producirlos, debido a que "Los editores de televisión, audio y video son los mismos que realizan documentales, cadenas, y registran y editan material que proporcionamos a los medios privados o públicos cuando no pueden estar en algún sitio".

25. Mejoras a la infraestructura vial

La red vial ecuatoriana, cuya mayor parte ha sido construida a lo largo de la vida republicana del Ecuador, fue objeto de especial atención durante el Gobierno de Correa. En su informe a la Nación, presentado el 10 de agosto de 2010, el mandatario afirmó haber invertido en vialidad 3.450 millones de dólares en el último año. "Casi 5.000 kilómetros de vías intervenidas, 7,6 kilómetros en puentes [...] un año y medio más y tendremos carreteras de primer orden en casi todos los sectores del país". Durante su mandato, en que las recaudaciones fiscales y los altos precios del petróleo le han dado al Fisco ingentes recursos económicos, muchas antiguas carreteras han sido reconstruidas y ampliadas. Igual suerte han corrido varios puentes, planificados e iniciados en regímenes anteriores, aunque mejorados o concluidos en tiempos de Correa. Nuevas carreteras y puentes, por cierto, han sido planificados y construidos durante el tiempo señalado. No obstante, las vías más importantes, como la Quito–Santo Domingo, o la Panamericana norte y sur, mantienen largos trechos de solamente dos vías -una de ida, otra de regreso- por lo que la movilidad resulta una catástrofe.

Según la agencia de noticias Andes, "Correa aseveró que las adecuaciones que tendrán que realizarse en las carreteras del país "es un proceso continuo" puesto que el "Ecuador está atrasado 50 años en carreteras. Por ello, luego de mejorar las vías existentes se pasará a rediseñarlas con el objetivo de planificar la construcción de supercarreteras". María de los Ángeles Duarte, ministra de Transporte y Obras Públicas, informó, en julio de 2010, que el 33 % de la red vial del país tenía deficiencias de señalización. Por su parte, el mandatario afirmó que el problema de las vías "es pura indolencia, porque frente al costo de la obra, el costo de señalización es absolutamente marginal". De hecho, a lo largo de muchas carreteras del país se observa actualmente (marzo 2017), una señalización más que suficiente, diríase, inclusive, excesiva.

En enero de 2011, el diario Hoy afirmó que "Las obras viales son los resultados más visibles de una millonaria inversión, inédita en la historia del país. A un ritmo de gasto de alrededor de $1.000 millones anuales, el Gobierno de Rafael Correa se ha caracterizado por la construcción de importantes obras viales a lo largo del país". En uno de sus enlaces sabatinos, el mandatario destacaba el impacto positivo que tiene la vialidad: "Qué mejor fomento a la producción que reconstruir carreteras, mejorar los puertos, construir nuevos aeropuertos." La reconstrucción y mejora de las vías existentes, así como el emprendimiento de nuevos tramos de carreteras ha representado el 13 % del Producto Interno Bruto, PIB, cuando en Gobiernos anteriores, según el mandatario, esa cifra no superaba el 5 % del PIB.

La inversión en obras viales se inició durante el mandato de Correa mediante la declaratoria del "estado de emergencia" vial, lo cual "obvió los concursos normales previstos en la Ley de Contratación Pública", conforme afirmó dicho matutino. "Su resultado no fue del todo satisfactorio por el incumplimiento de varios contratistas, sobre todo en el plazo de entrega de las obras. Las renegociaciones de montos también se dieron, pese a las constantes críticas del presidente Correa a este procedimiento". Una de las obras más importantes construida por el Cuerpo de Ingenieros del Ejército, ha sido el puente de "Los Caras", que une Bahía de Caráquez con San Vicente, en la provincia de Manabí: de casi 2 kilómetros de largo, es considerado el puente más largo del Ecuador y se inauguró en noviembre de 2010. En la provincia de Esmeraldas "se inauguraron los puentes sobre el estuario del río", lo cual permite la conexión del aeropuerto con la ciudad, "lo que constituye la más importante obra en esa provincia durante las últimas décadas", según la crónica del diario Hoy.

La reconstrucción o ampliación de algunas carreteras con cemento armado ha sido una de las características de la obra vial; la vía Cuenca-Guayaquil o la carretera de Cuenca a Loja son algunos de los tramos replanteados con este material. Se han realizado obras de ampliación y readecuación en la "Ruta del Sol", también conocida como "Spondylus", en varios tramos de la vía a Chone, en la vía Guayaquil-Machala, en la que conduce a Huaquillas, etcétera. En la provincia del Guayas, se destacó la construcción del cuarto puente sobre el río Babahoyo, a un costo de 102 millones de dólares, que estuvo a cargo de una empresa china y que se inauguró en septiembre de 2011, luego de cuatro prórrogas en su plazo de entrega.

El Cuerpo de Ingenieros del Ejército, CIE, ha sido la empresa que más obras ha emprendido entre los años 2007 y 2011. Solo en junio de 2007, bajo el amparo del "decreto de emergencia", se firmaron doce contratos viales entre dicha constructora y el Ministerio de Obras Públicas, por un monto que superó los 600 millones de dólares. Entre las obras emprendidas por el CIE se destaca, entre otras, el aeropuerto de Santa Rosa, en la provincia de El Oro.

Detractores del Gobierno de Correa, señalan, no obstante, que haber invertido en carreteras un valor aproximado de 8 mil millones de dólares durante su período de Gobierno (2007-2017), resulta un valor insignificante en relación con los cerca de 300 mil millones de dólares que han sumado los ingresos del Estado en ese lapso. Además, se menciona que muchas de las obras se han realizado a costos excesivos, y entre ellas, se cita el ejemplo de la denominada "ruta Collas" (cercana al aeropuerto de Quito), cuya extensión es de aproximadamente 12 kilómetros, y su costo fue de USD 198 millones, lo cual la convierte en "la carretera más costosa del mundo".

26. El 30 de septiembre de 2010: cronología de los hechos

El día jueves 30 de septiembre de 2010, a las 7h30 de la mañana, un grupo de aproximadamente 500 policías tomó las instalaciones del Regimiento Quito N° 1, el más grande de la capital. El grupo sublevado exigía la derogatoria de la Ley de Servicio Público pues, afirmaban, eliminaba las bonificaciones por ascensos y otros privilegios. Ese día, en dicho recinto policial, ubicado en una zona residencial y muy concurrida de la ciudad, se realizaba la misa semanal que convoca a policías de otros cuarteles.

El diario El Comercio hizo el siguiente recuento de los hechos:

09h00. La escolta legislativa de la Asamblea Nacional impidió el ingreso de varios asambleístas a las instalaciones de la Legislatura y no pudo instalarse la sesión en pleno de la Función Legislativa.

09h20. Varios soldados del Complejo Militar de La Recoleta, en Quito, se adhirieron a la protesta. Quemaron llantas y bloquearon el tránsito en la avenida Maldonado. Aproximadamente a la misma hora, cerca de 400 efectivos de la Fuerza Aérea se tomaron la Base Aérea de Quito, lo cual produjo la suspensión de las operaciones del aeropuerto mariscal Sucre, hasta cerca de las 19h00 de ese día.

09h25. El presidente Correa pidió ser llevado al Regimiento No. 1 de Quito. Una vez allí, se dirigió a los policías desde una ventana. Con micrófono en mano, mencionó las condiciones económicas que tenía la Policía antes de su Gobierno y las mejoras que durante su mandato habían recibido. Intentó calmar los ánimos exaltados de los policías, pero los gritos de rechazo continuaron mientras hablaba. El mandatario, visiblemente molesto exclamó: "Por lo menos respeta a tu presidente si eres fuerza pública, ¡qué vergüenza!" Instantes después, ante el abucheo general, exclamó: "¡Qué pena que los bastiones de la Patria se comporten de esta manera!". En seguida y en medio de las expresiones de rechazo a sus palabras, desanudándose la corbata y visiblemente agitado, gritó: "Señores, ¡si quieren matar al presidente, aquí está, mátenlo si les da la gana, mátenlo si tienen poder, mátenlo si tienen valor, en vez de estar en la muchedumbre cobardemente escondidos!". Luego agregó: "… Seguiremos con una sola política de justicia, de dignidad, no daremos un paso atrás. Si quieren comerse los cuarteles, si quieren dejar a la ciudadanía indefensa, si quieren traicionar su misión de policías [...] ¡traiciónenla! Este presidente y este Gobierno seguirán haciendo lo que tienen que hacer. Si quieren destruir a la Patria, aquí está, ¡destrúyanla!, pero este presidente no dará ni un paso atrás. ¡Viva la Patria!".

10h00. En Latacunga, Ambato, Riobamba, Cuenca, Loja, Ibarra, Santo Domingo y Machala, grupos de policías quemaban llantas y gritaban consignas contra el Gobierno. En Guayaquil y ante la falta de resguardo policial, se produjeron saqueos, asaltos y bloqueos de las vías por parte de civiles. Las clases se suspendieron en todo el país. Los estudiantes que ya estaban en los centros educativos, debieron regresar a sus casas en medio de la situación de caos y peligro que experimentaba la ciudadanía.

10h20. Luego de reunirse en las instalaciones del mismo Regimiento con Gustavo Jalkh, ministro de Gobierno, y dos oficiales de la Policía, el mandatario bajó del edificio en medio de bombas lacrimógenas y trató de llegar al helipuerto situado al costado oeste del Regimiento, aproximadamente a 300 metros de donde estaba. Días antes, el presidente había tenido una cirugía de rodilla por lo que caminaba con dificultad y con muletas. En el trayecto, hubo forcejeos, empujones y golpes, entre la escolta del mandatario y los policías. En uno de esos incidentes y en medio de las bombas lacrimógenas que estallaban, un policía intentó sacar la máscara anti gases que cubría el rostro del presidente.

10h40. El gobernante, asfixiado y rodeado de su escolta, ingresó al Hospital de la Policía por la puerta que une esa dependencia con el Regimiento. Esta puerta, más adelante, se "convertiría en el centro de la polémica". Correa acusó al director del Hospital, coronel César Carrión, de cerrarla para que no pudiera pasar y refugiarse en el Hospital. Una vez dentro del Hospital de la Policía, el mandatario fue llevado en andas hasta una de sus instalaciones.

11h47. Un grupo de policías, junto al jefe de Estado Mayor de la Policía, general Florencio Ruiz, leyó un documento que contenía nueve peticiones, todas relativas a la Ley de Servicio Público. El documento no hacía ninguna petición de orden político o contra el orden establecido, y uno de los voceros del grupo pidió que sus compañeros depusieran la protesta. "Durante ese día hubo intentos de acuerdo entre el Gobierno y los insubordinados". En su informe a la Fiscalía, el presidente señaló que, instalado en el tercer piso del Hospital, fue visitado por dos comisiones en representación de los insubordinados y añadió: "Me confesaron que ni habían leído la Ley (...) me dijeron que iban a deponer la medida de hecho debido a que no existía fundamento alguno para haberla siquiera iniciado, pero eso nunca ocurrió".

12h00. Un grupo de ciudadanos llegaron hasta la Asamblea Nacional para protestar en contra de la insubordinación policial, así como un grupo de unas 150 personas, algunos de ellos pertenecientes a la Federación de Estudiantes Universitarios del Ecuador, FEUE; otros vinculados al Frente Revolucionario de Izquierda, FRIU, y otros, del Movimiento Popular Democrático, MPD, apoyaban la revuelta.

13h10. Simpatizantes del Gobierno, muchos de ellos burócratas, reunidos en la Plaza Grande desde las 10h00, iniciaron una marcha hacia el Hospital de la Policía, portando banderas de Alianza PAIS y gritando consignas a favor del régimen. "La marcha estuvo encabezada por el canciller Ricardo Patiño, quien, al llegar hasta la puerta [del Hospital] fue recibido con insultos y golpeado en su cabeza con un cono de tránsito, según su versión libre rendida en la Fiscalía".

13h37. El régimen decretó estado de excepción y media hora más tarde dispuso "la difusión OBLIGATORIA E INMEDIATA de la cadena de radio y televisión a nivel nacional [...] INDEFINIDA E ININTERRUMPIDA hasta (sic) segunda orden". Los medios informativos nacionales se vieron impedidos de difundir información alguna sobre los acontecimientos.

14h17. Las Fuerzas Armadas expresaron su lealtad al presidente: "El jefe del Comando Conjunto de la Fuerzas Armadas, Ernesto González, junto con el Alto Mando Militar, reiteró su respaldo total a la democracia y al primer mandatario, Rafael Correa".

16h00. Mientras el gobernante permanecía en una habitación del Hospital de la Policía acompañado de algunos colaboradores, en las calles aledañas se registraban enfrentamientos entre policías y manifestantes: unos que apoyaban al régimen, y otros que gritaban consignas en su contra. La policía lanzó bombas lacrimógenas y repelió con violencia a los civiles que, por entonces, habían copado las calles. "Ese día, a escala nacional, hubo 10 fallecidos: cinco en Quito, cuyas muertes estuvieron relacionadas directamente con las protestas, y cinco en Guayaquil, en otros incidentes. Hubo 274 heridos, 200 de los cuales fueron en Quito, 28 en Guayaquil y 46 en el resto de provincias, según informe del Ministerio de Salud".

18h05. El primer mandatario dio una entrevista a los medios estatales, únicos autorizados a difundir información. Afirmó no poder salir del Hospital por el cerco que mantenía la Policía. En una segunda declaración, dijo sentirse secuestrado.

18h40. El Grupo de Operaciones Especiales, GOE, y el Grupo de Intervención y Rescate, GIR, "buscan rescatar a Correa". Varios elementos del GOE, debidamente apertrechados, se trasladaron al hospital, "ingresaron por emergencia y subieron al tercer piso".

19h00. Un grupo de ciudadanos, entre los cuales había algunos dirigentes políticos, ingresaron por la fuerza a uno de los canales del Estado, en Quito, y protestaron por la restricción a la libre información. Posteriormente, "la Fiscalía encontró elementos de una irrupción violenta en el edificio para generar un supuesto caos. Trece ciudadanos fueron llamados a juicio en este caso".

20h00. Los canales de televisión nacionales retomaron su programación. La ciudanía pudo presenciar "en vivo y en directo" el violento desenlace de la situación.

20h30. Se inició la operación rescate. Minutos antes, vía telefónica, Correa dispuso al ministro de Defensa, Javier Ponce, y al jefe del Comando Conjunto, Ernesto González, que procedieran a rescatarlo. El operativo "se desarrolló en medio de una intensa balacera. Participaron militares y policías de los grupos de élite del GOE y GIR". En el colegio militar Eloy Alfaro, situado a minutos del Hospital de la Policía, se inició y terminó la operación rescate, "participaron 900 militares, de los cuales 63 pertenecían al grupo especial de operaciones, unidad élite que bajó al mandatario hasta la puerta de emergencia".

21h26. Luego de salir del Hospital de la Policía, el presidente pronunció, desde el balcón del palacio de Gobierno, un discurso en el que condenó los hechos.

22h30. "Los insubordinados se repliegan. Los policías regresaron al Regimiento Quito No.1, mientras periodistas, médicos y civiles salían del Hospital. Llantas quemadas, casquillos, piedras... yacían en el sector. Pequeños grupos permanecían junto a fogatas para calmar los estragos del gas lacrimógeno".

27. Presuntos implicados

A raíz de los hechos relatados, la Fiscalía inició varias indagaciones. El coronel César Carrión, director del Hospital de la Policía, fue investigado por presumiblemente haber impedido el ingreso del mandatario al Hospital. Las tomas de la cadena de televisión ordenada por el Gobierno muestran que, si bien la puerta estuvo cerrada inicialmente, fue el propio Carrión quien la abrió. Sobre los "verdaderos" motivos que tuvo el régimen para procesar a Carrión, El Universo afirmó en una crónica del 27 de diciembre de 2011: "Hay que recordar que el proceso administrativo por mal comportamiento profesional contra el coronel Carrión supuestamente se inició por unas declaraciones que dio el oficial a la cadena internacional de noticias CNN sin permiso de sus superiores. En la entrevista Carrión contradecía la tesis de secuestro al presidente Correa manejada por el Gobierno".

Carrión fue acusado de "cómplice de intento de magnicidio" y estuvo en prisión cerca de siete meses. En mayo de 2011 recuperó su libertad. Una nota de El Telégrafo, del 15 de mayo de 2011, afirmó que el presidente Correa manifestó, en un enlace ciudadano, que el hecho de que los miembros del Quinto Tribunal de Garantías Penales de Pichincha declararan inocente a Carrión era "inadmisible". El primer mandatario también indicó "que Carrión se viste de médico, a pesar de que no lo es", e hizo hincapié en que no fue detenido ni procesado por haber dado declaraciones sin autorización a la cadena estadounidense CNN, sino justamente por la complicidad en el delito del que la Fiscalía lo acusó.

En septiembre de 2011, la Corte de Justicia de Pichincha ratificó la inocencia de César Carrión, pero los policías Luis Martínez, Luis Bahamonde y Jaime Paucar, inculpados junto a Carrión, fueron declarados culpables de intento de asesinar al presidente, en la sublevación policial. El sargento Martínez "fue acusado de ser el incitador y actor intelectual del intento de magnicidio el 30-S. Las investigaciones identificaron su voz como una de las que incitaban a la gresca, desde una radio patrulla. A Martínez se le atribuye haber dicho: '¡maten al presidente, maten al presidente!', pero él lo niega rotundamente". El cabo Paucar "fue condenado a dos años de prisión porque, según concluyeron las investigaciones fiscales, él retiró la máscara antigás del rostro de Correa". La madre insiste en que Paucar no cometió esa infracción, pero sí cayó en "el error de acercarse a tocar al señor presidente". El tercer condenado, el cabo Bahamonde "está acusado de rociar con gas pimienta al presidente Rafael Correa". [...] Él lo niega y pide que el ministro Gustavo Jalkh, recuerde que él lo salvó junto con otro policía. "Le cogimos de los hombros, le brindé un cigarrillo. Nos dijo gracias. ¿Cómo pude salvarlo a él y agredir a Correa?".

Una nota de prensa dio cuenta de que el dictamen condenatorio contra los tres policías mencionados fue utilizado por el Ejecutivo "para decir que se han confirmado sus tesis del intento de magnicidio y golpe de Estado durante el 30-S. Es más, en forma de agradecimiento, el presidente invitó a un almuerzo en Carondelet a los testigos, participantes, periodistas, familiares y representantes de los grupos sociales que apoyaron al Gobierno en el 30-S.

Sobre el recurso de última instancia presentado contra el coronel Carrión, el periodista Martín Pallares escribió en El Comercio: "El colofón del caso Carrión terminó pareciéndose más al final de una comedia de medio pelo que al cierre de un caso judicial dramático, concebido a la luz de la cruel necesidad de crear un santo mártir revolucionario. El viernes, el fiscal Galo Chiriboga llegó atrasado a la audiencia de casación que él mismo había pedido para impedir que Carrión sea declarado inocente por el supuesto intento de magnicidio el 30-S. Por ese motivo, la casación fue declarada en abandono y se ratificó la inocencia de Carrión declarada por dos tribunales menores. Pero si resulta impresentable la idea de que un fiscal se atrase a una audiencia en un caso que la neurosis revolucionaria había elevado a la categoría de tema de Estado, aún más bochornoso es que ese atraso haya sido atribuido, por el propio fiscal Chiriboga, a la demora del ascensor de la Corte Nacional de Justicia. Es doloroso que el Ecuador sea 'la República bananera de las Repúblicas bananeras', como decía un funcionario de los EE.UU en un cable filtrado por Wikileaks, pero el desenlace del viernes supera la descripción del diplomático".

A finales de 2011, el diario El Universo informó que "por atentar contra el prestigio y el honor de la Policía Nacional, el Consejo de Generales de la institución decidió dar la baja al coronel César Carrión [...]. Según el Consejo de Generales, el coronel Carrión adecuó su conducta durante la revuelta policial del 30 de septiembre, en una causal del artículo 54 de la Ley de Personal, que habla sobre malos comportamientos profesionales de los uniformados que pueden dañar la imagen de la fuerza policial. En el análisis del proceder de Carrión pesaron los testimonios rendidos por el periodista Holguer Guerrero y la funcionaria de Gobierno Iroshima Villalba, durante el juicio penal por el delito de magnicidio, seguido contra el oficial. Ambos referían haber escuchado palabras del coronel Carrión respecto que se debía atentar contra la vida del presidente Rafael Correa". El abogado defensor de Carrión, Vinicio Villa, "calificó a la decisión policial como 'crónica de una baja anunciada' y criticó el hecho de que para los generales el principio de inocencia no haya servido de nada y además de que en la decisión pesaron testimonios de personas allegadas al Gobierno [...]. Lo único que los generales hicieron fue cumplir órdenes". Rafael Correa habría dicho en una sabatina que Carrión debe ser dado de baja, concluyó el abogado.

28. Más inculpados

Otro de los implicados en el caso del 30-S fue el coronel Rolando Tapia, jefe de la escolta legislativa, acusado de "atentar contra la seguridad interna del Estado", al impedir que varios legisladores ingresaran a la Asamblea el día de los sucesos. La versión oficial señaló que el coronel permitió el ingreso solo de los asambleístas conspiradores, mientras que los gobiernistas quedaron afuera. Tapia se entregó voluntariamente a la justicia para ser investigado, y en octubre de 2010 fue puesto tras las rejas. "Por motivos de seguridad" permaneció en el penal García Moreno a pesar de que por su estado delicado de salud varios médicos recomendaron que fuese trasladado a un hospital. En junio de 2011, El Comercio informó que "el Tribunal Segundo de Garantías Penales de Pichincha condenó a tres años de prisión al coronel Rolando Tapia, encontrándolo culpable de atentar contra la seguridad interna del Estado [...]. En tanto que a los policías Patricio Simancas y Mario Flores, en su calidad de cómplices, recibieron de 18 meses; y Francisco Noboa, Carlos Tasinchana y Marco Tibán, hermano de la asambleísta Lourdes Tibán, 12 meses de prisión acusados de encubridores" (sic).

El Comercio señaló: "El Gobierno cree que con la reciente condena al coronel Rolando Tapia, ex jefe de la Escolta Legislativa, y otros cinco policías, comienza a probar la tesis de la conspiración contra el presidente de la República. Sin embargo, hay otras voces que miran este caso como un hecho aislado, y jurídicamente débil, como para probar la supuesta tesis del golpe de Estado. El secretario jurídico de la Presidencia, Alexis Mera, aseguró ayer a este diario que la condena que impuso la madrugada del martes el Tribunal II de Garantías Penales es importante. La razón: 'confirma que hubo un intento de miembros de la Policía de impedir la sesión de la Asamblea, al atacar diputados e impedir su ingreso al recinto. Eso, aquí y en la Conchinchina, es intento de golpe de Estado" (sic).

A finales de octubre de 2011, la Primera Sala de lo Penal de Pichincha ratificó la sentencia impuesta al coronel Rolando Tapia y a los policías Flores, Simancas, Tasinchana, Tibán y Noboa, condenándolos a las mismas penas establecidas en la instancia anterior. La condena a Tapia, sin embargo, fue cuestionada por la presión que ejercieran varios funcionarios públicos sobre los jueces que tramitaban el proceso. El Universo informó que "en la mañana de ayer, Víctor Hugo Cevallos, abogado del exjefe de la escolta legislativa, Rolando Tapia, dijo que para la sentencia hubo muchas presiones políticas, no solo por las declaraciones del enlace sabatino del presidente, sino por la presencia fuera del tribunal del ministro de Relaciones Exteriores, Ricardo Patiño; el gobernador del Guayas, Roberto Cuero; el secretario de Alianza PAIS, Galo Mora; y el ministro del Interior, José Serrano. Lo que ha dicho el presidente de la República sí preocupa. Decir que si se los declara culpables (él) está dispuesto a darles un indulto. Entonces presiona al tribunal al decirles: señores senténcienlos, que yo mañana los indulto y eso no puede pasar. Eso, a juicio de Cevallos, es meter la mano en la justicia" (sic).

Otro de los implicados fue Fidel Araujo, mayor retirado del Ejército y ex militante del partido Sociedad Patriótica. Araujo fue detenido en octubre de 2010 y acusado de incitar a la rebelión policial el 30-S. Algunos videos mostraban a Araujo el día de los hechos en las inmediaciones del Regimiento Quito, por lo que se presumió su participación en los hechos. Tras permanecer seis meses en la cárcel, recobró su libertad en abril de 2011. Su defensa esperaba, en mayo de ese año, la decisión de la Fiscalía de apelar del fallo "antes de pronunciarse de si va o no a iniciar acciones legales contra los impulsores del proceso, pues considera que este tuvo motivaciones políticas, al ser ex oficial militante del partido Sociedad Patriótica". La Fiscalía apeló del fallo en junio de 2011, por lo que el caso pasó a la Corte Provincial. Debido a la reestructuración efectuada a la administración de justicia del país, la sala donde se tramita el juicio no tenía jueces hasta finales de dicho año, por lo que el caso todavía no se había resuelto. Un total de 47 policías fueron inculpados en este caso por el delito de rebelión. De ellos, solamente 15 han sido acusados; en la nómina figura el exjefe de Estado Mayor de la Policía, general Florencio Ruiz. En noviembre de 2011, la prensa informó que el general Ruiz había sido sobreseído provisionalmente por la jueza Carmen Baño, que consideró que el oficial había actuado el 30–S como mediador entre los policías insurrectos, la oficialidad y el mandatario. Respecto de los otros 15 policías acusados, la jueza sobreseyó a tres oficiales más, pero acusó como autores del delito de rebelión a otros 11 uniformados, entre ellos, a dos mujeres pertenecientes a la institución policial.

Otros 104 policías y militares fueron sancionados por la Contraloría por "mal uso de bienes públicos" con multas que, en la mayoría de los casos, fueron de USD 2.640, aunque algunos oficiales generales deberían pagar USD 5.000. Las multas a los militares les fueron impuestas por haber bloqueado la pista del aeropuerto de Quito durante esa jornada. "Los sancionados tienen 30 días para presentar pruebas de descargo y, eventualmente, ser absueltos. El trámite para el pago no es inmediato, ya que después de este plazo hay otros 30 días para que la Contraloría revise, y otros 30 para la apelación. Como última instancia, los involucrados pueden apelar ante la Corte Constitucional".

El sitio web oficial de Alianza PAIS, AP, el movimiento político del Gobierno, informó en septiembre del año 2011, que "un tercer caso con sentencia es por impedir el tránsito de vehículos, personas y mercadería. Ahí fueron sentenciados a un año de prisión cuatro funcionarios administrativos de la Universidad Nacional de Chimborazo [...]. El atentado contra la seguridad interior del Estado es un caso que enfrenta el Tnte. Crnl. Marcelo Vaca y el proceso se encuentra en la etapa de juzgamiento, mientras que por impedir el tránsito de vehículos, personas y mercaderías en el que está involucrado Milton Naranjo y otros, ha terminado la instrucción fiscal, pero aún no se hace la audiencia preparatoria de juicio. A la etapa de instrucción fiscal ha avanzado el caso por el atentado contra la seguridad interior del Estado, cuyo principal acusado es Hernán Yánez".

Lo que preocupaba por entonces era que cinco casos relativos al hecho todavía no entraban en la etapa de indagación. Entre ellos, el de sabotaje en la base aérea de Quito, y los homicidios de Froilán Jiménez (policía) y Juan Pablo Bolaños (estudiante), así como las muertes de quienes estaban en la ambulancia atacada. Otro caso es el proceso por el "atentado contra la seguridad interior del Estado", iniciado por los hechos registrados en los exteriores del Ministerio de Defensa, y del cual se conoce que 113 militares fueron sancionados de acuerdo con el Reglamento de Disciplina Militar.

Por parte de la Contraloría, están acusados de "mal uso de bienes públicos" los 138 militares de la FAE que participaron en la toma de la base aérea.

29. ¿Intentona golpista o sublevación policial?

Frente a las diferentes y discordantes declaraciones oficiales, versiones de prensa y confesiones rendidas en los juicios contra los implicados en estos sucesos, la pregunta que debemos plantearnos es: ¿Los eventos del 30-S fueron una sublevación policial con propósitos de protesta, o constituyeron el intento velado de defenestrar el Gobierno de Correa?

El mismo día de los hechos, el periodista Martín Pallares publicó, en la edición electrónica de El Comercio, una nota titulada ¿Hubo golpe de Estado? La nota dice: "El Gobierno ha intentado durante las últimas horas proyectar la idea de que lo que ocurrió hoy en el país fue un golpe de Estado. Este intento se hizo más patente desde que se declaró el llamado estado de excepción y la televisión del Gobierno pasó a monopolizar la información […], gracias a una cadena de radio y televisión. Pero, ¿en verdad hubo un golpe de Estado en el Ecuador? Yo supongo que para hablar de un golpe de Estado debe haber habido, al menos, el intento manifiesto de derrocar al presidente para remplazarlo por alguien. Y en el caso ocurrido este día lo único que hubo fue un deplorable e injustificable acto de insubordinación de los policías que se sentían, justa o injustamente, afectados en sus derechos. Pero la intención de derrocar al presidente no se expresó en ningún momento y lo máximo que hubo fue la retención de Correa en el hospital de la Policía, a donde llegó por un desatinado acto de imprudencia" (sic).

Más adelante, Pallares señala: "El presidente Correa nunca dejó de gobernar. Sí, desde el interior del hospital de la Policía donde estaba, según él secuestrado, siguió dando órdenes […]. El Gobierno está intentando esconder bajo la figura del golpe de Estado, las consecuencias de un manejo muy particular del poder. La prepotencia y el abuso del poder en la forma de aprobar leyes, sin tomar en cuenta las observaciones de la oposición y de grupos posiblemente afectados han terminado por explotar por el lado menos pensado. Lo que sucedió con la Policía, si bien es absolutamente intolerable y reprochable, fue la consecuencia nada esperada de esa forma de manejar al país…"

Por su lado, el asambleísta Cléver Jiménez, de Pachakutik, afirmó que "Nadie se atreve a inculpar al verdadero responsable". En una entrevista concedida a El Comercio, Jiménez señaló que "El responsable de las muertes del 30 de septiembre es el economista Rafael Correa. Esto se dio debido a dos escenarios: en primer lugar, por su actitud de intervenir con vetos dentro de la Asamblea Nacional, en especial en el proyecto de Ley de Servicio Público, que generó dudas. Además, el día de los hechos, visitó el Regimiento Quito y con una actitud retadora incitó a los policías para que se rebelen". Cuando el periodista le preguntó: ¿Qué pruebas tiene para sostener eso?, el asambleísta respondió que tenía "dos informes; uno que fue emitido por el Comando Conjunto de las Fuerzas Armadas en el cual se establece que fue Rafael Correa quien, vía telefónica, dio las órdenes al ministro Javier Ponce, para ejecutar su rescate. Además, me baso en otro informe de Fernando Garzón Orellana, un ex funcionario del régimen que estuvo junto con Rafael Correa en el 30 de septiembre, y relata que nunca estuvo detenido ni que se trató de un golpe de Estado" (sic). Jiménez agregó que había solicitado a la Fiscalía "Que se realice la necropsia correspondiente a los cadáveres para que se determine desde qué ángulo se lanzaron los disparos y qué tipo de balas se usaron. Reitero, para mí el único responsable de esas muertes es el presidente Correa".

En marzo de 2011, el Taller de Historia Económica de la Pontificia Universidad Católica del Ecuador, PUCE, publicó el estudio, *Falsos positivos. Visiones del 30-S en cuatro periódicos ecuatorianos*. La investigación, dirigida por la comunicadora y catedrática Isabel Paz y Miño, analiza 323 piezas, entre editoriales institucionales y artículos de opinión, publicados durante el mes de octubre de 2010, es decir, solo un mes después del 30–S. El documento afirma que "Echar abajo la tesis del intento de golpe de Estado […], ha sido la tarea de las páginas editoriales y de opinión de los cuatro principales diarios del país: El Comercio, Hoy, El Universo y Expreso.

Un promedio de 10 artículos por día se han referido a los acontecimientos del 30 de septiembre en la prensa nacional durante el mes de octubre de 2010".

El estudio referido señala que los medios de prensa indicados afirman que el Gobierno, haciendo uso de la propaganda oficial, ha querido instaurar la tesis del golpe de Estado, y por ello sus editorialistas y articulistas han negado sistemáticamente tal tesis, negando "incluso, que el presidente estuvo secuestrado o que su vida estuvo amenazada. Han insistido en que aquel día se produjo exclusivamente una insurrección, una insubordinación, un paro policial por demandas salariales, que el presidente Correa no estuvo retenido en el Hospital de la Policía pues desde allí dio órdenes y que los sublevados no intentaron matarlo". Mientras que el 35 % de la notas de prensa mantenían esta tesis, solo el "5 % de las opiniones analizadas sostenían que ese día se produjo un intento de golpe del Estado", afirma el informe.

A manera de conclusión, el estudio cita a Xavier Zavala Egas, quien en su artículo *Números fríos,* publicado en el diario Expreso el 26 de octubre, afirmó que la opinión pública no coincidía con la opinión publicada en la prensa. "Me basta, dijo Zavala, recurrir a las encuestas realizadas por empresas diversas que sondearon la opinión de los ecuatorianos sobre los acontecimientos citados. Así, cuando las encuestadoras preguntaban a los ciudadanos si creían que hubo la intención de derrocar al presidente Correa, el 78.9 % en Quito y el 75 % en Guayaquil contestaron afirmativamente. Es decir, mientras comentaristas y analistas políticos no afectos al régimen se dedicaron a difundir la tesis que el 30–S no se intentó un golpe de Estado, el pueblo tiene una impresión totalmente diversa".

Las vicisitudes en torno a los sucesos del 30 de septiembre fueron noticia de primera plana, desde el mismo día de los hechos hasta finales del año 2011. No cesaron de plantearse argumentos a favor del "intento de golpe de Estado" o de la "simple revuelta policial". Las dos posiciones antagónicas argumentaron a su manera, cada una valiéndose de los medios a su alcance. Varios editorialistas de la prensa escrita, como se ha visto en los párrafos precedentes, dijeron lo suyo. Las estaciones de radio y televisión invitaron con frecuencia a diversos analistas para que opinaran sobre los sucesos. El Gobierno, por su parte, también desplegó sus estrategias, entre ellas, la propaganda. La Corporación Participación Ciudadana registró un aumento de la inversión publicitaria en los meses considerados clave para posicionar la idea de golpe de Estado. En octubre de 2010 el Gobierno gastó USD 2.109.979 —el mayor del año—, y en agosto del año 2011, a las puertas de la "conmemoración" de los hechos, el gasto fue de USD 1.025.123. Ruth Hidalgo, directora de dicha organización, informó que, luego de analizar las cadenas nacionales y las sabatinas se concluye que en alguna medida sirvieron para "vender" la posición del Gobierno. Entre octubre de 2010 y agosto de 2011, se transmitieron cinco cadenas sobre el 30-S, con una duración total de 40 minutos. El mensaje reiterativo del Gobierno ha sido: "Triunfó la democracia frente a la intención de derrocar al presidente".

El diario El Comercio recogió la opinión de Gustavo Abad, analista de medios del Centro Internacional de Estudios Superiores de Comunicación para América Latina, CIESPAL, quien afirma que las distintas tesis en torno al 30-S son "Parte de la disputa por el control del significado" de este suceso. Esta lucha entre el poder político oficial y el poder mediático ha provocado que el derecho de los ciudadanos a la información resulte afectado, pues ellos deben tomar una posición ante dos posturas polarizadas, señala Abad.

30. Gobierno enjuicia al diario El Universo

El 6 de febrero de 2011, el periodista Emilio Palacio escribió en el diario El Universo un editorial titulado "NO a las mentiras", en el cual afirmó: "Esta semana, por segunda ocasión, la Dictadura informó a través de uno de sus voceros que el Dictador está considerando la posibilidad de perdonar a los criminales que se levantaron el 30 de septiembre, por lo que estudia un indulto. No sé si la propuesta me incluya (según las cadenas dictatoriales, fui uno de los instigadores del golpe); pero de ser así, lo rechazo" (sic).

Agregó Palacio: "Comprendo que el Dictador (devoto cristiano, hombre de paz) no pierda oportunidad para perdonar a los criminales. Indultó a las mulas del narcotráfico, se compadeció de los asesinos presos en la Penitenciaría del Litoral, les solicitó a los ciudadanos que se dejen robar para que no haya víctimas, cultivó una gran amistad con los invasores de tierras y los convirtió en legisladores, hasta que lo traicionaron. Pero el Ecuador es un Estado laico donde no se permite usar la fe como fundamento jurídico para eximir a los criminales de que paguen sus deudas. Si cometí algún delito, exijo que me lo prueben; de lo contrario, no espero ningún perdón judicial sino las debidas disculpas" (sic).

"Lo que ocurre en realidad es que el Dictador por fin comprendió (o sus abogados se lo hicieron comprender) que no tiene cómo demostrar el supuesto crimen del 30 de septiembre, ya que todo fue producto de un guion improvisado, en medio del correcorre, para ocultar la irresponsabilidad del Dictador de irse a meter en un cuartel sublevado, a abrirse la camisa y gritar que lo maten, como todo un luchador de cachacascán que se esfuerza en su *show* en una carpa de circo de un pueblito olvidado. A esta altura, todas las 'pruebas' para acusar a los 'golpistas' se han deshilvanado" (sic).

"El Dictador reconoce que la pésima idea de ir al Regimiento Quito e ingresar a la fuerza fue suya. Pero entonces nadie pudo prepararse para asesinarlo ya que nadie lo esperaba. El Dictador jura que el exdirector del Hospital de la Policía cerró las puertas para impedir su ingreso. Pero entonces tampoco allí hubo ningún complot porque ni siquiera deseaban verle la cara. Las balas que asesinaron a los policías desaparecieron, pero no en las oficinas de Fidel Araujo sino en un recinto resguardado por fuerzas leales a la Dictadura. Para mostrar que el 30 de septiembre no usaba un chaleco blindado, Araujo se colocó uno delante de sus jueces y luego se puso la misma camiseta que llevaba ese día. Sus acusadores tuvieron que sonrojarse ante la palpable demostración de que los chalecos blindados simplemente no se pueden ocultar" (sic).

"Podría seguir pero el espacio no me lo permite. Sin embargo, ya que el Dictador entendió que debe retroceder con su cuento de fantasmas, le ofrezco una salida: no es el indulto lo que debe tramitar sino la amnistía en la Asamblea Nacional. La amnistía no es perdón, es olvido jurídico. Implicaría, si se la resuelve, que la sociedad llegó a la conclusión de que el 30 de septiembre se cometieron demasiadas estupideces, de parte y parte, y que sería injusto condenar a unos y premiar a otros" (sic).

"¿Por qué el Dictador sí pudo proponer la amnistía para los "pelucones" Gustavo Noboa y Alberto Dahik, pero en cambio quiere indultar a los 'cholos' policías?" (Sic).

"El Dictador debería recordar, por último, y esto es muy importante, que con el indulto, en el futuro, un nuevo presidente, quizás enemigo suyo, podría llevarlo ante una corte penal por haber ordenado fuego a discreción y sin previo aviso contra un hospital lleno de civiles y gente inocente. "Los crímenes de lesa humanidad, que no lo olvide, no prescriben" (sic).

31. La demanda

Sobre la base de este artículo de opinión, el presidente Correa presentó el 21 de marzo de 2011, una querella criminal de 180 páginas contra el periodista Emilio Palacio, contra los directores del diario El Universo, Carlos, César y Nicolás Pérez, y también contra la compañía anónima El Universo. Fueron acusados del delito de injuria grave a la autoridad. A "título personal", Correa solicitó a El Universo una indemnización de 30 millones de dólares, y requirió 50 millones más a los señores Pérez y a Emilio Palacio, para quienes también pidió tres años de prisión.

Una nota de eluniverso.com, de marzo de 2011, afirma respecto del editorial de Palacio, que "Se trata [...] de las ideas y opiniones críticas y ciertamente controvertidas sobre un tema de interés público sobre el cual existe un debate en la sociedad ecuatoriana. En efecto, el sector gubernamental y sus partidarios han sostenido una versión sobre los hechos que difiere de la que sostienen otros sectores de la sociedad. En este sentido es un debate aún no cerrado, donde de lado y lado se han vertido versiones y opiniones sobre los hechos mencionados".

Una nota de diario Hoy, del 31 de marzo de 2011, dice: "Es el párrafo de 49 palabras del editorial de Palacio en el que se sustenta la demanda que reclama tres años de prisión y $ 80 millones de indemnización. Eso significa que el jefe de Estado exige a los directivos de El Universo $ 1 632 653 por cada palabra escrita por su editor de opinión en una de sus columnas semanales".

Por su parte, el mandatario, en su demanda, afirma que Palacio se refería a él como "dictador", con lo cual cometía una injuria calumniosa, ya que él "es un presidente constitucional", y aclara, que no demanda a Palacio por esas expresiones, sino por las relacionadas con los disparos al hospital, pues son esas las que constituyen el delito. Agrega que la Corte Interamericana de Derechos Humanos "en múltiples ocasiones ha establecido que opinar sobre algún asunto que es de interés público, no significa de modo alguno que el honor de los funcionarios públicos o de las personas públicas no debe ser jurídicamente protegido". Afirma que las aseveraciones de que ordenó fuego contra el hospital son falsas y "pretenden encubrir la verdad de lo que realmente ocurrió en aquella fecha". Añade que lo dicho por el editorialista viola lo dispuesto por la Constitución, que señala que el pueblo ecuatoriano debe "Recibir información veraz, verificada, oportuna, contextualizada, plural..." Agrega que, "Categóricamente la Constitución de la República del Ecuador NO RECONOCE EL DERECHO AL INSULTO... ", (mayúsculas en el original), y que en este caso "La protección al derecho de libertad de opinión debe ceder ante la protección del derecho al honor, ya que [...] se ha hecho un uso ilegítimo y delictivo de la libertad de opinión... "

En relación con la demanda contra los directores de El Universo, Correa dijo que se fundamentaba en que ellos colaboraron en la preparación, redacción y publicación del artículo de Palacio. El directorio de la compañía anónima El Universo, afirmó, tiene entre sus facultades el dirigir las actividades de la compañía y por ello, ellos estaban vinculados y deberían responder en su totalidad "por dirigir dicha publicación en todos sus ámbitos, por lo que [los señores Pérez] deberán ser declarados autores del delito de injurias calumniosas...". Agregó Correa que, según el estatuto de la compañía, es el Directorio quien establece la política noticiosa y de opinión, y por ello la demanda se hacía extensiva también a la compañía anónima El Universo, como coautora del delito de injurias calumniosas. "A través de ésta, decía el presidente, se ha publicado e instrumentalizado para cometer el delito de injurias calumniosas".

32. "Un privilegio exorbitante"

En un estudio de 73 páginas, realizado por Enrique Gimbernat Ordeig, profesor de Derecho Penal de la Universidad Complutense de Madrid, afirma que Emilio Palacio en su artículo "No a las mentiras" –que fue motivo de la demanda– "No ha cometido ningún delito de injuria". Tomando como referencia casos y sentencias del Tribunal Europeo de Derechos Humanos y del Tribunal Constitucional Español, el profesor Gimbernat afirma que "Estamos ante un caso paradigmático de prevalencia de las libertades de información y de expresión frente al derecho al honor". Y si bien el artículo ha sido calificado como injurioso, agrega el informe del catedrático, la condena de tres años de prisión y la millonaria indemnización que deberían pagar los imputados "supone un ataque sin precedentes contra la libertad de expresión". El profesor coincide con lo afirmado por el Tribunal Europeo de Derechos Humanos, de que la sentencia referida no solo tiene un carácter "disuasorio", sino "aterrorizador" para el ejercicio de esta libertad.

Agrega el informe del catedrático de la Complutense de Madrid que "Aunque la conducta de Palacio fuera constitutiva de delito – que no lo es– la condena como autores coadyuvantes habría infringido el principio de presunción de inocencia, habiéndoseles aplicado, además, un totalitario 'Derecho penal de autor' y una 'culpabilidad de conducción por la vida', incompatible con un democrático Derecho penal de hecho" (sic).

Añade el profesor que "Las dos sentencias condenatorias parten de un desconocimiento absoluto de cómo hay que interpretar los límites de las libertades de información y de expresión, y absolutizan (sic) el derecho al honor", sin hacer una ponderación sobre cuál de los dos derechos debe prevalecer. "Si ello fuera tal, como mantienen ambos tribunales, entonces los medios de comunicación deberían renunciar a cualquier crítica a los

personajes públicos (parece que solo se les permitiera adularles...)"
(sic).

Respecto de las opiniones del catedrático, el diario El Universo
refiere en un artículo que "En días pasados, Alembert Vera,
abogado del presidente Correa –quien según su hoja de vida ha
realizado estudios en la Universidad Complutense de Madrid–,
calificó de "mentiroso" y de "servilismo académico" al informe de
Abraham Castro, de la Universidad Carlos III, análisis con el que ha
coincidido el tratadista Gimbernat. Castro sostiene, entre otras
cosas, que la condena de tres años de cárcel y el pago de una
millonaria indemnización a favor de Correa es "contraria a las
libertades consagradas en tratados internacionales sobre derechos
humanos". Considera que los argumentos empleados en la
sentencia respecto a la fijación del monto global de la
indemnización [...] "resultan denigrantes", por conceder "un
privilegio exorbitante", que sitúa al querellante por encima de la
dignidad de los demás ecuatorianos".

33. ¿Quién es Chuky Seven?

A las 23h00 del 19 de julio del 2011 un "pendrive" (dispositivo
electrónico de almacenamiento de datos) fue introducido en
la computadora del juez Juan Paredes. Al parecer, ese
archivo permaneció intocado hasta las 16h00 del día 20 de julio en
que fue abierto y su contenido, de 156 páginas, fue impreso. El
resultado: una sentencia de condena para Emilio Palacio y para los
directivos de El Universo a tres años de cárcel y pago de 40 millones
de dólares al ciudadano Rafael Correa, presidente de la República
del Ecuador. (Dos meses después, en septiembre de 2011, la
Segunda Sala de lo Penal del Guayas, con dos de tres votos, ratificó
la sentencia. A finales de ese año se esperaba la decisión de última
instancia, que le correspondía a la Corte Nacional de Justicia. Sobre
este dictamen nos referiremos más adelante).

Dentro de la diligencia legal que posteriormente la Fiscalía del
Guayas ordenó que se realizara al disco duro del juzgado, figura
como autor del documento correspondiente a dicha sentencia un
"usuario" identificado con el nombre de "Chuky Seven". De esta

situación se desprende que el autor de la sentencia no sería el juez Paredes, sino el señor "Chuky Seven" quien, realmente, no sabemos quién es, aunque tengamos una clara sospecha…

Un primer análisis realizado por el consultor Alex Rivera a la copia del disco duro del juzgado, llegó justamente a esa conclusión. La diligencia fue pedida por Joffre Campaña, abogado de El Universo y de Emilio Palacio. Una nota de hoy.com.ec, de septiembre 7 de 2011, afirmaba categóricamente que "Chuky Seven" era el autor de la sentencia, y agregaba que "según Campaña, de los resultados del análisis se desprende que el archivo, Correa 457-2011.2, donde consta la sentencia, no fue creado en la computadora del Juzgado. La versión de Campaña es parte de la acusación a Paredes de haber cometido prevaricato y falsedad ideológica en la preparación de la sentencia en el mencionado juicio".

En su defensa, el juez Paredes argumentó que la sentencia era de su autoría y que la escribió en el Juzgado XV, y que además, utilizó un escáner del mismo juzgado con el que se ayudó a dictar la sentencia en las 25 horas de las que dispuso, desde que recibió el proceso el 19 de julio, hasta que la emitió la sentencias al siguiente día. Por su parte, el abogado Campaña argumentó que era "humanamente imposible" conocer la querella y redactar 156 páginas en 25 horas. Irrefutable.

Pocos días después de estas revelaciones, y una vez iniciado el juicio por parte de la Fiscalía contra el juez Paredes, por "inconsistencias", el abogado Campaña recibió (no se sabe de quién) unos documentos que "aparentemente" presentaban a Gutemberg Vera, uno de los abogados del presidente Correa, como autor de la sentencia. Los documentos quizá probaran que Vera elaboró la sentencia por la cual su cliente, el presidente de la República, recibiría 40 millones de dólares. Los documentos que probarían que el abogado del mandatario fue quien elaboró la sentencia por la cual su cliente recibiría 40 millones de dólares, eran dos sentencias anteriormente dictadas por el abogado Vera, cuando era conjuez de la III Sala de lo Penal, en las que el autor era "Chuky Seven".

Pocos días más tarde, el 13 de septiembre, el Consejo de la Judicatura Temporal (CJT) suspendió por 90 días a los cuatro funcionarios judiciales que intervinieron en la clonación del disco duro del Juzgado XV, sin cuya copia el abogado Campaña no habría descubierto a "Chuky Seven" como el autor de la sentencia. El 16 de septiembre, a pesar de las irregularidades que presentaba el caso, se instaló la audiencia de segunda instancia del caso El Universo; a ella asistió el mandatario y sus abogados, Gutemberg y Alembert Vera. El día 20 de septiembre, la Segunda Sala de lo Penal ratificó la sentencia de "Chuky Seven", con un voto salvado de un total de tres. El juicio pasó a manos de la Corte Nacional de Justicia, juez de última instancia.

34. No hay crimen perfecto

El 28 de septiembre, el fiscal Gagliardo realizó un reconocimiento del Juzgado XV. Constató que allí no había ningún escáner, (el aparato que el juez Paredes afirmó haber utilizado para dictar la sentencia de 156 páginas en 25 horas), hecho que concordaba, según afirmó el fiscal, con un informe que sobre la ausencia de esa máquina le había remitido el Consejo de la Judicatura. "El propio juez Décimo Quinto de Garantías Penales del Guayas, Oswaldo Sierra, confirmó ayer que en dicha dependencia no existe escáner", afirmó una crónica del diario la Hora. "La versión del juez, dejaría sin piso el argumento de Paredes, quien sostuvo que utilizó un escáner del juzgado para su sentencia", concluye la nota del matutino.

El 5 de octubre, el abogado Campaña entregó a la Fiscalía nuevos indicios que, al parecer, indicaban que el abogado Gutemberg Vera era el usuario "Chuky Seven". A través de documentos notariados, se estableció que unos boletines de prensa enviados por Vera a los medios de comunicación (el 22 de julio del 2011) tenían como autor a "Chuky Seven". Junto a dichos boletines, Vera adjuntó "El escrito de apelación que presentamos el día de hoy, respecto a la sentencia dictada contra diario El Universo y otros, y también la última hoja de este escrito donde consta la fe de presentación; y, asimismo [...] el currículum vítae del Dr. Alembert Vera Rivera. Afectuosos saludos, Dr. Gutemberg Vera Páez" (sic). Una nota del diario Hoy, del 30 de septiembre de 2011, afirmó que "Al abrir la hoja de vida de Alembert Vera [...] se puede leer que ese documento fue creado por Chucky Seven, el usuario que habría redactado la sentencia contra El Universo" (sic). Al respecto, el abogado Campaña afirmó que "El autor de la sentencia es el usuario "chucky seven" en la organización Chucky. Ese nombre aparece también cuando se abre el documento de la apelación, que tiene el sello del estudio jurídico de Gutemberg Vera y que está en el correo enviado a varios medios el 22 de julio pasado. [...] Los hechos relatados, afirmaba Campaña en su escrito presentado ante la Fiscalía, podrían constituir uno de los casos de mayor corrupción judicial en nuestro país" (sic).

La nota referida del diario Hoy informó también lo que había afirmado Vera sobre el tema: "En el Ecuador, hay unos 200 mil Chucky Seven. Eso es como que usted me diga que tiene un carro marca Ford. Pensar que sobre eso pueda hacer una afirmación sería un absurdo. [...] Es como que me diga que usted tiene un televisor Sony de 21 pulgadas. Yo también lo tengo".

Un artículo del "ciudadano.gob.ec" (diario oficial del Gobierno) dio cuenta de que "El presidente de la República cuestionó las declaraciones del procurador judicial de diario El Universo, Joffre Campaña, quien señaló que la sentencia contra El Universo fue elaborada fuera del Juzgado Décimo Quinto de Garantías Penales. 'Hay gente que le encanta hacer el ridículo', expresó el presidente, durante el conversatorio de medios en Guayaquil, en referencia a los cuestionamientos públicos de Campaña sobre la sentencia contra diario El Universo. [...] 'Chucky Seven' no es más que un programa de Windows alterado, es decir, una versión pirata de Windows, personalizada y editada" (sic). "[...] Ayer, agregó la nota del matutino porteño, durante el conversatorio en Guayaquil, el primer mandatario, aunque prefirió no profundizar en el tema, recordó que Joffre Campaña es conocido públicamente por defender lo indefendible y como ejemplo, citó que es el abogado de su hermano Fabricio Correa, quien está demandando al Estado por la terminación unilateral de contratos ilegales. 'Defiende los contratos de Fabricio Correa que todos sabemos que fueron ilegales y está demandando al Estado porque dice que son legales. Frente a una persona que afirma cualquier cosa por unos cuantos dólares, bueno, este es un caso más cualquier cosa va a decir', agregó el mandatario" (sic).

35. "Los documentos comparten el mismo origen"

El fiscal a cargo de indagar si el juez Paredes redactó la sentencia a favor del mandatario, o si acaso la escribió "Chucky Seven", informó en diciembre de 2011, que llamaría a declarar a otras personas, entre quienes constaba Jaime Martínez, técnico del Consejo de la Judicatura que había sido destituido por haber colaborado en la clonación del disco duro del Juzgado XV Penal del Guayas. En una entrevista con el diario El Comercio, el técnico Martínez afirmó que la sentencia contra El Universo, fue redactada por Gutemberg Vera, abogado del mandatario. Reveló, además, que se reunió con dicho abogado, quien estaba preocupado por lo que se había encontrado en el disco duro. Transcribimos parte de la entrevista hecha por El Comercio a Jaime Martínez:

"Jaime Martínez Jaramillo trabajó en la Unidad de Informática del Consejo de la Judicatura del Guayas hasta el 22 de noviembre pasado, cuando fue destituido de su cargo. Antes, estuvo suspendido 90 días como acción disciplinaria por su actuación en la clonación del disco duro del Juzgado XV de lo Penal, donde se dictó la sentencia contra El Universo, el 20 de julio pasado. Ahora hace revelaciones sobre el caso, como una supuesta reunión que tuvo con Gutemberg Vera, abogado del presidente.

-¿Por qué lo destituyeron?

-Por represalia a una clonación que se hizo del disco duro del juzgado de Oswaldo Sierra. Me pareció 'de Ripley' que me sancionaran a mí y no a ese juez que ordenó que hiciera la clonación.

-¿Qué había descubierto?

-En las propiedades del archivo aparece como autor Chucky Seven, y se hizo a partir de las 23:00 del 19 de julio, y tuvo tiempo inactivo hasta las 16:00 del 20, cuando imprimieron la sentencia.

-¿Tiene cómo probarlo?

-Eso está en el SATJE, que es el Sistema Automático de Trámite Judicial Ecuatoriano.

-¿Qué vino después?

-El 26 de agosto en la tarde, cuando fue la clonación, yo daba mantenimiento a los equipos del Juzgado XIII de lo Penal, y el Dr. Ronald Guerrero me preguntó qué se encontró en la mañana. Le respondí que por mi curiosidad encontré que el archivo tenía como autor a Chucky Seven, que aparentemente escuché que los abogados decían que ese archivo no fue hecho aquí sino en un estudio jurídico, y creo que el interés de ese archivo es del abogado Gutemberg Vera. Entonces a él se le salió decir 'chuta, yo le dije a Gutemberg que no haga eso'.

-¿Podría asegurar que el autor del documento Chucky Seven tenía relación con Gutemberg Vera?

-Sí

-¿Por qué?

-Días después de la clonación me asignaron para mantenimiento a las Salas de lo Penal. Soy muy curioso; fui a la II Sala Penal, donde él estuvo de conjuez. Empecé en la máquina de la secretaria y allí apareció otro Chucky Seven, ¡qué raro! Vi que el juez ponente era Gutemberg Vera. Pensé: 'Ups, esto tiene relación con el otro artículo que está en el Juzgado XV'. Empecé a hacer un rastreo en las demás máquinas y solo en la que estuvo el Dr. Vera apareció.

-¿Cree que ese hallazgo confirma que G. Vera hizo la sentencia del caso El Universo?

-Sí, no hay más.

-¿Qué pruebas tiene?

-Si tuviera herramientas forenses lo haría. Dos archivos hechos en una misma computadora siempre crean un registro" (sic).

El mismo diario El Comercio publicó, el 15 de diciembre, la "Réplica de G. Vera a la entrevista" anteriormente transcrita. Entre otras cosas, el abogado afirma: "Al parecer para El Universo y su aliado El Comercio, el único criterio de verdad es la invención y la mentira, no tienen duda alguna en recurrir a ventrílocuos de diferente tipo para que repitan aquello que no pueden sostener frontalmente con pruebas que sustenten lo que afirman, pues el propio entrevistado al responder la pregunta ¿Cómo puede probar que los Vera son los autores de la Sentencia contra el diario? Dice: 'Eso no puedo probarlo. Lo que entra en discusión es que no hay argumento para mi destitución'. Añadiendo además que ya es reiterada la infame emisión de seudas noticias, entrevistas, notas de prensa y demás barbaridades, que de manera dolosa y malintencionada viene publicando diario El Comercio; lo que evidencia un exclusivo ánimo de lesionar el honor y difamar la imagen de quien suscribe la presente, convirtiéndose diario El Comercio junto a diario El Universo, en autores y participes de varios delitos y de una concurrencia de infracciones, por lo cual me reservo el derecho de iniciar acciones, independientemente de la Constitucional rectificación solicitada" (sic).

El 20 de diciembre, el diario El Universo informó que "El informe pericial que realizó la Fiscalía sobre el disco duro de la computadora del Juzgado 15º de Garantías Penales del Guayas, desde donde se emitió la sentencia contra el diario EL UNIVERSO, coincide con el análisis particular que efectuó un consultor estadounidense: el archivo del fallo que ordena que los querellados y el medio le paguen 40 millones de dólares al presidente de la República, Rafael Correa, fue elaborado en el programa pirata del sistema operativo Windows llamado Chucky-Seven".

El abogado Campaña demandó al juez Paredes por prevaricato y falsedad ideológica ante la Fiscalía, "tras poner en duda que el juez temporal haya redactado el fallo en el corto tiempo que transcurrió entre el final de la audiencia de juzgamiento, a las 16:00 del 19 de julio, y el momento en que esta se firmó, a las 16:14 del día siguiente". El consultor estadounidense afirmó en su informe que después de 50 minutos de que hubo concluido la audiencia de juzgamiento de primera instancia, se copiaron desde una fuente externa cuatro archivos PDF que contenían reproducciones escaneadas de la querella por injurias interpuesta por Correa, y otros escritos relacionados con el proceso.   A su vez, el juez Paredes, en su comparecencia ante la Fiscalía, confirmó haber utilizado un pendrive con información del caso, que le fue proporcionado por la jueza Mónica Encalada que le antecedió en el despacho, pero que él fue el autor del fallo condenatorio. Por su parte, el técnico estadounidense agregó que en la máquina del juez fue instalada una versión comprimida y "pirata" del programa "Fine Reader Pro 8", usado para convertir documentos en archivo PDF a textos.

Una nota de El Comercio del 21 de diciembre de 2011, afirmó que el técnico estadounidense analizó durante tres meses el "clon" del disco duro del juzgado XV, desde donde se sentenció a favor del mandatario el pago de 40 millones de dólares. "Trabajó con un equipo de siete expertos en seguridad informática en Florida (Estados Unidos), contratado por la defensa del rotativo. La conclusión de su informe forense, de 33 páginas, es que "la sentencia no fue escrita en el juzgado" donde estuvo el juez temporal Juan Paredes, sino que se elaboró en otra computadora con un usuario 'Chucky Seven', que se guardó en la máquina del juzgado a través de un 'pendrive', a las 23:08 del 19 de julio. Ese día fue la audiencia de juzgamiento en la demanda del presidente Rafael Correa contra el diario". En su análisis, el técnico analizó el clon del disco duro del juzgado y el archivo de un fallo de Gutemberg Vera, abogado del presidente, cuando fue conjuez de la II Sala Penal del Guayas. El forense contó que al estudiar las propiedades del fallo contra El Universo y la ponencia de Vera, encontró 11 características similares. Según el analista, esas semejanzas son suficientes para determinar que "los documentos comparten el mismo origen".

A base de esta última afirmación, el asambleísta de oposición, César Montufar, presentó ante la Fiscalía un escrito en el que solicitaba que se incautase el disco duro de la sala donde anteriormente actuó el abogado Vera como conjuez, para realizar un peritaje. Requirió, además, que se llamara a declarar al presidente Correa y a su abogado, como parte de la indagación contra el juez Paredes. Según Montúfar, "el abogado del mandatario fue quien redactó supuestamente el fallo del 20 de julio", agrega el matutino. El técnico añadió en su informe que, el 19 de julio de 2011, el sistema informático reconoció el ingreso del 'pendrive' a las 23h08 y que tres minutos más tarde apareció en la computadora del juez Paredes el archivo del fallo contra El Universo. Además, explicó que el documento no fue modificado hasta el día siguiente, a las 17:43".

El Comercio afirmó, el 15 de diciembre, que la aseveración de Montúfar se basaba en dos evidencias: "Una es el informe del perito internacional que señala que la sentencia [...] no fue redactada en el juzgado del juez Juan Paredes, quien se atribuye la autoría de la sentencia, sino en una versión pirata del programa Windows, que no tiene el juzgado y que se llama Chuky Seven. Es decir, que la sentencia se elaboró fuera del juzgado. La otra evidencia de Montúfar es una sentencia del 19 de agosto de 2011, que fue elaborada por Gutemberg Vera como conjuez de un juzgado y que trata un tema aduanero. Esa sentencia, según Montúfar, fue elaborada exactamente en el mismo (usuario) Chuky Seven que la de El Universo. Para Montúfar, esto es sumamente grave. Sería la demostración de que una sentencia que beneficia económicamente al presidente de la República fue elaborada por su propio abogado. Bajo estas circunstancias, sería inconcebible que la Corte Nacional de Justicia se pronuncie sobre esta sentencia. Se estaría pronunciando sobre una sentencia que no existe. El asambleísta expresó que "Ya rayaba en el sinsentido que se condene por una opinión. Ahora se estaría comprobando que una sentencia que beneficia económicamente al presidente fue hecha por su propio abogado" (sic).

36. "Voy a meter las manos en la justicia"

Rafael Correa allanó el camino para reestructurar el Poder Judicial mediante la consulta popular del 7 de mayo de 2011. El pueblo ecuatoriano, desde el retorno a la democracia en 1979, ha sido consultado en las urnas en varias ocasiones. En enero de 1978, el pueblo escogió la propuesta de una nueva Constitución frente a la de 1984, que había sido reformada. En junio de 1986, el pueblo rechazó en consulta popular la propuesta de Febres Cordero, de que los independientes pudieran presentarse como candidatos a cargos de elección popular sin el auspicio de un partido político. En 1994, la ciudadanía aceptó la propuesta de Durán Ballén que incluía, entre otros temas, el de la candidatura de los independientes. Sixto volvió a preguntar al pueblo en 1995 sobre reformas constitucionales, aunque esta vez con resultados adversos. En 1997, luego de la caída de Bucaram, el pueblo fue llamado a consulta por Alarcón, entre otros motivos, para legitimar la decisión del Congreso de "cesar" al líder populista. En el año 2006, Alfredo Palacio también obtuvo un sí popular a su consulta sobre el Plan Decenal de Educación y otros temas relacionados al ámbito educativo. En abril de 2007, Correa obtuvo la aprobación popular a su consulta para establecer una Asamblea Constituyente de plenos poderes para redactar una nueva Constitución. Luego, en septiembre de 2008, el pueblo, vía referendo, aprobó la Constitución de Montecristi; y, finalmente, en mayo de 2011, Correa consultó al pueblo sobre varios temas, entre ellos, los que le permitirían "meter la mano en las Cortes", según su propia afirmación.

En la consulta de mayo de 2011, triunfó el "sí" en todas las preguntas propuestas por el mandatario: en la relativa a "Sustituir el actual pleno de la Judicatura..." el "sí" obtuvo el 52 % de aprobación, en tanto que la opción "no" logró el 47 %. En la pregunta sobre "Modificar la composición del Consejo de la Judicatura", el "sí" obtuvo el 52,6 %, y el "no", el 47,3 %. En la pregunta sobre la expedición de "Una Ley de Comunicación que cree un Consejo de Regulación que regule la difusión de contenidos de la televisión, radio y publicaciones de prensa escrita que contengan mensajes de violencia, explícitamente sexuales o discriminatorios; y que establezca criterios de responsabilidad ulterior de los comunicadores o medios emisores", el "sí" triunfó con el 51,67 % sobre el 48,32 % que respondió "no".

Pocos días antes de realizarse esta consulta, el asambleísta Fausto Cobo, de Sociedad Patriótica, "aseguró que el objetivo de la consulta popular que impulsa el Gobierno es interferir en la justicia para perseguir a los opositores, y a su vez dejar en el limbo varias denuncias de irregularidades cometidas por varios funcionarios de este Régimen". La nota de ecuadornevivo.com daba cuenta de las expresiones del asambleísta de oposición. Cobo agregaba en la nota citada que "La pretensión del Ejecutivo al nombrar un consejo de transición que suplante al Consejo de la Judicatura, permitirá que los tres delegados sean puestos por el presidente Correa. 'Lo que se está haciendo es justamente nombrar un Consejo de la Judicatura de transición de tres personas, Correa, Correa y Correa. Yo, mi (sic), y yo. La santísima trinidad de la revolución ciudadana. El padre, el hijo, y el espíritu santo de la revolución ciudadana para perseguir con sicarios con toga judicial a la oposición'".

Por su parte, el Partido Comunista Marxista Leninista Ecuatoriano, también se oponía a las intenciones de "meter la mano a la justicia". En su periódico: "En marcha", de febrero de 2011, decía: "Con la desfachatez y arrogancia que le caracterizan, Correa dice que sí, 'que meterá las manos en la Corte'. Sin embargo, esta declaración que amerita invocar aquella expresión popular que dice "a confesión de parte relevo de pruebas", no la hizo de manera espontánea sino frente al hecho de que pronto se puso al descubierto que, detrás del falaz argumento de combatir la inseguridad y la delincuencia, su intención es asaltar todo el sistema de justicia para tener en él a sus incondicionales que le permitirán profundizar su estado policíaco, represivo y persecutorio [...]. El contenido mañoso de la consulta popular, cuya médula radica en lograr el aval para crear una comisión con delegados de las funciones del Estado para que asuma el papel del Consejo de la Judicatura y reestructure el sistema judicial en el lapso de dieciocho meses, además de inconstitucional es inmoral y antiético, pues, a la postre pretende que se le otorgue un súper poder para nombrar a magistrados, jueces, notarios, registradores de la propiedad, y toda instancia de administración de justicia a través de la citada Comisión nombrada a dedo por las funciones Ejecutiva, Legislativa y de Transparencia, Participación Ciudadana y Control Social, en otros términos, una Comisión totalmente subordinada a sus designios".

En julio de 2011, un titular de El Universo decía: "La 'metida de mano' a la justicia será un proceso dirigido por el correísmo". El matutino informó que los cambios aprobados en la consulta popular "darán paso a la conformación del Consejo de la Judicatura de transición". Este Consejo tendrá 18 meses en funciones y estará conformado por tres delegados, uno de ellos del Ejecutivo, otro del Legislativo, donde PAIS tiene mayoría, y uno más en representación de la Función de Transparencia. Esta última, conformada por el Consejo de Participación Ciudadana, la Defensoría del Pueblo, la Contraloría y las superintendencias. Dicho de otra manera, "al menos dos de estos tres miembros responden al oficialismo". Este Consejo, así conformado, tendrá todas las atribuciones establecidas en la Constitución, la más importante: la elección de los 21 jueces definitivos de la Corte Nacional de Justicia, cuyos periodos serán de nueve años.

María Paula Romo, presidenta de la Comisión de Justicia de la Asamblea, y ex asambleísta del oficialismo, afirmó que, si bien el sistema judicial ecuatoriano acarreaba grandes problemas desde hace varios años atrás, las últimas medidas había agravado la situación en "formas insospechadas". La asambleísta afirmó: "Soy muy escéptica de lo que va a pasar en los próximos 18 meses. No creo que vayamos a presenciar la transformación de la justicia. La forma en la que se ha hecho este proceso no garantiza la autonomía de la Función Judicial. Cuando convocó a la consulta, el presidente no dijo 'confíen en la Comisión Tripartita'; él dijo 'confíen en mí'. Así que es probable que el Ejecutivo no termine su trabajo con la designación de su delegado" (sic).

El programa "Políticas Públicas" de la Facultad Latinoamericana de Ciencias Sociales (FLACSO) reveló, en un estudio sobre el poder judicial en el Ecuador, que a 2011 la justicia era menos independiente del poder político de lo que había sido en años anteriores. "El caso ecuatoriano es de alta inestabilidad judicial y falta de independencia, con picos de mayor y menor independencia por periodos. Yo creería que hoy la interferencia es igual o peor que en la época de León Febres-Cordero, porque hay un claro proceso de cooptación del Poder Judicial. Los jueces están pensando cómo mantenerse en sus cargos y saben que va a depender de cuán cercanos sean al Gobierno" (sic), afirmó Santiago Basabe, catedrático de FLACSO. Por su parte, Simón Pachano, director del programa de Estudios Políticos, también de FLACSO, afirmó que "A Ecuador le costó conformar la última Corte Suprema, con un concurso abierto, vigilado, con veeduría internacional. Era la mejor Corte que, dadas las condiciones, podía tener el país. Obviamente no se iban a presentar todos los mejores juristas, pero era lo mejorcito que podía haber. Sin embargo, se la tiró abajo y allí empieza el problema, en el irrespeto a ese proceso tan doloroso que vivió el país" (sic).

La "metida de mano" a la justicia continuó durante el último trimestre de 2011. En noviembre fue destituida María Leonor Jiménez, presidenta de la Corte de Justicia del Guayas y jueza de la Segunda Sala de lo Penal, por "infracciones disciplinarias", entre ellas, calificar de "jueces golondrinas" a quienes llevaban el juicio de Rafael Corea contra el diario El Universo. Los últimos días de noviembre se informó que varios veedores internacionales, entre ellos el juez español Baltazar Garzón, vigilarían el proceso de reforma de la justicia en el Ecuador. A mediados de diciembre de 2011, se conoció que para el año siguiente saldrían de forma paulatina 670 servidores de la Función Judicial a escala nacional, que debían acogerse al proceso denominado de "renuncia voluntaria" o "desenrolamiento" que impulsaba el Consejo de la Judicatura de Transición.

A finales del año 2011, Antonio Rodríguez escribió en El Comercio: "He defendido con insistencia, casi obsesivamente, el respeto a la Constitución y las normas legales vigentes, he condenado a sus transgresores y he proclamado la necesidad de un cambio integral, a fondo, pero sin demagogia e inmaduras novelerías [...]. Una de nuestras tareas prioritarias es la construcción de un Estado de derecho. Ningún otro cambio tendrá sustentos sólidos si no buscamos y logramos este objetivo fundamental. La Constitución y las leyes son violadas cotidianamente. Los ecuatorianos, que integramos una sociedad transgresora y permisiva, carecemos de una verdadera cultura jurídica. Las normas que nos rigen, que deberían ser respetadas por todos, gobernantes y gobernados, son como maleables instrumentos de plastilina que se adaptan al calor de los intereses variables, encubiertos e inconfesados, de los sectores que han controlado, desde el oficialismo o desde la oposición, el poder político. Hay que cortar definitivamente ese círculo vicioso, nefasto e ininterrumpido, que nos lleva de la violación desafiante y desvergonzada a la actitud de indiferencia y, en última instancia, de aceptación pasiva de la impunidad. [...] La 'revolución ciudadana', que condenó a la 'partidocracia corrupta' y prometió superar sus vicios y procedimientos, los ha reproducido con persistencia, prepotencia y cinismo. En sus primeros cinco años, dedicados a la demolición institucional, la concentración del poder, el debilitamiento de la sociedad civil, la activación del resentimiento social, la siembra del miedo y el paulatino cercenamiento de las libertades individuales, a cambio de la construcción de una obra que ha sido posible por los enormes ingresos públicos (como si un hombre libre se resignara a perder la libertad porque la cárcel será cómoda y lujosa), la violación de la Constitución y las leyes ha sido una práctica diaria. El irrespeto al orden jurídico -que debemos combatir- ha continuado. Hemos sufrido un permanente y progresivo golpismo. La vigencia de la Constitución y la ley no significa por sí sola la existencia de una democracia: pero no hay democracia -auténtica democracia- sin su total y estricto cumplimiento" (sic).

37. De nuevos ricos y "huairapamushkas"*

* El diccionario "Kichwa" publicado por el Ministerio de Educación del Ecuador en el año 2009 contiene el término "Waira Apamushka", y lo define como: "extranjero". El mismo diccionario desagrega solamente el término "Waira", y lo define como: "viento". Por su parte, el escritor ecuatoriano Jorge Icaza, publicó en 1947 la novela "Huairapamushcas (Hijos del viento)".

En noviembre de 2011, la agencia EFE informaba que había sido archivada la causa que Vinicio Alvarado, secretario general de la Administración, seguía contra Mónica Chuji, dirigente del movimiento indígena amazónico, ex asambleísta del movimiento de Gobierno, y ex secretaria de Comunicación del régimen de Correa. Chuji había sido sentenciada a un año de prisión y al pago de 100 mil dólares en el juicio que el funcionario público le siguió por haberlo llamado "nuevo rico". En una entrevista al diario El Comercio, publicada el 6 de febrero del 2011, Chuji expresó: "Vinicio Alvarado es uno de los nuevos ricos del Gobierno". En la demanda inicial, Alvarado solicitó que se le impusieran tres años de prisión y una indemnización por 250 mil dólares, ya que lo dicho por Chuji significaba que lo acusaba de haberse enriquecido desde su cargo, lo cual era una "injuria calumniosa grave".

Chuji informó haber recibido la notificación del juez de que "El juicio está archivado" con lo cual, afirmó, no se daba paso a sus pedidos de nulidad y apelación, y a su derecho a la defensa, pues consideraba que no había cometido ningún delito. Es más, Chuji se ratificaba en su afirmación pues se respaldaba en las declaraciones del impuesto a la renta del funcionario, que desde 2005 a 2010 evidenciaba un incremento. Tras la sentencia, Alvarado dijo que perdonaba a Chuji, a lo cual la dirigente indígena afirmó: "A mí solo me puede perdonar Dios. Yo soy inocente así que no necesito que nadie me perdone".

El Comercio dio cuenta de que "Su abogado, Julio César Trujillo, señaló que 'el perdón' de Alvarado no surte ningún efecto legal, porque es un caso penal. Si quería ser magnánimo el señor Alvarado debió desistir de la denuncia en la audiencia que se fijó para ello. Ahora ya hay una sentencia emitida", explicó el jurista. "Creyeron que era una Huairapamushka, no se dieron cuenta que tengo el respaldo de todas las organizaciones sociales e indígenas" (sic), manifestó Chuji.

Al informar sobre el perdón que otorgaba a su ex compañera del gabinete de Correa, Alvarado señaló, en la rueda de prensa convocada en el palacio de Gobierno, que al perdonar a Chuji se sentía satisfecho de que haya quedado como una "mentirosa" ante los jueces. "Le devuelvo la tranquilidad a mi familia; y, si alguna persona tuvo duda, no soportaré una insinuación más en la calle.

No importa de quién provenga, trataré de defender mi honor". Acompañado de su abogado, Ernesto Valles, del secretario jurídico de la Presidencia, Alexis Mera, y, de un nutrido grupo de asesores, Alvarado inició su exposición hablándole no solo a la prensa, sino también a la "comunidad internacional", informó el matutino.

A inicios de diciembre de 2011, Amnistía Internacional, AI, emitió un comunicado titulado: "Ecuador: no más abuso del sistema de justicia penal para acallar las voces críticas", en el cual expresó su "profunda preocupación sobre la condena a un año de prisión y 100 mil dólares de multa a la defensora de derechos humanos Mónica Chuji". AI señala que considera inadmisible el uso indebido del sistema de justicia penal para acallar voces críticas al Gobierno del Ecuador, y "La activa participación por parte del Ejecutivo en este caso, dado que puede generar una presión indebida que podría poner en riesgo la imparcialidad e independencia del sistema de justicia". La prestigiosa organización defensora de los Derechos Humanos, afirmó en su comunicado que "El presidente Rafael Correa asistió personalmente a la audiencia en la que se dictó la sentencia condenatoria y días después, en un programa televisado, dijo que a Mónica se le aplicó un juicio por mentirosa". AI agrega que "Estas sentencias condenatorias constituyen un ataque directo a la libertad de expresión y opinión en Ecuador y envían un mensaje intimidatorio a periodistas, defensores de derechos humanos, líderes indígenas y todo aquel que quiera expresar críticas sobre el Gobierno. De acuerdo a los instrumentos internacionales de derechos humanos de los que es parte Ecuador, la libertad de expresión y opinión deben ser ejercidos sin temor a represalias" (sic).

38. "198 indígenas enjuiciados"

En noviembre de 2011, Mónica Chuji afirmó que ella completaba "la lista de 198 indígenas enjuiciados". Al preguntársele si tenía cómo probar su afirmación de que Alvarado era uno de los nuevos ricos del Gobierno, la dirigente indígena respondió: "Esa declaración, como dije a El Comercio, se basó en información publicada por varios medios de comunicación sobre los negocios publicitarios del señor Alvarado. Lo lógico sería que haya una investigación seria sobre el tema, pero es más fácil enjuiciar a los que denunciamos esos hechos. Mi caso no es el único [...]. Fuimos más del 60 % de ecuatorianos quienes apoyamos a este Gobierno al principio. Recuerde usted que el presidente Correa, con Alianza PAIS, llegó en un momento en el que los partidos políticos estaban en crisis total. El presidente recogió las propuestas de varios sectores de la sociedad civil que apostamos a un cambio, a la posibilidad de otra forma de hacer política, con participación y con respeto a los principios y a la diferencia de opiniones; también apostamos por una nueva política económica, pero no fue así [...]. Yo acompañé seis meses al presidente en el Gabinete y creo que fui la primera persona que denunció lo que estaba ocurriendo. Finalmente, el tiempo y las aguas me han dado absolutamente la razón. No tengo reparo alguno en arrepentirme ni tampoco dejaré de decir lo que pienso. Cuando salí del Gobierno, lo hice porque creí que se estaban yendo contra los principios en los que creo y, al cabo de cuatro años, veo la situación con muchísima tristeza [...]. Nunca imaginé que en el Gobierno de Rafael Correa habría dirigentes indígenas presos y acusados de terrorismo por participar en marchas de protesta [...]. Es triste decirlo pero, según datos de la Fundación Regional de Asesoría en Derechos Humanos, este año (2011) finaliza con un saldo de 198 indígenas y campesinos enjuiciados, la mayoría, por terrorismo y sabotaje, por protestar contra el Gobierno. Sin el ánimo de desconocer la obra social que se está haciendo, el respeto a los derechos humanos ha sido crítico" (sic).

En relación con este tema, el periodista Carlos de la Torre escribió, el 11 de diciembre de 2011, en el diario Hoy, un artículo titulado: *Alvarado y Chuji*. A continuación, reproducimos algunos de sus párrafos:

"La audiencia del juicio 'ganado' por Vinicio Alvarado representa las relaciones de poder en la revolución ciudadana. Acompañaron al demandante el presidente de la República, Galo Mora, varios ministros y funcionarios. Todos ellos, blancos o mestizos, de ojos verdes, estudiados, bien trajeados y con la actitud de quienes se saben los nuevos dueños del país. Ahí estaba la nueva élite política. A diferencia de élites anteriores que negaron lo indígena, esta élite más bien se apropia de su música, de sus símbolos culturales y hasta de su idioma [...] Ellos se apropian de los símbolos y de la cultura del "otro", son multiculturales, se imaginan un Ecuador étnicamente diverso. Pero, al igual que las élites racistas de antaño, no toleran que los "otros" tengan sus ideas y visiones propias sobre todo si contradicen sus dogmas. Hasta ahí llega su multiculturalismo, pues las opiniones diferentes, según estos neo indigenistas, solo pueden venir de ONG extranjeras, más no de los indígenas que, cuando disienten, son insultados de la misma manera que lo hacían los hacendados. [...] El que se autodenomina mashi Rafael deja de ser compañero y se convierte en el mishu que descalifica, insulta y agrede. [...] Al igual que élites anteriores, los nuevos dueños de la verdad también son paternalistas. Perdonan a los indígenas, son magnánimos y se creen puros, buenos y los redentores de los oprimidos. [...] El papel de los indios es aplaudirles y ser gratos; cuando dicen algo diferente, son los ingratos a quienes se debe aplicar el peso de la ley que transmite las órdenes de los nuevos patrones. [...] Al otro lado, junto a Mónica Chuji, estaban los líderes de la Conaie, asambleístas de Pachakutik, y su abogado, Julio César Trujillo, que ha acompañado al movimiento por años. Son los que deberían ser los aliados del supuesto proyecto progresista, pero que son vistos como sus más grandes enemigos. Son los que, al igual que resistieron más de 500 años de colonialismo, resisten ahora el nuevo extractivismo (sic) y el autoritarismo de los mishus iluminados que pretenden ser sus redentores. [...] Estaban ahí con su dignidad y el orgullo de ser acosados por los nuevos dueños del poder. Como en la época de la hacienda, ya se sabía de antemano que el juicio sería ganado por los nuevos patrones, los nuevos mishus, que, al igual que los de antes, usan el quichua para dominar a los indígenas. {...] El resultado de este simulacro de juicio no sorprendió a nadie. Pero después de esta audiencia, de la sentencia rápida y obediente, y del supuesto perdón de Alvarado ya no quedan dudas. La nueva élite es tan racista, arrogante y paternalista como las retratadas por Jorge Icaza" (sic).

39. En el plano de las relaciones internacionales

En el plano del multilateralismo, el Ecuador y Rusia firmaron (2008) una declaración de apoyo en asuntos relacionados con economía, cultura, lucha contra el narcotráfico, seguridad y defensa. Así mismo, el país estrechó relaciones con la China, especialmente en el campo de la cooperación técnica, ciencia y tecnología. China ha sido el "socio capitalista" del Ecuador y ha aportado con ingentes sumas de dinero para la realización de varios proyectos. En julio de 2011, el presidente Correa afirmó que "La complementariedad estratégica con China es extremadamente clara. China es el país con mayor cantidad de habitantes y con mayor tasa de crecimiento del mundo. Los chinos se ahogan en liquidez, es decir capacidad de financiamiento, a tal punto que están financiando a Estados Unidos [...] ¿Por qué no financiar a América Latina, por qué no financiar al Ecuador?".

Una nota de la agencia Andes afirmó que "Correa sostuvo que es un 'buen negocio' obtener créditos con intereses del 7 por ciento para financiar proyectos con una rentabilidad que va del 23 al 25 por ciento". Lamentó que este tipo de operaciones se satanicen, y descartó que el Ecuador "esté entregado, o haya hipotecado su petróleo a China". Sobre este punto, ironizó el mandatario diciendo que (en el año 2006) el 75 % del petróleo ecuatoriano iba a Estados Unidos, a cambio de nada. "Ahora tenemos el 50 % del petróleo comprometido con China, a cambio de miles de millones de dólares para financiar el desarrollo de este país. Ahí sí (dicen) que estamos entregados a los chinos, que esto es cuento chino, que ya nos vamos a volver todos chinos..."

Cuando asumió su mandato en el año 2007, Correa anunció que su política exterior tendría "carácter multilateral". En ese afán de apertura con otros países, el mandatario ecuatoriano se alineó con el presidente venezolano Hugo Chávez, aliado, a su vez, del presidente de Irán, Mahmoud Ahmadinejad. Una nota de prensa de hoy.com.ec en enero de 2011, dio cuenta de que un informe del

Centro de Información y Documentación de Israel para América Latina (CIDIPAL) afirmaba que Irán "prometió entregar al Ecuador $120 millones para construir plantas de energía y financiar un fondo de $40 millones, el cual podía ser incrementado a $120 millones para pequeñas inversiones en negocios. Además, Irán prestó al Ecuador $280 millones". En efecto, en diciembre del año 2008, el Banco Central del Ecuador y el Banco de Desarrollo de Exportaciones de Irán firmaron un convenio de cooperación en el cual el Banco iraní ampliaba las facilidades de crédito por USD 120 millones a favor del Ecuador, para estimular las importaciones y exportaciones entre los dos países.

Por entonces, el secretario adjunto de la Dirección de Prevención de Financiamiento del Terrorismo y Crímenes Terroristas del Departamento del Tesoro de los EEUU expresó su preocupación al Gobierno ecuatoriano, en el sentido de que pudiera existir una eventual violación de las resoluciones de la ONU que calificaban al Banco iraní como una institución que "promociona o intenta proporcionar servicios financieros al Ministerio de Defensa y de Logística de las Fuerzas Armadas de Irán (MODAFL)". Un informe del suplemento Blanco y Negro del diario Hoy, informó que "El 16 de febrero de 2009, el entonces presidente del Directorio del Banco Central, Carlos Vallejo, remitió una carta al embajador de Irán en el Ecuador, Majid Salehí, en la que le ratifica el interés que tiene el BCE en apoyar el cumplimiento de los convenios suscritos con el EDBI y el Banco Central de Irán".

Años después, en octubre de 2011, una nota de hoy.com.ec informó que "El presidente del Ecuador, Rafael Correa, abandonó las sesiones de la Cumbre Iberoamericana este sábado en Asunción durante la intervención de la vicepresidenta del Banco Mundial para América Latina, Pamela Cox, tras acusarla de haber "chantajeado" a su país en el pasado. 'En un foro iberoamericano por qué tengo que escuchar las cátedras de la vicepresidenta del Banco Mundial, que chantajeó abiertamente a mi país', declaró Correa antes de retirarse de la sala".

40. En la lista negra

Una nota del diario Hoy, de febrero de 2010, informó que las relaciones del Gobierno ecuatoriano con el Banco iraní suscitaron que el Grupo de Acción Financiera Internacional, GAFI, catalogara al país "como una nación que representa un riesgo para el sistema financiero internacional, por no haberse comprometido con su plan de acción y no cumplir con los estándares internacionales para combatir el lavado de dinero y contrarrestar el financiamiento del terrorismo". Agregó el citado matutino que la Asociación de Bancos Privados del Ecuador, ABPE, "recordó que en varias ocasiones (la última vez en diciembre de 2009) expuso a las autoridades del Banco Central la inconveniencia de que firmara acuerdos con Bancos pertenecientes a países calificados por las Naciones Unidas y el Grupo de los 20 como cooperantes del narcotráfico y el terrorismo, e incluso se advirtió que en el caso de que se llegue a firmar el compromiso, el sistema financiero, la economía y el país sufrirían negativas consecuencias. Según el gerente del Banco Pichincha y presidente de la Federación Latinoamericana de Bancos (Felaban), Fernando Pozo, la carta enviada al Banco Central 'nunca fue contestada', pero señaló que, el viernes pasado, el ministro de Coordinación de Política Económica, Diego Borja, le informó verbalmente que el convenio con ese Banco (iraní catalogado por la comunidad internacional como un Banco no cooperante en temas de narcolavado y temas de terrorismo) no fue firmado" (sic).

A su vez, "el presidente Rafael Correa, durante su enlace sabatino, criticó en duros términos el informe del GAFI, y lo catalogó como una 'osadía y prepotencia' de algunos países que critican al Ecuador solo por tener relaciones con Irán. 'Se metieron con el peor país con el que tenían que meterse. No les tenemos miedo y van a encontrar la respuesta adecuada a su prepotencia, a su arrogancia, a su imperialismo extemporáneo. Creen que en América Latina todavía vamos a soportar el imperialismo, sinvergüenzas. Vayan a revisar donde hay lavado de activos, en EEUU, Suiza, en lugar de revisarse ellos nos condenan a nosotros.

Aquí no hay lavado de activos, aquí no hay terrorismo ni financiamiento de terrorismo'".

Algunos meses después se hicieron públicos unos "Wikicables", por los cuales se conoció de la "preocupación" de los Estados Unidos por el acuerdo firmado entre los dos Bancos, el ecuatoriano y el iraní. Entre los meses de enero de 2009 y febrero de 2010, la embajada americana en Quito reportó acerca de algunos pormenores de la ejecución de dicho convenio y de varias reuniones que sobre este tema mantuvo la Embajada con altos funcionarios del régimen, tales como el ministro coordinador de Política Económica, la gerente del Banco Central y la superintendenta de Bancos. En el quinto cable, "La Embajada de los Estados Unidos dice que el Ecuador consolida gradualmente la relación con el EDBI, y que, basados en reportes de prensa, parece que hay resistencia a niveles intermedios del Gobierno de Ecuador y del Banco Central y más en el sector privado. Se cuenta también sobre una reunión con la viceministra de Finanzas, Carolina Portaluppi, con quien se aborda el tema luego de que ella admitiera que el Ecuador halló más dificultades de las que esperaba para obtener a más largo plazo fondos de sus "nuevos amigos: la China, Rusia e Irán" (sic).

El entonces presidente del Directorio del Banco Central, Carlos Vallejo, expresó que "Entablar relaciones políticas, económicas y culturales con Irán es una decisión soberana del Ecuador que no debería satanizarse". Meses más tarde, una nota del diario El Universo (26 de junio del 2010) informó que "El Consejo Nacional de Lavado de Activos, representado por el procurador Diego García, gestionó en Ámsterdam y ante el GAFI la salida del país de la llamada 'lista negra'. El Grupo de Acción Financiera Internacional (GAFI) mantiene al Ecuador, Bolivia y Paraguay en su lista de países con "deficiencias estratégicas" en el control del lavado de activos, aunque reconoce las mejoras que han realizado para afrontar ese delito. En el caso del Ecuador se ha hecho un compromiso político para superar esas deficiencias y han realizado progresos en ese sentido, señala el comunicado difundido la tarde de ayer por el GAFI. Pero se ha constatado que 'persisten' algunas de esas deficiencias que las autoridades del Ecuador deberán afrontar con su plan de acción en esta materia" (sic).

El mandatario, a su vez, expresó desde Otavalo: "Ya nos informaron que se acabó esa barbaridad de incluir al Ecuador como el único país de América Latina sospechoso de lavado de activos y de financiar al terrorismo. Todos sabíamos que es una retaliación por haber profundizado relaciones con Irán". A ese país "estimamos mucho y vamos a tener las relaciones que tengamos a bien tener en el marco de un mutuo respeto y reciprocidad". En febrero de 2010 había expresado: "...Y, como te metiste con Irán, ahora te ponemos en la lista negra; eso es todo, el imperialismo en su más burda forma". Y días más tarde: "Mi postura es no poner la más mínima atención a lo que diga o deje de decir el GAFI".

41. Ecuador en la UNASUR, el ALBA y la CELAC

Desde julio de 2009 hasta agosto de 2010, Rafael Correa fue designado presidente *pro tempore* de la UNASUR. Durante su gestión propició la unión sudamericana y apoyó a Haití tras el terremoto de enero de 2010.

La Unión de Naciones Sudamericanas (UNASUR) está integrada por doce países: Argentina, Perú, Chile, Venezuela, Ecuador, Uruguay, Guyana; Surinam, Bolivia, Brasil, Colombia y Paraguay. Su tratado constitutivo fue firmado en mayo de 2008, en Brasilia, Brasil. Entre sus objetivos está el buscar "el desarrollo de un espacio integrado en lo político, social, cultural, económico, financiero, ambiental y en la infraestructura. Este nuevo modelo de integración incluirá todos los logros y lo avanzado por los procesos del Mercosur y la Comunidad Andina, así como la experiencia de Chile, Guyana y Suriname. El objetivo último es y será favorecer un desarrollo más equitativo, armónico e integral de América del Sur".

En octubre de 2011, el canciller, Ricardo Patiño, afirmó que UNASUR, ALBA y CELAC son el "nuevo espacio de integración". Años antes, junio de 2009, el Ecuador ingresó a la "Alternativa Bolivariana de Nuestra América", ALBA, posteriormente rebautizada como "Alianza Bolivariana para las Américas". El ingreso del país a dicho organismo se produjo en la cumbre realizada en Maracay, Venezuela, a la que asistieron los presidentes Correa, del Ecuador; Evo Morales, de Bolivia; Daniel Ortega, de Nicaragua, Hugo Chávez, del país anfitrión, y representantes de Cuba. La Asociación fue creada en el año 2004 por Cuba y Venezuela, como un contrapunto al Área de Libre Comercio de las Américas (ALCA) impulsada por Washington. En esa oportunidad, el mandatario ecuatoriano ratificó que la Asociación "Es un proyecto socialista", y añadió que la agrupación busca un "desarrollo equitativo" a través de un "diálogo asimétrico y franco", para "anular al neoliberalismo". Correa había expresado su idea de abandonar la Organización de Estados Americanos (OEA) de la cual dijo que debía "morir sola porque perdió su razón de ser". Otros países como Honduras; Dominica; San Vicente y Las Granadinas, y Antigua y Barbuda también se han integrado al ALBA.

En diciembre de 2011, los países del ALBA se distanciaron de la Organización Mundial de Comercio (OMC) al expresar su "disociación" con la declaración final de la reunión ministerial realizada ese mes en Ginebra, Suiza. El ALBA alegó falta de transparencia. Una nota de la agencia EFE, informó que "Los cinco países del ALBA, [...] emitieron el pasado 14 de diciembre un comunicado en el que se lamentan de prácticas "excluyentes y no democráticas" en la OMC. "La OMC se ha convertido en una organización que no está liderada por sus miembros y si nos atenemos a los hechos, la toma de decisiones no se hace por consenso, y las reuniones negociadoras no están abiertas a la participación de todos los miembros". Por ello, la declaración final de la VIII conferencia ministerial "Representa solo la opinión de algunos miembros, por lo que nos disociamos del consenso", indica el comunicado.

En febrero de 2010, se creó la "Comunidad de Estados Latinoamericanos y Caribeños" (CELAC), en México. Su constitución definitiva, a la que concurren 33 países de la región, se dio en Venezuela, durante los primeros días de diciembre de 2011, como "heredera" del Grupo de Río y de la Cumbre de América Latina y del Caribe, CALC. Una nota de El Universo, del 2 de diciembre de 2011, recogió la declaración del mandatario ecuatoriano respecto de la constitución de la CELAC: "Necesitamos algo nuevo, algo nuestro, y tenemos mucha esperanza de que este nuevo foro probablemente pueda remplazar incluso a la OEA". La nota del matutino agregó que "El director del Centro Andino de Estudios Estratégicos, Alexei Páez, coincide [...] en el sentido de que el nuevo foro no podrá desplazar a la OEA. Pero comparte la tesis de que se constituya este otro organismo, ya que representa un avance para la región. Dice (Páez) que la Organización de Estados Americanos no ha sabido entender las realidades de los países de América Latina y del Caribe, y que bajo ese contexto cabe impulsar la conformación de entes subregionales. Sin embargo, defiende la importancia de mantener los diálogos a nivel hemisférico [es decir, dentro de la OEA] y desarrollar los otros espacios".

El diario La Hora, el 3 de diciembre de 2011, informó que Correa, uno de los promotores de esta iniciativa, señaló que "Se necesita otro sistema para discutir los problemas en la región, no en Washington, para que así no se trate de imponer instituciones ajenas a nuestra visión, tradiciones, valores y necesidades". El tema tomó especial vigencia cuando el mandatario ecuatoriano propuso crear, dentro de la CELAC, un ente que tratase los casos de derechos humanos y que remplazara a la actual Corte Interamericana de Derechos Humanos, CIDH, en donde reposan varias denuncias contra el Ecuador, incluida la presentada recientemente por varios periodistas y Fundamedios. El mandatario instó a "rebelarse ante tantas contradicciones" y replantear la visión de los derechos humanos, porque la CIDH fue creada a finales de la década de 1960, cuando América Latina vivió dictaduras. "Ahora hay Gobiernos progresistas que están liberando a nuestros pueblos de esos poderes fácticos".

Los cuestionamientos a la propuesta del presidente no se hicieron esperar. Según el director de Fundamedios, César Ricaurte, la propuesta de Correa parte de un "error conceptual". Ricaurte afirmó que "No se puede pensar que hay derechos humanos anglosajones y derechos humanos sudamericanos 'progresistas'. Son universales y son de las pocas cosas que están, incluso, por sobre la soberanía de las naciones". Agregó que "No sabe si el planteamiento del Gobierno ecuatoriano es solo un discurso de tintes políticos o si existirá una propuesta real. En todo caso, la CELAC se acaba de conformar y pasarán tal vez años hasta que pueda generar un organismo como el que se propone. La CIDH ha defendido los derechos de los pueblos, no solo en las dictaduras sino también en algunos Gobiernos democráticos que de una forma u otra han afectado esos derechos".

Pero, ¿qué beneficios concretos traería para el Ecuador formar parte de estos nuevos organismos internacionales, y qué beneficios traería para la región? Las respuestas están divididas entre quienes argumentan la defensa de la soberanía latinoamericana frente al imperialismo, y quienes reconocen que, a pesar de las dificultades, problemas y tropiezos, ya existe un camino recorrido en cuanto a la integración continental y que este no debería desmerecerse.

El "Fracaso de la cumbre en Caracas" fue el título de un artículo escrito por Jorge Castañeda, ex canciller mexicano, y publicado el 9 de diciembre de 2011. El canciller afirmó: "En la primera Cumbre de la Comunidad de Estados Latinoamericanos y Caribeños (CELAC) brotó una interminable verborrea: "Nuestros pueblos", "Nuestra América", etcétera, pero nada más. El intento por sustituir a la OEA y remplazar a Estados Unidos y Canadá por los hermanos Castro no prosperó. Todo parece indicar que gracias a la sensatez de México, Colombia, Chile, Costa Rica y hasta cierto punto Brasil, naufragaron los propósitos absurdos del ALBA, Cuba, Venezuela, Nicaragua, Bolivia y Ecuador. Enhorabuena por varias razones, algunas de ellas privativas de México, otras comunes a los intereses de toda América Latina".

El canciller agregó: "Detrás de la reunión de Caracas, había el propósito evidente, verbalizado por Rafael Correa de Ecuador, de querer destruir a los dos organismos más importantes de la OEA: la Comisión y la Corte Interamericana de Derechos Humanos". Países del ALBA, como Nicaragua, Venezuela y Ecuador, han recibido recomendaciones y fallos de parte de la Comisión y la Corte Interamericana de Derechos Humanos. Pero, en muchos casos las respuestas de parte de estos Gobierno ha sido el desacreditarlos y calificar estos organismo internacionales al denominar los como "títeres del imperio" (sic).

El canciller mexicano concluye: "Sabían muy bien los gobernantes del ALBA que no podían desaparecer de tajo a la OEA pero pensaban que sería posible, sobre todo con el apoyo de Brasil que tampoco quiere a ninguna de las dos instancias. Por el momento no se pudo y qué bueno que así sea: lo poco que hay de régimen jurídico regional son la Comisión y la Corte. Quienes hemos acudido a ellas, a veces con éxito, a veces no, sabemos que lo último que quisiéramos es dejar el respeto a nuestros derechos humanos en manos de Gobiernos como el de Chávez, Ortega, Castro, Morales o Correa. Pero para los demás y sobre todo para México, Centro América y el resto del Caribe carece de sentido sustituir a los países con los que tenemos el 90 % de nuestra interacción económica, turística, cultural y migratoria, por los mitos de una pequeña isla tropical" (sic).

42. Gobierno expulsa a embajadora de los Estados Unidos

"La corrupción policial en Ecuador es generalizada", dijo en el año 2009, la embajadora de los Estados Unidos en el Ecuador, Heather Hodges, en un documento confidencial que describía la participación del ex comandante general de la Policía Nacional, Jaime Hurtado. El alto funcionario era acusado de actos de corrupción, sobornos, tráfico de seres personas, extorsión, encubrimiento, apropiación de fondos públicos, obstaculización de investigaciones y de procesos judiciales. El documento clasificado, fue conocido a través de los llamados "Wikicables" y provocó la reacción inmediata del Gobierno ecuatoriano.

Una nota de El Universo del 5 de abril de 2011, informó que el canciller Patiño había expresado que "Lo más grave del contenido del cable, es que se dice que el presidente (Rafael Correa) debía estar informado o sabía que el general Hurtado era un hombre corrupto. [...] y que lo habría, pese a ello, nombrado comandante, y; no solamente, sabiendo que era ampliamente corrupto lo hizo comandante, sino que esa condición lo hacía a él (Hurtado Vaca) fácilmente manipulable. O sea el presidente sabiendo que el general era corrupto lo nombró, y segundo lo hizo para mantenerlo manipulable. [Es decir] sabiendo que era corrompido lo tenía en sus manos. ¿Qué significa fácilmente manipulable? Ante una falla que tú tengas, si no me haces caso, te puedo controlar porque sé de tus actos de corrupción. Esto es absolutamente inaceptable. El Gobierno de Ecuador expresa su indignación por el contenido de estos cables" (sic).

Una nota del diario El País, de España, señaló que "en cuanto el canciller leyó el contenido del 'Wikicable' publicado en dicho diario, llamó a la embajadora Hodges y le dijo que el presidente estaba absolutamente indignado y que exigía una explicación. La embajadora, afirmó el canciller, respondió que esa documentación había sido robada y que por lo tanto, ella y el Gobierno americano, no tenían que hacer ningún comentario. 'Le volví a preguntar si eso era todo lo que tenía que decir, sobre todo, porque el presidente estaba indignado, sorprendido. Nosotros queríamos conocer su reacción y alguna aclaración al respecto, yo esperaba que pudiera decirme esa no es una información real, no es cierta. [Pero] solamente dijo que esa es una información robada y no tengo nada que comentar sobre ello', puntualizó el canciller". Ante esas circunstancias, el Gobierno ecuatoriano resolvió declarar "persona no grata" a la embajadora, y pedirle que abandonase el país en el menor tiempo posible. "Al final de la conferencia de prensa, en la que estuvieron presentes además, el vicecanciller Kintto Lucas, y el viceministro de Comercio Exterior, Francisco Rivadeneira, el ministro aclaró que no se está expulsando a la embajadora, "solo se está pidiendo que abandone el país" (sic), concluye la nota de prensa.

El diario español elpais.com, informó, el 6 de abril de 2011, que "Rafael Correa ha acusado a EE UU de espiar a la policía ecuatoriana. El Gobierno culpa a la funcionaria del contenido de un documento, divulgado por EL PAÍS, que considera generalizada la corrupción policial. Estados Unidos califica la decisión de 'injustificada'. En el cable diplomático de 2009, la Embajada de Estados Unidos en Quito afirmaba que 'La corrupción es generalizada en las filas de la Policía' ecuatoriana. Según el documento filtrado, el policía Jaime Hurtado Vaca, quien dimitió de este cargo en mayo de 2009, 'utilizó su poder como la máxima autoridad del cuerpo para extorsionar', acumular dinero, facilitar el tráfico de personas y proteger a otros agentes involucrados en corrupción. Alega, además, que sus actividades corruptas eran tan conocidas que "algunos funcionarios de la Embajada [de EE UU] creen que el presidente Correa debió haberlas conocido cuando le nombró. Estos observadores creen que Correa puede haber querido un jefe de policía al que pudiera manipular fácilmente" (sic).

El artículo del diario español afirmó que el mandatario ecuatoriano acusaba a los Estados Unidos de espiar a la Policía Nacional. "En una entrevista retransmitida por más de 10 emisoras de radio, afirmó que las relaciones entre ambos países 'estaban de lo mejor' y remarcó que es una 'lástima' que, al mismo tiempo, 'entre bastidores se hagan estas cosas, espiando a nuestra policía, tratando de involucrar al presidente de la República en casos de corrupción'. Correa calificó a Hodges de "mala funcionaria" que "nunca ha querido" a su Ejecutivo, y añadió: "Ojalá que esto no dañe las relaciones Estados Unidos-Ecuador, pues si las daña, qué pena, pero aquí vamos a hacer respetar la soberanía del país".

Pocos días más tarde, el 7 de abril, el Gobierno de los Estados Unidos declaró "persona no grata" a Luis Gallegos, embajador del Ecuador en ese país, en respuesta a la "injustificada" decisión de Quito, de expulsar a la embajadora estadounidense. El diario español elpais.com informó que "El conflicto con Quito se suma a los otros que EE UU ha tenido con Bolivia y Venezuela. Los tres son miembros de la Alianza Bolivariana para los Pueblos de Nuestra América (ALBA), y en ninguno de ellos Washington tiene embajador. En 2008 Bolivia expulsó al embajador estadounidense en La Paz Philip Goldberg, y Venezuela hizo un día después lo mismo con el jefe de la legación estadounidense en Caracas, Patrick Duddy. Washington reaccionó con igual dureza y expulsó a los embajadores boliviano Gustavo Guzmán y venezolano Bernardo Álvarez. EE UU restableció en 2009 las relaciones diplomáticas plenas con Venezuela, pero con Bolivia no consiguió hacer lo mismo. Tras negarse Caracas el año pasado a aceptar a Larry Palmer como nuevo embajador estadounidense, Washington actúa diplomáticamente en ambos países a nivel de encargado de negocios" (sic).

Cinco meses más tarde, en septiembre de 2011, el Ecuador y Estados Unidos restablecieron las relaciones diplomáticas, nombrando a sus respectivos embajadores en Washington y Quito.

43. Al mal "trago" dale prisa

Los compadres comenzaban, uno tras de otro, a sentir un tremendo ardor del estómago; sin embargo, seguían "empinando el codo" con entusiasmo, nada de acobardarse frente a los amigos, nada de dar muestras de no ser "buen trago". Seguía el fandango, la música estridente, la charla incoherente y necia, las carcajadas y los abrazos. Eso, esa borrachera, era parte de su amistad. Pronto, un intenso, insoportable, dolor de cabeza, hizo considerar a más de uno, que "algo me ha sentado mal; mejor me voy a la casa".

-Me tomaré el del estribo, compadre, que mañana tengo trabajo.

-Sí, yo también, don Manuel, que ya es hora de ir donde la patrona.

-Salud, hermanitos del alma, ¡viva el trago, carajo!

Con la vista nublada, tambaleándose, atrapados en una indefinida inconsciencia, cada cual llegó a su casa. Nunca antes se habían sentido tan mal después de unos tragos. ¡Qué raro!, pensaban. A los pocos minutos, en medio del infierno del dolor de estómago y de cabeza, en medio del aturdimiento y el mareo incontenible, los compadres murieron sin darse cuenta, siquiera, de que se estaban muriendo.

Esta escena, o parecida, comenzó a repetirse a mediados de 2011 en las provincias del Azuay, Napo, Los Ríos, Tungurahua, Guayas, Pichincha, Bolívar, Cañar y Manabí, donde se produjeron más de 50 muertos por consumo de alcohol con metanol. Los hospitales se llenaron de gente al borde de la muerte o de ceguera permanente, como secuela de beber licor adulterado.

Más de 600 casos de intoxicación reportó el Ministerio de Salud, de los cuales cerca de 250 correspondían a intoxicación por tomar el licor "chimbo". Bebidas alcohólicas con registro sanitario falsificado, falta de controles periódicos, "guaraperías" clandestinas, irresponsabilidad. Todo se sumó y ocasionó la tragedia que, usualmente, ocurre a la media hora de beber tan solamente un trago de licor adulterado con alta concentración de metanol.

Un experto consultado por *elpais.com* explica cómo se trata la intoxicación producida luego de consumir bebidas adulteradas con metanol: "El tratamiento inmediato para una persona que ingiere licor adulterado es la ingesta de licor de buena calidad, pues ayuda a contrarrestar transitoriamente los efectos negativos en el organismo. (Esto ocurre porque el hígado puede retener 200 veces más el licor bueno que el malo, pero solo de forma transitoria). El paso a (sic) seguir es trasladar a la persona a un hospital [...] donde haya un especialista, para que pueda ser diagnosticada y tratada adecuadamente. Allí, los médicos continúan suministrándole alcohol de buena calidad para contrarrestar los efectos negativos y pueden tomar decisiones de mayor categoría como iniciar una diálisis, suministrar medicamentos potentes o realizar una terapia intensiva".

El profesional explicó las consecuencias de beber licor con metanol: "Los pacientes que son atendidos rápidamente quedan, por lo general, con lesiones mínimas. Hay casos de pérdida de la memoria, afecciones renales mínimas o problemas de visión. Para quienes son atendidos de forma tardía y han tenido una intoxicación grave, las consecuencias son mayores y pueden traducirse en daños cerebrales importantes o daños renales, hepáticos y oculares. También se irrita el intestino, se lesiona el corazón y puede producirse ceguera total".

Una nota de El Universo, de septiembre de 2011, titulada "Viudas por metanol solicitan justicia en Corte de Ambato", afirma que "Un portavoz del Ministerio de salud señaló que 607 personas han sido atendidas en el sistema sanitario público, el cual ya confirmó 245 casos de intoxicación y una tasa de letalidad de 20,40 %. Asimismo, el ministerio reportó 14 pacientes con ceguera, de los cuales tres fallecieron. Los casos confirmados de intoxicación con metanol se han presentado en 11 de las 24 provincias, siendo (sic) la costera de Los Ríos la más afectada, con 20 decesos de 116 personas atendidas, seguida de Tungurahua y Azuay, cada una con 11 muertes. En el Juzgado Tercero de Garantías Penales de Tungurahua se informó que aún no se captura a ninguna de las tres personas (Jaime Santiago Ullrich Hidalgo, Tomás Ricardo Soria Cepeda y Álex Damián Lescano Vaca, vinculados a los vinos "Tentador") que tienen orden de prisión extendidas por el juez Vicente Robalino, en el caso de las muertes por el consumo de licor con metanol que deja 51 fallecidos en el país".

44. Una de vampiros

Se sabía que los murciélagos hematófagos que habitan en la Amazonía ecuatoriana mordían con sus dos cortos y filosos dientes incisivos al ganado bovino, para tomar la sangre necesaria para su alimentación. De vez en cuando algún vampirillo goloso mordía a un cerdo. O tal vez a una cabra. Y no pasaba nada; unos y otros vivían en armonía y felicidad.

Los murciélagos son los únicos mamíferos voladores. Al atardecer les gusta salir a revolotear y morder a las terneras. Dotados de un maravilloso radar que transforma los sonidos en imágenes, vuelan rapidísimo y por cientos, todos al unísono, sin chocarse, sin siquiera rozarse. Nunca se ha reportado una colisión de estos vampirillos, ni siquiera el más mínimo altercado por el batir de sus alas. Jamás. Les gusta vivir en cavernas, en casas abandonadas, túneles, alcantarillas, troncos huecos de árboles o cavidades entre las rocas. Pero prefieren refugios cálidos –entre 21 y 23 grados Celsius– y húmedos.

Un gran número de ellos habían hecho su hogar en las cercanías de los caseríos de Wampuik, Tarimiat y Tsurik Nuevo, ubicados en la cordillera del Cutucú, en la provincia de Morona Santiago, esto es, en las estribaciones de la cordillera oriental de los Andes ecuatorianos en donde se elevan el Altar, el Ubillín, el Sangay, el Ayapungo. Un día de noviembre de 2011, un grupo de murciélagos comenzaron a morder, ya no al ganado, ya no a los cerdos, sino a la gente del pueblo y a los niños que correteaban por las calles enlodadas, o que estaban jugando cerca del río. A los pocos días de haber sido mordidos por estos murciélagos, varios niños comenzaron a manifestar síntomas del virus de la rabia que los llevó a su inevitable, dolorosa y rápida muerte. La primera víctima fue una pequeña de cinco años de la comunidad Tsurik Nuevo. Días más tarde murió una niña de 11 años y también un niño de 9. Al poco tiempo, los muertos llegaron a doce.

El Ministerio de Salud atribuyó el ataque de los murciélagos a la deforestación, que ocasiona la destrucción del hábitat natural de estos quirópteros. "Hay cada vez más casos de rabia silvestre debido a los desequilibrios ecológicos. La población de murciélagos que se alimentan de sangre, se ha incrementado en los últimos años debido, principalmente, a la deforestación e introducción de ganado vacuno, lo cual ha provocado un mayor riesgo de ataques a los humanos". La propia comunidad explicó el fenómeno por la tala de los árboles en los lugares donde habitaban estos vampiros. Los moradores reportaron que probablemente cerca de 900 personas fueron atacadas por los murciélagos en toda la provincia de Morona Santiago, entre octubre y noviembre de 2011. Las brigadas del Ministerio acudieron a la zona, donde vacunaron a la población y dieron charlas de prevención.

45. Una tragedia vergonzosa

En marzo de 2011, la prensa ecuatoriana dio cuenta de una tragedia vergonzosa que estaba ocurriendo en los hospitales públicos del país: decenas de niños recién nacidos morían a causa de las bacterias que inundaban las "casas de salud". Una nota de ecuadorenvivo.com informaba que "La muerte de neonatos ronda los hospitales del país"; agregaba que 13 bebés habían muerto entre enero y febrero de 2011, en el hospital Gustavo Domínguez de Santo Domingo, donde se cerró el área de Neonatología por la existencia de, al menos, tres bacterias mortíferas.

A este caso alarmante se sumaba la muerte de 11 recién nacidos en el hospital Francisco de Ycaza Bustamante en Guayaquil, y de otros 26 niños muertos, entre noviembre de 2010 y enero de 2011, en el hospital público de Loja. Un total de 50 bebés muertos por la negligencia de los hospitales públicos.

La Defensoría del Pueblo había investigado estos casos, luego de las denuncias presentadas por los familiares de los niños. Lo encontrado en el hospital de Santo Domingo evidenciaba una situación calamitosa: "Se pudo constatar que en la farmacia no existen las medicinas que son recetadas por los médicos del hospital; que radiografías, tomografías y demás exámenes de rayos X no pueden ser realizados porque la médico responsable renunció meses atrás y hasta la fecha no hay quién la remplace [...] La mitad de los empleados aducen calamidad doméstica para no ir a sus puestos de trabajo; en la entrega de tur nos son ocho quienes deben laborar y solo cuatro estaban en su puesto de trabajo [...] En la ampliación de la Maternidad, el contratista se olvidó de hacer las gradas; no hay un primer piso, hay que pasar por una ventana de cuidados intensivos para acceder al lugar que hasta ahora no puede ser utilizado" (sic), indica el informe de la Defensoría, y agrega que "En la obra paralizada en Emergencia, seis consultorios que aún faltan por concluir son utilizados como urinario, debido al abandono del sector".

El 6 de marzo de 2011, Ana Angulo escribió en el diario Hoy una crónica titulada "Muertes evitables" en la que afirmaba: "Este año, primero fueron 11 neonatos los fallecidos en Guayaquil, ahora se sabe que en Loja se han registrado más de 10 casos en los últimos tres meses; en 2006, fueron más de 12 los recién nacidos muertos en Chone. Como denominador común, todos estos decesos se produjeron en hospitales públicos. Hace cinco años, el caso de Chone conmovió al país. Hubo una investigación penal, el Ministerio del ramo designó una comisión y se estableció que los ductos de aire que daban a la sala de neonatos estaban contaminados con excrementos de ratas, cucarachas y otras alimañas. El asunto fue empastelado en la Corte de Manabí".

Agregó Ana Angulo: "Esta ocasión, las muertes de los bebés también han causado estupor e indignación, más aún cuando se han producido en una época en que el sector de la Salud ha recibido una fuerte inyección de recursos gracias a un continuo estado de emergencia. El incremento de los recursos ha dado lugar a un aumento de la cobertura, con la contratación de miles de médicos, la entrega gratuita de medicinas en los sub centros de salud y, consiguientemente, un aumento de la demanda de los servicios de salud. Tampoco hay que olvidar que la Fiscalía halló irregularidades en la adquisición de cientos de ambulancias realizada al amparo de la emergencia y que el caso aún no es resuelto por la Justicia. Luego, vino la emergencia por el virus AH1N1 y está por expirar una última decretada a inicios de año para atender a varios hospitales del país. Como ocurrió con las muertes de los bebés de Chone, en esta ocasión también se ha movido la Fiscalía que ya inició una indagación, y hay una Comisión investigadora del Gobierno. En el caso del hospital de Guayaquil, se sabe que en la sala de neonatos había bacterias, entre otras cosas, por la falta de una limpieza rigurosa. Algunos doctores han dicho que los bebés llegaron a la casa de salud con otras complicaciones: eran prematuros, tenían bajo peso y otras razones que podrían haber causado los decesos. Pero, hasta el momento, no se ha negado la falta de asepsia, pues la sala destinada a los seres más vulnerables no se la limpiaba bien. Encima de todo, en la primera exhumación, se estableció que el cuerpo del bebé ni siquiera había sido formolizado (sic) y estaba totalmente descompuesto, por lo que no fue posible saber de qué murió, ¿para borrar cualquier evidencia? No creo que haya demasiada ciencia en realizar una buena limpieza en un hospital, pero, no ser capaces ni siquiera de controlar esto muestra una falta de compromiso de empleados y administradores. Es casi seguro que con un buen manejo del sistema se habría evitado la muerte de estos inocentes. Ojalá que esta vez se castigue a los responsables" (sic).

En junio de 2011, el Gobierno de Correa extendió la declaratoria de emergencia en el sector de la salud con el objetivo de concluir la construcción de varios hospitales y mejorar la infraestructura sanitaria, según informó el Ministerio respectivo. "La prórroga permitirá concluir trece nuevos hospitales en siete provincias, así como adquirir 90 ambulancias y mejorar el equipamiento de decenas de unidades de salud". La medida también preveía la mejora del equipamiento e infraestructura en los hospitales Pablo Arturo Suárez, Eugenio Espejo y Baca Ortiz, de Quito; Francisco Ycaza Bustamante y Abel Gilbert Pontón, de Guayaquil; Verdi Cevallos Balda, de Portoviejo; Delfina Torres de Concha, de Esmeraldas; Alfredo Noboa Montenegro, de Guaranda; José María Velasco Ibarra, de Tena, y Teófilo Dávila, de Machala.

46. Sarampión

En octubre de 2011 se registró un brote de sarampión en la provincia de Tungurahua, luego de 14 años en que no se había registrado un solo brote de esa enfermedad en el Ecuador. El ministro de Salud, David Chiriboga, confirmó el surgimiento de 42 casos que en la mayoría afectaban a niños. El diario El Comercio informó que "Nuestro país no es el único caso. Desde 2010 varios países de América encendieron sus alertas. En agosto del año pasado se reportaron dos casos en Buenos Aires, Argentina. Y en septiembre pasado hubo otros siete en Barranquilla, Colombia. La aparición de estos cuadros no solo causó alarma, también sorpresa. Según la Organización Panamericana de la Salud (OPS), en 2002 el continente había eliminado el sarampión de su lista de enfermedades, es decir, no se registraron casos autóctonos en más de 12 meses. Las investigaciones epidemiológicas determinaron que el origen de estos inusuales brotes fue Sudáfrica. Antes del Mundial de Fútbol 2010, que fue en ese país, la OPS recomendó la vacunación a los asistentes. La advertencia no evitó que el virus atraviese fronteras y se propague" (sic).

El jefe de Epidemiología de la provincia del Guayas afirmó que el brote de sarampión en Tungurahua frenaba la meta de declarar al Ecuador libre de dicha enfermedad, que se transmite por gotas de saliva o por secreciones nasales, y que afecta principalmente a niños, sobre todo, hasta los 14 años de edad. "En 2008, la Organización Mundial de la Salud reportó 164.000 fallecidos, en su mayoría menores de cinco años. Más del 95 % de casos mortales se registra en países con problemas de infraestructura sanitaria" (sic).

Un artículo de la revista Vistazo, del 13 de octubre de 2011, afirmó que en el año de 1974 el Ecuador comenzó a vacunar por primera vez contra el sarampión. "En ese año la cobertura probablemente no llegó al 10 %. Luego se han realizado 3 campañas masivas de vacunación con 10 años de diferencia. La campaña del 2004 cubrió a los individuos de 16 a 39 años con una cobertura del 95 %. Por lo tanto, los individuos nacidos antes de 1974 probablemente enfermaron de sarampión y los individuos que se vacunaron en la campaña de 2004 y que tenían 39 años en esa época, están protegidos por la vacuna por lo que se podría asegurar que en el Ecuador los individuos mayores a 45 años estarían protegidos. Tanto el haber tenido sarampión, como el haberse vacunado contra sarampión (dos dosis) aseguran protección de por vida" (sic).

Por su parte, el diario El Universo informó en diciembre de 2011, que "Los casos confirmados de sarampión en Ecuador [...] se incrementaron de 169 a 193 entre el 13 y el 20 de diciembre, informó este jueves el Ministerio de Salud. Según el último reporte, 131 de los enfermos fueron detectados en la provincia de Tungurahua y 28 en la de Pichincha, sin que haya muertos. La Cartera también dio cuenta de diez casos en Guayas, ocho en Cotopaxi, tres en Chimborazo y otros trece en Pastaza" (sic).

47. "Tres carteles de México están en el Ecuador"

A finales de 2011, se reportó en todo el país un imparable crecimiento del número de asesinatos. En la provincia de Manabí, por ejemplo, el número de crímenes cometidos entre agosto de 2009 y agosto de 2010, sumaron 172. Entre agosto de 2010 y agosto de 2011, ese número había crecido a 175. Los cantones Manta, Montecristi y Jaramijó registraron los hechos más violentos. En la provincia de Pichincha, se reportaron 144 homicidios entre enero y julio de 2011. De ellos, 136 se registraron en Quito. De todos los crímenes cometidos en la capital, tan solo fueron detenidas 55 personas sospechosas de su autoría.

En septiembre del año 2011, la prensa nacional informó que "Tres carteles de México están en el Ecuador". Según afirmaba Bruce Bagley, director del Departamento de Estudios Internacionales y del Centro de Estudios de América Latina de la Universidad de Miami, en una entrevista concedida en septiembre del 2011 al diario El Comercio, la desmovilización de los paramilitares en Colombia ha ocasionado el surgimiento de bandas criminales que ya no pelean con las FARC, sino que "negocian" con ellas. Agregaba el experto y catedrático universitario que ambas organizaciones manejan, en forma conjunta, cargamentos de droga que salen de Buenaventura y Tumaco en Colombia, y de Esmeraldas, en el Ecuador. Además, añadía el señor Bagley, otro factor que incide en el aumento del tráfico de drogas en el Ecuador es el hecho de que "Álvaro Uribe empujó a los narcotraficantes. En ese contexto vimos que la frontera (con Ecuador) se volvió un punto vulnerable. Colombia no tiene presencia en su frontera sur suficiente y Ecuador ha sido renuente hasta los últimos años de fortalecer su presencia [...]. Entonces, estos grupos delictivos han podido pasarse a este país". Agregaba que otro factor que ha contribuido al crecimiento del tráfico de estupefacientes en el Ecuador, fue el ataque a Angostura (2008), tras el cual se rompieron las relaciones diplomáticas entre Colombia y Ecuador, y esto afectó a la seguridad en la frontera. Añadía el experto que "los grupos delictivos usan la costa pacífica colombiana hacia Esmeraldas y de allí a EE.UU. Entonces, la suspensión de las relaciones entre Quito y Bogotá llegó a rematar cualquier posibilidad de cooperación para controlar ese flujo. Es más, con la presión en México y Centroamérica, los grupos de narcotráfico están regresando a Colombia. Están buscando salidas desde ese país, porque sigue produciendo el 50 % de la cocaína refinada del mundo. Ustedes están viviendo un segundo episodio del auge del narcotráfico y no están en condiciones económicas, sociales y estatales de controlar ese flujo" (sic).

Al referirse al "auge" del narcotráfico, el catedrático afirmó que "Cuando en Colombia se golpeó a los carteles, estos se fragmentaron y buscaron nuevas alianzas estratégicas y se relacionaron con los grupos mexicanos. Por eso, en los últimos 10 años, México se ha vuelto el epicentro del crimen organizado y del tránsito del narcotráfico. Pero con los 'gringos' empujando y la militarización en los últimos cuatro años, los grupos narcos están obligados a buscar nuevos territorios, que incluso sean más seguros". Esos nuevos lugares, afirmaba, fueron en primer término los países centroamericanos, pero como el Ecuador "no está preparado" pues su "frontera es porosa", la costa ecuatoriana es utilizada para descargar los envíos de droga que salen desde Colombia. "Hay claros indicios de presencia de carteles mexicanos en el Ecuador. Sinaloa está presente. El cartel de Tijuana o los Arellano Félix están aquí. Y hay un nuevo cartel que es del Pacífico Sur que también está aprovechando la desprotección de las costas ecuatorianas para sacar la cocaína".

Y, a pesar de que la Policía Nacional ecuatoriana ha negado que los carteles mexicanos estén afincados en el Ecuador, el experto afirmaba que sí están en el país, aunque no controlan el cultivo de coca, sino su traslado desde Colombia, en calidad de intermediarios. "Muchas veces figuran como negociantes o inversionistas extranjeros. Hasta tienen fincas, tienen inversiones en muchas áreas y utilizan esas entradas. Son intermediarios y son ellos los que están facilitando la exportación de cocaína refinada en Colombia hacia México". Agregó el experto, que tenía evidencias e informes de los Gobiernos de los Estados Unidos, del Ecuador y hasta de la Organización de las Naciones Unidas, en el sentido de que, además de la presencia de colombianos y mexicanos, existen en el país mafias rusas y ucranianas.

En octubre de 2011, Jay Bergman, director de la Agencia Antidrogas de los Estados Unidos, DEA, para la Región Andina, dijo que el Ecuador se había convertido en "las Naciones Unidas del crimen organizado", porque, explica el experto de la Universidad de Miami, "Están presentes muchos grupos y la presión es menor en Ecuador por falta de recursos, de instituciones capaces de forzar. Por eso es que ustedes han visto un aumento en la violencia, en las pandillas, en homicidios" (sic). Y la acción de estos grupos, explicaba, se extiende también al tráfico de personas: "Traen rubias de ojos azules desde Ucrania y otros países hacia América Latina. Y llevan morenas de esta región hacia Europa y Rusia. Hay un gran tráfico [...] Lo que se puede ver es que el Estado no controla bien a quienes entran al país. La falsificación de documentos es factible y Ecuador es un lugar donde el negocio de la mafia rusa, que es el narcotráfico, es fácil de hacer. Rusia ha aumentado la participación en el consumo y tránsito de las drogas" (sic).

A finales de diciembre de 2011, El Telégrafo informó que el director nacional de Antinarcóticos del Ecuador, Pedro Gallegos, afirmó haber incautado cerca de 26 toneladas de droga en diversos operativos realizados durante dicho año, y que esa cifra era mayor que las 18 toneladas incautadas en el año 2010. El funcionario expresó que 4.158 personas, entre ecuatorianos y extranjeros, habían sido detenidas por estar involucradas en estos casos. La pregunta que cabe plantearse es si, acaso, esas 26 toneladas de droga incautada representan la totalidad de la droga que las mafias enviaron al exterior usando a Ecuador como puente, o si esa cantidad representa solamente la punta del iceberg.

48. La venganza: primera causa de homicidios

A fines del año 2011, un informe del Observatorio Metropolitano de Seguridad Ciudadana, OMSC, señaló que "Hasta 2009, la venganza era la tercera causa de los homicidios, y para 2010, fue la segunda, con un incremento en más del doble (128 %)". Agregó el documento, que al año 2011, la venganza era la primera causa de muerte en la capital ecuatoriana.

De 115 homicidios reportados en Quito entre enero y junio de ese año, 30 fueron ocasionados por venganza, 25 a causa de riñas y 25 por robos. La venganza, como principal causa de homicidios, señala el informe, se debe a la mayor presencia que el narcotráfico tiene en el país. Un miembro de la Policía Nacional, integrante de la Unidad de Lucha Contra el Crimen Organizado, afirmaba que "Los crímenes (producidos por presunto sicariato), responden a venganzas entre agrupaciones delictivas por disputas de territorios (para vender drogas)".

En agosto de 2011, la revista "La Verdad" afirmaba que "El sicariato forma parte del día a día de los ecuatorianos", y citaba como ejemplos algunos casos referidos en los titulares de diversos medios de comunicación: "Matan a dos personas en el kilómetro 41 de la carretera Progreso-Playas. Acribillan al vicealcalde de Mocache, (provincia de los Ríos) Félix Florentino Cansing. Sicarios matan a una mujer y dejan herido a oficial del Ejército en Pasaje. Asesinan a un hombre en Colinas de la Florida, en el norte de Guayaquil... Estos son unos de los tantos crímenes con los que los ecuatorianos nos desayunamos diariamente en el Ecuador, y cuyo flagelo social atemoriza a todos los estratos sociales del país".

Durante los primeros meses del año 2011, los homicidios cometidos con armas blancas (cuchillo o botellas) totalizaron 47; los cometidos con arma de fuego sumaron 37; en cambio, los perpetrados con armas contundentes (palos, piedras) totalizaron 17. Los crímenes ejecutados cada vez con mayor violencia se habían tornado más frecuentes durante ese año. Un funcionario de Medicina Legal afirmaba que "Antes, los cadáveres llegaban a la morgue solo con una o dos puñaladas. Ahora hay más brutalidad". Las riñas ocasionadas por el consumo de licor constituyen uno de las principales causas de muertes violentas. Solamente en Quito, los crímenes por este tipo de peleas aumentaron, de 65 casos en 2009, a 100 casos en el año 2010.

49. Petróleo, impuestos y crecimiento de la economía ecuatoriana

El Ecuador, el menor productor de petróleo de la Organización de Países Exportadores de Petróleo, OPEP, extrajo un promedio diario de 500.378 barriles de crudo durante el año 2011, lo cual representó un incremento de apenas el 3 % con respecto al año 2010, cuya cifra fue de 486.014 barriles diarios. Del total de barriles extraídos durante el año 2011, casi 358 mil correspondieron a las empresas públicas (incluidos 49 mil del consorcio Napo, en el que participa la venezolana PDVSA); el resto de barriles extraídos correspondió a las compañías extranjeras (Repsol, Agip, Andes, entre otras). Entre enero y septiembre del año

2011, el barril del crudo ecuatoriano se cotizó en un promedio de USD 95 con tendencia al alza.

La compañía petrolera estatal ecuatoriana exportó 89,5 millones de barriles (crudo Oriente y Napo) entre enero y octubre del año 2011, lo cual generó recursos para el Estado por USD 8.579 millones. Recordemos que en el año 2008, el país exportó petróleo por 4.600 millones de dólares. En 2009, sus exportaciones alcanzaron los 6.000 millones de dólares. En 2010 superaron los 6.300 millones de dólares, y en el año 2011, llegaron a los 9.000 millones de dólares (cifras aproximadas).

En julio del año 2011, el ex ministro de Finanzas, Mauricio Pozo, escribió un artículo en el diario Hoy, en el que ratificaba que el crecimiento económico promedio anual entre los años 2000 y 2006 fue de un 5 %, mientras que entre los años 2007 y 2010 fue del 3 % "con un precio del petróleo tres veces superior". Respecto de la pobreza, afirmaba que, de 2003 a 2006, cayó en 12,3 puntos porcentuales, y de 2007 a 2010 "cae a menos de la mitad, 5,2 puntos porcentuales", aunque en estos cuatro años, afirma, el Gobierno ha gastado 21.000 millones de dólares en subsidios.

En junio de 2011, el articulista José Samaniego escribió en una nota publicada en el diario Hoy: "El Gobierno invierte, el Gobierno gasta, el Gobierno consume, el Gobierno cobra, el Gobierno impone reglas, el Gobierno regula, el Gobierno controla, el Gobierno sanciona, el Gobierno produce, el Gobierno emplea, el Gobierno se endeuda, el Gobierno, el Gobierno, el Gobierno… Ese es el modelo económico que el presidente Correa ha impuesto en estos cuatro años de gestión. Un modelo en el cual el Gobierno, el Estado (es decir, él), es el que define la evolución de la economía, [...] se convierte en el principal agente de la economía y desplaza al sector privado, a la iniciativa individual, a la economía popular de la generación de la producción de bienes y servicios".

En su artículo, Samaniego se refiere a un documento elaborado por la Cámara de Industrias y Producción, en el que se evalúan los cuatro años de gestión de Correa, de 2007 a 2010, y del cual afirma que "Trae cifras reveladoras y, por qué no decirlo, aterradoras, desde una perspectiva de largo plazo. Mientras que, entre 2001 y

2006, apenas 10 % de la inversión societaria (en empresas) provenía de sector público; entre 2007 y 2010, esta participación aumentó a 56 %". Durante el período comprendido entre los años 2007 y 2010, agrega el articulista, "Mientras el Gobierno aumentó el empleo en 70 mil trabajadores, el sector privado disminuyó el personal ocupado en más de 125 mil. El gasto en subsidios se duplicó en el mismo período. Los ingresos tributarios crecieron en promedio en 13,4 %, mientras que la economía apenas creció a una tasa promedio de 3,3 %".

"Hemos vuelto en estos últimos cuatros años al modelo de gestión que se popularizó en los setenta y ochenta, agrega el articulista, un modelo que, equivocadamente o no, en esa época tenía un sustento teórico razonable y había sido exitoso en algunas naciones en desarrollo. Un modelo en el que el Gobierno se constituyó en el principal gestor de la economía, de una economía que le ponía barreras al resto del mundo. Un modelo que, hoy, no se compadece con un mundo globalizado, con un mundo en el que el capital, la mano de obra, las mercancías y los servicios fluyen de una nación a otra en cantidades y a velocidades inimaginables. Se han señalado ya varios de los problemas que conlleva este modelo. Ha incrementado el riesgo de la economía ecuatoriana porque, hoy, depende más de un actor (el Gobierno) y de un producto (el petróleo). Es un esquema que requiere de un Gobierno rico, con muchos recursos, [...] pero solamente (lo ha sido) por el alto precio del petróleo. Un modelo en el que la economía, como un todo, ha perdido eficiencia y competitividad, pues las evidencias demuestran que el Gobierno es menos eficiente en la producción de bienes y servicios en un mercado que, además, es cada vez menos competitivo. Es un modelo que desplaza al sector privado, le quita recursos (vía impuestos) y le induce a reducir la inversión y el empleo. Es un modelo que castra la iniciativa individual, la nueva empresa, la innovación. Es un modelo que no beneficia necesariamente a la mayoría de la población, sino más bien a los grupos que apoyan al Gobierno, a la clase política y a los sectores económicos que están detrás de la denominada revolución ciudadana".

René Ramírez, secretario de Planificación, expresó, en junio de 2011, que el informe (se refería a un estudio de la Cámara de Producción de Pichincha) era un "cuento" que intentaba desmerecer lo ejecutado por el régimen. Según el funcionario, la dolarización no había sido la causante de la estabilidad y bienestar del país, sino la inversión social que el Gobierno había realizado. Agregó que el régimen cuenta con los recursos necesarios para continuar con el mismo nivel de gasto social que asciende a aproximadamente 7.000 millones de dólares anuales, ya que la recaudación de impuestos se elevó a 8.360 millones de dólares en el año 2010, por lo que la inversión social no dependía en gran medida del precio del petróleo. El informe del funcionario de Gobierno señaló que la recaudación de impuestos totalizaba 4.670 millones de dólares en el año 2006.

Respecto a los indicadores de pobreza, un estudio de la Secretaría Nacional de Planificación y Desarrollo, Senplades, citado por dicho funcionario, afirmaba que el número de personas pobres en el país se había reducido en la cantidad de 700 mil (durante el Gobierno de Correa), en tanto que la Cámara, en su informe, señalaba que esa reducción era de 350 mil personas.

El crecimiento económico de los países de la región, de 2007 a 2010, ubicó al Perú en primer lugar, con un 7 %, seguido del Uruguay, con el 6,9 %; Argentina creció un 6,1 % en ese período; Brasil, el 4,6 %; Paraguay y Bolivia, el 4,5 %; Colombia, 3,6 %; Ecuador, 3,3 %; Chile, 3%, y Venezuela, el 1,9 %.

El Presupuesto General del Estado ecuatoriano era de 9.767 millones de dólares en el año 2007; subió a 12.899 millones de dólares en 2009; creció a 13.737 millones de dólares en el año 2010; pasó a los 23.950 millones de dólares en el año 2011, y se estimaba que en 2012 alcanzaría los 26.000 millones de dólares.

50. Desarrollo humano

El Instituto Nacional de Estadísticas y Censos, INEC, informó, en diciembre del año 2011, que la pobreza en el Ecuador se redujo 4,8 puntos, "Al pasar de 37,6 % en 2006 a 32,8 % en 2010". Agregaba que en el ámbito urbano, la pobreza llegó al 22,5

%, en tanto que en el rural, al 53 %. La pobreza extrema, por su parte, bajó, del 16,9 % en el año 2006, al 13,9 % el 2010. El INEC también informó que el coeficiente de desigualdad había registrado una caída, al pasar del 0,54 % en el año 2006, al 0,50 % en 2010.

Para sus estimaciones, el INEC estudia las "necesidades básicas insatisfechas", calculadas sobre la base de once variables o necesidades básicas para el área urbana y diez variables para el sector rural. Entre ellas, se considera: el abastecimiento de agua potable; la eliminación de aguas servidas; la disponibilidad de servicios higiénicos, de luz eléctrica, ducha y teléfono. También toma en cuenta el analfabetismo, los años de escolaridad, el número de médicos por cada 1000 habitantes y la disponibilidad de camas hospitalarias por cada 1000 habitantes (esta variable no se considera para el área rural).

Por su parte, Fander Falconí, titular de la Senplades, se refirió al Informe de Desarrollo Humano de la ONU, al año 2011, sobre la pobreza en el Ecuador: "Lamentablemente, los resultados que arroja el informe con respecto a los avances nacionales en el cumplimiento de las metas, no son alentadores en la mayoría de los casos. En cuanto a la reducción de la extrema pobreza, llevamos una década perdida, pues no existen avances significativos desde 1995. Tenemos un estancamiento en la erradicación del analfabetismo y las mejoras en la reducción de la mortalidad infantil no son suficientes; en el contexto latinoamericano, la tasa en el Ecuador se encuentra todavía entre las más altas. La equidad en el acceso a la educación entre mujeres y hombres va por buen camino y es probable alcanzar la meta al 2015, pero estos avances no redundan en una participación igualitaria en el mercado laboral. Así mismo, la violencia de género no se ha reducido, y con respecto a la incidencia del VHI/Sida, no se ha logrado detener su progreso. Por otro lado, la degradación ambiental es constante y Ecuador está entre los países con mayor pérdida de cobertura vegetal. De manera general el acceso a agua potable y saneamiento se ha incrementado progresivamente, sin embargo persisten importantes brechas territoriales" (sic).

Agregó Falconí: "Si bien debemos buscar el cumplimiento efectivo de los ODM (Objetivos de Desarrollo del Milenio) pues se trata de un compromiso internacional, como Gobierno encontramos ciertos límites en los objetivos y metas que proponen. Los ODM se suscribieron con el fin de erradicar el hambre, la pobreza, el analfabetismo y las enfermedades que atacan a los países más pobres del mundo. Sin embargo, creemos que no podemos basar la agenda de cambio social del Gobierno [...] en un enfoque de objetivos mínimos, pues existen otros límites para el desarrollo humano que no contemplan los ODM. Es por ello que el país cuenta ya con un Plan Nacional de Desarrollo 2007-2010, que es la hoja de ruta de la actuación pública del Gobierno que permitirá dirigir el desarrollo nacional hasta enero de 2011. El Plan incluye las metas de los ODM pero va mucho más allá. El plan propone "máximos sociales", que recuperan los derechos humanos y los valores universales, que no se trazan como horizonte únicamente la reducción de la pobreza sino que avanzan a la reducción de las desigualdades sociales, territoriales, económicas, ambientales y culturales" (sic).

El índice de Desarrollo Humano de las Naciones Unidas, ONU, "Mide el progreso medio conseguido por un país en tres dimensiones básicas del desarrollo humano: disfrutar de una vida larga y saludable, acceso a educación y nivel de vida digno" Además, el Índice de Pobreza Multidimensional (IPM) "Identifica múltiples privaciones individuales en materia de educación, salud y nivel de vida [...] El concepto de desarrollo humano se concentra en los fines y no en los medios de desarrollo y progreso. El objetivo verdadero del desarrollo debería apuntar a crear un ambiente propicio para que la gente disfrute de una vida larga, saludable y creativa. Esto parece una verdad sencilla, pero muchas veces se pasa por alto dar prioridad a cuestiones más inmediatas. El desarrollo humano denota tanto el proceso de ampliar las opciones de las personas como la optimización de su bienestar [...]. Otras cuestiones incluyen las libertades sociales y políticas. El concepto distingue dos partes del desarrollo humano. Por un lado es la formación de las capacidades humanas, como la mejora en la salud o en la educación. La otra parte comprende disfrutar las capacidades adquiridas, ya sea para trabajar o para disfrutar del tiempo libre" (sic).

51. "Pobreza de Hogar"

El "Índice Ethos de Pobreza 2011", publicado en junio de ese año, definió como su objetivo el de "Enriquecer el estudio de la pobreza a través de una medición multidimensional [...] acorde a (sic) la realidad de América Latina". Agrega el documento: "Para ello, además de considerar variables tradicionales como las relacionadas con el ingreso, la educación y las características de los hogares, incorpora aspectos de entorno como salud pública, instituciones, economía, democracia, seguridad pública, equidad de género y medio ambiente, las cuales cumplen un rol fundamental en la superación de la pobreza".

El informe citado añade que en el caso de América Latina, atender dichas dimensiones del bienestar "ha constituido la base de la mayoría de las acciones gubernamentales de corte social. No obstante, recientemente se ha demostrado que entornos como los de América Latina, caracterizados por una frágil democracia, ingobernabilidad e inestabilidad política, altos niveles de corrupción, inequidad de género, falta de competitividad, inseguridad y degradación del medio ambiente, han impactado negativamente la calidad de vida y debilitado la efectividad de las estrategias de combate a la pobreza".

El índice Ethos agrega que "El Programa de las Naciones Unidas para el Desarrollo, PNUD, 1997, afirmaba que el buen Gobierno se lleva a cabo con la participación de la población, la rendición de cuentas y la transparencia [...] Esta misma organización señala que la violencia y la inseguridad son un condicionante para el desarrollo y para la reducción de la pobreza. Los países y las personas más pobres son quienes más expuestos están a los hechos de violencia..."

La ONG Transparencia Internacional, continúa Ethos, "Ha afirmado que 'la corrupción mata' porque alimenta a la pobreza. La corrupción distorsiona los distintos programas públicos, se desvirtúan sus objetivos originales, se desvían recursos y pierden eficiencia en su asignación".

El índice Ethos establece que "La pobreza es una situación caracterizada por la incapacidad de satisfacer necesidades del hogar, así como del entorno". La pobreza de hogar "incluye las dimensiones de ingreso, educación, agua potable y servicio sanitario, condiciones de la vivienda (hacinamiento y material de las paredes), combustible para cocinar y electricidad [...] El segundo componente, llamado 'pobreza de entorno', engloba características del ámbito en el que se desarrollan los individuos, incluyendo las dimensiones de salud pública, instituciones, economía, democracia, seguridad pública, género y medio ambiente".

Ocho son los países que analiza el documento: Chile, Brasil, México, Colombia, Perú, Venezuela, Ecuador y Bolivia, y en ese mismo orden los sitúa en cuanto al índice de pobreza; Chile es el país con el índice más bajo, y Bolivia, con el más alto. Nótese que el Ecuador ocupa el lugar número 7 entre los 8 países analizados, tanto en la medición consolidada, como en la del hogar y en la del entorno.

Conforme a dicho índice, los siguientes son los aspectos que miden la pobreza de hogar:

1. Ingreso per cápita: el documento señala que Bolivia, Colombia y Ecuador "presentan el mayor porcentaje de hogares cuyo ingreso per cápita mensual es menor de 60 dólares". El Ecuador registra un 13,95 % de hogares con esos niveles de ingresos. En Chile, ese porcentaje de hogares llega tan solo al 2,58.

2. Porcentaje de hogares con jefe de hogar sin instrucción y con niños entre 7 y 15 años que no asisten a la escuela: en el Ecuador se registra un 7,45 % y un 5,70 %, respectivamente. A su vez, Brasil, Bolivia y México muestran los más altos porcentajes de hogares con jefes del hogar sin instrucción. El Ecuador, por su parte, "es el que mayores problemas presenta" entre los ocho países señalados, respecto de hogares con escasa asistencia escolar.

3. La provisión de agua potable y servicio sanitario: su carencia es una constante en los países analizados; sin embargo, "Bolivia y Ecuador registran una situación particularmente grave en el acceso a servicio sanitario conectado a drenaje o alcantarillado; de hecho, más de la mitad de sus hogares carecen de este servicio". En el caso ecuatoriano, la cifra llega al 50,50 %.

4. Condiciones de la vivienda: el porcentaje de paredes construidas con materiales no sólidos es relativamente bajo en el grupo de estudio, aunque en el Ecuador es un 9,56 %, el más alto de todos los países señalados. "En lo que respecta al hacinamiento, Bolivia, Perú y Ecuador todavía presentan porcentajes altos de hogares en los que duermen tres o más personas en la misma habitación".

5. Combustible para cocinar: el estudio señala que "el uso de combustibles sólidos, como madera o carbón, sigue siendo una práctica común en los hogares de América Latina, produciendo graves riesgos de enfermedades respiratorias crónicas, así como daños al medio ambiente [...] De la muestra estudiada, Perú es el país que tiene el mayor porcentaje de hogares sin acceso a gas o electricidad para cocinar (41,15 %)". El Ecuador registra el 8,71 %.

6. Falta de energía eléctrica en la vivienda: esta situación "repercute en aspectos tan variados como la conservación de alimentos y el acceso a medios electrónicos de información". El porcentaje de hogares en el Ecuador es del 4,40 %. En Bolivia, es el 31,71 %, en tanto que en Chile, apenas es el 0,63 %.

A la pregunta de "¿Qué afecta más a la pobreza de hogar?", el informe señala que "El principal problema del Ecuador radica en el acceso a agua potable, variable que contribuye en 26,27 % a la pobreza de hogar. Con porcentajes ligeramente inferiores, el nivel de ingreso y el nivel de acceso a servicio sanitario completan el grupo de áreas que requieren mayor atención gubernamental".

52. "Pobreza de entorno"

Respecto de la "pobreza de entorno", el Índice desagrega las siguientes variables de estudio: 1. En salud pública: la esperanza de vida, la mortalidad infantil y la seguridad social. 2. En instituciones: la efectividad del Gobierno, el control de la corrupción y la estabilidad política. 3. En economía: la tasa de desempleo, la competitividad y las micro finanzas. 4. En democracia: los derechos políticos, las libertades civiles y la cultura política. 5. En seguridad pública: la tasa de homicidios, la tasa de robo de vehículos y la confianza en la Policía. 6. En género: la relación de ingresos entre sexos, la relación de nivel de educación entre sexos y el número de mujeres en el Congreso. 7. En medio ambiente: la deforestación, las emisiones de CO_2 per cápita, y las plantas y animales en peligro de extinción.

Así, sobre la pobreza de entorno, el informe señala que "Bolivia, Ecuador y Venezuela son los países con la mayor pobreza" en este aspecto. En relación con las variables indicadas, el informe señala:

1. Salud pública: "La posibilidad de disfrutar vidas largas y saludables, así como de acceder a la atención de servicios de salud, (son) los aspectos que más influyen en el bienestar de las personas, por lo que las carencias en estas áreas definen en buena medida el entorno de pobreza". Esta variable considera la esperanza de vida, la mortalidad de niños menores de un año y el acceso a la seguridad social:

   - Esperanza de vida: el Ecuador (75 años), ocupa el tercer puesto, luego de Chile (78,5 años) y México (76,10). Bolivia (65,5 años) está en el último lugar.
   - Mortalidad de menores de un año: el Ecuador ocupa el quinto lugar, con una tasa de 21,10. Chile ocupa el primer lugar (7,20) y Bolivia, nuevamente, el último, con el 45,60.
   - Porcentaje de trabajadores con acceso a la seguridad social: la tasa del Ecuador es del 28,70 %, lo que lo ubica en el sexto puesto entre los países analizados; Chile, otra vez, ocupa el primer lugar,

con el 66,70 %, y Perú se ubica en el último lugar, con el 13,70 %.

2. Ambiente institucional: esta variable se refiere, en primer término, a la efectividad del Gobierno; se evalúa la calidad en la prestación de los servicios públicos, el desempeño de la burocracia y el costo de las transacciones. Otro elemento analizado es el control de la corrupción, es decir, al abuso del poder público para beneficio privado. Finalmente, se analiza la estabilidad política, que implica el riesgo de amenazas violentas contra el Gobierno. En estos acápites, el análisis arroja los siguientes resultados:

   - Efectividad del Gobierno: el Ecuador ocupa el último lugar, seguido de Venezuela y Bolivia. Chile está en el primer puesto.
   - Control de corrupción: el Ecuador está en el séptimo lugar, Venezuela en el octavo, y Chile nuevamente en el primer lugar.
   - Estabilidad política: el Ecuador ocupa el cuarto puesto, Colombia el último y Chile el primero.

3. La economía es otro de los aspectos que mide el documento: "Un entorno económico adecuado fomenta el acceso de la población a los mercados y a las actividades productivas". En el Índice Ethos, esta dimensión supone el análisis de la tasa de desempleo, la competitividad y el clima de inversión para las micro finanzas.

   - Tasa media anual de desempleo (a base de datos de la CEPAL): el Ecuador registra una tasa de desempleo del 8,6 % y ocupa el sexto lugar entre los países analizados. El menor índice de desempleo lo registran Bolivia y México, ambos con el 6,80 %, y el más alto, Colombia, con el 13 %.
   - Competitividad: esta variable considera el promedio de tres de los doce elementos

señalados por el World Economic Forum; éstos son: infraestructura física, innovación y tecnología. "Brasil (4,08), y Chile (3,96) son los más competitivos, mientras que Bolivia (2,63) y Venezuela (2,76) se ubican en el otro extremo"; el Ecuador (2,88) ocupa el sexto puesto.

- Micro finanzas. Una forma de combatir la pobreza radica en el impulso de mecanismos que permitan salir de esta condición con esfuerzo propio; entre las principales líneas de acción para este fin se encuentra el acceso a herramientas financieras. Chile (73,30) y Perú (57,50) muestran los mejores resultados; el Ecuador (27,50) se halla en los últimos lugares, seguido de Venezuela (37,20) y Bolivia (46,10).

4. La democracia es otro de los elementos analizados. "Los regímenes con sistemas democráticos frágiles, caracterizados por la falta de respeto a las libertades civiles y los derechos políticos, así como por una deficiente cultura política en la población, configuran escenarios poco propicios para la superación de la pobreza. La razón es clara: al no estar sometidos al escrutinio ciudadano, los Gobiernos carecen de incentivos para elevar las condiciones de vida de la población". (El estudio se basa en el índice de libertades civiles y derechos políticos que anualmente elabora la organización Freedom House).

- La variable "libertades civiles" considera aspectos relacionados con la libertad de expresión y creencia, libertad de asociación y derechos organizativos, estado de derecho y derechos humanos. Chile (1,0) y Brasil (2,0) ocupan los primeros puestos; el Ecuador está en el cuarto (3,0) y Venezuela en el último lugar (4,0).
- La variable "derechos políticos", se enfoca en "la participación en el proceso político, e incluye el

derecho a votar libremente [...], competir por un cargo público, afiliarse a partidos políticos y organizaciones..." Chile (1,0) ocupa el primer lugar, en tanto que Venezuela (5,0) ocupa el último; el Ecuador comparte el mismo puntaje (3) que Colombia y Bolivia, todos en el quinto puesto.

- La "cultura política", refleja "la legitimidad, el buen funcionamiento y la sostenibilidad de la democracia, así como la disposición de los ciudadanos a aceptar los resultados electorales de forma pacífica". (Estos datos han sido obtenidos del Economist Intelligence Unit). Chile (6,88) está en primer término; el Ecuador, Colombia y Bolivia ocupan el último lugar (3,75).

5. Seguridad pública: en un estudio realizado en el año 2006, el Programa de las Naciones Unidas para el Desarrollo, PNUD, afirmó que la seguridad pública "es condicionante para el desarrollo y las estrategias de reducción de la pobreza, pues los más pobres están mayormente expuestos a los hechos de violencia..." Las variables consideradas en este punto son: tasa de homicidio y tasa de robo de vehículos por cada cien mil habitantes, así como la confianza en la Policía.

   - Tasa de homicidio por cada 100 mil habitantes. Perú es el país con una tasa más baja (3,20). Venezuela es el que tiene el valor más alto (52). El Ecuador está en quinto lugar, con una tasa de 18,10. Colombia ocupa el séptimo lugar con una tasa del 38,80.

   - Tasa de robo de vehículos por cada 100 mil habitantes. Esta medida "refleja un grado de delincuencia de mayor complejidad y proporciona información sobre el nivel del crimen organizado. Brasil tiene la menor tasa (20,76). México, la más alta (163,30). El Ecuador está por debajo del promedio de la región, ocupa el quinto lugar (57).

- Porcentaje de la población que confía en la Policía. Refleja "la percepción existente sobre el funcionamiento de las instituciones que brindan seguridad pública. Chile tiene el mayor porcentaje (56) y Bolivia el menor (23). El Ecuador está bajo el promedio, y ocupa el cuarto puesto (39).

6. Género. "Cuando las mujeres no tienen las mismas oportunidades de desarrollo, obtención de recursos y toma de decisiones que los hombres, se profundiza el rezago social, la marginación y la pobreza". Para esta medición se consideran las variables de relación de ingresos entre sexos, la relación de mujeres y hombres con secundaria completa, así como la proporción de mujeres en la Función Legislativa.

   - Relación de ingresos entre mujeres y hombres: "Se refiere al salario no agrícola por hora trabajada de las mujeres entre el salario no agrícola de los hombres". El Ecuador (0,51) ocupa el quinto puesto, bajo el promedio regional. Colombia ocupa el primer puesto (0,71).
   - Relación de secundaria completa entre mujeres y hombres. "Corresponde al porcentaje de mujeres de 25 años y más con, al menos, secundaria completa entre el porcentaje de hombres de 25 años y más con el mismo nivel educativo". Venezuela (1,13) ocupa el primer lugar, en tanto Bolivia (0,81), el último. El Ecuador ocupa el cuarto lugar, junto con Chile (0,97). "A mayor valor de estas dos variables existe un mejor desempeño del país en materia de equidad de género".

- Escaños parlamentarios ocupados por mujeres (porcentaje del total): Perú (29) y el Ecuador (28) tienen un mayor número de mujeres que ocupan escaños legislativos. Colombia (10) y Brasil (9) son los que tienen un menor número de legisladoras.

7. Medio ambiente. Es conocido que los pobres "con el fin de obtener recursos en el corto plazo, degradan el medio ambiente de forma inadecuada y poco sustentable, provocando la destrucción de suelos fértiles para la reforestación o siembra de productos agrícolas, lo cual puede empeorar su condición. De la misma manera, la contaminación atmosférica representa un factor importante de enfermedades respiratorias, siendo los pobres los más vulnerables y quienes mayores problemas tienen para atenderse [...]. La población marginada, al ubicarse en sitios rurales frágiles y en la periferia de las zonas urbanas, está más expuesta a los efectos que está generando el cambio climático, tales como inundaciones y huracanes". Esta dimensión utiliza datos de la ONU, CEPAL y FAO, e incluye las siguientes variables:

   - Emisiones de CO2 per cápita. Venezuela (6,57) es el país con mayor porcentaje de emisión de dióxido de carbono. El menor es Bolivia (0,77). El Ecuador ocupa el cuarto puesto entre los países analizados, con una tasa del 2,27.

   - Tasa de deforestación. El Ecuador "presenta los peores resultados", pues ocupa de largo el primer puesto (-1.70). Lejos le sigue Brasil (-0,60). Chile es el único país que tiene una tasa positiva (0,40) lo que significa que ha aumentado su superficie de bosques.

   - Proporción de plantas y animales en peligro de extinción. Perú ocupa el mejor lugar (0,89), en tanto que le último se lo lleva México (0,71). El Ecuador ocupa la sexta posición (0,75).

Luego de los datos expuestos habría que preguntarse: ¿Cuál de estos elementos afecta más a la pobreza de entorno? En el caso ecuatoriano, las dimensiones con mayor incidencia son las relativas a las instituciones, a la democracia y a la economía, conforme a los datos presentados en el "Índice de pobreza 2011", realizado por la Fundación Ethos.

Entre sus conclusiones, el informe señala que Chile "es la nación con menores niveles de pobreza", y en contraste, Bolivia y Ecuador "presentan los peores resultados, con puntuaciones que distan mucho de quienes los anteceden en el ranking y con retos importantes en la mayoría de aspectos, tanto de hogar como de entorno".

53. Índice de desarrollo democrático

El estudio realizado por la fundación alemana Konrad Adenauer, correspondiente al año 2011, señala que el "Ecuador ha sido uno de los países que más ha empeorado (en el Índice de Desarrollo Democrático) con respecto a 2010 [...], solo aventajado por Guatemala". El Ecuador ocupa el puesto decimoséptimo entre los dieciocho países de la tabla clasificatoria, tras caer en las dimensiones de "Democracia de los Ciudadanos", de las "Instituciones" y de "Economía".

El documento señala que durante los primeros cuatro años del Gobierno de Correa "la confrontación nunca cesó", y agrega que, pese al "estilo combativo" del mandatario, "no ha perdido ninguna batalla". "Elección tras elección, Correa las ha ganado todas. Su popularidad nunca ha descendido de 60 % y ha tenido picos de 80 %, cifras sin parangón en la historia moderna del país [...] Llegó al poder sin un solo diputado, pero un año después, durante la Constituyente contaba con ochenta de los 130 representantes".

El informe señala que la oposición "aparece desarticulada y sin propuestas ni respuestas a la iniciativa presidencial". Han sido "cuatro años difíciles", el mandatario "ha superado innumerables crisis, entre ellas, una internacional muy fuerte con la vecina Colombia y una intentona golpista de la policía". El documento destaca que los altos índices de popularidad del gobernante "no guardan correlato con el clima de derechos políticos y libertades civiles que debe imperar en la democracia. Contrariamente a lo que indican el discurso y la imagen oficial, hay una ausencia total de transparencia o rendición de cuentas del Gobierno hacia los ciudadanos. Más grave aún, hay una estrategia sistemática para descalificar, perseguir y limitar las libertades civiles y políticas de individuos, organizaciones y medios de comunicación que expresen una visión distinta del discurso oficial en dichos temas".

En otro aspecto del análisis, el informe afirma que la inseguridad "parece haber desbordado a la política de Gobierno. La cara más lacerante de aquello es el sicariato. Esta modalidad de asesinatos a sueldo creció en el último año, de forma paralela al enraizamiento de otro tipo de delitos como el 'prestadiario' (sic) (prestan dinero sin garantías para extorsionar luego a sus clientes cuando no pueden cancelar sus cuotas; esa extorsión incluye el mercadeo de drogas), otra arista del narcotráfico".

El documento menciona que "la crisis judicial creció", y señala que los fiscales y la policía "acusan a los jueces de liberar a los sospechosos detenidos". Al respecto, el informe anota que en julio de 2010 "el relator de la ONU sobre ejecuciones extrajudiciales, Philip Alston, reconoció los esfuerzos del Gobierno contra la inseguridad, pero cuestionó la impunidad: solo el 1,3 % de los crímenes son juzgados. El Gobierno no ha gestado una política de seguridad que vaya más allá de los discursos".

Luego de ocurridos los incidentes conocidos como "El 30-S", afirma el documento que la Asamblea "no se reunió y su pronunciamiento se produjo días después". Respecto al rol que desempeñó la oposición frente a dichos sucesos, afirma que "develó su poco compromiso con la democracia y el Estado Constitucional de Derecho. El saldo final fue una democracia golpeada, una institucionalidad policial en crisis y un sistema de inteligencia cuestionado, ya que no fue capaz de advertir los acontecimientos" (sic).

Respecto de las relaciones con los movimientos indígenas, el informe señala que la "agria disputa que desde septiembre de 2009, sostienen el Gobierno y la CONAIE y que comenzó con fuertes movilizaciones indígenas en la Región Amazónica que incluso se cobraron la vida de un dirigente". Tras referirse al "breve espacio" de diálogo, afirma que "volvió la ruptura en enero de 2010 y, con ella, las críticas de Correa a la CONAIE y Pachakutik. Los indígenas volvieron a las calles en mayo de ese año, cuestionando al Gobierno por imponer su tesis en la Ley de Aguas y acusándolo de querer dividir al movimiento con la asignación de frecuencias de radios".

Destaca el documento el "uso de la crisis como fuente de legitimidad". Afirma que "se suceden los eventos que lo colocan bajo ataque de fuerzas desestabilizadoras (ya sea en forma de intento de golpe de Estado, como embates de la oposición partidista tradicional, o como ataques foráneos a la soberanía nacional), lo cual fortalece su base de apoyo y justifica un contrataque del Gobierno a dichos grupos "golpistas".

Respecto del llamado "presidencialismo", afirma que la nueva Constitución "ha consolidado y otorgado un fuerte poder presidencial al jefe de Gobierno como se han visto pocos en América Latina. Con el respaldo popular y algunas prerrogativas constitucionales, el presidente ha debilitado o cooptado a otros poderes de Gobierno que fueron bastiones clásicos de la oposición tradicional: el congreso nacional, los órganos de control y los municipios" (sic).

Sobre la bonanza económica como el pilar del régimen, el informe señala que el mandatario "se ha apoyado en la abundancia de ingresos fiscales gracias a la bonanza de los precios de los recursos naturales que ha vivido el país durante estos últimos años. Los abundantes ingresos contribuyeron a financiar la política de campaña permanente. Desde enero de 2007, cuando llegó al poder, el Gobierno de Rafael Correa ha tenido ingresos por 77.211,6 millones de dólares aproximadamente. La cifra récord es 51,58 % más de lo que recibieron en conjunto los Gobiernos de Gustavo Noboa, Lucio Gutiérrez y Alfredo Palacio en siete años, durante el periodo 2000-2006, que ascendió a 50.936.8 millones de dólares"

Sobre las inveteradas prácticas de la política ecuatoriana, el informe menciona que "En estos cuatro años se ha establecido un proyecto de corte hegemónico que no ha conseguido cambiar muchos de los vicios y las prácticas prexistentes en la política ecuatoriana. Ha habido cambios institucionales, con pretensiones de refundación del sistema político, pero sus alcances no han conseguido cambiar la manera en que los nuevos políticos se relacionan con los ciudadanos".

De la confrontación del mandatario con los medios de comunicación, señala el documento que "Los constantes ataques a la prensa, a los periodistas y a los opositores realizados por el propio presidente Correa a través de su cadena nacional de los sábados, afectan los niveles de pluralismo y tolerancia de la democracia ecuatoriana. El Gobierno de Rafael Correa puede caracterizarse como una versión sofisticada e institucionalizada de lo que Guillermo O´Donnell llamó la democracia delegativa (sic), que es aquella (sic) institucionalmente débil, con poderes ejecutivos muy centralizados. En definición de este politólogo, consiste en constituir mediante elecciones relativamente limpias una mayoría que faculta a alguien para convertirse, durante un determinado número de años, en la encarnación y el intérprete de los altos intereses de la nación".

54. Gasto social

Destaca el informe los avances en políticas que "aseguren bienestar" en la población, "debido al leve descenso de los niveles de mortalidad infantil y al incremento en los indicadores de Desempleo y Eficiencia en Educación", aunque, por otra parte, señala que pese a los avances, el Ecuador ocupa el lugar decimosexto entre los países analizados, "aunque bastante lejos del promedio regional".

Sobre los subsidios económicos a los estamentos menos favorecidos de la población, dice el informe que el Gobierno de Correa "ha podido desplegar una ambiciosa política de gasto social donde destaca el Bono de Desarrollo Humano, un programa de transferencias condicionadas, que cubre el mayor porcentaje de población en un país (44 %). La Secretaría de Planificación y Desarrollo indicó que en el año 2009 cerca de 975 mil familias salieron de la indigencia y más de un millón salieron de la pobreza gracias a este programa social".

Sobre el desempleo, afirma el documento que la recuperación económica se vio reflejada en la subida de este indicador. Refiriéndose a la situación social del país, recoge el informe la afirmación del régimen, de que había invertido hasta el año 2010, la suma de 2.500 millones de dólares en escuelas, hospitales, viviendas e infraestructura. "Sin embargo, afirma, el gasto público en educación se mantiene entre los más bajos de la región, solo escasamente mayor que el de República Dominicana; la población bajo la línea de pobreza se mantiene en alrededor de un 40 %; el gasto público en salud se mantiene también entre los más bajos de la región y los niveles de mortalidad infantil triplican el valor alcanzado por el país de mejor comportamiento como Chile".

En el capítulo destinado a analizar la capacidad del Gobierno para generar políticas que aseguren eficiencia económica, afirma que se ha observado un "buen comportamiento de algunos indicadores, tales como el PIB per cápita, la reducción de la Brecha de Ingreso, el menor endeudamiento y el mayor grado de inversión". Observa el documento que "la única variable que ha empeorado" ha sido la relativa a libertad económica; pero que, sin embargo, el Ecuador ha subido en la tabla clasificatoria, del puesto 13 al 10; es "esta la única subdimensión en la que logra superar levemente el promedio regional".

Sobre las fuentes de financiamiento que ha tenido el régimen de Correa, se señala que durante el 2010 "el Gobierno ha tenido como principales inversores al estatal Instituto Ecuatoriano de Seguridad Social (IESS) y a China, país que se ha convertido en la principal fuente de recursos externos. En momentos en que el Ecuador ve escasas las fuentes de financiamiento internacional, después que en 2008 proclamó la ilegitimidad de la deuda externa comercial y se declaró en moratoria, en 2010, el país asiático ha invertido más de 2 mil millones de dólares en los sectores de infraestructura, comunicación y energía. De los siete proyectos hidroeléctricos que se encuentran en construcción, como el Coca-Codo Sinclair, China financia el 57,7 % del monto total de inversiones requerido".

De la principal fuente de ingresos fiscales, el petróleo, el informe destaca que "Como parte de la nueva política hidrocarburífera (sic), Ecuador impulsó un proceso de negociación con las petroleras privadas que operan en el país, con el fin de aumentar las rentas para el Estado. La negociación permitió firmar nuevos contratos de prestación de servicios con cinco grandes compañías. Con la negociación, el Estado ecuatoriano recibirá unos 1.207 millones de dólares de inversión en producción y exploración, mientras que la renta petrolera subirá de 70 % a 80 %. Los nuevos contratos son clave para la agenda del presidente Correa, que lucha por incrementar los beneficios del Estado en los sectores minero y energético. 'Vamos a pasar de ser importadores a exportadores netos de energía', ha dicho el gobernante".

55. Denuncias de la jueza Encalada

A inicios del año 2012, el director de El Universo, Carlos Pérez, ofreció dar las disculpas requeridas por Correa como condición para retirar la demanda contra los directivos de ese medio y del periodista Palacio, si, a su vez, el mandatario dejaba de acosar a la prensa. Ni una ni otra cosa ocurrió y el juicio continuó. Mientras el país esperaba la sentencia de la Corte Nacional de Justicia, el periodista Emilio Palacio solicitó asilo en Estados Unidos, país al que viajó días más tarde.

El tema adquirió características de una buena novela de suspenso cuando la jueza Encalada entregó a la Fiscalía (el 14 de febrero) un video en el que aparecía el juez Juan Paredes diciendo que había recibido la sentencia contra El Universo en un *"pen drive"* al que le había hecho pocos cambios, tales como reducir el monto de la indemnización de 60 a 40 millones de dólares. La magistrada Mónica Encalada declaró en la Fiscalía, que el juez Juan Paredes, que había firmado el fallo de primera instancia, le había revelado que el verdadero autor de dicha sentencia era el abogado del presidente Correa. La jueza, que había estado a cargo del caso El Universo hasta un día antes de la primera audiencia, aseguró que

Gutemberg Vera le ofreció un puesto como jueza titular y que luego le dijo que "como aún no se han dado las cosas, con esto de la restructuración judicial... te voy a dar 3 mil dólares mensuales", lo que ella dice no haber aceptado. La jueza afirmó haber recibido una llamada de uno de los abogados de Correa (a quien no identificó) para pedirle que fuese ella quien presidiera la audiencia de juzgamiento, pese a que ya había culminado su encargo del trámite del caso. "A usted le va a corresponder hacer la audiencia el día de mañana [...]. El 'número uno' (en referencia al presidente Rafael Correa) está contento, pues él dice que se lleva bien con las damas, [...] entonces le corresponde a usted hacer la sentencia; haga nomás la audiencia, nuestro respaldo y el respaldo del 'número uno'", cita la jueza en su versión escrita. Agregó que luego de esta conversación, el juez Paredes le mencionó que "aunque Gutemberg (Vera) no cobrará nada por este juicio, a él le van a dar el cobro de las deudas de los Bancos cerrados, y eso era una millonada [...]. Él ofrece y se compromete (a que), a quien haga la sentencia, lo hará participar en ese negocio; también se mandan a pagar en la sentencia $ 3 millones por honorarios profesionales para los abogados y él está dispuesto a entregar un 25 % en esta instancia". Según la jueza, Paredes le había asegurado que quien hiciera la audiencia no tendría que preparar el fallo, sino notificarlo solamente: "La sentencia está bien trabajada y fundamentada, pues Gutemberg (Vera) no duerme haciéndola, lleva semanas trabajándola".

Por su parte, Gutemberg Vera, abogado del presidente de la República, expresó que seguirán "las acciones legales que correspondan a quienes usando documentos falsos" pesan como actores de "delito de falsedad". Aunque no dio nombres sobre los posibles demandados, el abogado del jefe de Estado aclaró que no iniciará ninguna acción contra la jueza Mónica Encalada, pese a reconocer que cometió un delito, señalando que "es una víctima, utilizada y lógicamente fue coimeada"(sic). Al día siguiente, el país conoció que la jueza Encalada había salido del Ecuador desde el aeropuerto José Joaquín de Olmedo de Guayaquil con destino a Bogotá, con la intención de cuidar por su vida.

Desde la capital colombiana, la prensa dio cuenta de que la doctora Encalada había afirmado en rueda de prensa que "Los abogados del presidente Correa han indicado que yo me he corrompido por esta situación. Me sorprende semejante aberración. Él (Gutemberg Vera) mejor que nadie conoce de mi actitud vertical y transparente, pues le recuerdo al abogado Vera que en algún momento él me hizo un ofrecimiento de 3.000 dólares mensuales, a lo cual dije que iba a hacer oídos sordos, porque eso me ofendía". […] La jueza Encalada agregó: "Invito públicamente al juez Juan Paredes a que me diga si me ha dicho o no me ha dicho cómo se efectuó esa audiencia. Desde ya anticipo que tengo pruebas irrefutables y técnicas que podrán demostrar que lo que yo digo no es más que la verdad".

Desde Washington, la agencia de noticias EFE informó que la jueza renunció al caso "para no emitir una sentencia impuesta por el abogado del presidente Rafael Correa". Agregaba la agencia que "La letrada señaló que el juez que la sustituyó, Juan Paredes, emitió la sentencia, pero en realidad detrás estuvo Gutemberg Vera, uno de los abogados del presidente de Ecuador, Rafael Correa".

56. "A mí qué me importa lo que diga"

En medio de la expectativa nacional, y tras una audiencia de más de 13 horas, la Corte Nacional de Justicia confirmó el 16 de febrero (2012) la condena que requería el pago de 30 millones de dólares a favor de Correa, y tres años de cárcel para cada uno de los sindicados, los tres hermanos Pérez y Palacio; a su vez, se condenaba a la Compañía Anónima El Universo al pago de 10 millones de dólares, también a favor del mandatario ecuatoriano. Ese mismo día, tras conocer la sentencia, Carlos Pérez se asiló en la Embajada panameña en Quito, y aunque días después el país centroamericano tramitó el salvoconducto, el Gobierno ecuatoriano lo negó con el argumento de que Pérez tenía plena libertad para abandonar la legación diplomática y viajar a dondequiera, pues no existía ninguna orden de captura en su contra, según dijo el propio Correa.

La sentencia generó un firme rechazo por parte de varios sectores de oposición y de la prensa nacional. Por su parte, la Comisión Interamericana de Derechos Humanos (CIDH) emitió medidas cautelares para los directivos del diario y para Palacio, y solicitó al Gobierno ecuatoriano que suspendiera lo dispuesto en la sentencia. Correa, a su vez, declaró que no le importaba lo que dijera la CIDH y que, además, rechazaba el comunicado difundido por aquellos días por el Centro Carter, en el que varios expresidentes americanos y personalidades de la región mostraban su preocupación por la condena contra El Universo y por la situación de la libertad de expresión en el Ecuador. "A mí qué me importa lo que diga la Comisión", afirmó Correa y agregó: "Qué me importa la opinión de la Relatoría (para la libertad de expresión), si lo que el Ecuador firmó fue la Convención, no los reglamentos que se les ocurrieron (aprobar) a estos señores, donde se arrogaron funciones". En noviembre pasado, el mandatario había expresado "La CIDH nos pide información sobre un juicio en marcha… Están abusando de su poder"; en forma contradictoria, el 25 de febrero de 2012, Correa expresaba: "La CIDH incumplió su reglamento. No pidió información al Estado ecuatoriano". El mandatario también repudió la publicación del artículo de Palacio que había motivado el millonario juicio y que por aquellos días reprodujeron varios periódicos latinoamericanos. En el frente interno, el presidente ecuatoriano llamó a sus partidarios a unirse y permanecer en alerta ante lo que denominó "intentos de desestabilización".

57. "Hay perdón, pero no olvido"

A finales del mes de febrero, Correa anunció su resolución de "perdonar a los acusados concediéndoles la remisión de las condenas que merecidamente recibieron, incluyendo a la compañía El Universo; también he decidido que desistiré de la demanda que propuse en contra de los autores del libro El Gran Hermano" (de Juan Carlos Calderón y Christian Zurita). Aunque sé que muchos quieren que no se haga ninguna concesión a quienes no lo merecen, así como tomé la decisión de iniciar este juicio, he decidido ratificar algo desde hace tiempo decidido en mi corazón

(...) perdonar a los acusados, concediéndoles la remisión de las condenas que merecidamente recibieron". En su discurso leído, afirmó que "Hay perdón, pero no olvido. Tenemos que aprender del presente y de la historia. Luchar por una verdadera comunicación social en la cual los negocios privados sean la excepción y no la regla". En el salón amarillo del palacio de Carondelet, rodeado de decenas de funcionarios de su Gobierno y diplomáticos extranjeros, Correa dijo nunca haber querido ese juicio; agregó, respecto de los 40 millones de dólares sentenciados a su favor, que "no íbamos a quedarnos con medio centavo", ya que la indemnización la iba a destinar para el proyecto Yasuní. "Nunca buscamos quebrar a alguien, lo único que buscamos y así lo dijimos es la verdad". Ante un numeroso auditorio y cámaras de televisión, Correa dijo que "La lucha ha sido durísima y se han cumplido los tres objetivos básicos, que no era mandar preso a nadie, ni quitarle medio centavo a nadie. Primero, demostrar que El Universo mintió y no corrigió su mentira atentando ellos sí contra la Constitución, los derechos humanos y la más elemental ética. Segundo, evidenciar que los responsables no son solamente los malquerientes que no tienen nada que perder (y) que se prestan a cualquier cosa por odio, sino los directivos del medio y el propio diario a través del cual se instrumentan las infamias. Tercero, lograr que los ciudadanos del Ecuador superen el miedo a esa prensa que actúa de manera corrupta y abusiva. Se demostró que se puede enjuiciar y vencer al abuso del poder mediático". El último día de ese febrero bisiesto, la CNJ acogió la remisión resuelta por Correa y envió la notificación al juez Juan Paredes de la Corte Provincial del Guayas, quien debía archivar el caso.

58. Las "viudas de Chuky Seven"

La prensa nacional dio cuenta, a finales de ese febrero, de que "La indagación de la Fiscalía por "Chuky Seven" no se detiene". Tanto Joffre Campaña, abogado de El Universo cuanto Alejandro Chica, defensor del juez Juan Paredes, coincidían en que debía continuar la investigación del caso. El fiscal Antonio Gagliardo había comenzado la indagación en agosto pasado, atendiendo la denuncia presentada por el abogado Campaña contra el juez Paredes por falsedad ideológica y prevaricato. En su denuncia, dicho jurista afirmaba que el juez no había escrito el fallo de 156 hojas contra El Universo y a favor de Correa, sino que lo había hecho, fuera de la Corte, el usuario del sistema informático identificado como "Chuky Seven".

Sobre el tema, el diario El Comercio afirmó en una nota de febrero 27, que "... se han sumado supuestas evidencias que hacen presumir que fue Gutemberg Vera, abogado de Correa, quien lo hizo. Según la ex jueza Mónica Encalada, Paredes le dijo que Gutemberg Vera fue quien hizo la sentencia. Incluso denunció presuntas amenazas contra ella y su familia por parte de los abogados de Correa y por eso permanece en Bogotá (Colombia) desde el 14 de febrero pasado. Además, sostuvo que recibió presuntamente ofrecimientos de dinero". Y si bien el fiscal Gagliardo afirmó que las versiones de la jueza Encalada no tenían ninguna validez jurídica, por el contrario, Washington Pesantes, ex fiscal general de la Nación, expresó que lo dicho por la jueza era suficiente para dar paso a una instrucción fiscal contra Paredes.

Por su parte, el asambleísta César Montúfar, quien meses atrás había impulsado la investigación de este caso, sostenía que el perdón de Correa "Fortalece la necesidad de que la Fiscalía realice esta investigación porque el pueblo ecuatoriano tiene derecho de saber cómo se elaboró esa sentencia". El congresista insistía en que se incautara el disco duro de la II Sala de lo Penal del Guayas, donde Vera, abogado de Correa, había actuado como conjuez, en vista de que una anterior sentencia de este jurisconsulto había sido hecha con el mismo usuario "Chuky Seven". Montúfar agregó que "Hay que luchar para que esa sentencia sea anulada porque sienta un terrible precedente para la libertad de expresión en el Ecuador".

A pesar de la contundencia de las evidencias en el sentido de que el juez Paredes no había escrito la millonaria sentencia, sino que lo habría hecho Gutemberg Vera, este jurisconsulto se negó, en el mes de mayo, a contestar algunas preguntas formuladas por el fiscal Gagliardo en la indagación del caso; a su vez, al final justificó a Vera, al afirmar que "Está en su derecho, yo no lo puedo obligar a contestar a la fuerza porque él es un testigo, no es imputado ni acusador". Por su parte, Joffre Campaña, abogado de El Universo, afirmó respecto de la actuación de Vera: "Las respuestas de Gutemberg Vera se pueden sintetizar en lo siguiente: insultos; se refirió a cosas que no tienen relación con la indagación. Y lo más importante es que no negó haberse reunido con Jaime Martínez (ex técnico del Consejo de la Judicatura) y no negó que se haya ingresado un pendrive (en la computadora que usó Paredes)". A su vez, el momento en que Vera abandonaba la Fiscalía, afirmó: "Para mí, hoy fue la defunción de Chucky Seven, ahí quedarán sus viudas. ¿Y por qué se terminó Chucky Seven? Porque al revisar la indagación se encontró la declaración de los señores directores de EL UNIVERSO y del gerente, quienes manifiestan que el directorio nunca autorizó que se presente (sic) la denuncia". Y tras afirmar "No tengo nada que ver con ningún pendrive", agregó que "Hay un grupo de corrupción que lo lideró Campaña, compró a Encalada, a Martínez y al asambleísta (César) Montúfar".

La prensa nacional informó, a mediados de junio de 2012, que el fiscal general del Estado, Galo Chiriboga —ex ministro y embajador de Correa, y también su pariente— había rechazado la excusa presentada días antes por el fiscal Gagliardo, en el sentido de continuar al frente del caso "Chuky Seven", luego de haber sido propuesto por la Función de Transparencia del Estado para integrar la próxima Corte Constitucional. Frente a la excusa de Gagliardo, la Fiscalía General había afirmado "no encontrar los justificativos legales necesarios" para aceptarla. El fiscal debía continuar con el caso y resolverlo.

59. Juan Paredes, nombrado juez de la Corte Nacional de Justicia

Pocos días antes de la designación del juez Paredes al más alto Tribunal de Justicia del país, Fernando Yávar, vocal del Consejo de la Judicatura, desmintió lo sugerido por el propio Paredes en el vídeo presentado por la jueza Encalada, en el que se lo escuchaba afirmar que dicho vocal le había ofrecido algunos cargos públicos para él y su familia. "Yo no tengo ningún tipo de participación en ningún tipo de convenio u oferta que hayan tenido –de haberla– entre las partes mencionadas”, aseveró Yávar. Sin embargo de lo afirmado, la prensa informó que Freddy Alvarado, cuñado del juez Paredes, había sido nombrado juez penal en la Corte del Guayas, y que el mismo Paredes había sido nombrado juez de la Corte Nacional de Justicia, CNJ.

El nombramiento de Paredes a la Segunda Sala de lo Penal se dio luego de un concurso organizado por el Consejo de la Judicatura, en el que dicho letrado obtuvo uno de los puntajes más bajos en las pruebas que computaban méritos y conocimientos teóricos y prácticos. Juan Paredes y Henry Morán, justamente los de inferiores calificaciones entre los once elegidos, resolvieron en diferentes instancias la causa emprendida por Correa contra El Universo; y los dos, así mismo, fueron elegidos jueces del CNJ a base de una polémica resolución que no cumplió lo dispuesto en el reglamento del concurso en que participaron 1.809 aspirantes y en el que uno de los evaluadores fue el ya mencionado vocal del Consejo de la Judicatura, Fernando Yávar. La citada disposición determina que quienes no obtuvieren el 80 % de puntuación en las pruebas (méritos, teóricas y prácticas) no continuarán en el concurso. El caso es que Morán ocupó el último lugar en las evaluaciones, al obtener 54,77 puntos, en tanto que Paredes ocupó el penúltimo lugar con 60,42, sin embargo de lo cual no solo que los dos continuaron en el proceso, sino que fueron elegidos jueces de la más alta instancia judicial del país.

60. “Cacería de medios”

La organización Reporteros sin Fronteras, RSF, denunció el cierre de cuatro radios y de dos canales de televisión ecuatorianos. Una noticia del diario El Comercio, del 13 de junio del año 2012, dio cuenta de que los afectados consideraban que la medida, tomada en tan solo dos semanas, era una “represalia de tipo político”. RFS señaló que la estación “Radio Cosmopolita La Pantera”, que había permanecido 59 años al aire, había sido cerrada por “retrasos en el pago de arrendamiento de la frecuencia”, motivo similar al esgrimido en los otros cierres.

"Telesangay", en cambio, fue sancionado por no instalar y poner en funcionamiento la frecuencia dentro de los plazos previstos por la respectiva Ley. "Aún no se han agotado todos los recursos legales, tanto para Radio Cosmopolita como para los otros. Este hecho basta para sospechar de esta serie de acciones contra medios audiovisuales, que no se limita a sacar del aire a las emisoras, sino que va hasta la confiscación de su equipo", señaló RSF en su comunicado. La radio "Net", el canal de televisión "Lidervisión" y las emisoras "Radio Líder" y "El Dorado" también fueron cerradas por disposición oficial.

Días más tarde, la prensa dio cuenta de que "el proceso de clausura de emisoras" que realizó la Superintendencia de Telecomunicaciones era "irreversible". Los propietarios de los medios, y agrupaciones como Fundamedios, afirmaron que no se había respetado el debido proceso en la mayoría de los casos, en tanto que Fabián Jaramillo, superintendente de Telecomunicaciones, expresó que sacaría del aire a 13 estaciones más en los próximos meses, y que el organismo tenía la facultad de realizar una convocatoria pública para cubrir las frecuencias vacantes.

Entre enero y junio del año 2012, aduciendo falta de pago de las cuotas de funcionamiento, el Gobierno cerró 16 medios de comunicación; la mayoría de ellos, emisoras de radio. Entre los medios cerrados se encuentran La Maná TV, Mundial FM, Tecnocable, Perla Orense, Radio Palmeras, Líder, Líder Visión, Dorado FM y Full Channel, entre otras. El director de Fundamedios, César Ricaurte, mencionó que la incautación era ilegal porque existían procesos judiciales pendientes, y que "Existe una cacería de medios" que implica un atentado contra la libertad de información. Fundamedios agregó en un comunicado su rechazo "al cierre masivo de medios que se está produciendo en el Ecuador", al tiempo que afirmó que "No puede ser considerada una casualidad, que seis medios de línea editorial crítica —al Gobierno— hayan sido cerrados en las últimas semanas [...] justo o antes del inicio del cronograma electoral" para los comicios presidenciales de febrero de 2013. La organización RFS afirmó que los cierres no se limitaban a sacarlos del aire, sino que se extendía a la confiscación de sus equipos.

61. Sube la inflación, crece la economía

A inicios del año 2012, el Instituto Nacional de Estadísticas y Censos (INEC) informó que la inflación de 2010 alcanzó el 3,33 % anual, mientras que la de 2011 subió al 5,41 % anual. El INEC también dio a conocer que la canasta básica familiar se ubicó en USD 578,04, cuando el promedio de ingreso familiar es de USD 492,80. La inflación que el Gobierno había proyectado, tras varios ajustes en sus estimaciones, era del 3,69 %. Se explicó que la subida de los precios internacionales de las materias primas ocasionó el encarecimiento de productos importados como la harina, el trigo, los derivados del petróleo, insumos agrícolas e industriales, lo cual, a su vez, afectó a los precios locales. Otro factor que incidió en el alza de precios fue la constante y creciente inyección de dinero a través del gasto público, lo que contribuyó a que se mantuviera elevada la demanda de bienes y servicios. Los precios de los alimentos y bebidas se mantuvieron en constante alza durante el año 2011. Las licencias para la importación de vehículos y repuestos, así como la aprobación de un nuevo paquete tributario, también ocasionaron un incremento de precios en productos nacionales e importados.

La economía ecuatoriana creció en el 7,78 % durante el año 2011, según cifras del Banco Central. Esa cifra había sido del 3,58 % el año 2010. El crecimiento registrado en 2011 es el más alto observado durante el Gobierno de Correa. Durante ese año creció el sector petrolero en un 4,71 % (frente al 2,65 % en 2010), en tanto que el sector no petrolero creció en un 8,83 % (frente al 4,47 % del año previo). Los sectores que más contribuyeron al crecimiento de la economía fueron el de la construcción, suministros de electricidad y agua, y también la pesca, según informó el Banco Central.

El diario El Comercio informó (13 de mayo del 2012) que por cada dólar adicional de exportaciones petroleras realizadas durante el primer trimestre de ese año, el país gastó un dólar adicional en importaciones. Durante ese período habían ingresado al país 700 millones de dólares más que en el mismo período del año anterior, pero no se había destinado ese excedente en ahorro o inversión, sino en importaciones, mayormente, de bienes de consumo más que de insumos productivos. El matutino informó que la plata del petróleo no "se fue a volver" sino que "vino para irse". Las exportaciones totales habían crecido durante el año 2011 gracias a las exportaciones no petroleras, por lo que la balanza comercial había mostrado mejores resultados respecto a años anteriores. Los ingresos adicionales provenientes de la exportación petrolera se habían generado, no tanto a consecuencia del aumento de la producción, como sería de esperarse, sino del aumento de los precios del crudo. "La producción local no está creciendo lo suficiente porque la gente tiene miedo de invertir por las constantes reformas tributarias, reformas laborales, salarios dignos, anuncios de reformas agrarias…" Agregó la nota de prensa que el gasto público aporta muy poco al crecimiento de la economía. "Cuando el Gobierno gasta más, se logra que la gente consuma más, pero no que el país produzca más". Y concluyó afirmando que "Nos estamos farreando el segundo 'bum' petrolero".

El excesivo gasto público y la mayor dependencia del petróleo han conformado, durante los últimos años, las bases del modelo económico ecuatoriano. La inversión extranjera en el Ecuador ha representado el 0,4 % del total que ha recibido la región: el total regional ha ascendido a la suma de 153 mil millones de dólares, de los cuales el Ecuador ha recibido 568 millones. En cinco años (2007–2011) el país ha gastado 110 mil millones de dólares y los resultados, aparte de la mejora de algunas carreteras existentes y la construcción de otras, han sido decepcionantes. Los servicios de salud y educación pública siguen siendo calamitosos. En un debate realizado en mayo del año 2012 en ECUADORADIO, Jaime Carrera, director del Observatorio de Política Fiscal; Mauricio Pozo, ex ministro de Economía, y Vicente Albornoz, Director de la Corporación de Estudios para el Desarrollo, CORDES, concordaron en la necesidad de cambiar el modelo, pues a mediano plazo el panorama económico, y por ende social y político, sería muy complicado. Pozo destacó que en los últimos cinco años el país había crecido en promedio a un 4,5 %, mientras que en el período anterior el país había crecido en un 5,2 %. Afirmó que es grave que el gasto público frente al PIB sea del 50 %, pues ese gasto desmedido podría ocasionar problemas en la economía, como las padecidas en Grecia o Italia. Albornoz, por su parte, sostuvo que la caída de la pobreza fue mayor de 2002 a 2006, que en el período actual.

Las exportaciones del año 2011 (enero a noviembre) totalizaron 19.356 millones de dólares; el petróleo, el banano, el cacao, el camarón y las flores representaron los mayores rubros, el 72 % del total, de los cuales solo el petróleo representó la mitad de las exportaciones ecuatorianas en dicho período. La alta dependencia que tiene el comercio exterior ecuatoriano en un solo producto lo es también para el Fisco. Hasta noviembre del año 2011 el barril de petróleo ecuatoriano promedió los USD 96,1, lo cual permitió al Gobierno aumentar el gasto público cuyo presupuesto había considerado el precio de USD 73 por barril.

Por otra parte, se considera alarmante que el Gobierno no pague puntualmente los aportes estatales al IESS, a pesar de la bonanza económica que ha tenido. La deuda al primer trimestre de 2012 superaba los 2.700 millones de dólares. Se trata, nada más y nada menos, que del dinero de las pensiones y de la salud de los jubilados. Manuel Vivanco, ex vocal del Consejo Directivo del IESS, opinó al diario El Comercio, en marzo de 2012, que constituye un problema el hecho de que el Gobierno no hubiese dado una respuesta al tema del déficit actuarial, que se comprometió a pagar y financiar en 2008. Mauricio Pozo agregó que es difícil medir el impacto de la deuda estatal, si no se actualizan los estudios actuariales que permiten estimar si los ingresos que hoy entregan los afiliados cubrirán el valor de sus pensiones en el futuro. Según el matutino citado, "Gabriel Riera, de la Asociación de Jubilados 'Batalla de Tarqui', señala que el ministro de Finanzas debe fijar de forma definitiva la metodología para el pago de esta deuda. Si el Estado no paga el 40 % de pensiones, el Seguro asume el 100 % y eso puede desfinanciar el fondo de pensiones, agrega. Según Édison

Lima, del Frente de Defensa de Jubilados, el Ministerio de Finanzas está incumpliendo el artículo 271 de la Constitución, que obliga al Estado a transferir de forma oportuna los recursos para la prestación de seguridad social. Aunque el Seguro tiene herramientas legales para cobrar lo adeudado, como la coactiva, no las ejerce, acota" (sic).

62. Crece el gasto militar, baja el gasto en salud

Un informe de la Unión de Naciones Suramericanas, UNASUR, dio a conocer que el Ecuador es el país de la región que destina el mayor porcentaje del Producto Interno Bruto al gasto militar. Y esto, paradójicamente, ocurre en épocas de paz.

En el año 2010, el Ecuador gastó el 2,74 %; Colombia, el 1,89 %; Brasil, el 0,77 %. En forma comparativa, el Ecuador destinó el 2,1 % del PIB en salud. Colombia, el 1,9 %; Brasil, el 5,2 %. "Ecuador gasta el 6,7 % del PIB en subsidios a la gasolina y destina el 1,3 % a gastos en salud", tituló El Comercio a una nota del 20 de junio de año 2012. Añadió la información, que la Comisión Económica para América Latina y el Caribe, CEPAL, recomendó que los países de la región impulsaran reformas que redujeran los subsidios a los combustibles fósiles e incentivaran tecnologías limpias, como una forma de garantizar el desarrollo sostenible y las mejoras sociales.

En el Ecuador es mayor el costo de los subsidios a los combustibles que el gasto en salud. Lo mismo ocurre en Venezuela, donde el subsidio llega al 5,1 % del PIB, y el gasto en salud, al 1,8 %. La reducción de estos subsidios, "además de desincentivar el consumo de combustibles fósiles y reducir los costos ambientales y de salud conexos, mejora la rentabilidad relativa de alternativas energéticas y libera recursos fiscales para su uso en otros ámbitos, como la inversión en educación y salud", según afirma el documento de la Cepal.

63. El "espejismo de bienestar", se ve afectado por algunas medidas restrictivas

El Gobierno de Correa anunció, en junio del año 2012, la ejecución de varias medidas tendentes a controlar los cupos y los aranceles de importaciones de 106 productos, tales como celulares, televisores, bebidas alcohólicas y automotores, con la finalidad de ahorrar 300 millones de dólares. El Comercio del 30 de junio afirmó que "Ante los choques externos negativos –la caída del precio del petróleo es uno de ellos para el Ecuador–, solo caben unas pocas alternativas para una economía dolarizada que no permite devaluar: reducir el gasto público, aplicar impuestos o restringir las importaciones". La nota agregó que, ante la proximidad de las elecciones y en medio de la campaña electoral, era improbable que "un Gobierno con vocación clientelar" cortara subsidios o incrementara impuestos. La medida de menor costo político, en consecuencia, era frenar las importaciones, aunque subieran los precios, se fomentase el contrabando y se favoreciera a "una falsa industria sin verdadero valor agregado nacional". La nota concluyó afirmando que el exagerado aliento al consumo que ha experimentado el país por la cantidad de dinero en el mercado, "ha empujado el consumismo" en desmedro de la inversión productiva. El elevado gasto y liquidez del mercado han creado un "espejismo de bienestar".

Para el año 2012 se estimaba que el consumo de gasolina crecería el 7 %; y el gas de uso doméstico, en un 2 %. En forma paralela, el país esperaba un incremento de las importaciones de derivados de petróleo, y por ende, de los subsidios, debido a que el 60 % de la gasolina que se consume en el Ecuador es importada. El país gastó, en el año 2011, cerca de 3.000 millones de dólares en subsidios a los combustibles. El galón de gasolina en el país se vende a un precio que no supera los 2,15 dólares, en tanto que en Estados Unidos oscila entre los 4 y los 5 dólares. El kilo de gas se cotiza en el extranjero en 1 dólar, mientras que en el Ecuador cuesta 0,10 centavos de dólar. El contrabando de combustibles ecuatorianos –gasolina y gas– por las fronteras, ocurre todos los días desde hace años, a sabiendas de todo el mundo y, por cierto, de las autoridades del Gobierno.

El aumento de la demanda de gasolina responde al aumento de liquidez en la economía nacional, que impulsa a que la población adquiera nuevos vehículos. El sector automotriz es uno de los de mayor crecimiento en la economía ecuatoriana; el Estado es el principal comprador de vehículos nuevos. A su vez, los "precios irreales" de los combustibles y el pésimo servicio del transporte público, motivan que la ciudadanía prefiera el transporte privado. Jaime Carrera, del Observatorio de Política Fiscal, expresó, "Por más que pongan restricción a las importaciones seguirán comprándose vehículos".

64. "Narco avionetas" mexicanas sobrevuelan territorio ecuatoriano

En forma repentina, los vecinos de Taiche escucharon el ruido de una avioneta que pasaba sobre sus cabezas y que volaba sin luces y a baja altura. No salían todavía de su asombro cuando escucharon el sonido de una explosión. Eran las 20h40 del domingo 13 de mayo del año 2012. La avioneta, de matrícula mexicana, se había estrellado en una colina cercana, por la vía Coaque-Pedernales, en la provincia de Manabí. Varios pobladores corrieron hasta el sitio del desastre. Entre el humo y las llamaradas, distinguieron dos cuerpos calcinados entre los fierros retorcidos y, cosa curiosa, una linterna encendida que tal vez les servía de faro a los dos únicos tripulantes ya fallecidos. Pronto encontraron una sorpresa todavía mayor, sin duda un milagro del cielo: en torno a la avioneta bailaban miles de billetes...

Al día siguiente, José Serrano, ministro del Interior, declaraba que se trataba de una avioneta que "presumiblemente salió desde México, llegó al Ecuador [...] estaba sin luces, es decir, era una operación ilegal, incluso ilícita". Tras descartar el hallazgo de droga en el lugar, el alto funcionario precisó que se encontró una gran cantidad de dinero (un poco más de 1,3 millones de dólares en efectivo) que "podría ser para lavar o pagar la droga que se iba a llevar, porque estas avionetas por lo general se utilizan para ese objetivo". La avioneta volaba sin permisos ni plan de vuelo autorizados por el Ecuador, indicó un comunicado de Aviación Civil; volaba a baja altura para evadir el control de los radares.

Una nota de la Agencia EFE, publicada cuatro días más tarde por la revista Vistazo, informó que la Policía, en operación conjunta con la Fiscalía, había hallado, entre San Vicente y Pedernales, a veinte kilómetros del lugar donde se había estrellado la avioneta, un laboratorio para procesar cocaína. El ministro del Interior precisó que el laboratorio "recién (sic) se había instalado" y que al momento del allanamiento se encontraron 200 kilos de pasta base de cocaína, y que se detuvo a tres personas. Agregaba el funcionario que el complejo tenía capacidad para albergar a catorce operarios y procesar "grandes cantidades" de droga. El ministro indicó que no podía establecerse una relación entre el laboratorio y la avioneta tipo Cessna, y que los servicios de control de tráfico aéreo de Bogotá, Colombia, habían descubierto la aeronave cuando realizaba sobrevuelos sobre la costa colombiana del Pacífico, pero no había sido detectada por los radares al momento de ingresar al Ecuador. Los dos tripulantes eran mexicanos; uno de ellos había ingresado al país el pasado diciembre y regresado a su patria a los dos días. El otro fallecido había sido encausado en México, en noviembre de 2008, bajo cargos de importación de armas de fuego sin licencia.

Y si bien el suceso provocó preocupación en el país por la evidente presencia del narcotráfico internacional, Correa expresó que se trataba de "una plaga mundial". Tras descartar que el fenómeno esté desbordando al Ecuador, expresó "Que de repente una avioneta a nosotros nos viole nuestro espacio aéreo es grave, pero puede pasar y se va a investigar qué es lo que sucedió, por qué los radares no detectaron; en realidad una avioneta volando bajo es difícil de detectar". Agregó que el Ecuador es el único país andino que no tiene cultivo de drogas pese a estar al lado de los principales productores del mundo. Explicó que el Ecuador tiene control sobre su territorio y "Colombia, con todo respeto, no tiene control de todo su territorio [...] ni Estados Unidos puede evitar que de repente se infiltre una avioneta".

Los cuerpos de los mexicanos Santiago Alfonso López Monzón, de 22 años, y Cruz Alfredo Solís López, de 36, fueron trasladados a la morgue de la Policía en Quito. Se esperaba que sus familiares los llevaran a sepultar a Sinaloa, su ciudad natal. Mientras tanto, el jefe de Estado expresó que su Gobierno había reforzado la lucha antidroga con la adquisición de radares, 19 helicópteros, 18 aviones "Supertucano" y una cuadrilla de 12 aviones supersónicos "Cheeta", entre otros. Un boletín de la Fiscalía precisaba que "La cantidad exacta encontrada en el lugar del accidente es de 1.345.400 dólares". Sin embargo, las autoridades no se pronunciaron sobre las versiones que circularon en el sentido de que el dinero había sido localizado y apropiado por los habitantes de la zona, previamente al arribo de la Policía.

Pocos días después, otra avioneta con matrícula mexicana "presumiblemente dedicada al narcotráfico" fue encontrada en un hangar cercano al caserío Narcisa de Jesús, en el poblado San Pablo, provincia de Santa Elena. Había aterrizado el sábado 2 de junio, a la hora en que medio país presenciaba un partido que disputaba la selección ecuatoriana de fútbol contra la argentina. El ministro del Interior dijo que ese mismo día había comenzado la indagación previa a cargo del fiscal y el juez de Santa Elena, a la vez que se había montado un operativo para atrapar a 15 sospechosos. Sin embargo, expresó el ministro, la investigación había sido frustrada y el operativo "se cayó", debido a la información divulgada por el coronel Mario Pazmiño, quien, en esa misma mañana, había divulgado en su cuenta de Twitter que la avioneta aterrizó "sin ser detectada por los radares chinos". Agregó el funcionario que Pazmiño había puesto en riesgo la vida e integridad de 19 policías vinculados a la investigación, así como también la del fiscal del caso, por lo que el coronel "debe responder penalmente". Por su parte, Pazmiño dijo que no supo del operativo policial y que solamente había presentado "una denuncia sobre la llegada de una avioneta clandestinamente al país".

Sobre este tema, circularon varias versiones contradictorias entre sí. La edición del 6 de junio del diario Hoy informó que el ministro del Interior había dicho que los sistemas de alerta del país fueron los que detectaron la llegada de esta avioneta mexicana; Pazmiño, a su vez, dijo que Colombia había dado el anuncio ya que los cuatro radares comprados a China no lo habían hecho; la FAE, por su parte, afirmó haber detectado el vuelo. "He denunciado, como cualquier ciudadano, que los radares no sirven. He manifestado un proceso de indefensión, y sobre la inseguridad que tiene la frontera para que ingrese cualquier avioneta en el espacio aéreo. No he divulgado información acerca de la investigación que estén haciendo (Policía y Ejército)", afirmó Pazmiño.

Cuando la Policía allanó el hangar donde se encontró la avioneta, no encontró ni la tripulación ni la carga. Juan Carlos Barragán, director Nacional de Antinarcóticos, dijo que la operación frustrada consistía en detener a la tripulación; resaltó que la investigación en la Fiscalía se había iniciado cuatro horas antes del aterrizaje de la nave, sin dar explicaciones sobre quién había alertado de la llegada de la avioneta.

65. El cuarto submarino en los últimos dos años

Por aquellos días también se había descubierto una "nave tipo submarino" escondida entre la maleza y el lodo en un islote de Puná, en el golfo de Guayaquil. Este era el cuarto sumergible descubierto en el Ecuador en los últimos dos años, y el segundo en esa zona.

A pesar de tan singular hallazgo, no hubo detenidos. El fiscal Chiriboga reconoció que existían falencias en algunos procesos de investigación de los ilícitos, y agregó que no se capturaba a los cabecillas de las bandas, "solo se condena a los que están a bordo". Por su parte, el almirante Luis Jaramillo dijo que ninguno de estos hallazgos se daba por azar, pues obedecían a una tarea de seguimiento que concluía en acciones exitosas. Tras explicar que eran más de un millón de metros cuadrados de espacio marítimo que se vigilan y que los medios "siempre serán insuficientes", sentenció: "Ojalá no lleguemos al estado de México".

La Policía informó, a finales del mes de junio, que en operativos realizados casi simultáneamente en las provincias de Manabí y Guayas, se había logrado decomisar más de dos toneladas y media de cocaína, lista para ser exportada. El comandante de Policía de la zona de San Clemente, en Manabí, afirmó que los "narcos" buscan afianzarse y reclutar gente en esa provincia. Agregó que se habían descubierto traficantes mexicanos que llegaban a las costas manabitas a comprar droga; la prueba era la avioneta que venía cargada de dólares, además de la captura de una lancha rápida en el balneario de Canoa.

Información nacional y proveniente de los Estados Unidos afirma que el Ecuador no solo es un lugar de tránsito de la droga, sino que ha comenzado a producirla. Una nota publicada por la agencia EFE, el 31 de mayo, cita a Vladimir León, jefe de la Policía antinarcóticos del Guayas, quien afirma que "Se ve como una industria. Una empresa donde se fusionan estructuras bien conformadas". Estadísticas de la Dirección Nacional Antinarcóticos indican un incremento de la actividad en el Ecuador. En 2011 se decomisaron 26 toneladas, mientras que en los primeros cinco meses de 2012 se han capturado 17 toneladas. Durante 2011 y hasta mediados de 2012, se han localizado 14 laboratorios de droga; cinco, durante 2010.

Un reciente informe del Instituto Internacional de Control de Narcóticos, publicado por el Departamento de Estado de los Estados Unidos, calcula que son 120 toneladas anuales de cocaína las que transitan por las fronteras ecuatorianas; su elemento facilitador es la falta de control, la corrupción y la debilidad de las instituciones locales. El mismo documento señala que tras la salida del Puesto de Operaciones de Avanzada de Estados Unidos (FOL, por sus siglas en inglés), de la base aérea de Manta, el decomiso de drogas en el país sufrió un retroceso. En el año 2009 –último de las operaciones– se capturaron en el país 68 toneladas de droga, en tanto que en 2010 solamente se decomisaron 18. El informe citado agrega que las organizaciones internacionales criminales que trabajan en el Ecuador tienen origen mexicano, colombiano, ruso y chino. Además, incluyen a "Los Zetas", a carteles como el de Sinaloa y del Golfo (mexicanos), y a las FARC, organizaciones estas que "mueven" la droga de forma "agresiva y satisfactoria" a través del país.

66. La "gran marcha por la vida y la dignidad de los pueblos"

El 23 de febrero de 2012, la Confederación de Nacionalidades Indígenas del Ecuador, CONAIE, y otros grupos sociales, convocaron para el 8 de marzo a una marcha de protesta contra Correa. El máximo líder de dicha organización indígena, Humberto Cholango, afirmó que la movilización obedecía a las políticas impopulares aplicadas por el mandatario, que "violan la Constitución". La respuesta de Correa fue inmediata: expresó que la marcha tiene fines desestabilizadores y que ha convocado a sus seguidores a apoyarlo ese mismo día en las calles.

La "gran marcha por la vida y la dignidad de los pueblos" anunció Cholango, se iniciará el 8 de marzo en la provincia amazónica de Zamora Chinchipe, en el sureste del país, y tras continuar su recorrido por la Sierra, llegará a la capital el 22 de ese mes. El líder indígena criticó al Gobierno, que actúa "en contra de los sectores sociales, de los campesinos, de los indígenas y de los que han luchado toda la vida contra el modelo neoliberal". Agregó que en la marcha participará "únicamente el pueblo", y que no está financiada por ningún sector de la derecha, como había expresado el mandatario al decir que la oposición está desesperada.

Una nota de la edición electrónica del diario Hoy dio cuenta de que Delfín Tenesaca, presidente de la Confederación de Pueblos de la Nacionalidad Kichwa del Ecuador, ECUARUNARI, "resaltó los altos índices de pobreza extrema y carencia de educación en ese colectivo, que, según la CONAIE, representa el 35 por ciento de la población del país". Tenesaca rechazó que los indígenas, "las víctimas del país, estén intentando desestabilizar el Gobierno" y agregó que ellos siempre han "reivindicado pacíficamente el derecho a la salud, a la tierra, al medio ambiente, a los recursos naturales (...) No queremos que (Correa) destruya nuestros páramos, nuestras selvas, nuestra convivencia con la madre naturaleza". Tenesaca, en diversas ocasiones, se ha manifestado contrario a la explotación minera a gran escala y a la extensión de la frontera petrolera.

La presidenta de la Unión Nacional de Educadores (UNE), Mariana Pallasco expresó que espera que "la marcha se convierta en el principio del fin del correísmo". La dirigente del mayor gremio de educadores pidió al mandatario "que se haga a un lado", porque a su modo de ver no ha sido capaz de llevar a cabo un proyecto de cambios en favor de los más pobres.

Para el mismo día en que los indígenas iniciarían la marcha, el mandatario convocó a sus seguidores a realizar una concentración en Quito, con el objetivo de "conmemorar" el día internacional de la mujer y, además, efectuar "una vigilia por la democracia". Una información de "larepublica.ec" del 26 de febrero de 2012, afirmó que Correa había expresado que tras la marcha está la oligarquía que intenta frenar los comicios de febrero de 2013, donde es probable que él pretenda ser nuevamente reelegido. Agregó que los opositores "no representan a nadie y lo que no pueden lograr en las urnas, lo quieren lograr por la fuerza". Un artículo de El Universo informó que Correa había dicho que "Vamos a estar preparados hasta el 22 o 23 de marzo, para que nos encuentren más firmes que nunca, defendiendo nuestra democracia revolucionaria". La asambleísta Lourdes Tibán, del partido indígena Pachakutik (brazo político de la CONAIE), aseguró que el mandatario "ha utilizado al movimiento indígena", por lo que pidió "al pueblo que algún día le dio su confianza, que ahora no le tema y salga a las calles a protestar".

La marcha por "el agua, la vida y la dignidad" comenzó su largo recorrido desde el suroriente ecuatoriano hasta la capital. Una nota de EFE informó que "La movilización se inició con un ritual del pueblo indígena Saraguro, realizado en las márgenes del río Chuchumblesa, durante el cual los líderes fueron bendecidos con diferentes aguas de flores y humo de tabaco, para que tengan suerte en su viaje hacia Quito. Tras ello, comenzó la marcha, que recorrerá a pie y en automóvil unos 2.000 kilómetros desde el sur al norte del país por el valle central de los Andes, y que se espera que llegue a Quito el 22 de este mes, el día Mundial del Agua" (sic).

Día tras día, sin descanso, los indígenas caminaron por las calles de los pueblos, ciudades y carreteras del país, portando carteles y gritando consignas: "Correa traidor", o "Correa escucha, el pueblo está en la lucha". Varios elementos del orden acompañaban a los marchistas en su infatigable avance. Las cámaras de televisión y las emisoras de radio seguían a los indígenas por todo el recorrido, y daban cuenta del apoyo popular que levantaban a su paso.

Una nota de BBC Mundo, suscrita por Paúl Mena, recordó que, en septiembre de 2009, se produjo una protesta indígena de varios días por la Ley de Aguas. Citaba a la asambleísta de Pachakutik, Diana Atamaint, que había afirmado que la consulta pre legislativa para su aprobación debió conducir a "una ley que garantice el acceso al agua como derecho humano y elimine toda forma de privatización de este recurso". La aprobación de dicha ley no se dio, según Correa, porque un sector de la dirigencia indígena "pretendía manejar el agua, y mientras yo sea presidente no lo voy a permitir, porque eso no es democrático [...] El agua, patrimonio de todos los ecuatorianos y no solo de ciertos grupos indígenas, tiene que ser manejada institucionalmente y con legitimidad democrática, es decir, por parte del Estado y de un Gobierno que ha ganado elecciones".

El tema de mayor conflictividad entre el ejecutivo y la CONAIE es el de la minería a gran escala; los indígenas manifiestan que, tanto el Gobierno como las empresas mineras, deberán considerar las puntos de vista de las poblaciones afectadas por la minería. Correa había suscrito, meses atrás, un contrato con la empresa china "Ecuacorriente", para la extracción de cobre en Zamora Chinchipe. Otros proyectos similares se encontraban listos para la firma a la fecha de realización de la marcha. Los indígenas expresaron que las actividades extractivas contaminan los ríos y afectan a los pobladores de la región, y que solicitaban al Gobierno cumplir la Carta Magna, que dispone consultar a las comunidades donde se asentaban los proyectos mineros. "Consulta quiere decir llegar a acuerdos, no la imposición de criterios del ejecutivo", dijo la asambleísta Atamaint frente a los pronunciamientos del Gobierno, en el sentido de que sí se han llevado consultas con las comunidades en materia minera, según afirma la nota citada de BBC Mundo.

El portal electrónico del diario Hoy, del 7 de marzo, informó que Galo Mora, máximo dirigente del partido de Gobierno, había afirmado que "para pedir correctivos (al Gobierno) no es necesario quemar llantas". El alto dirigente dijo también que hay grupos "que quieren pescar a río revuelto", y que en ese tipo de manifestaciones piden, por ejemplo, la renuncia del presidente Correa. En respuesta a lo afirmado por el dirigente oficialista, el líder indígena Delfín Tenesaca afirmó que "No vamos a desestabilizar" al Gobierno; el reclamo se centra en que el mandatario "sepa consultar al pueblo, no cobre impuestos exagerados y que no entregue tierras a empresas monopolizadoras".

La contramarcha convocada por Correa se realizó el 8 de marzo. Miles de personas terminaron reunidas en la Plaza Grande, donde el jefe de Estado acusó a los opositores de querer "desestabilizar" al Gobierno, y afirmó que la marcha indígena era un "fracaso". Los líderes indígenas denunciaron que el Gobierno había intentado boicotear la marcha iniciada ese mismo día. "Nos han dicho que no nos dan los permisos para los buses, que no nos dan los permisos para caminar, nosotros le decimos al Gobierno que no necesitamos ningún permiso para caminar, a más (del permiso) que nos asiste la Constitución vigente, que dice que somos libres de caminar por el territorio nacional" (sic), dijo Salvador Quishpe, prefecto de la provincia de Zamora Chinchipe y miembro de Pachakutik. Agregó el dirigente indígena que la marcha era contra la explotación minera y petrolera, y por el reconocimiento de los derechos de la naturaleza y de los pueblos indígenas.

El Gobierno ha defendido el proyecto de extracción de cobre, indicando que el Estado obtendrá 20 mil millones de dólares durante los 25 años que dura el contrato con "Ecuacorriente", la empresa china. El ministro de Recursos no Renovables, Wilson Pástor, expresó que la empresa tiene la obligación de crear un fondo para reparar los daños ambientales y para dejar la zona tal y como la encontró, cuando se vaya. El prefecto Quishpe afirmó que el proyecto contaminará el agua y que la firma de este contrato viola la Constitución, porque permite la explotación en un área protegida, como es la reserva de biosfera del Cóndor Podorcarpus. La empresa asiática aseguró que el área de explotación está fuera del bosque protector.

El proyecto minero "Mirador", conforme al convenio entre el Estado y la empresa, se desarrollará en las montañas del cantón Pangui. Mediante el uso de maquinarias y explosiones se hará una excavación que tendrá cerca de 800 metros de profundidad y 1,5 kilómetros de diámetro. Las minas quedarán con forma de terrazas, es decir, "a cielo abierto". Se deben recoger 30 mil toneladas de roca para obtener más de 500 toneladas diarias de concentrado de cobre. La empresa china tendrá que pagar 4 millones de dólares si no cumple los estándares ambientales. Críticos al proyecto, como Alberto Acosta, aseguran que la remediación ambiental de una tonelada de tierra removida tiene un costo que varía entre 5 y 64 dólares. "Ecuacorriente" afirma que todo el proceso de remediación se enmarca en la ley, y que ya disponen de la licencia ambiental, por lo que esperan iniciar la explotación minera dentro de los próximos dos a tres años.

67. "El agua no se vende, el agua se defiende"

El 16 de marzo la marcha "plurinacional" llegó a la provincia de Chimborazo, con el amplio respaldo de las organizaciones de esa circunscripción y la de Cañar. Los líderes indígenas José Acacho, Delfín Tenesaca y Salvador Quishpe, encabezaron la marcha. "En el trayecto, las poblaciones cercanas a la vía alentaron a los caminantes con aplausos y colaboraciones, animando que la lucha es por una causa justa, en rechazo al proyecto minero a gran escala, el alto costo de la vida, no más impuestos a los predios rurales, no al areteo (sic) a los ganados; y, exigimos la aprobación de la ley de aguas, tierras y territorios, respeto a los pueblos indígenas y la restitución de las entidades indígenas creadas a base de las luchas de los pueblos indígenas"(sic), afirmó un comunicado de una de las organizaciones que apoyaban la movilización.

La marcha tenía previsto continuar durante el noveno día por Chunchi, Alausí y Guamote hasta llegar al cantón Colta, donde las comunidades de Achupallas, Tixán y Columbe, acompañarían a los manifestantes y compartirían sus alimentos. "En cada encuentro los taytas apus de las organizaciones desean lo mejor a sus líderes y caminantes que siguen integrando durante el recorrido, con la energía de la pachamama, pachakamak y yaku mama, la caminata cumplirá su objetivo de llegar a Quito y presentar el mandato de 19 puntos por las cuales el movimiento indígena, sectores sociales, trabajadores, estudiantes, mujeres, jóvenes y campesinos exigen el respeto y la democracia en nuestro país"(sic), agregó el comunicado y concluyó: "Escucha Correa… A mí no me diste, a mí no me diste, todo el oro que a la China diste, luego me engañaste, luego me mentiste, con la derecha amaneciste… SOMOS AGUA e INUNDAREMOS KITO y CUENCA de GUAPONDÉLIG el día 22 de marzo de 2012" (sic).

El 21 de marzo, la prensa nacional informó que la marcha indígena había ingresado al área rural del sur de Quito, "ante la mirada permanente del sobrevuelo que hace un helicóptero de la Policía Nacional y de 120 uniformados del cantón Mejía que custodian la marcha". Una nota de la edición electrónica del diario Hoy informó que "Los simpatizantes del Gobierno realizan desde el fin de semana vigilias en la Plaza de la Independencia y también en El Arbolito, donde los indígenas planean llegar mañana y de allí avanzar hasta la Asamblea y el Palacio de Gobierno. Para mañana la estrategia será ocupar anticipadamente las principales plaza y parques de Quito con gente de Alianza PAIS que vendrán masivamente, según afirmó la ministra coordinadora de la Política, Betty Tola" (sic). La revista Vistazo informó que el día 22, "un grupo de manifestantes entrará a Quito por el sur, en tanto otros lo harán desde el norte". Indicaba la nota que los manifestantes culminarán al día siguiente los 700 kilómetros del trayecto, mientras "en la Plaza de la Independencia, el corazón del centro colonial de Quito y donde se ubica el Palacio Presidencial, y en el parque El Arbolito, partidarios del presidente, Rafael Correa, pernoctan en tiendas de campaña".

La marcha, en efecto, se dio en forma simultánea por el norte y sur de la capital. Los manifestantes portaban una enorme bandera multicolor, símbolo del movimiento indígena. Los partidarios del Gobierno se ubicaron en sitios estratégicos desde donde gritaban e insultaban a los indígenas e, inclusive, les lanzaban botellas y objetos diversos que los manifestantes trataban de esquivar y arrojaban contra sus agresores. A lo largo del recorrido, varios helicópteros oficiales los seguían y vigilaban. En el sector de la Villa Flora los manifestantes intentaron romper el cerco policial para tomar una ruta diferente de la que imponían las fuerzas del orden, pero sus intentos fueron vanos. Los caminantes continuaban avanzando. Ecologistas, indígenas de la Costa, negros y montubios, organizaciones no gubernamentales y de mujeres se unieron a la marcha que pronto superó las tres mil personas. En varios puntos de la ciudad la gente salió de sus casas y negocios a manifestarles su apoyo; muchos conductores de vehículos los alentaban con sus bocinas. "Estamos aquí, de pie, para decir al Ecuador que hemos perdido el miedo", afirmó Humberto Cholango, presidente de la Conaie.

Varios incidentes ocurrieron en las inmediaciones de la Asamblea, donde los manifestantes pugnaban por entrar. Se escuchaban gritos contra el mandatario: "Correa, Correa, ¿qué es lo que ha pasado que cuatro pelagatos te tienen asustado?" o "Rafa, Rafa, resultaste una estafa". Finalmente una delegación de 35 dirigentes ingresó al palacio legislativo. Entre ellos se encontraba Humberto Cholango, Natasha Rojas, Mery Zamora, Jorge Escala, Delfín Teneseca y otros dirigentes del Frente Popular, conformado, además, por la Unión Nacional de Educadores, UNE; la Federación de Estudiantes Secundarios, FESE; la Federación de Estudiantes Universitarios, FEUE, y el Frente Unitario de Trabajadores, FUT.

La delegación se reunió con el presidente de la Asamblea, Fernando Cordero. Tras expresar su agradecimiento por haber sido recibidos, Cholango planteó los principales temas que habían motivado la movilización: su rechazo a los proyectos mineros y a la aprobación de la Ley de Aguas y de Reforma Agraria. Acto seguido, solicitó la amnistía de los líderes criminalizados por protestas sociales. Delfín Tenesaca, presidente de la Ecuarunari, pidió que se consideraran las reformas planteadas a la educación intercultural bilingüe, y recalcó la necesidad de otorgar estabilidad laboral a los servidores públicos, entre otros puntos. Cordero afirmó coincidir en varios temas; dijo que esperaba que hasta el 18 de abril, el presidente Correa vetara o aprobara la Ley de la consulta prelegislativa que destrabaría el trámite de la Ley de Aguas. Salvador Quishpe, prefecto de Zamora, expresó su rechazo a la extracción minera a gran escala, y criticó a la Asamblea por haber aprobado la restricción a la prensa en la reforma al Código de la Democracia. La reunión, que duró un par de horas, culminó cerca de las 21 horas. Media hora más tarde, los manifestantes comenzaron a despejar los sitios donde habían permanecido.

68. "¡Queremos estudiar, queremos estudiar!"

Miles de estudiantes universitarios realizaron manifestaciones en protesta por el cierre de 14 universidades dispuesto por el Gobierno de Correa. "Deberán ser suspendidas de forma inmediata y de forma definitiva", dijo en la rueda de prensa Guillaume Long, presidente del Consejo de Evaluación, Acreditación y Aseguramiento de la Calidad de la Educación Superior, CEAACES. A su vez, la Secretaría Nacional de Educación Superior, SENASCYT, anunció la lista de las universidades calificadas con la "Categoría E" que fueron suspendidas a la medianoche del 11 de abril de 2012, luego de la evaluación realizada por el CEAACES.

El operativo de suspensión definitiva de las universidades fue realizado de forma simultánea, en todo el país, en medio de la noche. Las autoridades del Consejo, en compañía de funcionarios de la Intendencia de Policía, colocaron adhesivos en las puertas de ingreso de las instituciones de educación superior sancionadas. Los membretes tenían la siguiente leyenda "Suspendida por falta de calidad académica". A la mañana siguiente, fue muy grande la sorpresa y el desconcierto de miles de profesores y estudiantes en todo el país que concurrieron a sus centros de estudios como cualquier día normal. La Policía les impedía el ingreso. Nadie daba explicaciones. "Esto es una ofensa, cerraron la universidad a la medianoche, como si se tratara de un 'night club' o de un centro nocturno; necesitamos una explicación. ¿Qué va a pasar con nosotros, los estudiantes?; aquí he puesto esfuerzo, tiempo y dinero", dijo visiblemente preocupada una estudiante cuyas palabras fueron recogidas por el diario El Universo en su edición del

13 de abril. Guillaume Long, presidente del CEAACES, justificó el cierre: "Este es un golpe a la mercantilización, a la estafa, al fraude y la mala calidad de la educación superior del país... hemos sido víctimas los estudiantes, egresados, graduados y profesionales de una gran mentira social, de una educación superior que frecuentemente ha sido una estafa".

El cierre de las universidades afectó a 38 mil estudiantes que cursaban estudios en los establecimientos cerrados. Las autoridades oficiales dispusieron que aquellos estudiantes que cursaban el último año, pudieran culminar sus carreras en las propias instituciones que, a partir de la nueva disposición, serían regidas por nuevos administradores. Los demás estudiantes serían acogidos en otros centros de estudios superiores, donde se incorporarían a carreras vigentes, o a nuevas, que se ajustaran a las materias que se hallaban cursando. René Ramírez, presidente del Consejo de Educación Superior, CES, dijo que varios administradores temporales liderarán el proceso de cierre de las 14 universidades suspendidas, y que el Ministerio de Relaciones Laborales acompañará al personal administrativo en el proceso de reinserción laboral.

En varias ciudades del país, los estudiantes intentaron impedir el cierre de las universidades donde cursaban sus estudios. En Azogues, varios estudiantes de la Universidad José Peralta se enfrentaron a la Policía, que intentaba cerrar ese centro educativo. En las universidades Panamericana y UNITA, de Cuenca, la Policía resguardó las instalaciones e impidió el acceso de sus administradores, profesores y estudiantes. Esta situación se repitió en todos los centros que fueron suspendidos, en medio de las protestas de los afectados y los padres de los estudiantes.

Los estudiantes afectados por la medida marcharon hacia Carondelet para exigir la reapertura de las universidades. "¡Queremos estudiar!, ¡Queremos estudiar!", gritaron por varias horas, mientras un contingente policial resguardaba la seguridad del palacio de Gobierno. Una delegación pidió ser recibida por Correa, pero finalmente fue su asesor, Mario de la Torre, quien atendió.

A finales de mayo, los estudiantes efectuaron nuevas marchas de protesta. Esta vez, exigiendo al Gobierno el libre ingreso a las universidades. "El nuevo sistema de ingreso es discriminatorio y antidemocrático. Hay 30 mil plazas universitarias y 104 mil alumnos que se presentaron a rendir el examen de ingreso", dijo Luis Aguirre, presidente nacional de la Federación de Estudiantes Universitarios del Ecuador, FEUE, según una crónica publicado por el diario Hoy, el 31 de mayo de 2012. "El Gobierno nos ha traicionado. La Constitución garantiza el libre ingreso a la universidad y ahora la SENESCYT vulnera ese derecho, condenando a miles de estudiantes a la desocupación", expresó el dirigente estudiantil.

69. También marchan las prostitutas

Tal vez no fue multitudinaria, pero fue una marcha que llamó la atención de la ciudadanía. Entre 500 y 600 personas recorrieron varias calles de Quito para exigir el respeto a la mujer y el fin del machismo. "Marcha de las putas se realiza este sábado para protestar contra la violencia", tituló una noticia El Universo, en su edición del 9 de marzo de 2012.

Fue una marcha alegre, colorida, con tambores, danzas, dramatizaciones y con varias personas vestidas como "trabajadores sexuales". Caminaban por las calles portando carteles con leyendas que decían: "Puta, una mujer con la moral de un hombre"; "Ni santas ni princesas, libres y diversas"; "Putas somos todas"; "En Cuenca también habemos (sic) putas"; "No quiero tu piropo, quiero tu respeto" y "Ni vagina ni pechos soy 1 (sic) puta con derechos". La caminata se realizó desde el "Arco del Triunfo" (Patria y Amazonas), hasta la Plaza Foch, en el corazón del barrio La Mariscal, una zona adornada de bares, restaurantes y vida nocturna.

La movilización protestaba por la violencia de género, la falta de respeto hacia las mujeres, los manoseos en las calles y en los servicios de transporte público. También se pretendía reivindicar el derecho a expresar su personalidad a través de sus atuendos, sus formas de expresarse, su maquillaje, sin que ello fuese una excusa machista para el acoso, el irrespeto y el abuso. "No es no; ¿qué parte no entendiste?; si dices que soy puta porque me visto como me da la gana, entonces soy puta". Los manifestantes decían no entender por qué la sociedad se escandaliza con la palabra 'puta' y no con la violencia de género. La violencia no es solo física, también es sicológica, expresaron.

70. Frente a las elecciones de 2013

Hasta julio de 2012, debían estar inscritos los partidos y movimientos políticos que desearen participar en los comicios previstos para febrero de 2103. La Constitución y las leyes vigentes determinan que se realicen elecciones, al interior de cada organización, para la selección de los respectivos candidatos. Se daba por descontado que Correa se postularía para su tercera elección, aunque su movimiento no había dicho nada, pese a faltar escasos días para la inscripción.

Otros candidatos ya habían expresado sus intenciones. Álvaro Noboa anunció su "posible" participación en lo que sería su quinto intento de llegar al poder. El país recuerda que en dos ocasiones llegó a la segunda vuelta electoral, y que perdió en las dos oportunidades. También se hablaba de Lourdes Tibán, asambleísta por Pachakutik. La dirigencia de su partido menciona su candidatura; sin embargo, decían sus seguidores, su postulación se definirá junto con otros sectores de izquierda que intentan presentar un candidato único que englobe la tendencia. Dentro de esa misma línea también se mencionaba a Gustavo Larrea y Alberto Acosta, ambos ex colaboradores de Correa, quienes, luego de su alejamiento, integraban la fragmentada oposición. Bajo esa "tienda política" también se mencionaba a Enrique Ayala, Paúl Carrasco, Martha Roldós y otros.

Se daba por hecho que Guillermo Lasso participaría en la contienda. Su movimiento, CREO, había legalizado sus credenciales en el Consejo Nacional Electoral. Por otra parte, quien trabajaba incasablemente y recorría el país a lo largo y a lo ancho era el ex presidente Lucio Gutiérrez. También "El gran hermano", Fabricio Correa, y Mauricio Rodas habían expresado sus intenciones de entrar en la carrera presidencial.

71. "Narco valija", en indagación previa

Durante el primer semestre de 2012, el caso de la "narco valija" era investigado por la Fiscalía. (Se conoce con esa denominación a la captura de 40 kilos de cocaína líquida camuflada dentro de unos jarros y escondida en una valija diplomática ecuatoriana enviada a Italia). En el proceso de indagación previa se ordenó la incautación de siete computadoras de la Cancillería, para "realizar las pericias técnicas respectivas y con ello recabar información". Las computadoras eran usadas por siete funcionarios de ese ministerio "que mantuvieron algún tipo de comunicación, vía correo electrónico, durante el proceso de solicitud del envío de la valija que posteriormente fue detenida en Milán", informó la Fiscalía. La información agregaba que la medida pretendía determinar algún posible vínculo entre los funcionarios de Relaciones Exteriores y Cristian Loor, implicado en el caso y preso en Italia.

El coordinador jurídico de la Cancillería, Marco Albuja, informó que en su trayecto hacia Milán, el avión que transportaba la valija diplomática ecuatoriana se detuvo en dos naciones europeas, sin precisar cuáles, con cambio de avión incluido. El canciller Patiño dijo, el 9 de febrero de 2012, que se presumía que la droga se introdujo en la valija diplomática en alguna parada intermedia. Sin embargo, el gerente de la empresa transportadora aseguró que la valija salió del Ecuador y llegó a Italia con el mismo peso, lo cual descartaría que la droga hubiese sido introducida en un punto intermedio como sugiere la Cancillería. A principios del mes de junio de ese año se esperaba que los cinco implicados en el caso rindieran su testimonio ante Fernando Guerrero, el fiscal ecuatoriano que sigue el caso y que viajó a Italia. Hasta esos días, 30 personas habían sido llamadas a declarar. La Fiscalía solicitó a las autoridades italianas, copias del expediente, muestras de la droga, de las cajas utilizadas para el envío y de los sellos de seguridad utilizados por la Cancillería ecuatoriana.

En abril de ese año, el Consejo de Administración de la Legislatura admitió el pedido de juicio político contra Ricardo Patiño por el caso de la "narco valija", solicitado por Fernando Aguirre, asambleísta del opositor partido Sociedad Patriótica. El legislador dijo que el canciller violó la Convención de Viena y facilitó la comisión de un grave delito, a través del reglamento interno de la Cancillería, que facilitó el envío de la valija a Italia con artículos promocionales diferentes de los documentos oficiales que debería contener todo envío diplomático. El reglamento había sido suscrito meses atrás por el viceministro de esa Cartera; la ley no exime al ministro de su responsabilidad por los actos de sus funcionarios.

Pocos días más tarde, la Comisión de fiscalización de la Asamblea archivó la solicitud de juicio político contra Patiño, con seis votos a favor por parte del oficialismo, y 5 en contra. A día seguido, el 16 de abril, Correa fue entrevistado por la cadena CNN. Preguntado sobre el juicio político contra el canciller, Correa dijo: "Esta es otra de las grandes canalladas, pasó algo que puede pasar en cualquier parte del mundo, que de hecho le ha pasado al propio Estados Unidos cuando hace algunos años se detectó un avión de la Fuerza Aérea, que me parece que iba o venía con droga a Argentina, y a nadie se le ocurrió pedir juicio político al ministro de Defensa o a la secretaria de Estado". Agregó, en tono sarcástico, que Patiño "Ya es poco menos que parte del cartel de Sinaloa; ya estamos acostumbrados a esto y cuando se sepa la verdad volverán a quedar (la oposición) como siempre, en ridículo".

En mayo de 2015, la Fiscalía desvinculó del caso a varios funcionarios de la Cancillería, entre ellos al canciller Patiño y a Rafael Quintero, por entonces Subsecretario de ese Ministerio, y afirmó haber encontrado vinculaciones de otras personas con antecedentes penales, quienes estaban ya en prisión preventiva.

72. Presidente iraní vista el país

En el mes de enero de 2012 visitó el Ecuador el presidente de Irán, Mahmud Ahmadineyad. Una alfombra roja se tendió en la pista del aeropuerto de Guayaquil, donde llegó el iraní junto con una comitiva de 16 personas. El canciller Patiño y el gobernador Cuero lo esperaban. Flameaban las banderas de ambos países. Seis mujeres, que vestían largas túnicas negras y el hiyab o velo islámico, formaban parte de la comitiva iraní. Una delegación de funcionarias de la cancillería ecuatoriana les presentó su saludo y les dio la bienvenida. Una vez que todos los visitantes iraníes se hallaron en la sala VIP del terminal aéreo, comenzaron a rezar. Con la vista dirigida hacia La Meca, oraron por cerca de diez minutos. La prensa esperaba afuera; solo Patiño y Cuero estuvieron presentes durante el momento de las oraciones.

Poco antes de la llegada del presidente iraní, su embajador en Quito había rechazado el bloqueo económico impuesto por los Estados Unidos; había afirmado que las sanciones americanas regían desde hace 30 años, y que Irán producía 4,5 millones de barriles de petróleo, por lo que era el tercer productor mundial y el sexto poder económico del planeta. "Lo que quieren es afectar la economía del pueblo iraní. Y eso no lo vamos a permitir. No vamos a estar cruzados de manos. Cortaremos el estrecho de Ormuz para que no salga el crudo. Por ese canal sale el 45 % del petróleo del mundo y además del gas" provenientes de Arabia Saudí, Kuwait e Irak.

Agregó que el suyo era un pueblo pacífico, que no había estado en guerra los últimos 300 años. Dijo que terroristas son quienes han matado a civiles en Irak y Pakistán, y que tienen cárceles como Abu Ghraib, Guantánamo o prisiones clandestinas en Europa. Expresó que los inspectores de la ONU monitorean las plantas de energía nuclear de su país y que no están desarrollando ninguna bomba atómica. Tras expresar que Irán no atentaba contra los derechos humanos, se refirió al mal trato sufrido por los manifestantes de "Ocupa Wall Street". Explicó el diplomático que la visita de su presidente tenía como objetivo fortalecer los lazos comerciales y culturales de ambos países, y que Irán planea invertir 50 mil millones de dólares en el Ecuador.

Ahmadineyad partió hacia Quito a bordo de un avión de la FAE. Patiño lo acompañó en el trayecto. En la base aérea Mariscal Sucre de la capital ecuatoriana lo esperaban los granaderos de Tarqui. Como había ocurrido en Guayaquil, el aeropuerto de Quito fue cerrado durante un corto tiempo. El presidente iraní y su comitiva se dirigieron al palacio de Gobierno donde los esperaba Correa. En la Plaza Grande, un grupo de manifestantes portaba carteles que decían: "Muerte al imperialismo, viva la revolución iraní" y "Las fuerzas revolucionarias del Ecuador están con la revolución iraní".

Pocos meses después de la visita del presidente iraní al Ecuador, en mayo de 2012, la prensa nacional informó que "El Gobierno ecuatoriano comprará derivados de petróleo iraní", a donde había viajado el canciller ecuatoriano ese mismo mes. La televisión iraní recogió las palabras del viceministro de Petróleo, que afirmó que su país estaba dispuesto a vender al Ecuador algunos excedentes de productos que necesita la nación sudamericana" y que podría enviar, durante el año 2013, derivados petroleros por la suma de 400 millones de dólares, que Irán facilitaría al Ecuador a través de un crédito. En declaraciones a la prensa, Patiño recordó que ese era su segundo viaje a Irán. El canciller ecuatoriano responsabilizó a "las medidas de bloqueo" impuestas por la ONU, la UE y los EEUU a la nación iraní, como causantes de las "dificultades para concretar" acuerdos entre Quito y Teherán. Dijo, además, que el Ecuador "respalda la decisión soberana de los países que impulsan programas nucleares pacíficos". Destacó el "espíritu cordial y pacífico del pueblo iraní", y atacó la "malintencionada publicidad de algunas agencias por querer presentar al pueblo iraní como invasores".

En su paso hacia Irán, el canciller ecuatoriano estuvo en Ginebra; allí se refirió al "desconocimiento" de la realidad ecuatoriana como la razón de las críticas que ha recibido el Gobierno de Correa sobre el irrespeto a la libertad de expresión en el Consejo de Derechos Humanos de las Naciones Unidas. Tras su visita a Teherán, Patiño viajó a Johannesburgo, para asistir a la reunión titulada "África y su diáspora: un pasado, presente y futuro compartido". El Ecuador estudia abrir representaciones diplomáticas en Kenia, Argelia, Nigeria, Angola y Etiopía.

73. Presidente de Bielorrusia vista el Ecuador

A fines de junio de 2012, llegó al país el presidente bielorruso Alexander Lukashenko. Meses atrás la Cancillería ecuatoriana había informado sobre la próxima firma de convenios en temas de defensa, comercio, educación y agricultura.

El mismo día de su llegada, la ONU denunció las "graves violaciones" a los derechos humanos que se realizan en Bielorrusia desde finales del año 2010. La alta comisionada de la ONU para los Derechos Humanos, Navi Pillay, denunció las "graves violaciones" a los derechos humanos que ocurren en Bielorrusia y señaló su "carácter sistémico". En su informe, afirmó que Lukashenko, considerado por la oposición como "el último dictador de Europa", respondió con una "represión en masa" a una manifestación "mayoritariamente pacífica" de sus detractores que reclamaban contra el desarrollo del proceso electoral que justamente lo había llevado al poder.

Lukashenko llegó al Ecuador procedente de Venezuela, donde firmó acuerdos en materia petrolera, gasística y tecnológica, entre otros varios. El mandatario, que también había visitado Cuba, expresó en Caracas, a través una cadena obligatoria de radio y televisión: "Deben saber que quien quiera que hable aquí, lo que sea que planifique en contra (de Chávez), nuestro Estado hará todo lo que le pida mi amigo Chávez".

El 28 de junio, la prensa ecuatoriana afirmó que el Ecuador y Bielorrusia habían firmado un acuerdo de cooperación militar "que busca mejorar la capacidad de defensa del país." El Ministro de Defensa, Miguel Carvajal, recordó que las Fuerzas Armadas ecuatorianas disponen de helicópteros de tecnología rusa que también se fabrican en Bielorrusia, por lo que para Quito "es muy importante mejorar el nivel de sus centros de mantenimiento" de esas aeronaves. El diario El Universo informó que "El canciller, Ricardo Patiño, y su par bielorruso, Serguei Martynov, rubricaron otros cinco acuerdos para eliminar visas diplomáticas, cooperar en los ámbitos de educación superior, ciencia, tecnología e innovación, y establecer una comisión de comercio y cooperación económica".

74. Hacia las elecciones de 2013

Varios cuestionamientos recibió la designación de los nuevos vocales del Consejo Nacional Electoral (CNE), ya que la nominación de sus miembros la realizó el Consejo de Participación Ciudadana y Control Social (CPCCS) de mayoría oficialista. El CPCCS forma parte la Función de Transparencia y Control Social, y tiene, entre otras funciones, la de proponer las ternas para la designación, por parte de la Asamblea, de varias de las principales autoridades del Estado, tales como el fiscal general, el procurador general, el contralor general, los superintendentes, e inclusive, los miembros del CNE, de la Corte Nacional de Justicia, de la Corte Constitucional y del Consejo de la Judicatura, entre otros.

Desde sus inicios, se cuestionaron la imparcialidad y autonomía política del CPCCS, al ser la mayoría de sus integrantes, personas afines al régimen, y su titular, muy cercano al canciller de la República. Severas críticas también recibió por parte de la oposición política, cuando el CPCCS efectuó polémicas designaciones, tales como la del fiscal general y la del superintendente de Bancos, ambos muy cercanos al mandatario; y también, cuando presentó los candidatos a la Corte Constitucional, de mayoría correísta. Del mismo modo, el CPCCS fue duramente cuestionado cuando propuso a los miembros del Consejo de la Judicatura –varios ex funcionarios y otros ligados al régimen– y cuyo titular, Gustavo Jalkh, había sido anteriormente ministro de Correa y, posteriormente, su secretario particular.

Fue evidente, durante el Gobierno de Correa, su control e injerencia en funciones del Estado que, normalmente, en una democracia plena, deberían gozar de independencia absoluta. En varias instituciones del Estado, la mayoría de sus integrantes eran afines al presidente Correa: lo eran en el CPCCS, en el Consejo Nacional Electoral, en la Corte Nacional de Justicia, en el Consejo de la Judicatura, en la Corte Constitucional –entre muchas otras–.

El CPCCS, en efecto, designó vocales del Consejo Nacional Electoral a Paúl Salazar, ex asesor del canciller Patiño; a Magdala Villacís, funcionaria del Instituto Ecuatoriano de Crédito Educativo y Becas; a Domingo Paredes, exsecretario nacional del agua y exdirector del Consejo Nacional de Sustancias Psicotrópicas y Estupefacientes (CONSEP); a Roxana Silva, exintegrante del Consejo de Participación Ciudadana de Transición, y a Juan Pablo Pozo, compadre del presidente Correa y exsecretario relator de la Comisión de Fiscalización y Control Político de la Asamblea. Y si bien durante el "concurso" para su designación hubo una decena de impugnaciones, ninguna de ellas fue admitida por la Comisión de selección, pese a que dos vocales del propio CPCCS, Andrea Rivera y David Rosero, cuestionaron el proceso de selección y se abstuvieron de votar, denunciado la falta de transparencia y objetividad de los informes de calificación de méritos presentados por dicha Comisión de selección.

Uno de los vocales del CPCCS, David Rosero, afirmó, en una entrevista concedida al diario El Comercio el 27 de enero de 2013, que "Desde el Gobierno se burocratiza la participación ciudadana en función de sus objetivos políticos", agregó que "El sistema de participación entra en crisis cuando el Gobierno mete su mano en el Consejo. La Constitución otorga a las personas el derecho a movilizarse, a fiscalizar, pero el Estado las intimida cuando se atreven a ejercer esos derechos [...] Solo en el discurso se habla de participación, pero en la práctica hay acciones gubernamentales de persecución a dirigentes sociales, como lo denuncian Amnistía Internacional y otros organismos de DD.HH". Rosero agregó que se había regresado a la "palancocracia" (sic) y que la ha habido en los concursos de designación de los miembros del Consejo Electoral y del fiscal, pues, afirmó, existieron denuncias documentadas de varios sectores de la sociedad, y se demostró que se favoreció a ex empleados del Gobierno. Rosero también expresó que "La Judicatura ni siquiera fue designada en un concurso de méritos y oposición, sino por mayoría de votos en el Consejo", y que sus miembros, en su mayoría, son ex funcionarios del régimen. El vocal del CPCCS también afirmó que no existe un Consejo de Participación independiente, "como tampoco lo son la Asamblea y el Consejo Electoral". Respecto de la corrupción, afirmó que desde el poder no se la quiere ver y que ni en casos emblemáticos (de corrupción) ni en temas menores "no hemos podido generar un proceso de investigación o fiscalización", pues existe al interior del Consejo una mayoría que archiva los procesos, al extremo, afirmó, que se quiso firmar un convenio con la Secretaría de Transparencia de la Presidencia de la República "para solicitar una suerte de permiso para poder investigar los casos de corrupción que se comenten en el Gobierno." Tras agregar que al Gobierno no le gustan las movilizaciones sociales que expresan su disconformidad con su accionar, expresó que "lo que se busca es cooptar a movimientos sociales e impedir que los ciudadanos se puedan organizar en gremios, sindicatos o grupos."

El diario Expreso informó, el 29 de noviembre de 2011, que la oposición abandonó el pleno de la Asamblea Nacional, en rechazo al nombramiento de los nuevos integrantes del CNE, mientras que los asambleístas del partido oficial "les brindaron cálidos aplausos [...] con total camaradería se acercaron a los nuevos funcionarios y compartieron abrazos, apretones de manos y besos." Por su parte, en relación con la designación de Domingo Paredes como titular del CNE, José Hernández escribió en el diario Hoy, en su edición del 8 de diciembre de 2012, que "La mal llamada revolución ciudadana no puede, como en ninguna parte han podido las revoluciones, hacer cohabitar imposibles: lealtad partidista y ética pública. Obsecuencia política y eficiencia. Sumisión e imparcialidad. Proselitismo y servicio público".

Domingo Paredes, presidente del CNE, había sido amigo cercano de Xavier Garaicoa, ex procurador del Estado al inicio del Gobierno de Correa, quien lo había recomendado para el Consejo Nacional de Sustancias Estupefacientes y Psicotrópicas, CONSEP. Garaicoa y Paredes habían sido camaradas del Frente Amplio de Izquierda, FADI. Paredes también era muy cercano a Fander Falconí, titular de la Secretaría Nacional de Planificación y Desarrollo, SENPLADES, quien es amigo de su esposa, Dania Irene Quirola Suárez, asesora en dicha Secretaría de Planificación y subsecretaria de Innovación y asesora también en la Secretaría de Educación Superior, Ciencia y Tecnología, SENECYT.

El diario El Universo, en su edición del 12 de agosto de 2012, dio cuenta de que "Uno de los cuñados de Paredes, Wilson Ricardo Quirola Suárez, también ha trabajado para el CONSEP y después para la SENAGUA, durante el actual Gobierno. Y otro, Freddy Xavier Quirola Suárez, para la Secretaría Nacional de Gestión de Riesgos (SNGR), el Banco Nacional de Fomento (BNF) y la Contraloría General del Estado". Agregó el matutino, que Domingo Paredes "por sus funciones en el CONSEP y la SENAGUA recibió cuestionamientos. Cuando se presentó como candidato al CNE, Ángel Salvador, director de la veeduría Contrato Social, presentó una impugnación ante el Consejo de Participación Ciudadana por supuestas irregularidades en el manejo de bienes incautados en el CONSEP. La acción, sin embargo, no fue admitida. Por su labor en la SENAGUA, Vicente Taiano, entonces asambleísta del Prian, lo denunció ante la Fiscalía por presunto peculado en la concesión del proyecto Multipropósito de Chone, fase 1". El diario El Comercio, en su edición del 17 de septiembre de 2012, informó que Paredes había enfrentado 30 juicios por supuesta mala administración de los bienes incautados cuando era titular del CONSEP.

75. Cuestionada la selección de jueces de la Corte Nacional de Justicia

También recibió serios cuestionamientos el Consejo de la Judicatura cuando dirigió el proceso de nombramiento de los 21 nuevos magistrados de la Corte Nacional de Justicia, CNJ. Una nota de El Comercio, del 24 de diciembre de 2012, informó que el Consejo de Participación Ciudadana, CPCCS, analizará el informe de la veeduría internacional presentado por el juez Baltazar Garzón, coordinador del equipo que revisó la reforma judicial realizada por el Consejo de la Judicatura. "El documento, de 102 páginas, afirma que se dieron puntajes sin base técnica o criterios claros a seis jueces de la CNJ durante la fase de méritos y prueba oral". El informe sugiere que la propia CNJ se pronuncie sobre la transparencia del concurso para nombrar a los magistrados; agrega que las calificaciones que obtuvieron los seis jueces no se hicieron correctamente, lo cual les permitió obtener mejores notas que otros candidatos. Un artículo de Carlos Jaramillo, publicado en El Comercio del 22 de diciembre de 2012, afirmó que "Desde hace algún tiempo se presentaron diversas denuncias de irregularidades, inclusive demandas civiles, sobre los mecanismos utilizados para la calificación, pero no tuvieron eco y los 21 nuevos miembros de la CNJ, inclusive los impugnados, se posesionaron el 26 de enero para un período de nueve años".

La intención expresada tiempo atrás por Correa, aquella de querer "meter la mano en la Justicia", se hizo realidad al tenor de las denuncias de la opinión pública, corroboradas por el informe de Baltazar Garzón. Ecuadorenvivo.com informó que la organización de Derechos Humanos denominada Human Rigths, en un artículo titulado "Serios cuestionamientos a la nueva justicia made in Correa", escrito por Peter McFarren, recogió las denuncias de Andrés Páez, asambleísta de oposición, sobre el proceso de selección de los nuevos jueces de la CNJ realizado por el Consejo de la Judicatura. El artículo mencionó que dicho Consejo se hallaba integrado por tres funcionarios escogidos por Correa, y que las denuncias de Páez habían sido ratificadas por el informe de la veeduría internacional presidida por Garzón. El informe menciona que a la aspirante Mariana Yumbay se le otorgaron seis puntos, sin justificación alguna y contrariando al propio instructivo del concurso. También se cuestiona el caso de Wilson Merino, a quien, del mismo modo, se le otorgaron 10 puntos adicionales, lo cual, en su caso levanta, además, serias sospechas, ya que una vez designado conoció y dictó sentencia en dos juicios clave: uno, en el que condenó al diario El Universo a pagar 40 millones de dólares a favor de Correa, y otro, en el juicio contra los hermanos Isaías y cuya sentencia permite al Gobierno disponer a su antojo de varios medios de comunicación, como los canales TC Televisión y Gamavisión. El artículo de McFarren expresó su admiración de que otras funciones del Estado hubiesen salido públicamente a defender a los jueces cuestionados, evidenciando de ese modo la falta de independencia entre dichos poderes. Como ejemplo, se citaba las declaraciones de Correa contra las afirmaciones del asambleísta Páez, así como también los pronunciamientos realizados por el vicepresidente de la Asamblea Nacional a favor de los nombramientos de los jueces Merino y Yumbay.

El diario El Comercio, en su edición del 15 de diciembre de 2012, recogió las observaciones de la veeduría internacional, que había expresado que "La puntuación y calificación (de los jueces) no se hizo (sic) correctamente", refiriéndose a los jueces Lucy Blacio, Wilson Merino, Wilson Andino, Paúl Íñiguez y Ximena Vintimilla. El matutino señaló que el recién nombrado juez Andino, hermano de Maura Andino, asambleísta de Alianza PAIS, había recibido sin justificación clara 8,5 puntos adicionales en la audiencia final, lo que le permitió subir del puesto 33 en que se hallaba, al 18. Algo parecido había sucedido con la jueza Blacio, ex fiscal y secretaria técnica de Transparencia del Consejo de Participación Ciudadana, quien, antes de la audiencia, había logrado 76,77 puntos sobre 90, lo que la ubicó en el puesto 45, y que luego había recibido 10 puntos adicionales, lo que le permitió escalar 17 ubicaciones. En el caso ya mencionado del juez Merino, el informe de la veeduría señala que dicho abogado no acreditó el ejercicio profesional con copias de demandas, contestaciones, alegatos o sentencias en las que hubiese actuado como abogado patrocinador, tal como lo establecía el reglamento.

También hubo casos en que los postulantes perdieron posiciones luego de la cuestionada audiencia oral final; tal situación ocurrió con la candidata Yolanda Yupangui, que inicialmente se ubicaba en el puesto 12, y que luego, de la "prueba final", cayó al puesto 31. El matutino citado informó que "Revisados los archivos de audio y video de las audiencias públicas, la Veeduría Internacional no ha podido establecer cuáles fueron los criterios en los que se basó cada vocal del Consejo de la Judicatura para asignar dichas calificaciones a las postulantes". Agrega que Garzón había expresado, tras la entrega de su informe, que "Por eso, el equipo internacional recomendó que la Corte Nacional de Justicia se pronuncie (sic) sobre la legitimidad del proceso". Además, que "establezca las consecuencias del mismo; fije los parámetros en los cuales debe realizarse, y garantice el derecho al recurso a quienes resultaren perjudicados" (sic).

Este caso de los jueces escogidos "a dedo" fue ampliamente comentado por la prensa nacional. El mismo diario El Comercio, del 26 de diciembre de 2012, señaló que justamente los juicios complejos –políticamente delicados– habían caído en manos de los jueces polémicos. Esta feliz coincidencia había ocurrido en procesos tales como el de Filanbanco, el de Palo Azul, el del diario El Universo, el de Chevrón, etc., que tramitaron los jueces cuestionados Merino, Vintimilla, Blacio y Andino. El matutino señaló que a dichos jueces "se les concedió (sic) puntos extra en el proceso de selección sin que hayan cumplido con los requisitos necesarios para hacerlo". Agregó que la prueba oral fue calificada por los tres miembros del Consejo de la Judicatura de Transición, sin presentar un criterio objetivo". El diario El Comercio señaló, por ejemplo, que "La jueza Lucy Blacio se encargó de archivar el caso Palo Azul, en el que se indagó un supuesto perjuicio al Estado en la explotación de un campo petrolero. Aquí estaban involucrados ex ministros de Minas y Petróleo, y directivos de Petroecuador, pero todos fueron absueltos. Ella, además, tramita al momento un juicio en contra del asambleísta de Pachakutik, Cléver Jiménez, por "haber presentado una denuncia que resultó falsa", en contra del presidente Rafael Correa, por la incursión militar en el Hospital de la Policía el 30 de septiembre de 2010".

La Corte Nacional de Justicia se lavó las manos. Una nota del diario Hoy, del 27 de diciembre de 2012, informó que dicha Corte afirmaba no ser competente en el caso de los jueces cuestionados por la veeduría internacional, pues "carece de competencia para emitir un pronunciamiento sobre la genuidad (sic) del proceso de selección de los jueces ni establecer las consecuencias del mismo", y agregó que los parámetros para elegir a los jueces estaban determinados en la Constitución y en el Código Orgánico de la Función Judicial, y que la facultad de dirigir el proceso de selección de jueces o dictar el reglamento respectivo era atribución exclusiva del Consejo de la Judicatura.

76. Un economista "falseta"

Según reporta la revista Vistazo en su edición de enero 11 de 2013, Pedro Delgado había ingresado a la Facultad de Economía de la Universidad Católica de Quito, pero dicha Universidad registra su matrícula solamente en dos semestres. "La experiencia en finanzas y banca la adquirió desde cero, cuando ingresó en febrero de 1985 al Banco Popular, su primer trabajo. En esos años hizo un curso sobre administración bancaria en el Incae, en Costa Rica. Pero es en 1991 cuando logra tomar un masterado (sic) en economía y negocios en el prestigioso instituto latinoamericano", informa Vistazo.

En 1994, Delgado –autodenominado economista– ingresó como profesor a la Universidad San Francisco. En 1996 entró a trabajar en la Corporación Financiera nacional, CFN, donde llegó a ser Gerente de Riesgos. A inicios del año 1999, en plena crisis del sistema bancario, Delgado ingresó a la AGD para dar seguimiento a los Bancos en saneamiento o en restructuración. En diciembre de ese año entró a la Superintendencia de Bancos, en calidad de intendente nacional de Bancos.

El "economista" Pedro Delgado, hombre fuerte del Gobierno y asesor de Rafael Correa, ostentó la presidencia del Directorio del Banco Central del Ecuador y del Fideicomiso AGD-CFN "No más impunidad", encargado de la administración de los medios de comunicación incautados en 2008 a Roberto y William Isaías, expropietarios del cerrado Filanbanco. Los bienes que administra el Fideicomiso, con el propósito –incumplido– de venderlos, son los siguientes: Cadena Ecuatoriana de Televisión Canal 10 CETV; Televisión del Pacífico Teledos, S.A.; Gamatv; Editorial Uminasa del Ecuador, S.A.; Radiodifusora del Pacífico, S.A. Rapasa; Radio Bolívar y Organización Radial, C.A. Estos medios de comunicación forman parte de las 195 empresas incautadas en julio de 2008 por la AGD a los hermanos Isaías, para recuperar parte de la deuda que dicha familia mantiene con el Estado desde el salvataje bancario de 1998, y que asciende a la suma de USD 661 millones, según determinó una auditoría externa. (Entre las empresas incautadas figuraba el ingenio azucarero Aztra –posteriormente denominada "Ecudos"–, cuyo 70 % de acciones fueron vendidas, en septiembre de 2011, al grupo Gloria, del Perú, que las compró con un préstamo por el valor de 133,8 millones de dólares concedido por el mismo Estado ecuatoriano, a través de la Corporación Financiera Nacional, CFN).

El diario El Comercio informó, el 28 de noviembre de 2012, que "Cuatro años y cuatro meses después de que el Estado procediera a incautar los bienes de empresas relacionadas con grupos bancarios, solo unos pocos bienes se han vendido". En efecto, la incautación de un total de 942 activos se realizó en julio de 2008, y si bien se ofreció valorarlos en 15 días y venderlos en el plazo de seis meses, hasta el primer trimestre del año 2013 no había concluido el proceso de su venta. (En junio de 2016, Jorge Zavala, abogado de los Isaías, informó que un dictamen del Comité de Derechos Humanos de la ONU condenó al Estado ecuatoriano a devolver los bienes que se incautó, porque, se argumenta, se violó el derecho que tienen sus defendidos a las debidas garantías, y por esta causa, se impele al Estado ecuatoriano a una plena reparación. Al cierre de esta publicación, abril de 2017, el Estado no ha cumplido con lo dispuesto por la ONU).

Entre los medios de comunicación incautados figuran dos canales de televisión que "hasta ahora son parte del aparato de comunicación y propaganda oficial. Su programación mantiene su perfil comercial y los contenidos periodísticos responden a la línea gubernamental", a decir del citado matutino. Parte de las acciones de dichos canales han sido adquiridas por los propios trabajadores, pero la gran mayoría de las acciones permanecen en manos del Gobierno. "Los canales incautados le permiten (al Gobierno) copar los mayores espacios de sintonía", afirmó César Ricaurte, director de Fundamedios, al diario La Hora, en marzo de 2012.

En el Gobierno de Correa, el "economista" Delgado vuelve a ser noticia. "Primero como asesor externo, luego como encargado de las empresas incautadas al grupo Isaías y desde diciembre de 2011 también como presidente del directorio del Banco Central". Poco después de la incautación de los bienes realizada a los hermanos Isaías, Delgado se reunió con ellos para intentar un acuerdo que, finalmente, no se concretó. Convertido por su primo en el "zar" de la economía ecuatoriana, su caída comenzó cuando se conocieron sus gestiones para que el Banco Cofiec, que estaba en sus manos por formar parte del fideicomiso, hizo corresponsalía con Bancos iraníes. Delgado viajó a Rusia e Irán, entre el 16 y el 23 de febrero de 2012, con el objetivo de establecer vínculos financieros con Bancos de esos países. El diario El Comercio denunció que Delgado había abierto dos cajas fuertes en el Vneshtorgobank para "objetos de valor". Agrega el matutino citado, que "Durante este viaje, la comitiva también intentó concretar la venta del Banco ecuatoriano

Cofiec al Banco de Desarrollo de Exportaciones de Irán (EDBI) y al Banco Pasargad, ambas instituciones incluidas en la 'lista negra' de la Oficina de Control de Activos Extranjeros (OFAC) de EE.UU", que impone sanciones a Gobiernos, empresas y personas "que viven en territorio estadounidense y que mantienen relaciones financieras directas o indirectas con Irán".

La asambleísta independiente –ex Alianza PAIS– Bety Amores comentó al diario El Universo, que las primeras dudas en torno a la labor de Pedro Delgado surgieron en mayo de 2012, cuando se conoció en la Asamblea el convenio de libre comercio suscrito entre el Ecuador e Irán. En ese documento, afirma Amores, consta el mecanismo de triangulación financiera entre el Banco Central del Ecuador, el Banco Central de Irán y otra entidad no señalada. La declaración de la asambleísta, recogida el 28 de diciembre de 2012 por el Foro de las Américas con fuente en El Universo, menciona el viaje que realizó Delgado, junto con Gino Caicedo, presidente del Directorio de Cofiec, con la finalidad de vender dicho Banco ecuatoriano al Banco iraní Pasargard, asunto que no se concretó. A partir de entonces, se conoció el préstamo irregular por 800 mil dólares que Cofiec otorgó al argentino Gastón Duzac, y al que nos referiremos en el siguiente episodio.

77. Los préstamos irregulares del Banco Cofiec a Duzac y a otros

Un verdadero revuelo se armó en la Asamblea, cuando comenzó a tratarse el asunto del crédito de Cofiec a Duzac. El asambleísta Páez investigó a Delgado porque, a su juicio, era el principal responsable del crédito otorgado a Duzac, y que el propio Endara presionó para su concesión, conforme los correos electrónicos presentados como pruebas de su aserto. (Un cuñado de Pedro Delgado, Francisco Endara, había sido nombrado, en 2009, Director de Activos de la AGD. Un par de años después, cuando Endara se desempeñaba como coordinador del fideicomiso mencionado, se conoció que el Banco Cofiec le había otorgado un crédito por 20 mil dólares. La hermana de Francisco Endara y esposa de Pedro Delgado, María Verónica, era en aquellos días

Cónsul del Ecuador en Miami). Páez incluso afirmó que para otorgar el crédito al argentino Duzac se omitieron resoluciones de la Superintendencia de Bancos, lo que implicaría el delito de peculado bancario.

Los asambleístas de oposición querían que todos los créditos concedidos por el Banco Cofiec fuesen investigados. El oficialismo pretendió que la Comisión de fiscalización se ocupara del tema. La oposición argumentó que esa Comisión había archivado una docena de pedidos de juicios políticos. Estaba claro que el Gobierno, a través de sus asambleístas, quería ocultar los entresijos de los créditos concedidos por Cofiec. Ya no solamente en el caso del argentino, como veremos, sino también en otros. La mayoría gobiernista impuso su criterio. No obstante, quedó la sospecha sobre el manejo de los créditos asignados a empresas que estaban dentro del fideicomiso manejado por Pedro Delgado.

Pocos días después se supo que, a septiembre de 2012, Cofiec registraba créditos en mora por más de 5 millones de dólares originados en siete deudas impagas, cinco de las cuales correspondían a empresas manejadas por el fideicomiso. La mayor de las deudas la tenía la empresa Probimanta, con más de 1,2 millones impagos. Le seguía en monto adeudado el propio fideicomiso AGD-CFN no más impunidad, que debía al Banco más de 1,1 millones de dólares, y cuyo crédito había sido garantizado por un certificado de participación fiduciaria de Petromanabí. Estos créditos, y otros otorgados a diversas empresas, mostraban varias deficiencias en su concesión.

Los préstamos a empresas vinculadas, penados por la ley y que en el pasado fueron motivo de más de un escándalo de enormes proporciones, han sido objeto de un "blindaje legal" por parte del Gobierno. Como informaba la revista Vanguardia, Pedro Delgado solicitó, el 1 de agosto de 2012, a la Superintendencia de Bancos, "Se digne declarar que las operaciones de crédito, calificación de garantías u otras operaciones realizadas en conjunto con el Banco Cofiec, por parte de una o más de las empresas aportadas al patrimonio autónomo del fideicomiso mercantil AGD-CFN no más impunidad, al ser operaciones dentro del marco de administración conjunta en cumplimiento de una finalidad legal, no sean consideradas como vinculantes".

Una vez estallado el escándalo del préstamo a Duzac –por haber sido otorgado sobre la base de garantías de empresas pertenecientes al fideicomiso manejado por Delgado, y por haber sido concedido tras presiones del más alto nivel–, el asambleísta Montúfar denunció que Duzac había viajado junto con la comitiva que acompañó a Delgado en su viaje a Rusia e Irán. Montúfar presentó como prueba de su aseveración una certificación emitida por Ruth Arregui, gerente general del Banco Central del Ecuador, en la que constaba el nombre del argentino en la nómina del viaje. El tema se complicó, más todavía, al conocerse que Pedro Delgado había comprado por aquellos días una casa en Miami valorada en 350 mil dólares. Se agravaba todavía más el asunto al conocerse que Pedro Elosegui, otro ciudadano argentino, había sido "asesor directo del presidente Correa y mano derecha del presidente del BCE, Pedro Delgado", según lo denunció El Universo en su edición del 28 de septiembre de 2012, conforme lo había afirmado uno de los socios de Elosegui.

El tema del préstamo a Duzac siguió siendo noticia de primera plana durante el segundo semestre de 2012. Por aquellos días ocurrió la salida del canal Teleamazonas de la periodista Janeth Hinostrosa, luego de haber presentado un par de reportajes sobre este asunto, y denunciar que había recibido varias amenazas a su integridad y a la de su familia. La revista Vanguardia informó que "Según el asambleísta Montúfar, entidades como la Superintendencia de Bancos, el Ministerio de Finanzas y el Banco Central, le han negado al menos seis pedidos de información sobre el espinoso tema. La causa, dijo, es un pronunciamiento de Cordero -entonces presidente de la Asamblea– sobre la prevalencia del sigilo bancario frente a la norma de la transparencia y el acceso a la información pública".

La respuesta del Gobierno, sin duda acosado por el asunto, ocurrió el 19 de agosto de 2012, cuando el presidente Correa salió en defensa de su primo Delgado. Respecto al inmueble comprado por su pariente en dicha ciudad, afirmó que la casa de 385 mil dólares "era de clase media", y que Delgado, años atrás, había sido perseguido por la "banca corrupta" por lo que se había visto obligado a refugiarse en Miami. Un mes más tarde, en septiembre, Correa organizó un "homenaje de desagravio" a su primo, por todas las calumnias que la prensa y la oposición había proferido contra él. En el homenaje, al que asistieron cerca de 300 personas, Correa afirmó: "Lo que quieren es rendirnos. No lo lograrán. [...] Lo único que logran y seguirán logrando es hacer cada vez más espesa la montaña de basura en que la historia los enterrará". El mandatario calificó a quienes habían hecho denuncias en contra de su primo como "sátrapas, miseria humana, incapaces y mala fe". Correa, sin embargo, aceptó que el préstamo concedido por Cofiec al argentino "tenía muchas irregularidades". Y tras calificar al diario El Comercio de haber publicado "porquerías" y "patrañas" respecto de las denuncias contra Delgado, amenazó con enjuiciarlo.

El asambleísta Enrique Herrería presentó ante la Fiscalía la denuncia del título falso de Delgado que, a pesar de la inacción del fiscal, condujo finalmente al reconocimiento público por parte del acusado de haber falsificación su título de economista. "Es indudable que el señor Delgado ha actuado con voluntad, conciencia y determinación en el propósito de desempeñar un cargo de altísima responsabilidad sin cumplir con los requisitos profesionales que tal puesto requiere", afirmó Herrería, y agregó que el hecho constituye un delito contra la fe pública. A finales de 2012, Pedro Delgado renunció a sus cargos oficiales y partió a Miami. Su esposa también resignó su cargo diplomático en dicha ciudad. "Día durísimo. Verificamos que Pedro Delgado había presentado un título falso en el Incae. Le ha hecho un grave daño a la Revolución", escribió en su cuenta de Twitter el presidente Rafael Correa Delgado.

En noviembre de 2014, se conoció que Cofiec había recibido la suma de 380.908,50 dólares como abono a la deuda que Duzac mantiene con ese Banco; sin embargo, anunció dicha entidad en un corto comunicado, el nombre de la persona que realizó el pago no será dado a conocer y las acciones legales (por peculado) seguirán su curso.

El 13 de enero de 2017, el diario La Hora informó que "La sentencia condenatoria a ocho años de prisión para los seis implicados en el crédito irregular de 800.000 dólares que el Banco Cofiec le dio al argentino Gastón Duzac, fue ratificada ayer. Esto, luego de que la Sala Penal de la Corte Nacional de Justicia (CNJ) desechara los recursos de casación que presentaron cinco de ellos. El tribunal de casación estimó que no han existido vicios u omisiones que pueden influir en la decisión de la causa". Duzac y Delgado fueron condenados a ocho años de prisión. "Gastón Duzac, [...] actualmente enfrenta un proceso de extradición desde su país de origen. Respecto de Pedro Delgado, también enfrenta un proceso similar en los EE.UU., pero no hay respuesta hasta la fecha" (sic). Solo Antonio Buñay y Francisco Endara, dos de los seis sentenciados, están presos.

78. Ecuador e Irán un solo corazón

La presencia del líder iraní, Mahmud Ahmadinejad, a la toma de posesión de Correa en el año 2007 causó polémica y, aparentemente, fue motivo para que algunos presidentes, tanto de Latinoamérica como de otras naciones del mundo, desistieran de acudir a la cita. A partir de ese momento, y a pesar de las "advertencias" de los Estados Unidos, las relaciones entre los dos países han avanzado de manera significativa. En agosto de ese año la República Islámica aprobó la apertura de su embajada en Quito, al tiempo que una delegación de ese país visitó el Ecuador "para explorar las opciones de un intercambio comercial bilateral y oportunidades de inversión". La respuesta ecuatoriana no se hizo esperar: en noviembre del mismo año, viajó a Irán una misión de 26 empresarios ecuatorianos presidida por el viceministro de Comercio, a promover productos tales como flores, atún y otros. En ese mismo mes, Irán abrió su oficina comercial en Quito.

A fines de julio de 2008, se inauguró la oficina comercial del Ecuador en Teherán, la capital iraní, con la participación del entonces ministro de la política, Ricardo Patiño, y la ministra de Relaciones Exteriores, María Isabel Salvador. En ese mismo mes, Correa recibió en Quito a Majid Salehi, representante del presidente iraní. (Poco después, Salehi fue designado embajador iraní en la capital ecuatoriana). En septiembre de ese año, Lenin Moreno, vicepresidente ecuatoriano, recibió a su par iraní, a quien expresó el interés del Gobierno ecuatoriano por la apertura de la misión iraní en Quito. Ese mismo año, en diciembre, Correa viajó a la capital iraní, acompañado por una comitiva integrada, entre otros, por los ministros de Relaciones Exteriores, Comercio e Integración; Agricultura; Defensa; Minas y Petróleos; Electricidad; los ministros Coordinadores de la Producción y Sectores Estratégicos; el secretario nacional de Planificación, y el presidente del Fondo de Solidaridad. A su regreso de Irán, Correa hizo una escala en Trípoli, Libia, donde se reunió con el dictador Gadafi.

En febrero de 2009, Irán abrió su embajada en Quito. En abril de 2011, visitó Teherán el titular del Directorio del Banco Central del Ecuador, Pedro Delgado, presidiendo una delegación que incluía a su cuñado Francisco Endara. En septiembre de 2011, el vicepresidente iraní, Mohammad Reza, visitó el Ecuador, en tanto que en enero de 2012, el presidente iraní, Ahmadinejad, realizó su segunda visita al país, dentro de una gira que incluyó también Cuba, Nicaragua y Venezuela.

En febrero de 2012, Pedro Delgado, presidente del directorio del Banco Central del Ecuador, lideró su segunda visita a Irán; en ella trató sobre la venta del Banco Cofiec a un Banco iraní. En julio de ese año, se concretó la compra de la sede de la Embajada de Irán en Quito, a un costo de 1,4 millones de dólares, que la representación persa pagó en dinero en efectivo. A la inauguración de la embajada iraní en el Ecuador asistió Fernando Cordero, presidente de la Asamblea, junto con el canciller Patiño y el entonces secretario de Gestión y Transparencia, Alfredo Vera, entre otros funcionarios del Gobierno. La sede diplomática, asentada en un terreno de 3.980 metros cuadrados, se hallaba alquilada por la embajada iraní desde noviembre de 2008. En mayo de ese año, el canciller Patiño viajó a Irán y se reunió con el presidente iraní, a quien expresó el respaldo ecuatoriano a su programa nuclear.

El Gobierno de los Estados Unidos afirmó que "Bolivia, Cuba, Ecuador, Nicaragua y Venezuela han expresado su intención de apoyar a Irán en evadir las sanciones, firmando pronunciamientos de apoyo a las actividades nucleares de Irán". El Organismo Internacional de la Energía Atómica (OIEA) ha manifestado que Irán ha comenzado la producción de uranio enriquecido con una pureza del 20% en su nueva planta de Fordo, que está fortificada para protegerla de ataques aéreos, agregando que "No hay razón posible" que explique el enriquecimiento de uranio a ese nivel, como parte de un programa pacífico. El canciller ecuatoriano, a su vez, replicó que "No hay ninguna demostración oficial, multilateral, reconocida por nosotros, que sea un plan de desarrollo nuclear con fines militares" y por ello, agregó, el Ecuador no tiene ningún motivo para cortar sus relaciones con Irán. En mayo de 2012, el vicepresidente de Irán llegó a Quito para invitar a Correa a la cumbre de países no alineados, que se habría de realizar en Teherán, en el mes de agosto, reunión a la que el mandatario ecuatoriano no asistió, aunque envió a un representante.

El diario El Comercio, en su edición del 30 de julio de 2012, cita el artículo escrito por Tim Padgett, publicado en enero de 2012 en la revista Time, en el cual sugiere que Irán busca en el sistema financiero de sus socios latinoamericanos "lavar dinero" para su Ministerio de Defensa, a través del Banco de Desarrollo y Exportaciones. El matutino afirma que "El embajador de Washington en Quito, Adam Namm, ya advirtió que el nexo con Irán puede poner en riesgo el flujo comercial entre Ecuador y EE.UU., su primer socio comercial. En el ámbito diplomático, el ex vicecanciller Marcelo Fernández de Córdova afirmó que "La relación con Irán no trae ningún beneficio político. Al contrario, genera un desgaste frente a la Comunidad Europea y EE.UU., donde el país sí tiene intereses". Por su parte, el Gobierno ecuatoriano afirmó que su relación con Irán se inscribe en el marco de la soberanía y de las relaciones multilaterales, en tanto que el embajador iraní afirma que son "inaceptables" los comentarios sobre supuestos mecanismos para lavar activos.

Una investigación realizada por El Comercio y publicada el 30 de septiembre de 2012, afirma que "Cofiec es una pieza clave para armar el complejo rompecabezas de la relación Ecuador-Irán". El matutino afirma contar con documentos en los cuales se evidencia la apertura de dos cuentas por parte de la Embajada de Irán en el citado Banco, en el mes de noviembre de 2011. Un ejecutivo de dicha entidad financiera afirmó que se abrieron las cuentas por "instrucciones recibidas y de acuerdo con conversaciones mantenidas con altas autoridades del Ecuador...". El diario afirma que el embajador Iraní, Majid Salehí, realizó dos depósitos en efectivo por un total de 1.860.000 dólares. Agrega que el ex presidente ejecutivo de Cofiec, Antonio Buñay, "Reconoció que no se pidió a la misión diplomática que llenara formularios de licitud de fondos mayores a USD 10.000. Estos formularios se llenan en el sistema financiero, como parte de la prevención del lavado". A fin de respaldar el ingreso del dinero en efectivo, Buñay recibió una carta de la Embajada iraní, seis días después del primer depósito de efectivo, por la suma de 500 mil dólares. Dicha carta decía: "En referencia a las conversaciones sostenidas en reuniones pasadas entre Usted (se refiere a Antonio Buñay, presidente ejecutivo de Cofiec) y el embajador Majid Salehi, y anteriormente con las altas autoridades del Ecuador, entre otros, el distinguido Pedro Delgado Campaña, en las cuales se acordó el ingreso del efectivo lícito de esta embajada a nuestras cuentas (...)". Se destaca que los depósitos no llegaron a las cuentas de Cofiec vía transferencia bancaria nacional ni internacional, ni a través del Banco Central, sino que el dinero llegó en pacas selladas de billetes nuevos de USD 100 "envueltos con tirillas de la Oficina de Grabado e Impresión del Departamento del Tesoro de los EE.UU."

La intención del Gobierno del Ecuador, de concretar la venta de Cofiec a Irán, se manifestó en un acta de entendimiento firmada entre los dos países, el 12 de enero de 2011. (El documento firmado por Correa y Ahmadinejad establece que "En materia de cooperación bancaria y financiera, el Banco Central del Ecuador abrirá una cuenta en un Banco de los países terceros en el cual Irán posee un cuenta bancaria."). Pocos días más tarde, en febrero, Pedro Delgado viajó a Teherán en compañía de Gino Caicedo, entonces presidente ejecutivo de Cofiec, con el objetivo de "Establecer contactos para operaciones de corresponsalía con

Bancos iraníes". En efecto, Caicedo informó posteriormente haber mantenido dos reuniones con funcionarios del Banco de Desarrollo de Exportaciones de Irán, EDBI, que, conforme relata El Comercio, "está en la 'lista negra' del GAFI". (El GAFI es el Grupo de Acción Financiera Internacional que vela por el combate contra el lavado de dinero y la financiación del terrorismo). Agregó Caicedo que "Como conocían que el Banco Central aperturó (sic) una cuenta en un Banco ruso, manifestaron que dicho Banco podría realizar la compensación entre el EDBI y Cofiec, con la participación de los Bancos Centrales". La crónica relata que el presidente de Cofiec también hizo contacto con los Bancos Samán, Parsian y Pasagard y que éste último ingresó a la "lista negra" meses atrás.

Una nota publicada por El Universo el 4 de octubre de 2012, afirmó que el Banco Central del Ecuador mantuvo durante tres años, entre febrero de 2009 y marzo de 2012, un código "Swift" (para realizar transferencias interbancarias internacionales) con el Banco de Desarrollo de Exportaciones de Irán, EDBI, "señalado por la Oficina de Control de Bienes Extranjeros del Departamento de Tesorería de Estados Unidos, OFAC, como relacionado con el financiamiento de armas de destrucción masiva". El matutino cita como fuente al legislador Cléver Jiménez, del Partido Pachakutik.

Días antes, el legislador Bucaram había afirmado que la embajada iraní mantenía un crédito en Cofiec, a lo que Correa se apresuró en aclarar que "Lo que tiene la Embajada de Irán es depósitos, no créditos." El superintendente de Bancos también se refirió al tema cuando afirmó que al realizar el depósito (de 1.860.000 dólares efectuado por la Embajada Iraní en Cofiec) no se observaron los requisitos de ley, pues no se presentó el certificado de licitud de recursos. El código "Swift" que mantenía el Banco Central con el EDBI fue desactivado en marzo de 2012 junto con otros 25 códigos en 17 Bancos relacionados con Irán.

El Diario Hoy informó, el 9 de octubre de ese año, que "Hay cinco documentos alrededor del caso (BCE-EDBI), pero cuatro son reservados y confidenciales". El matutino agregó que el 7 de septiembre de 2009 había informado que, en noviembre de 2008, se había aprobado el establecimiento de relaciones con el EDBI, a pesar de que un mes antes dicho Banco había sido sancionado por la Oficina de Control de Activos Extranjeros (OFAC) del Departamento del Tesoro de los EEUU. La crónica recordaba las afirmaciones de Carlos Vallejo, por entonces presidente del directorio del BCE, quien había dicho que el acuerdo BCE–EDBI tenía como objetivo desarrollar las relaciones comerciales entre los dos países y que "Todo el que hace importaciones a Irán paga triangulando a través de un Banco en Europa o en Dubái, al EDBI"; agregó que el Ecuador iba a hacerlo de ese modo, porque es imposible hacer negocios sin la triangulación.

En hoy.com.ec del 20 de octubre de 2012, se informó que la Superintendencia de Bancos había evadido responder una comunicación del asambleísta Jiménez, acerca de la existencia de códigos "Swift" para realizar transferencias entre Irán y el Ecuador; dijo que dicha pregunta debía ser respondida por el Banco Central ecuatoriano. El legislador también inquirió sobre el número de transferencias realizadas entre los dos países, a pesar de las observaciones de los organismos internacionales respecto de las actividades del Banco EDBI. Así mismo, preguntó sobre varios códigos "Swift" mantenidos por el Ecuador con más de una docena de Bancos iraníes. Jiménez también preguntaba al presidente del BCE, Pedro Delgado, sobre la existencia y utilización de dichos códigos, entre otros temas. Las sospechas del asambleísta respecto de las relaciones del Gobierno del Ecuador con el Banco EDBI también se referían al viaje a Irán y Singapur de un grupo de funcionarios de Petroecuador, realizado el 13 de marzo de 2012, en el que se reunieron con personeros de dicho Banco iraní, a sabiendas de que estaba en la lista negra.

El tema del Banco Cofiec siguió dando de qué hablar. Una nota de El Comercio, del 3 de octubre de 2012, dio cuenta de que dicha institución financiera tenía "un 30% de sus créditos perdidos y otros tantos envueltos en juicios", conforme a lo que había informado la Superintendencia de Bancos. Tras referirse a la amplia lista de irregularidades cometidas por el Banco, el titular del organismo de control bancario, Pedro Solines, presentó a la Comisión de fiscalización de la Asamblea, los resultados de una auditoría realizada ese 2012 a Cofiec, cuya cartera de préstamos, al primer semestre de ese año, ascendía a la suma de 20 millones de dólares, de los cuales 6 millones "son ya pérdida" y otros 6 millones se hallaban en proceso judicial de cobro. Respecto de las irregularidades, se señaló el "incumplimiento de la política del manual de lavado de activos" respecto a dos depósitos realizados por el Gobierno de Irán en noviembre del año pasado, por un total de USD 1,8 millones.

Pocos meses después, en enero de 2013, se conoció que Pedro Delgado –ya entonces refugiado en Miami– era investigado por autoridades de los Estados Unidos por presunto lavado de dinero proveniente de Irán. Recordemos que Delgado había visitado Irán en dos ocasiones. En la primera, cuando viajó con su cuñado Endara, se conoció que quisieron vender a Irán algunas de las empresas incautadas a los hermanos Isaías y en propiedad del fideicomiso "no más impunidad". Para ello, se reunieron en Teherán con representantes de The Iranian Foreign Investment Company (IFIC), entre el 4 y 5 de abril de 2011. (A enero del año 2013, Endara tenía el cargo de asesor de la CFN, administradora del fideicomiso).

Una denuncia que, al parecer, tuvo relación con el tema de los negocios entre el Ecuador e Irán fue la que realizó a inicios del año 2013 el asambleísta Jiménez: afirmó que en el Banco del Pacífico en Miami (Pacific National Bank), que está bajo control del Gobierno ecuatoriano, se han registrado más de 400 transacciones (depósitos) que no han podido ser justificados. La nota de prensa publicada por Ecuadorinmediato, en enero 17, informó, además, que "Un informe publicado por la Red de Ejecución de Delitos Financieros del Departamento del Tesoro de los Estados Unidos señala que, de enero de 2007 hasta julio de 2010, el Pacific National Bank archivó 421 reportes de actividades sospechosas, por 577 millones de dólares".

79. Rusia, Bielorrusia, China y otros buenos amigos

nformación divulgada por el Servicio Federal de Aduana de Rusia dio cuenta de que las exportaciones del Ecuador a la Federación Rusa se habían incrementado en el 69 %, entre los años 2008 al 2012. La venta de flores ecuatorianas a Rusia se había incrementado en un 170 % en el mismo período; también había crecido, de manera significativa, la venta de camarones, piñas y bananas. A 2010, el Ecuador era el tercer país de Latinoamérica (en volumen), al que la Federación Rusa importaba productos, lo cual significaba tener una participación del 18,52 % del mercado regional. El presidente Correa visitó la Federación Rusa en el año 2009; el vicepresidente Moreno visitó Rusia en 2010. Los viceministros ecuatorianos de Relaciones Exteriores y de Comercio Exterior visitaron Rusia en octubre de 2012.

También en el plano de relaciones diplomáticas y comerciales que el Ecuador mantuvo con otros países durante el Gobierno de Correa, se destaca el beneficio obtenido por Bielorrusia una semana después de la vista que hizo al mandatario ecuatoriano el controvertido Lukashenko (presidente de ese país desde 1994). En efecto, tras la visita, el Ecuador se opuso a que el Consejo de Derechos Humanos de la ONU enviara un investigador especial a esa ex República soviética, para que averiguara sobre las denuncias de represión a la oposición, presentadas contra Lukashenko.

El articulista Santiago Zeas preguntó, en una nota publicada en elcomercio.com el 1 de Enero de 2013: ¿Qué beneficios ha traído al Ecuador el acercamiento geopolítico a estos Gobiernos? La Cancillería expresó que estas nuevas relaciones son parte de la búsqueda de nuevos mercados para productos ecuatorianos. Al respecto, expresó dicho medio, el ex vicecanciller, Marcelo Fernández de Córdoba, afirmó que "El Ecuador ha orientado su política a países que no son socios principales en materia económica, sin lograr algún beneficio. En contraste, hemos abandonado los acuerdos comerciales con EE.UU. y la UE, dejando al país en desventaja frente a Perú y Colombia". Los datos divulgados por el Instituto de Promoción de Exportaciones e

Inversiones, y por el Banco Central del Ecuador, evidencian que el intercambio comercial con Irán y Bielorrusia es nulo. "Ninguno de los dos países aparece en la lista ranking (sic) de los 20 destinos de las exportaciones no petroleras ecuatorianas, que es liderado por EE.UU". Incluso, agrega elcomercio.com "En el período enero-octubre de 2012, la estadística oficial señala que no se vendió nada a Irán".

Otra controvertida acción del Gobierno ecuatoriano en el plano de las relaciones exteriores se verificó cuando, en la Asamblea General de la ONU, el representante nacional se abstuvo de condenar a Siria por las violaciones a los derechos humanos en la guerra civil que libra dicho país, y que ha dejado, según cifras a marzo de 2016, más de 470.000 muertos y cinco millones de refugiados. El artículo cita como antecedente la visita de una misión de la ALBA a la capital siria "Para avalar a Bashar al Asad. Es decir, una posición similar a la que manejó frente a la crisis en Libia, cuando rechazó la intervención militar de la OTAN".

También se menciona que las acciones de la diplomacia ecuatoriana se han enfocado en participar activamente en organismos regionales, tales como la citada ALBA y la UNASUR, y a reforzar los vínculos con sus dos vecinos, Colombia y Perú. Concluye la nota afirmando que el Ecuador ha emprendido una campaña regional para reformar la Comisión Interamericana de Derechos Humanos, CIDH, con la propuesta de limitar sus fuentes de financiamiento y las de la Relatoría Especial de Libertad de Expresión.

Respecto de las relaciones con China, los negocios del Ecuador con esa potencia han crecido sustancialmente durante los años del Gobierno de Correa, al punto que, al año 2012, la estatal petrolera china había recibido el 79,79 % de las exportaciones de crudo ecuatoriano, lo que implica un 16 % más que lo registrado en 2011.

Una nota de El Comercio, del 29 de enero de 2013, informa que "De cada 10 barriles de petróleo que el Estado ecuatoriano exportó el año pasado (2012), 8 fueron a manos de empresas chinas de manera directa y sin licitación". En julio de 2009 comenzaron los contratos de venta anticipada de petróleo entre el Ecuador y la

China, por los cuales el Ecuador entrega su petróleo al gigante asiático a cambio de desembolsos anticipados de 1.000 millones de dólares con tasas de interés que fluctúan entre el 6 y el 7.25 % anual. Hasta el año 2012, ambos países "mantenían contratos vigentes que equivalían a una deuda por 4.000 millones" a cargo del Ecuador. Esta figura implica deuda que se paga con petróleo, e implica la venta sin licitación de crudo ecuatoriano a la China, bajo la modalidad de pago anticipado o crédito a una tasa de interés superior al estándar para este tipo de operaciones. "Sin embargo, agrega la nota del matutino, los contratos son poco transparentes y no se conoce específicamente cuánto petróleo se va en cada uno ellos. [...] ni Petroecuador ni el Ministerio de Finanzas han explicado por qué cada vez se destina más petróleo a China".

La explicación podría derivarse de lo afirmado por el Observatorio de Política Fiscal: A finales de 2012, el Ecuador contrató un nuevo crédito de 2.000 millones de dólares con la China. Es decir, si año tras año, el Ecuador le debe más dinero a la China, también año tras año, el Ecuador le debe entregar más petróleo a la potencia asiática. China tiene un triple beneficio con estos contratos, afirma el titular de dicho Observatorio. Primero, recibe petróleo ecuatoriano "de manera directa y preferente". Segundo, el petróleo garantiza los préstamos caros de la China. Y tercero, el dinero regresa a manos chinas pues con esos recursos se pagan las obras que realizan las empresas orientales. Por el contrario, afirma el Observatorio, hay tres desventajas para el Ecuador. Primero, no obtiene los mejores precios en la venta de crudo. Segundo, paga altas tasas de interés (mayores que las que obtendría de otras fuentes de financiamiento). Y, tercero, "Pierde la oportunidad de licitar obras de infraestructura con empresas internacionales que busquen invertir". (La exportación de crudo napo y oriente creció entre 2011 y 2012: en el primer año, fue de 97,3 millones de barriles; en el segundo año, fue de 112 millones de barriles. El ministro ecuatoriano de Recursos Naturales informó que el Ecuador producía (a 2012) un total de 512 mil barriles diarios, es decir, un poco más de 15 millones de barriles mensuales, de los cuales se exportan alrededor de 10 millones de barriles por mes, ya que el resto se destina para las refinerías nacionales).

El exministro de Petróleos, Fernando Santos, considera "lesivos" para el país los préstamos chinos, por el "exorbitante interés de más del 7 %, cuando en los mercados financieros el costo del dinero está en alrededor del 3 %". El Observatorio de Política Fiscal afirmó que un estudio del Diálogo Interamericano referido a los préstamos chinos a América Latina, evidenció que las tasas aplicadas al Ecuador son más altas que las que rigen para otros países. Por ejemplo, a Jamaica le prestó 45 millones de dólares a 20 años plazo y con el 2 % de interés; también le prestó USD 340 millones a 5 años plazo con el 3 % de interés. Otro ejemplo es México, al cual China prestó 600 millones de dólares a diez años plazo y al 3,8 % de interés.

80. El cine ecuatoriano

La primera película realizada en el Ecuador data de 1924. Su título: *El tesoro de Atahualpa*. Su director, que a la vez era guionista, actor y camarógrafo, fue el guayaquileño Augusto San Miguel (1906-1937). La película se estrenó el 7 de agosto de 1924, en los cines Edén y Colón del puerto principal. No queda una sola copia del primer largometraje nacional; la leyenda dice que San Miguel pidió ser enterrado con sus cintas. El mismo año, el primer cineasta nacional presentó *Se necesita un guagua*, y en 1925, estrenó *Un abismo y dos almas*. Es notable cómo el guayaquileño, con tan solo 19 años, y en pocos meses, logró realizar tres películas de ficción además de tres documentales. En 2006 se declaró el 7 de agosto como el Día del Cine Ecuatoriano, en homenaje al estreno del primer filme de San Miguel.

La primera actriz del cine silente nacional fue Julia Evelina Macías Lopera, nacida en Balzar, Guayas, en 1908. La actriz aprendió mímica en 1922 en la academia dirigida por el maestro italiano Carlos Bocaccio, y que funcionaba en Guayaquil, en la avenida Rocafuerte. Con su nombre artístico, Evelina Orellana, trabajó junto a San Miguel en *El Tesoro de Atahualpa*. Protagonizó otras cintas, tales como *Soledad* (1925), y *Guayaquil de mis amores* (1930). Se casó con Luis Guillermo Ruiz, administrador del teatro Apolo, de quien se divorció años más tarde para entrar con hábitos a la Orden Tercera del Carmen. Murió en Guayaquil en 1986.

Poco después, el italiano Carlos Crespi realizó el documental *Los invencibles shuaras del alto Amazonas.* A inicios de la década de los treinta, con el advenimiento del cine sonoro, la incipiente industria cinematográfica nacional se detuvo, ya que se intentó –sin éxito– la "sonorización en vivo", mediante la interpretación de los textos y la música en forma simultánea a la proyección. La falta de tecnología adecuada ocasionó que el cine nacional se dedicara, básicamente, a la producción de documentales, noticieros y reportajes turísticos.

En 1949, el chileno Alberto Pérez Santana produjo el largometraje *Se conocieron en Guayaquil*, estrenado en el teatro Olmedo de aquel puerto. El mismo cineasta realizó en 1950 *Pasión Andina o amanecer en el Pichincha*, en la que actúa, entre otros, el conocido Óscar Guerra, alias "El Sarzosita".

En la década de los sesenta hubo algunas coproducciones mexicano–ecuatorianas. Posteriormente, y tras larga sequía, se destacó el documental *Los Hieleros del Chimborazo*, que fue rodado desde 1977 hasta 1980, por Igor y Gustavo Guayasamín. En 1981, Jaime Cuesta produjo *Dos para el camino*, película muy taquillera en el país, en la que actuaron Ernesto Albán y César Carmigniani. En ese mismo 1981, Edgar Cevallos presentó *Daquilema,* y en 1982, *Una araña en el rincón*, y *Luto eterno*. La coproducción argentino-ecuatoriana *Mi tía Nora*, 1982, fue dirigida por Jorge Prelorán, con música de los ecuatorianos Claudio Jácome y cámara de Jaime Cuesta. En 1989 se presentó *La Tigra*, dirigida por Camilo Luzuriaga, quien luego realizó *Entre Marx y una mujer desnuda* (1996), y posteriormente, la cinta denominada *"1809-1810: mientras llega el día"*.

Sin ánimo de hacer un listado completo de las películas ecuatorianas, en 1991 se estrenó *Sensaciones*, de los hermanos Juan Esteban y Viviana Cordero y, de las más destacadas, *Ratas, ratones y rateros,* la primera película hecha por Sebastián Cordero en 1999, que lo llevó al Festival de cine de Venecia; luego, su filme apareció en festivales como el de Toronto, el de San Sebastián, y en el de Cine Independiente de Buenos Aires. La primera película de Cordero ha sido reconocida con premios y honores en festivales como el de Huelva y en el Festival Internacional del Nuevo Cine Latinoamericano de La Habana. Posteriormente, Cordero hizo *Crónicas*, reconocida con el "Sundance /NHK International Filmmakers Award", que luego, en el año 2004, apareció por primera vez en el Festival de Cannes en la sección «Una Cierta Mirada», donde fue nominada al "Gran Premio del Jurado" en el Festival de Cine de Sundance. Cordero dirigió su tercer largometraje en 2009, *Rabia*, adaptación de la novela homónima del escritor argentino Sergio Bizzio. En 2010 Sebastián Cordero presentó su película *Pescador*, estrenada en 2011 en el Festival de Cine de San Sebastián, en España. En 2013 estrenó *Europa Report*, y en 2016, *Sin muertos no hay carnaval*.

En los últimos años, la producción de películas y documentales ecuatorianos ha crecido de manera notable, así como también, los premios recibidos. Por ejemplo, *Qué tan lejos*, de Tania Hermida recibió el Zenith de Plata en el Festival de Cine de Montreal en la categoría Ópera Prima. La película *Cuando me toque a mí*, de Víctor Arregui, fue distinguida con un premio a su actor principal, el fallecido Manuel Calisto. Se han destacado, también, las películas *Esas no son penas*, de Anahí Hoeneisen, y *Blak Mama*, de Miguel Alvear y Patricio Andrade.

El blog Cabina 14 publicó, en enero de 2013, una lista de las mejores películas y documentales ecuatorianos. La lista menciona a *Mejor no Hablar de Ciertas Cosas*, de Xavier Andrade; continúa con *Qué tan lejos*, y *En el nombre de la hija*, de Tania Hermida; *Pescador* y *Ratas, ratones y rateros* de Sebastián Cordero; *Prometeo Deportado*, de Fernando Mieles; *Mientras llega el día*, de Luzuriaga; *A tus espaldas*, de Tito Jara y, *La Tigra*, de Luzuriaga. Entre los documentales, el "blog" enlista a *Con mi Corazón en Yambo*, de María Fernanda Restrepo; *Abuelos*, de Carla Valencia; *Más allá del Mall*, de Miguel Alvear; *Taromenani*, de Carlos Andrés Vera; *Galápagos —The Rock*, de Nicolas Cornejo y Hugo Idrovo; *Descartes— Fernando Mieles*, y *Los Hieleros del Chimborazo*, de los hermanos Guayasamín.

Otras producciones ecuatorianas se han destacado en el exterior: *Los descendientes del jaguar*, de Heriberto Gualinga, recibió en el año 2012 el premio del proyecto cinematográfico "All Roads" de "National Geographic". Entre los documentales premiados se destaca la ya mencionada *Abuelos*, de Carla Valencia, que recibió, entre varios otros galardones, el premio especial del jurado en el festival "Encuentros de Cine Sudamericano", en Marsella, Francia. El largometraje documental de Carla Valencia también recibió el premio al mejor documental del festival de Biarritz, y el premio al mejor documental de la Muestra de Cine Latinoamericano de Lleida, España. Otro documental premiado ha sido *Sucumbíos, tierra sin mal*, de Arturo Hortas, quien también filmó *Yasuní, el buen vivir*.

Una nota de la revista Vistazo, del 3 de marzo de 2013, afirmó que "El cine ecuatoriano está viviendo el mejor momento de su historia, con 182 películas en el último lustro, frente a las cinco que se realizaron en los 90, gracias al apoyo de políticas públicas y la creación de escuelas audiovisuales". El artículo también señaló la falta de salas de cine, pues las 220 pantallas del país "son acaparadas por las producciones de Hollywood". Menciona que la comedia ecuatoriana *A tus espaldas*, de Jara, salió de los cines en su octava semana, a pesar de registrarse un 92 por ciento de ocupación de las salas, lo que significó que la vieron más de 110 mil personas. El diario Hoy señaló que otra película galardonada fue *Prometeo deportado,* del guayaquileño Fernando Mieles, que ganó el premio a mejor director, en la octava edición del festival Cero Latitud, y que abrió el festival de cine de Génova en Italia.

Una nota de BBC Mundo, de noviembre de 2012, destaca la película *La Llamada*, de David Nieto, y también *Sin otoño, sin primavera*, de Iván Mora, quien afirmó que "El Consejo Nacional de Cinematografía ha cambiado la forma en que se filma y se produce en el Ecuador", refiriéndose al apoyo oficial que ha recibido el cine nacional. A su vez, Jorge Luis Serrano, director de dicho Consejo, afirmó que "Como los fondos (para apoyar al cine nacional) son limitados, el acceso es competitivo", y agregó que "En los últimos seis años, el cine ecuatoriano se ha convertido en una especie de laboratorio para América Latina". En 2013 se esperaba el estreno de la película *Killa* (luna, en quichua), primera película producida en esa lengua, así como el estreno de *Quito 2013*, la primera película nacional de ciencia ficción.

No obstante el gran número de producciones, el panorama del cine ecuatoriano es complejo, por la dificultad que tienen los productores de conseguir recursos económicos. Además, el cine local representa tan solo el 4 % de lo que se exhibe en los cines comerciales del país.

Junto a las películas y documentales, en el Ecuador se produce también el denominado "otro cine". Una nota de hoy.com.ec, de enero 30 de 2013, mencionó que Miguel Alvear y Cristian León efectuaron una investigación sobre las películas ecuatorianas realizadas con bajo presupuesto. Descubrieron que desde 1980 hasta 2008, se habían realizado más de 40 películas de "cine B", producidas por cineastas populares. Varias de estas películas fueron presentadas en un festival realizado en 2009, en diversas ciudades del país. Entre estas producciones, se destacan *Crónicas de Samborondón*, de Fernando Mieles y Arsenio Cadena; *El ángel de los sicarios*, de Fernando Cedeño, y *Sangre dulce*, de José Rafael Zambrano, entre otras producciones. Respecto de este cine, Cristian León, catedrático de la Universidad Andina Simón Bolívar, opina que "este tipo de cine *amateur* genera mucho éxito y el cine formal se da cuenta de eso y empieza a emular esta lógica de modelos alternativos de producción para acercarse más al público".

A fines de 2012, el Ministerio de Cultura ecuatoriano informaba haber entregado la Medalla Bicentenario de reconocimiento al talento nacional, a varias personas que obtuvieron premios internacionales durante ese año, en distintas disciplinas como la danza, el cine, las letras, la música, el diseño y la arquitectura. Los artistas galardonados por distinciones alcanzadas en el cine fueron los siguientes: Armando Salazar, que recibió el premio a la mejor fotografía, por la película *En el nombre de la hija*, en el XIV Festival Internacional de Cine de Santo Domingo; María Fernanda Restrepo, por haber recibido varios premios internacionales por su documental *Con mi corazón en Yambo*; Micaela Rueda, que obtuvo el premio "Churubusco", otorgado al proyecto de largometraje "UIO", en el VII Encuentro Iberoamericano de Coproducción Cinematográfica, en el marco del XXVII Festival de Cine de Guadalajara; Gabriela Calvache, que recibió un premio por el cortometraje *En espera*, en el concurso de televisión brasileña TAL; Marcelo Castillo, al recibir una mención especial del jurado por la película *Yakuaya*, presentada en el Tercer Encuentro Internacional "Agua y cine", en Marsella, Francia; Sebastián Cordero, por recibir el premio al mejor director por la película *Pescador*, en el XXVII Festival de cine de Guadalajara; Andrés Crespo, por su premio a mejor actor por la película *Pescador*, en el citado Festival de cine de Guadalajara; Andrés Crespo, por su premio al mejor director de la película *Pescador,* en el citado Festival de cine de Guadalajara; Heriberto Gualinga, que recibió el premio a la película *Los descendientes del Jaguar*, en el proyecto "All Roads" de National Geographic, y Tania Hermida, por haber recibido varios premios internacionales por la película *En el nombre de la hija*.

81. La fuga de la "Roca"

Los primeros días de febrero de 2013, los principales diarios del país informaron que 18 prisioneros se habían fugado de la cárcel de máxima seguridad denominada "La Roca", ubicada en las afueras de Guayaquil, en el kilómetro 17 de la vía a Daule. La fuga ocurrió el 11 de febrero de 2013, seis días antes de las elecciones presidenciales. Entre quienes escaparon constaban varios sujetos de la temida banda de "Los Choneros", y muchos de ellos estaban en la lista de los más buscados. Entre los prófugos figuraban 10 acusados de asesinato, varios procesados por asalto a mano armada y narcotráfico, y entre ellos, varios habían sido condenados a 25 años de prisión.

A los pocos días de producida la fuga, El Universo informó que "La Roca" –cuyo nombre es una analogía de la famosa prisión de la isla de Alcatraz frente a las costas de San Francisco– fue construida por la Corporación de Seguridad Ciudadana, entidad adscrita al Municipio de Guayaquil, con fondos de esta entidad y de la Cámara de Comercio de Guayaquil, luego de un convenio suscrito en el año

2006 entre representantes del Gobierno, la Policía Nacional, la Dirección Nacional de Rehabilitación Social, el Municipio, la Cámara de Comercio de Guayaquil, la Corporación de Seguridad Ciudadana y la Fundación Vida y Esperanza. La cárcel, diseñada para albergar a reos de alta peligrosidad, estuvo lista en el año 2008 y estaba en manos del Ministerio del Interior. En el año 2010 se la transfirió al Ministerio de Justicia. Se calcula que el Gobierno de Correa ha destinado aproximadamente 149 millones de dólares para atender a las prisiones del país.

La fuga ocurrió cerca de las 18h00, luego de que los guardias fueron sometidos con armas de fuego y despojados de sus uniformes. Fernando Carrión, en su artículo publicado en el diario Hoy, del 16 de febrero de 2013, señala que "El operativo fue perfecto: luego de la hora del receso los presos amarran y encierran en las celdas de visita a los guías penitenciarios; hacen un hueco en una de las paredes y fugan en cuatro vehículos y una embarcación que los esperaban en las inmediaciones del reclusorio". Relata Carrión que las cámaras de video de la cárcel no registraron nada, y que la policía no se enteró de lo ocurrido sino hasta cerca de las 20h00.

Para Carrión, el Ecuador tiene tres problemas estructurales en relación con el sistema penitenciario: "La nueva modalidad con la que opera el crimen organizado; el diseño de un marco jurídico que únicamente penaliza con cárcel; y la existencia de un sistema carcelario que no tiene claridad respecto del modelo de gestión". Recuerda que al inicio del Gobierno de Correa existían alrededor de 18 mil presos, y que en la actualidad hay cerca de 21 mil; menciona que en el país existen 45 cárceles "muchas de las cuales no reúnen las condiciones mínimas porque son casas arrendadas que han sido adecuadas a las funciones de privación de la libertad". Y pese a que se ha hecho una inversión económica importante en mejorar las condiciones de las prisiones, los resultados no han sido positivos.

La situación de los presos en el país es lamentable. Hacinamiento, innumerables problemas internos, drogas, abusos, violaciones, terribles condiciones de salubridad e higiene; un verdadero infierno. Por otro lado, tampoco hay un proceso efectivo de rehabilitación, menos aún de reinserción social y, además de todo, las fugas son permanentes.

82. "Pegaso": el primer satélite ecuatoriano

El 23 de abril de 2013, el primer satélite de fabricación ecuatoriana, denominado "Pegaso", fue lanzado al espacio desde la base de Jiuquan en China. El "nano satélite" había sido creado por la Agencia Civil Espacial Ecuatoriana (EXA), a cargo del astronauta ecuatoriano Ronnie Nader Bello. EXA es una organización no gubernamental y forma parte de la Federación Internacional de Astronáutica. El experimento tuvo el apoyo del Gobierno nacional, que aportó para este lanzamiento y el de su gemelo (NEE-02 Krysaor) con aproximadamente USD 700.000.

Al poco tiempo de ser lazado y entrar en órbita, "Pegaso" comenzó a emitir las primeras señales, imágenes y videos. Sin embargo, un mes más tarde, el Comando Espacial de Estados Unidos informó a EXA, que "Pegaso" estaba en peligro, debido a que un cohete ruso, fuera de funcionamiento, estaba a punto de colisionar con el pequeño satélite. "Pegaso", en efecto, fue embestido en el espacio, y su sistema dejó de funcionar correctamente. Ante el resultado del experimento, muchos se preguntaban si el esfuerzo y los recursos invertidos habían valido la pena; inclusive, no faltó quien hiciera del experimento espacial ecuatoriano objeto de burlas. Sin embargo, Nader, en entrevista con El Comercio indicó que "El proyecto [...] tenía tres objetivos". El primero, probar el funcionamiento de las piezas que los ingenieros de EXA habían desarrollado. El segundo, un fin educativo: "Pegaso enviaba una señal que los chicos en los colegios ecuatorianos usaban para decodificar". Finalmente, un objetivo cultural; en palabras de Nader: 'Romper esa barrera de decir que no podemos".

Tras el inconveniente sufrido por el satélite, los ingenieros de EXA buscaron recuperar la señal. Para ello, instalaron una repetidora en el satélite gemelo Krysaor, e inventaron "un dispositivo nuevo (para) agregarlo al satélite Krysaor e intentar recuperar la señal de Pegaso. De esta parte del proyecto tenían conocimiento únicamente tres personas: dos trabajadores de la agencia y el presidente Correa. Una vez que el mecanismo fue creado, la recuperación tardó cinco días [...]. El 25 de enero de 2014, durante un "enlace sabatino", se realizó una transmisión en vivo del intento de recuperación del satélite. La operación fue un éxito y 'la voz de Pegaso se volvió a escuchar", informa El Comercio. EXA tiene una "flota de seis "drones" de gran alcance y dos satélites operacionales (Pegaso y Krysaor). Según señala el comandante Nader, desde diciembre de 2015, la agencia firmó un contrato con un consorcio californiano para desarrollar piezas para 12 satélites que serán construidos en los siguientes 12 años".

83. El Ecuador y el Índice de Desarrollo Humano

El Índice de Desarrollo Humano (IDH) publicado a inicios de 2013 por el Programa de las Naciones Unidas para el Desarrollo (PNUD), muestra algunos datos relevantes que permiten entender el nivel de desarrollo del Ecuador frente a otras naciones, en diversos aspectos que conforman dicho concepto. En términos generales, son tres los componentes que el PNUD considera para establecer el Índice de Desarrollo Humano: la esperanza de vida al nacer; los años promedio de escolaridad, y el ingreso nacional bruto per cápita. Si bien el concepto de desarrollo es muy amplio, y la información que se obtiene para medirlo se refiere a varios aspectos, como la salud, la igualdad de género y otros, los datos aquí consignados permiten tener una idea básica del tema.

A diciembre de 2012, Noruega encabeza la lista de países más desarrollados, seguido por Australia, Estados Unidos de América, Holanda y Alemania. El Ecuador ocupa el puesto 89 entre 186 países en este listado. El país de América latina que ocupa el puesto más alto es Chile, el 40; luego está Argentina, en el 45; Cuba, en el 59; México, en el 61; Venezuela, en el puesto 71; Perú, en el 77; Brasil, en el 85; Colombia, en el 91 y Bolivia, en el 108.

El Ecuador, a través de los años, ha avanzado en el IDH tal como sigue: en el año de 1980 alcanzó 0,596 puntos (mientras más cercano al 1, más alto es el nivel de desarrollo). En 1990 llegó al

0,635; en 2000, al 0,659; en 2005, al 0,682; en 2007, al 0,688; en 2012, al 0,724.

Presentamos, a continuación, algunos datos:

1. Esperanza de vida al nacer: Noruega, 81,3 años; Alemania, 80,6; Ecuador, 75,8; Colombia, 73,9; Perú, 74,2; Chile, 79,3; Venezuela 74,6.

2. Años promedio de escolaridad: Noruega, 12,6 años; Alemania, 12,2; Ecuador, 7,6; Colombia, 7,3; Perú, 8,7; Chile, 9,7; Venezuela, 7,6.

3. Ingreso Nacional Bruto, INB, per cápita (Paridad del Poder Adquisitivo, PPA, en US dólares del año 2005): Noruega, 48.688; Alemania, 35.431; Ecuador, 7.471; Colombia, 8.711; Perú, 9.306; Chile, 14.987; Venezuela, 11.475.

Otros datos relevantes:

1. Producto Interno Bruto (PIB), en miles de millones de US dólares (PPA del 2005), al año 2011: Ecuador, 109,2; Colombia, 415,8; Chile, 263,7; Noruega 232,7. (Los datos de Chile y Noruega, en apariencia errados, son los que constan en el Informe del PNUD).

2. PIB per cápita (PPA 2005), al año 2011 en US dólares: Ecuador, 7.443; Colombia, 8.861; Chile, 15.272; Noruega 46.982.

3. Gasto Público en salud (% del PIB), al año 2010: Ecuador, 3,0; Colombia, 5,5; Chile, 3,8; Noruega 8,0.

4. Gasto Público en Educación (% del PIB) al año 2010: Ecuador no tiene registro; Colombia 4,8; Chile 4,5; Noruega 6,6.

5. Gasto Público en Defensa (% del PIB) al año 2010: Ecuador, 3,6; Colombia, 3,6; Chile, 3,2; Noruega, 1,5.

6. Servicio total de la deuda (% del PIB): al año 2009: Ecuador, 3,2; Colombia, 3,4; Chile, 6,2; Noruega, 0,0.

7. Tasa de alfabetización de adultos (% de 15 años y mayores) al año 2010: Ecuador, 91,9; Colombia, 93,4; Chile, 98,6; Noruega, 95,2.

8. Población con, al menos, secundaria completa (% de 25 años y mayores) al año 2010: Ecuador, 36,6; Colombia, 43,1; Chile, 74,0; Noruega, 98,0.

9. Trabajo infantil (% entre 5 y 14 años) al año 2010: Ecuador, 8,0; Colombia, 9,0; Chile, 3,0; Noruega 0,0.
10. Percepción del bienestar individual; satisfacción general con la vida (0, menos satisfecho; 10, más satisfecho) al año 2011: Ecuador, 5,8; Colombia, 6,4; Chile, 6,6; Noruega, 7,6.
11. Percepción de seguridad (responden afirmativamente), al año 2011: Ecuador, 49,0 %; Colombia, 43,0 %; Chile, 46,0 %; Noruega, 81,0 %.
12. Tasa de homicidios por cada 100 mil personas, al año 2011: Ecuador, 18,2; Colombia, 33,4; Chile, 3,2; Noruega, 0,6.
13. Inversión extranjera directa (entradas netas), porcentaje del PIB, al año 2010: Ecuador, 0,3; Colombia, 4,0; Chile, 7,0; Noruega 2,8.
14. Remesas (% del PIB), entradas al año 2010: Ecuador, 4,43; Colombia, 1,41; Chile, 0,0; Noruega, 0,16.

84. La economía ecuatoriana a diciembre de 2012

Presentamos algunos datos relevantes, tomados del reporte número 46, de enero de 2013, del Observatorio de Política Fiscal, cuya fuente, a su vez, en la mayoría de los casos, es el Banco Central del Ecuador.

1. El saldo en caja del Tesoro Nacional, a diciembre de 2011, fue de 974 millones de dólares; a diciembre del año 2012 fue de 814 millones de dólares.
2. Las captaciones del sistema financiero nacional (Bancos, Cooperativas, Mutualistas), al 31 de diciembre de 2011, fue de 22.531 millones de dólares; al 26 de diciembre de 2012 fue de 26.466 millones de dólares.
3. El total de la cartera de los Bancos fue de 13.660 millones de dólares, al 31 de diciembre de 2011; al 26 de diciembre de 2012, fue de 15.735 millones de dólares.
4. El porcentaje de morosidad ampliada (cartera vencida más cartera sin intereses/cartera bruta) del sistema financiero nacional, fue del 2,55 %, al 31 de diciembre de 2011, y al 26 de noviembre de 2012, fue del 4,75 %.

5. Las importaciones petroleras (FOB) de enero a noviembre de 2011 totalizaron 4.579 millones de dólares, mientras que en el mismo período de 2012 ascendieron a 4.941 millones de dólares. Las importaciones no petroleras en el mismo período de 2011 totalizaron 16.335 millones de dólares, en tanto que en el mismo período de 2012 llegaron a la suma de 17.093 millones de dólares.

6. Las exportaciones petroleras (FOB) entre enero y noviembre de 2011, totalizaron 11.872 millones de dólares; en el mismo período de 2012, llegaron a 12.698 millones de dólares. Las exportaciones no petroleras en el mismo período de 2011 totalizaron 8.475 millones de dólares, en tanto que en el mismo período de 2012 sumaron 9.190 millones de dólares.

7. La balanza comercial petrolera, de enero a noviembre de 2011, llegó a los 7.826 millones de dólares; en el mismo período de 2012, totalizó 7.757 millones de dólares. La balanza comercial no petrolera mostró en 2011 un déficit de −8.543 millones de dólares; en 2012 la cifra, también negativa, fue de −7.903 millones de dólares. El saldo total de la balanza comercial (petrolera y no petrolera) fue de −717 millones a 2011, y de −146 millones a 2012. Recordemos que a 2000 la balanza comercial era de 1.458 millones de dólares (positiva); a 2006 era de 1.449 millones de dólares (positiva); en 2008 fue de 1.081 millones de dólares (positiva). Solamente a partir de 2009 la balanza comercial es negativa.

8. La reserva internacional de libre disponibilidad (saldos a fin de período) mostró, a diciembre de 2011, la cifra de 2.957 millones de dólares; a diciembre de 2012, la cifra fue de 2.482 millones de dólares.

9. La deuda externa privada y pública mostraba los siguientes saldos a fin del período, en millones de dólares:

    Año 2006: 17.099; año 2009: 13.543; año 2010: 13.975; año 2011: 15.304, y del año 2012: 15.733.

10. La inflación anual a diciembre de 2010 fue del 3,33 %; a diciembre de 2011 fue del 5,41 %, y a diciembre de 2012 fue del 4,16 %.

11. Respecto de los índices de desocupación y subocupación, se muestran las siguientes cifras, (porcentaje de la población económicamente activa, PEA, nacional urbano):

Año	Desocupación	Subocupación
Dic 2007	6.1	50.2
Dic 2009	7.9	50.5
Dic 2010	6.1	47.1
Dic 2011	5.1	44.2
Dic 2012	5.0	39.6

(El Observatorio de Política Fiscal afirmó que en este punto tenía dudas   sobre las cifras oficiales.)

12. El total de producción de petróleo crudo (miles de barriles) fue el siguiente:

Año	Total
2006	195.523
2008	184.728
2010	177.422
2012	168.715 de enero a noviembre.

Se estima que llegaría a 183.000 (miles de barriles) a diciembre de 2012.

13. El total de exportaciones de petróleo crudo (miles de barriles) fue el siguiente:

Año	Total
2006	136.634
2008	127.395
2010	124.464
2012	118.461 (de enero a noviembre).

Se estima que a diciembre de 2012 llegaría a los 128,000 (miles de barriles)

14. Precio del petróleo crudo por barril exportado (en dólares):

Año	Total
2006	50.75
2008	82.99
2010	71.90
2012	98.70 (a noviembre)

15. Subsidio a derivados importados (gasolina, diésel), en millones dólares:

Año	Total
2006	1.078
2008	1.890
2010	2.017
2012	3.133 (de enero a noviembre)

Entre enero y noviembre del año 2011, el subsidio fue de 2.645 millones de dólares. Respecto de este punto, el informe del Observatorio anota que "Al agregar la producción (de petróleo) nacional, los subsidios superan los 5.000 millones (de dólares anuales)".

85. De doctores e ingenieros

La denuncia publicada por el portal "bananaleaks" afirmaba que "Dos hermanos que son ministros ecuatorianos, y sus padres, se doctoraron simultáneamente, con la misma tesis, en universidad que no expide ese tipo de títulos". Recogida en el universo.com el 20 de enero de 2013, la denuncia explicaba que los dos hermanos Alvarado, Vinicio y Fernando, secretario de la Administración el primero, y de Comunicación el segundo, junto con sus padres, Humberto Alvarado (ya fallecido) y Daysi Espinel (embajadora del Ecuador en Costa Rica) obtuvieron, todos al unísono y presentando la misma tesis, el título de doctores en Comunicación por la Universidad Nacional de Loja. La tesis con la cual se graduaron los cuatro de la familia Alvarado se tituló *"La radio Ondas Quevedeñas en el desarrollo formativo de la niñez de la ciudad de Quevedo"*. Cabe anotar que dicha emisora de radio, con sede en esa ciudad de la provincia de Los Ríos, es propiedad de la familia Alvarado.

Tras admitir en declaraciones proporcionadas al diario Expreso que la tesis fue hecha con su hermano y sus padres, Fernando Alvarado preguntó si acaso "¿Es malo que padres e hijos estudien juntos y se gradúen juntos? Por el contrario, es una experiencia maravillosa." El portal "bananaleaks" afirmó que un vocero de dicha Universidad había expresado que el máximo nivel académico que la institución ha conferido es el de maestría. Agregó la noticia del portal que "La carrera doctoral de los Alvarado se realizó en Guayaquil, entre 1998 y 2000, pero la tesis fue presentada y aceptada en 2005", y señaló que en el reglamento interno de la Universidad se determina un plazo máximo de dos años, luego de haber egresado, para presentar el proyecto de tesis. Agrega la información que la tesis de grado con la que se graduaron los Alvarado supuestamente plagia algunos párrafos de un escrito del filósofo español Fernando Savater, titulado *Lo universal y lo nacional: valores ético-políticos*. En respuesta a las afirmaciones realizadas por "Bananaleaks", el secretario de Comunicación expresó: "¿La fuente es fiable? Si la universidad no expide ese tipo de títulos, ¿por qué lo dio? ¿Qué experto académico dice que hemos plagiado algo? Acusan a mi padre fallecido y a mi madre de hacer algo indebido, ¿es justo eso? ¿Por qué no hacen una denuncia a las autoridades con nombres y apellidos?".

Otra denuncia contra altos funcionarios del Gobierno de Correa se dio a conocer a finales de 2012. En esta ocasión, se acusaba a Jorge Glas, exministro Coordinador de Sectores Estratégicos y candidato oficialista a la vicepresidencia de la República para las elecciones de febrero de 2013, de haber copiado textualmente capítulos enteros de monografías publicadas previamente en internet, y de una tesis de grado de la Politécnica del Litoral. Una información publicada en hoy.com.ec, el 29 de diciembre de 2012, afirmaba que Glas "sacó su tesis de rincondelvago.com". La nota de prensa explicaba que el alto funcionario y candidato oficial se había graduado en el año 2008 de ingeniero eléctrico en la Politécnica del Litoral, y que su tesis "No es ni mucho menos un dechado de originalidad. Al contrario, extensos pasajes de ese trabajo son copias textuales de otras tesis y monografías escritas con anterioridad por otros autores. Los documentos que ponen en evidencia este presunto plagio, circulan ya en las redes sociales". La nota de prensa dio cuenta de que la tesis, firmada por Jorge Glas y Luis Calle, provenía de los sitios de internet denominados monografías.com, y de elrincondelvago.com, y agregó que "Glas y Calle copiaron de ahí páginas enteras sin cambiar una coma." El artículo de prensa afirmó que el capítulo 2 del trabajo de Glas había sido extraído "de una tesis presentada cuatro años antes por Patricia Chávez y Antonio Reinoso en la misma facultad de Ingeniería Eléctrica de la Politécnica del Litoral", y que el trabajo del funcionario y candidato se había limitado al re fraseo, y que, salvo por ello, el contenido de la tesis, e inclusive algunas de las ilustraciones, eran idénticas al trabajo de las personas mencionadas.

A inicios del año 2013, el asambleísta Galo Lara presentó una denuncia ante la Fiscalía por el presunto plagio del funcionario y candidato. Afirmaba Lara que Glas "Está obligado a responder ante la justicia y los ecuatorianos, no solo por este plagio de información, sino por el hecho de que se desempeñó como presidente del directorio del Fondo de Solidaridad entre 2007 y agosto de 2009, sin ningún título universitario; pues, según la página electrónica de la Escuela Politécnica del Litoral, su fecha de graduación fue el 22 de septiembre de 2008, burlándose así del pueblo ecuatoriano".

Glas, por su parte, negó haber copiado su tesis que, aseveró, fue premiada en el ámbito internacional. "Lo que llaman plagio es el marco teórico que toma como fuente otras tesis académicas". Una nota publicada el 8 de enero de 2013 por hoy.com.ec informó que el funcionario había dado un plazo de 48 horas para que se presentara en la Fiscalía la denuncia sobre el caso, cosa que, en efecto, hizo el Asambleísta Lara. El Gobierno salió a defender a su ministro a través de una cadena de televisión en la que el rector de la Politécnica defendió la tesis cuestionada. A la denuncia contra Glas se sumó la Federación Ecuatoriana de Estudiantes Universitarios, que exigió a la justicia que investigara el caso.

Pocos días más tarde, el 22 de enero de ese año, El Comercio informó de una nueva denuncia contra Jorge Glas, esta vez, por haberse arrogado el título de ingeniero sin serlo. El asambleísta Lara, también en esta ocasión, afirmó que en documentos de los años 1999 y 2002 el ministro y candidato Glas había utilizado junto a su nombre la abreviatura "Ing.", de ingeniero, a pesar de que su título universitario databa del año 2008.

86. Ambiente previo a las elecciones de febrero de 2013

Fue muy tenso el ambiente en el país durante los meses anteriores a la realización de las elecciones. El Ecuador vivía una serie de acontecimientos que presagiaban un huracán que, finalmente, se diluyó en tímidos y lejanos rayos y truenos. Además de las denuncias de corrupción por el caso ya relatado de Pedro Delgado; además de las denuncias de plagio y usurpación de título de ingeniero de Jorge Glas, ministro y candidato a la vicepresidencia de la República; además de las acusaciones contra los hermanos Alvarado respecto de la elaboración de su tesis de doctorado; además del escándalo por las firmas falsas en el Consejo Nacional Electoral, se dio otro hecho que complicó en mayor medida el ambiente en el país: un grupo de jóvenes, denominados "Los 10 de Luluncoto", (un barrio al sur de Quito), fueron acusados inicialmente de terrorismo y encarcelados entre 9 y 12 meses. Este suceso, definido posteriormente como un caso de represión "a las luchas populares", y, concretamente, a la protesta contra el régimen y a la libertad de pensamiento, tuvo una enorme cobertura mediática. A pesar de que en el proceso respectivo faltaron pruebas contundentes en su contra, los jóvenes fueron condenados a un año de prisión por "tentativa de subversión".

Respecto de este caso, en enero de 2013, la Comisión Ecuménica de Derechos Humanos, CEDHU, hizo un pronunciamiento público en el que afirmaba que, preocupada por la "criminalización de la protesta ejercida como política de Estado que se vive actualmente en el Ecuador" denunciaban que "Al momento, alrededor de 200 activistas sociales, hombres y mujeres, indígenas, campesinos, estudiantes, trabajadores, tienen procesos judiciales y de indagación abiertos en su contra. Sus delitos son ejercer el derecho a la resistencia, a la libre asociación, criticar la política económica, laboral y ambiental que lleva adelante el Gobierno de Rafael Correa". También Amnistía Internacional, en carta dirigida en noviembre del año 2012 al fiscal general, afirmó que "Estas 10 personas fueron aprehendidas sin orden de detención y sin estar cometiendo delito flagrante". Por su parte, Alberto Acosta, ex aliado de Correa, afirmó que el proceso contra los jóvenes forma parte de "mecanismos de represión contra la opinión" que utiliza el Gobierno, para "criminalizar la protesta social".

El clima preelectoral también se vio afectado por las permanentes denuncias de la oposición política respecto de la supuesta parcialidad del Consejo Nacional Electoral, CNE, con el candidato y presidente de la República. El candidato a la Asamblea, Vicente Taiano, afirmó que el titular del CNE "Se ha hecho el sordo y el ciego de (la manera) cómo el oficialismo maneja su campaña política". En declaraciones a la emisora CRE Satelital, Taiano denunció "abusos" del oficialismo en el uso de fondos públicos del Estado, a través de cadenas informativas y despliegue de propaganda. "Cuando el candidato presidente Rafael Correa habla en radio o televisión en cualquier lugar del país, hay 60 estaciones de radios que están repitiendo lo que dice, en los canales del Estado y canales públicos se escuchan todo el día canciones alusivas al Gobierno", afirmó.

El diario La Hora informó, el 11 de enero de 2013, que el presidente del CNE había justificado el uso que hace el presidente de la República de los recursos del Estado durante sus recorridos por el país durante la campaña. "El presidente sigue en funciones y es el jefe de Gobierno y de Estado. Por el hecho de que el 15 (de enero) salga con licencia hasta que concluya la campaña (14 de febrero), él no deja su condición de presidente. Por lo tanto, toda la infraestructura de seguridad que requiere, y eso pregúntele a cualquier miembro de Fuerzas Armadas, tienen que dársela", expresó. La crónica del matutino dio cuenta de que el 9 de enero, el candidato Correa había llegado a bordo de un helicóptero del Ejército a la comuna de Pucará Alto en Otavalo, y que otro helicóptero del Estado había trasladado a su equipo de asesores. Otro candidato a la Asamblea, patricio Donoso, de la agrupación CREO, afirmó que cuando Correa solicitó licencia para realizar su campaña política "Fue, justamente, para competir en igualdad de condiciones" por lo que, agregó, no debe usar recursos del Estado, sea helicópteros, vehículos, choferes, canales de televisión incautados, celulares etc.

A las múltiples denuncias de uso de recursos públicos por parte del candidato y presidente, se sumó la pretendida regulación de la información difundida por las redes sociales realizada por el presidente del CNE. El diario El Universo había informado meses atrás, en su edición del 19 de octubre de 2012, que "Aunque la sentencia de la Corte Constitucional (CC), respecto al Código de la Democracia, dejó la vía libre para que los ciudadanos puedan difundir y acceder a información, a través de los llamados nuevos medios en todo el proceso electoral –e incluso durante la veda–, el presidente del Consejo Nacional Electoral (CNE), Domingo Paredes, anunció ayer que el organismo podría regular contenidos que se generen en estos". La Corte Constitucional había tratado días antes sobre las demandas de inconstitucionalidad presentadas contra el Código de la Democracia, que pretendía regular la difusión de información y publicidad de la campaña política a través de los medios de comunicación. La CC resolvió, entonces, declarar inconstitucional una frase propuesta por dicho Código que expresaba la limitación a la difusión "Ya sea a través de reportajes especiales o cualquier otra forma de mensajes", que constaba al final de uno de los artículos de dicho cuerpo legal. Sin embargo de lo resuelto por el CC, Domingo Paredes afirmó que "Hay que regular (las redes), y a eso vamos, o sea el mundo va a eso..., a la necesidad de regular las actitudes, los pronunciamientos de las personas para que no se violen los derechos humanos, como la honra y la dignidad". Y a pesar de la resolución de la CC, el propio titular de esta Corte, Patricio Pazmiño, dejó abierta la posibilidad de que el CNE regulara la emisión de la información de la campaña: "Nosotros no hacemos interpretación de la interpretación. Eso tiene que regular el CNE. Es el organismo al que le corresponde hacer regulación", dijo. Informó El Universo que, dada la posición ambigua del CC y la declaración del CNE "Persisten las dudas respecto a las limitaciones a la labor de la prensa".

Días más tarde, el mismo matutino, en su edición del 21 de enero, informó que un ex asesor de la Presidencia de la República será la persona que controlará el sistema del CNE. Se refería a la contratación, hecha por el máximo organismo electoral, de Alfonso León Goyburu como "coordinador general de gestión estratégica" para que ponga en marcha el nuevo sistema informático que se utilizará en las elecciones, y cuyo ámbito de acción se efectuaría, según el propio organigrama del CNE, "en coordinación con la Secretaría de la Administración Pública", es decir, de la mano de Vinicio Alvarado, uno de los "hombres fuertes" del Gobierno. El recién nombrado León Goyburo había trabajado como asesor en la Presidencia hasta el pasado agosto de 2012, con una remuneración de USD 3.960 mensuales.

87. Resultados de las elecciones de febrero de 2013

Más de 11,6 millones de personas estaban habilitadas para sufragar el 17 de febrero; sin embargo, solamente lo hicieron un poco más de 9,4 millones. Los votos blancos superaron los 179 mil registros, en tanto que los nulos sumaron más de 884 mil votos. El ausentismo alcanzó el 18,91 %, cifra bastante menor que la registrada en el año 2006, que fue del 27,8 %.

El binomio Rafael Correa-Jorge Glas obtuvo el 57,71 % de los votos, lo que significó un poco más de 4,9 millones de registros a su favor. En segundo lugar quedó Guillermo Lasso, con el 22,68 %, lo que equivale a 1,9 millones de votos. El tercer lugar lo obtuvo Lucio Gutiérrez, con el 6,73 %, equivalente a un poco más de 578 mil votos. En cuarto lugar quedó Mauricio Rodas con el 3,90 %, es decir, con aproximadamente 335 mil votos. El quinto puesto lo ocupó Álvaro Noboa, con el 3,72 % equivalente a 319 mil votos; el sexto lugar fue para Alberto Acosta, con el 3,26 %, es decir, con un poco más de 280 mil votos. Séptimo quedó Norman Wray, con el 1,31 % equivalente a 112 mil votos. El octavo lugar fue para Nelson Zavala, con el 1,23 %, es decir, con un poco más de 105 mil votos. El porcentaje obtenido por Correa hacía que, conforme a la Ley, no fuese necesario realizar una segunda vuelta electoral. Correa gobernaría por un nuevo período de cuatro años, hasta 2017.

El partido de Gobierno, Alianza PAIS, también obtuvo mayoría absoluta en la Asamblea, con más de 90 legisladores, de un total de 137. Correa había llegado a la Presidencia en 2007, tras vencer en la segunda vuelta electoral con el 57,2 % de la votación. Tras aprobar la nueva Constitución en 2008, se convocó a elecciones generales anticipadas, en las cuales Correa volvió a ganar la Presidencia en la primera ronda electoral, con el 51,9 % de la votación. Tras conocerse los resultados, el mismo 17 de febrero de 2013, Correa proclamó dese el balcón del palacio de Carondelet: "Esta revolución no la para nadie, estamos haciendo historia. Estamos construyendo la patria chica y la patria grande". Tras recibir los aplausos de sus seguidores, afirmó: "Jamás los vamos a defraudar, compañeros". Luego de destacar que el pueblo se había pronunciado a su favor para "luchar contra el verdadero enemigo que es la pobreza", concluyó afirmando: "Dios les pague".

En la rueda de prensa que dio horas más tarde, calificó a los medios de comunicación ecuatorianos y de toda Latinoamérica como "los peores del planeta". Una crónica de "el mundo.es" relató que el mandatario había sido preguntado acerca de cómo iban a ser sus relaciones con la prensa, a lo que respondió: "Ustedes saben que soy una persona frontal y poco amigo de lo políticamente correcto. En este país, salvo casos honrosos y excepcionales, la prensa es manejada por media docena de familias poderosas, a las que los así llamados defensores de la libertad de expresión sirven con obediencia perruna. No puede haber un cambio de parte nuestra, si los medios no rectifican sus prácticas". Una nota de "eltiempo.com" del 2 de marzo de 2013, informó que el presidente reelecto había afirmado que una de las grandes derrotadas en las elecciones había sido "La prensa corrupta, mercantilista", y que más adelante había agregado que "el Ecuador y América Latina tienen la peor prensa. Están acostumbrados a hacer lo que les da la gana, y eso tiene que acabar. Tenemos que lograr una sociedad donde manden los ciudadanos, no alguien que tuvo plata para comprarse una imprenta".

Tras las primeras declaraciones, trascendió que el mandatario, al contar con mayoría legislativa, impulsaría reformas a la Ley de Minería; la aprobación del proyecto de Ley de Comunicación (calificada como "ley mordaza" por amplios sectores del país); el trámite de la ley que regula los recursos hídricos (uso y aprovechamiento del agua); la aprobación de la Ley de Tierras y de la Ley de Agro biodiversidad y semillas, así como reformas a la Ley del Mercado de Valores.

Por su parte, quien sería el próximo vicepresidente de la República, Jorge Glas, afirmó que se enfocará en cambiar la matriz productiva del país, basada desde las últimas décadas en la exportación de petróleo y de productos primarios. "Impulsaré ese cambio en la matriz productiva que verdaderamente va a generar una economía diferente, que va a redistribuir la riqueza". La primera propuesta, contenida en el Programa de Gobierno 2013–2017, es la de establecer "nuevas formas de producir y convivir", mediante el impulso de la investigación científica y aumento de la inversión en ciencia y tecnología. Además, se impulsará la realización de megaproyectos hidroeléctricos, de minería y extracción de petróleo.

88. Un nuevo aeropuerto para Quito

La mañana del 20 de febrero de 2013, la avenida Interoceánica –la vía que une Quito con los valles de Tumbaco y Cumbayá– estaba abarrotada de automóviles oficiales. Miembros del Gobierno central y municipal se dirigían hacia el pequeño poblado de Tababela, ubicado al nororiente de la capital. Ese día, el presidente Rafael Correa y el alcalde de Quito, Augusto Barrera, inaugurarían una de las obras más largamente planificadas y esperadas para la capital de los ecuatorianos. Seguimos la crónica del diario El Comercio del 21 de febrero de 2013, para conocer los entretelones de la construcción del aeropuerto Mariscal Sucre.

Hacía ya varias décadas que resultaba evidente que el Aeropuerto Internacional Mariscal Sucre, de la ciudad de Quito, debía cambiar de ubicación. El antiguo aeropuerto había sido inaugurado en 1960, y la ciudad había crecido alrededor del "campo de aviación" –como así se lo llamaba–. Los accidentes eran frecuentes por lo corto de la pista; y hasta ocurrió que un piloto confundió la avenida 10 de agosto con la pista de aterrizaje, y ya cuando se alistaba a aterrizar, se dio cuenta del error y tuvo la pericia suficiente como para modificar el rumbo antes de causar un gravísimo accidente.

Cuando Roque Sevilla fue alcalde de Quito (1998-2000) se planteó que fuese el Gobierno local el que ejecutara el proyecto, que ya para entonces era impostergable. Posteriormente, cuando Paco Moncayo tomó a su cargo el Municipio capitalino, se conformó un comité cívico que solicitó al Gobierno de Gustavo Noboa el traspaso de las competencias aeroportuarias, lo que efectivamente se dio mediante decreto ejecutivo de octubre del año 2000. El hecho constituyó, conforme al matutino, "El acto de descentralización más importante que se ha dado en el país". A la decisión y liderazgo de Moncayo se debe el nuevo aeropuerto, que comenzó su construcción tras largas y complicadas negociaciones. Durante la administración de Augusto Barrera, se negoció el contrato de concesión y se concluyó el terminal aeroportuario. La Dirección Nacional de Aviación Civil anunció que el 19 de febrero dejaría de operar el antiguo aeropuerto de Quito, y que el 20 de febrero se abriría el nuevo terminal internacional. La capital ecuatoriana se libraba, al fin, de los riesgos de accidentes, de la contaminación ambiental y del ruido que el antiguo "campo de aviación" causaba. El parque "Bicentenario" –como fue bautizado el proyecto que se desarrollaría en el antiguo aeropuerto– ocuparía el extenso espacio donde antes funcionaban la pista e instalaciones.

El nuevo aeropuerto cuenta con una pista de 4,1 K. de largo, frente a los 3 km de la anterior; esto permite que aviones más grandes y de mayor peso aterricen y despeguen sin dificultad. El nuevo "Mariscal Sucre", en Tababela, fue construido en una superficie total de 1.500 hectáreas, de las cuales 70 son utilizadas por el complejo, que cuenta con un área destinada para vuelos nacionales, y otra, para vuelos internacionales, con todas las facilidades del caso: salas y mangas de embarque, salas VIP, espacio funcional para "Duty Free", etc. A más de esto, el aeropuerto también tiene un terminal de carga, que facilita el transporte de productos perecederos, como flores, por ejemplo, según informa la página oficial de QUIPORT, empresa operadora del complejo aeroportuario.

Para muchos, el traslado del aeropuerto fue un verdadero alivio. Para otros, siempre renuentes a los cambios, o pesimistas por naturaleza, el nuevo aeropuerto no solo que quedaba "muy lejos", sino que sería inoperable por las condiciones climáticas de la zona (viento y polvo en verano, lluvia y neblina en invierno). Las presiones electorales llevaron a que el nuevo aeropuerto se inaugurara sin que las vías de acceso desde Quito hacia el nuevo terminal estuviesen finalizadas. Solo en julio de 2014 (17 meses luego de su inauguración) quedó habilitada la ruta Collas, que une el norte del capital con el aeropuerto, y solamente en diciembre de ese mismo año se habilitó la totalidad de la "Ruta Viva"; ambas, conexiones indispensables entre Quito y Tababela.

89. "Yachay", y la educación superior

En el Cantón de San Miguel de Urcuquí, en la provincia de Imbabura, en lo que antes fue la hacienda San José –una propiedad cañera de tiempos coloniales–, se levanta hoy la "Ciudad del Conocimiento YachayTech". Con esa denominación se planificó y construyó una universidad destinada al "desarrollo científico y tecnológico de los jóvenes ecuatorianos". YachayTech no está sola en este ambicioso proyecto de modificar e impulsar la educación superior en el Ecuador. A ella se unen las también recientemente creadas: 1. La Universidad Nacional de Educación (UNAE), ubicada en la parroquia Javier Loyola, en Azogues, y en la que se espera que se formen y especialicen los docentes ecuatorianos; 2. El "IKIAM", Universidad Regional Amazónica en Napo, destinada al estudio de las ciencias naturales y el "bioconocimiento"; y, 3. La Universidad de las Artes, en Guayaquil. A decir del vicepresidente, Jorge Glas, el proyecto de las nuevas universidades contribuirá al sistema educativo del país; y, particularmente "Yachay", con su enfoque científico–tecnológico, ayudará al "cambio de la matriz productiva" en el Ecuador. Los cálculos más conservadores señalan que hasta octubre de 2014 se invirtieron en las nuevas universidades cerca de 100 millones de dólares, según informó elciudanano.gob.ec.

A la creación de estas nuevas universidades se añaden los cambios que en estos años ha experimentado el sistema de educación superior. Entre ellos, por ejemplo, la obligatoriedad de que se aumente, dentro de la planta docente, el número de profesores con PHD, o la exigencia del ENES (Examen Nacional para la Educación Superior), una prueba de aptitud académica unificada para ingreso a las universidades.

Estos proyectos, sin embargo, no han estado exentos de problemas, críticas y dificultades en diversos niveles. Por ejemplo, muchas instituciones de educación superior impugnaron los resultados de la evaluación que llevó a cabo el CEAASES (Consejo de Evaluación, Acreditación y Aseguramiento de la Calidad de la Educación Superior). Para varios rectores y docentes, las categorizaciones que sus respectivas universidades alcanzaron en 2013, producto de la evaluación, era injusta: "Nunca estuvieron al tanto de las variables que se iban a usar", dijo al diario El Universo, el presidente de la Asociación de Profesores del Ecuador, Carlos Sánchez.

El mismo diario, en una nota del 30 de noviembre de 2013, señala que eran cinco los criterios utilizados por el CEAACES "para realizar el análisis del estado de las 54 universidades y escuelas politécnicas: academia, eficiencia académica, organización, investigación e infraestructura". A su vez, cada uno de ellos tenía variables específicas. El Universo señala que el criterio de "academia" fue el que más peso tuvo, y "midió la formación de los docentes, su tiempo de dedicación y las condiciones de vinculación con la universidad. [...] En la variable de 'eficiencia académica' se midió la tasa de graduados, la de estudiantes que se retiran y la de los que concluyen las carreras. Para el criterio de 'organización', se observó la responsabilidad social en la asignación y uso de sus recursos, el manejo transparente de la información y aplicación de normativas. [...] Para la variable de "investigación", se verificaron las publicaciones realizadas por los docentes en la universidad a la que pertenecen y sus niveles de impacto, producción científica y libros revisados por pares. En el quinto criterio, se evaluó la infraestructura que ofrecen las instituciones a sus estudiantes, docentes y trabajadores; también se revisaron los espacios pedagógicos, se evaluaron bibliotecas, tecnologías de información y comunicación, y espacios docentes, entre otros. [...]"

Para Alfonso Espinosa, rector de la Escuela Politécnica Nacional (ubicada en la categoría A), los criterios para la categorización fueron estrictos. Carlos Larreátegui, rector de la Universidad de las Américas (categorizada en aquel momento como C), señaló que "Los pesos asignados a los parámetros son demasiado rígidos, lo que impide tomar en cuenta características particulares de cada institución".

Por otro lado, el examen unificado también supuso dificultades para muchos bachilleres, por el profundo desnivel que tienen las instituciones educativas en el sistema secundario, en el cual las posibilidades de obtener un buen puntaje en el examen y, por lo tanto, acceder a la carrera deseada y en la universidad preferida, no son las mismas para un estudiante graduado en un tradicional colegio de Quito o Guayaquil, que para un estudiante graduado en un pequeño colegio de una zona rural del país.

En ese sentido, el proceso examinador fue tremendamente frustrante para muchos jóvenes. Beatriz Pozo, luego de presentarse dos veces a la prueba ENES y no alcanzar un cupo para estudiar medicina, que era lo que buscaba, prefirió cambiar de rumbo y dedicarse a trabajar en el área turística. Carlos Grijalba, graduado de un colegio privado de Quito, a pesar de haber alcanzado el puntaje necesario para entrar en la carrera que deseaba, prefirió aplicar a una universidad privada que también ofrecía esa misma carrera, pues, afirma, el cupo destinado para él en el sistema público había sido fijado en otra ciudad diferente del lugar en que vivía, y sus padres no podían afrontar los gastos de traslado y vivienda.

Pero sobre todo, las preguntas y las críticas en relación con los cambios en el sistema de educación superior se han encaminado, particularmente, a saber cómo está funcionado "YachayTech", en gran medida, por la inversión que ha significado para el país, por la expectativa que el Gobierno puso en ella, y especialmente, por los conflictos y escándalos que han rodeado a la contratación de profesores y al cambio frecuente de rectores. En este sentido, la revista Vistazo, en su edición de julio de 2015, recogió la entrevista que Albericio dio al portal de periodismo digital *La Historia tal como es*. Allí, el ex rector decía que su desvinculación con Yachay se debió a que fue despedido por su mala relación entre él y los otros tres miembros de la Comisión gestora; agregó que existen irregularidades en la gestión de la universidad. Si bien Vistazo señala que "El tema "Yachay" estaba tercero en los 'trending topics' del país en Twitter, es decir, era uno de los más comentados [...], algunos usuarios cuestionaron la veracidad de la entrevista. Albericio, sin embargo, confirmó su autenticidad vía telefónica a Vistazo.com, y reiteró que su salida se dio por los "problemas con la Comisión gestora", pero no "con el Gobierno ni con el presidente Correa". Albericio detalla la situación: "Todos teníamos el mismo salario, muy generoso, de USD 16.300; un salario tan importante que obliga a trabajar, obliga a estar (presente en la Universidad). Yo estaba trabajando en Urcuquí, en el campus, mientras los otros tres miembros de la Comisión Gestora (José Andrade, Ares Rosakis y Guruswami Ravichandran) están en California, trabajando en otras universidades, ganando un salario adicional. Es decir, para ellos esto es un divertimiento, un sobresueldo. [...] En febrero tuvimos una reunión de la comisión gestora que no fue bien, entonces yo contacté con el secretario de Ciencia y Tecnología, René Ramírez, para exponérselo. [...] Yo he denunciado arbitrariedades académicas e irregularidades económicas. He sido honesto con ellos y ellos me han echado."

Preguntado Albericio sobre cuáles serían las irregularidades académicas y económicas a las que se refiere, respondió: "La comisión gestora ha hecho consultorías con las que yo no estoy de acuerdo, ha habido contrataciones de personas que no cumplen el perfil requerido y que no merecen los salarios que están cobrando. En lo académico, además, quieren poner aulas de entre 60 y 100 estudiantes, y creo que eso no se puede dar en una universidad emblemática. Los estudiantes de Ecuador son muy inteligentes pero tienen falencias en matemáticas y en comprensión escrita; y con aulas de tantos estudiantes no se pueden suplir esos vacíos. Además, en el país, hay dos regímenes académicos: costa y sierra. En Yachay se pretendía tener una única entrada, atrasando a los jóvenes en la institución. Se pretendía además, en ese tiempo, enviar a los estudiantes a hacer prácticas a las empresas. No se puede enviar a un joven de 17 años a cumplir ese tipo de labores" (sic).

Por su lado, en esos mismos días, José Andrade, rector encargado de Yachay Tech, decía a El Comercio que "Instalar en el Ecuador una universidad internacional requiere una actividad internacional. Nuestro mismo ex rector tiene un laboratorio en Barcelona, en Sudáfrica. Me sorprende que sabiendo muy bien cómo es la academia mundial de excelencia se diga que los miembros de la Comisión no están aquí [...]. Las declaraciones del señor Albericio son incoherentes y no tienen fundamento".

Lo cierto es que algunas voces ya preveían esta y otras dificultades en Yachay. El 18 de noviembre de 2013, César Montufar escribió en El Comercio:

"La Asamblea Nacional aprobó de un plumazo dos de las cuatro universidades, [...] que el Gobierno prevé para revolucionar el sistema universitario ecuatoriano. Entre ellas, Yachay, a un costo que superaría los USD 600 millones [...]. He leído el texto preparado por el profesor Arturo Villavicencio, titulado 'De la universidad funcional a la universidad de la razón' en el que se exponen fundamentados y demoledores cuestionamientos a este proyecto, que bien hubieran sido materia del debate legislativo que no ocurrió. ¿Qué sostiene Villavicencio para poner en duda este proyecto [...]? El profesor afirma que el modelo Yachay parte de la premisa equivocada de que la 'innovación es el resultado de la investigación científica llevada a cabo en las universidades'. [...] Villavicencio demuestra que el modelo lineal ciencia-tecnología fue ya superado pero, además, que es incongruente con las posibilidades y necesidades del país. Dado que nuestra economía es poco diversificada e integrada, con débiles encadenamientos y baja tecnología, es un despropósito el pretender construir, a un costo exorbitante que desfinanciaría todo el sistema universitario ecuatoriano, polos de desarrollo tecnológico de punta que solo profundizarían una brecha tecnológica en el sistema productivo nacional y que no estaría orientado a resolver sus problemas acuciantes. La creación de "clusters" tecnológicos, como Silicon Valley, corresponde a las necesidades y condiciones de otras sociedades y no es trasplantable. [...] La Ciudad del Conocimiento profundizaría los problemas y asimetrías ya existentes [...], (sería) un verdadero enclave o gueto tecnológico, mientras el resto de la economía y sociedad permanecerían desconectadas, sumidas en lógicas sociales y económicas distintas y envueltas en un estatismo agobiante. [...] Y es que uno no se explica por qué en vez de invertir esos recursos en mejorar lo que ya existe, [...] se persiste en construir elefantes blancos sobre premisas anacrónicas".

En marzo de 2017, PlanV.com afirmaba sobre Yachay Tech: "Hace ya algún tiempo constatábamos que la euforia casi caricaturesca de promesas de cambio resulta insuficiente para apuntalar el imaginario construido alrededor de este mega-proyecto. Las autoridades educativas anunciaban en el 2014 que 'aspiramos que a 2016 el parque tecnológico en su área operativa tenga un nivel de auto sustentabilidad. Que la venta de servicios que demandan tecnología, o los arriendos a empresas que aterricen en este espacio, o las tecnologías que se puedan comercializar, servirán de ingresos a la empresa pública para mantener este espacio'. En otras palabras, ya para el 2016, Yachay tendría que haber generado recursos para cubrir un nivel de gasto de alrededor de 10 millones de dólares anuales que representa el rol de pago de su frondosa burocracia de alrededor de 700 empleados" (sic). Pero, señala Plan V.com, "La cruda realidad es diferente. La inversión total del proyecto (hasta abril 2016) alcanzó la suma de 136,4 millones de dólares; es decir únicamente el 13 % de la inversión prevista hasta el año 2017. Esto quiere decir que, en principio, el Gobierno debería invertir en los próximos 12 meses más de 900 millones de dólares si desea alcanzar la meta de 'albergar 10.000 personas' (Vistazo, 10/04/2014) en el año 2017. Todo esto en un entorno macroeconómico en el que se prevé una contracción del PIB superior al 4 % anual en los próximos años" (sic).

Hoy por hoy, Yachay Tech cuenta con un nuevo rector: el profesor Carlos Castillo Chávez. La universidad "Se apresta a cumplir tres años el 31 de marzo del 2017. Al momento, la institución cuenta con 850 estudiantes y 109 docentes. El 25 de marzo próximo ingresarán al plantel 400 estudiantes más para iniciar sus estudios. Yachay Tech ofrece ingenierías en: física, biología, nanotecnología, biomedicina, química en polímeros, petroquímica, geología, matemática y tecnología de la información" (sic), señala El Comercio, en su edición del 11 de enero de 2017.

90. Elecciones seccionales

A inicios de 2014, el Ecuador se aprestó a elegir a sus nuevos dignatarios municipales y locales. "Al menos 17.726 candidatos se inscribieron para la elección de prefectos y alcaldes", señaló El Universo en su edición de noviembre de 2013. "El 17 de octubre pasado, el CNE convocó a la elección de 5.628 dignidades para un período de cinco años: 23 prefectos, 221 alcaldes, 1.305 concejales municipales y 4.079 vocales de juntas parroquiales rurales".

Efectivamente, el día 23 de febrero, los ciudadanos concurrieron a las urnas. El diario El Universo informó que las elecciones trascurrieron sin mayores dificultades, aunque, por distintas razones, en algunas jurisdicciones las elecciones fueron suspendidas y los comicios debieron realizarse nuevamente.

Algunos analistas políticos, tales como Oswaldo Moreno y Patricia de la Torre, entrevistados por El Universo en su edición del 23 de febrero, anotaron que "En estas elecciones seccionales, la actividad proselitista de Correa ha sido más intensa que en la anterior, la de 2009, y creen que es porque ahora hay un escenario político diferente. Hace cinco años había una efervescencia por la 'revolución ciudadana', y ahora está en juego la consolidación de un proyecto político que se basa en la estructuración de lo local con lo nacional". Esto explica el hecho de que el presidente Correa impulsó a sus candidatos en las ciudades que "él consideraba 'clave' para, supuestamente, mantener la estabilidad de su Gobierno, como serían Quito o Guayaquil", agregó la crónica.

Sin embargo, para Moreno, "El resultado de la votación no significará un apoyo o rechazo al presidente, porque no se está evaluando su gestión, sino a la de los Gobiernos locales. Un modelo nacional y otro local, diferentes, sí pueden coexistir". Pero hay quienes opinan lo contrario: al paso de los años se ha comenzado a hablar del "fenómeno Barrera", en referencia a la derrota que el candidato oficialista Augusto Barrea sufrió en las elecciones para alcalde de Quito, en las que triunfó Mauricio Rodas, y en las que, se afirma, en el triunfo de Rodas prevaleció el "voto rechazo" a Correa.

Sobre el tema, en 2014, ecuadorinmediato.com escribió: "Augusto Barrera ha sido un buen alcalde, desde el punto de vista de la gestión administrativa. Su obra es el reflejo de esta realidad: Más de 1.000 kilómetros de vías repavimentadas, 1.300 accesos a barrios, 7 nuevos intercambiadores en todo Quito, 7.563 alarmas comunitarias, 304 UPC's, 30 puntos seguros para emergencias o desastres. Se suman la nueva Ruta Viva, la construcción del puente sobre El Chiche, La Ruta Collas, la inauguración del nuevo aeropuerto, 6 nuevos Bulevares, 1.100 parques barriales, 250kms de cableado subterráneo, [...] Súmese la potenciación de Quito entre los 10 destinos turísticos universales, con premios y reconocimientos mundiales y baja contaminación de sus calles. Y, sobre todo, llevar adelante la puesta en marcha del Metro para la ciudad… ¿Cómo es posible que alguien con este nivel de ejecución de obra sea tan rechazado en la ciudad que ha servido?"

Ante esta pregunta ecuadorinmediato.com recordó la particular cultura política de los quiteños, y decía que Quito, al ser la capital política de la nación, siente el peso de esta condición. Por ello, "Históricamente, y eso parece ser una constante, la imagen de la elección del alcalde de Quito ha sido destinada a que caiga en manos de un opositor, tanto que el burgomaestre quiteño siempre ha sido de partido distinto y distante al que está en el Gobierno Nacional, con lo cual el enfrentamiento es implícito a su presencia en el cabildo capitalino". A esto, dice la nota, deben sumarse otros factores como el de la estructura social quiteña. "Con una fortalecida clase media y una extrema empobrecida, entre los dos construyen un espacio con sus debidas diferencias y miradas esquivas […]. Así, a la clase media quiteña siempre le parecerá que nada es suficiente y siente que cada día debe tener más derechos y menos obligaciones, no le gustan los controles y busca que nada le impida sus libertades, por ello promueve siempre el instinto de anti-autoridad, que históricamente le ha movido a las revueltas. Mientras tanto, la clase baja empobrecida siempre está insatisfecha, con un sinfín de necesidades urgentes que se les ha postergado sin explicación, su gestión como grupo siempre está a la búsqueda de soluciones para su gente, que la mayoría de veces se frustra y resiente" (sic).

Así, ante la mirada atónita de los miembros de Alianza PAIS (AP), Barrera perdió las elecciones frente a una figura nueva en la política ecuatoriana como era Mauricio Rodas. A posteriori, Rubén Flores, funcionario de la administración de Barrera respondía a paginasiete.bo: "¿Es cierto que Correa intervino mucho en la campaña y que eso fue contraproducente? El presidente, en su buena intención, y viendo las encuestas tres semanas antes de la elección, estaba preocupado. Entró de lleno a la campaña en un esfuerzo para no perder Quito. Guayaquil ya era muy difícil lograr, entonces apostó a Quito, y eso tuvo un efecto contrario. A la gente no le gustó."

En Guayaquil, Viviana Bonilla, candidata a la alcaldía por el partido de Gobierno, recibió el 39.89 % de votos, mientras que Jaime Nebot, representante del partido Socialcristiano-Madera de Guerrero, alcanzó el 67.21 % de los votos, de acuerdo con los conteos preliminares, según informó El Universo del 27 de febrero. En efecto, Nebot fue reelecto para un nuevo periodo en la Alcaldía de Guayaquil, mientras que Jimmy Jairala, del movimiento Centro Democrático, en alianza con el oficialismo, fue reelecto prefecto. En Cuenca, Marcelo Cabrera, representante de Igualdad-Participa, un movimiento político local, obtuvo la Alcaldía con un 44 % de los votos. Su contrincante, Paúl Granda, del partido de Gobierno, obtuvo el 36 %. La prefectura del Azuay recayó nuevamente en Paúl Carrasco del movimiento político Podemos. María Caridad Vásquez del partido oficialista, quedó relegada al obtener un menor porcentaje de votos.

El oficialismo perdió las alcaldías en las tres ciudades principales del Ecuador. No obstante, la oposición consideraba que las elecciones seccionales de 2014 fueron la primera gran derrota del partido de Gobierno y del presidente Correa. Por su parte, el Gobierno consideraba que si bien la pérdida de Quito fue un "importante revés, que habrá que analizar", Correa afirmó que su partido continúa como la primera fuerza política del Ecuador, al ganar 10 prefecturas y 68 alcaldías a nivel nacional. Lo cierto es que las verdaderas implicaciones políticas, a nivel nacional, de estas elecciones seccionales, no se sentirán sino hasta 2017.

91. Refugiados en Sarayaku

El viernes 14 de marzo de 2014, el diario oficialista El Telégrafo informó que "La Corte Nacional de Justicia (CNJ) negó el recurso de ampliación y aclaración de la sentencia condenatoria en contra de Cléver Jiménez, Fernando Villavicencio y Carlos Figueroa por el delito de injurias. Con esta resolución, la sentencia quedaría en firme. Los tres demandados habían presentado una denuncia contra el primer mandatario por, supuestamente, haber ordenado la incursión armada al Hospital de la Policía, durante la revuelta del 30 de septiembre del 2010. La demanda fue rechazada y el presidente Correa contrademandó a los activistas políticos por injurias, lo cual motivó que la jueza de la CNJ, Lucy Blacio, fallara en favor del presidente Correa" (sic).

Por su lado, Cristina Márquez, del diario El Comercio, en una nota de abril de 2014, informó que, tras la sentencia condenatoria, Villavicencio, Jiménez y Figueroa decidieron refugiarse en la comunidad Sarayaku en la Amazonía ecuatoriana. "A cuatro horas de viaje [...] 'río arriba desde Calimas, por el Bobonaso, está Sarayaku, una comunidad asentada en el corazón de la selva del Puyo'. Allí están asilados Fernando Villavicencio, Cléver Jiménez y Carlos Figueroa; y es que a pesar de la condena a prisión, la Comisión Interamericana de Derechos Humanos (CIDH) les otorgó medidas cautelares. 'No cometí ningún delito. Esa sentencia es nula, por eso no me siento un fugitivo de la justicia', dijo Jiménez, ex asambleísta por Zamora Chinchipe. El jueves pasado, en el Séptimo Congreso por el Sumak Kawsay de Sarayaku, al que asistieron los Urakas (jefes) de siete clanes [...] decidieron protegerlo a él, a Villavicencio y a Figueroa, para evitar que sus órdenes de captura sean ejecutadas" (sic).

A Sarayaku, recordó la periodista Márquez, "No pueden ingresar las fuerzas militares y policiales debido a un acuerdo con el Estado, que compromete el respeto al territorio de los nativos". Sin embargo, desde el momento en que se supo que los condenados se habían refugiado allí, los líderes de Sarayaku denunciaron acciones de intimidación en ciertos puntos de control de parte de la fuerza pública, y hostigamiento por medio de un helicóptero que sobrevolaba la comunidad. 'Aquí nunca había pasado eso, los niños se asustaron y toda la comunidad se puso en alerta máxima', contó Marlon Santi, uno de los líderes comunitarios. Según él, "La razón por la cual la comunidad decidió ampararlos, es que ellos están pasando por lo mismo que el pueblo Sarayaku ya enfrentó. 'Nuestro pueblo afrontó un juicio internacional en contra del Estado ecuatoriano por la explotación petrolera. Ellos también son perseguidos por denunciar lo justo, no son delincuentes', declaró Santi" (sic).

El Gobierno criticó la decisión del pueblo Sarayaku; el presidente de la República señaló que esa actitud "desafiaba todo el Estado de derecho" y por ello, se analizarían las medidas que se habrían de tomar para capturar a los prófugos. "Imagínense si se sienta ese precedente, que cualquier comunidad se considera con la máxima autoridad para desobedecer una sentencia judicial y proteger fugitivos", afirmó Correa.

Conforme pasaban los días, la tensión entre el Gobierno y el pueblo Sarayaku iba en aumento. Los sobrevuelos continuaron sobre el poblado, mientras que los dirigentes recalcaban que los cazadores de la comunidad estaban armados y dispuestos a defender a sus huéspedes. Días más tarde, el mismo diario señaló que el Gobierno no hallaba "la manera adecuada de actuar en la comunidad indígena". La ministra de Justicia, Ledy Zúñiga, buscó entrevistarse con Diego García-Sayán, titular de la Corte Interamericana de Derechos Humanos, CIDH, "Para poder exponer esto que está pasando en el país, que pone en riesgo la convivencia pacífica". A decir de la ministra, la medida de protección que impedía la entrada de la fuerza policial a Sarayaku, y que dictó la CIDH en 2012, se dio en "relación con la explotación petrolera en la zona, sin consulta previa", y nada tenía que ver con los prófugos de la justica: la población indígena estaba mal utilizando la medida de protección. Por su parte, los dirigentes de Sarayaku también pidieron la ayuda internacional, "enviado comunicaciones a la Organización de Naciones Unidas, al alto comisionado e incluso al papa", informó el diario El Comercio.

Por aquellos días, Figueroa, uno de los refugiados, salió de la selva y fue a la capital a ver a su madre enferma con un cáncer muy avanzado; pero muy pronto fue capturado por la policía a las afueras de Quito, y llevado a la cárcel a cumplir su condena. Recuperó su libertad en enero de 2015, tras cumplir su sentencia.

Por su parte, Villavicencio y Jiménez, sentenciados a 18 meses de cárcel, permanecieron en la clandestinidad por varios meses más. En marzo de 2015 prescribió la sentencia contra Jiménez y Villavicencio, y solo entonces pudieron regresaron a Quito.

92. "Un dólar para Correa"

Con esas palabras, Cléver Jiménez y Fernando Villavicencio titularon su campaña de recolección de fondos para afrontar la indemnización que debían pagar a favor del presidente Correa, en el citado juicio por calumnias. Si bien la pena de prisión había prescrito y los acusados pudieron salir de la clandestinidad, el pago, en conjunto, de USD 140.000, aún debía efectuarse, según informó una nota del diario El Universo, en su edición del 27 de marzo de 2015.

Lo cierto es que la tensión entre el presidente y los activistas políticos no menguó. En ese mismo mes, Jiménez y Villavicencio publicaron *Los secretos del feriado* (2015), en el que denunciaron que funcionarios del Gobierno habían estado implicados en el feriado bancario de 1999, y que varios empleados del régimen habían cometido graves actos de corrupción.

Las acusaciones mutuas han sido la tónica en la relación entre el Gobierno y los dos protagonistas de este episodio. El Gobierno acusó al ex asambleísta Jiménez y a Villavicencio de piratear información reservada del correo del presidente Correa, en tanto que el exlegislador "insistía en llamar a confesión judicial al titular de la Secretaría Nacional de Inteligencia (Senain), Rommy Vallejo, para que aclare si existe o no una relación contractual entre el Gobierno ecuatoriano y la empresa Hacking Team" (sic), según informó una nota de El Universo, de agosto de 2016. La solicitud del asambleísta hacía referencia a la supuesta vinculación de la Senain con la empresa italiana "Hacking Team", que vende equipos de espionaje electrónico. De acuerdo con El Universo, esta empresa había sido denunciada por activistas de derechos humanos y periodistas (Reporteros sin fronteras y WikiLeaks), por vender cierto tipo de *software* que posibilitaría a los Gobiernos espiar a sus ciudadanos.

Jiménez y Villavicencio sacaron a la luz una larga lista de denuncias contra funcionarios gubernamentales, muchas de las cuales se aclaran y profundizan en el libro *El feriado Petrolero*, escrito por Villavicencio, y presentado a la opinión pública en los primeros meses de 2017. Las repercusiones políticas y judiciales de las denuncias de Villavicencio merecen un acápite aparte, por lo que más delante hablaremos de ello. Por ahora, señalamos que esta disputa ocasionó "daños colaterales" o víctimas completamente inocentes, a las cuales nos referiremos enseguida.

El 26 de enero de 2017, luego de varios años del proceso judicial, el diario El Universo informó que "Con el fin de que se levanten todas las medidas cautelares que pesaban en contra el activista político Fernando Villavicencio, dentro del juicio por injurias e insolvencia, su esposa, Verónica Saráuz, llegó a la Unidad Judicial Civil, ubicada al norte de Quito, para entregar el certificado de depósito judicial por el valor de $44.301,60". Este valor corresponde a la tercera parte de la indemnización total de USD 141.000 que la justicia ordenó que se pagara a favor del presidente Correa, por parte de los sentenciados Villavicencio, Jiménez y Figueroa, por el delito de injurias contra el presidente de la República.

En entrevista con Teleamazonas, Verónica Saráuz recordó las desventuras que ella y sus dos hijos habían padecido estos últimos años. En 2014, relató, cuando estalló este caso, su casa fue allanada y sus computadoras confiscadas, en un operativo realizado en medio de la noche, cuando toda la familia estaba dormida. Saráuz señaló que desde aquel momento, ella y sus hijos eran perseguidos y fotografiados constantemente, y que, incluso, le resultaba muy difícil salir de su casa. Con lágrimas en los ojos y voz entrecortada, pidió respeto para ella y sus hijos, y demandó que se diferenciara entre la actividad política de su esposo y la vida de los pequeños niños.

93. "Yasunidos"

El colectivo "Yasunidos" surgió en respuesta a la decisión del primer mandatario de dar por concluido el denominado proyecto "Yasuní-ITT", que planteaba "dejar de explotar un gran yacimiento petrolífero ubicado en una zona de alta concentración de biodiversidad en la Amazonía, a cambio de una compensación monetaria de la comunidad internacional", señaló Lilian Alarcón, de El Diario de Manabí.

El proyecto proponía que el Estado ecuatoriano mantuviera sin explotar indefinidamente sus reservas petroleras, tanto en el campo ITT (Ishpingo, Tiputini, Tambocoha), como en el parque nacional Yasuní, zonas de gran riqueza natural, y en donde todavía hay presencia de grupos nativos que han preferido mantener su forma de vida ancestral. "El proyecto prevé evitar la emisión de unas 410 millones de toneladas de dióxido de carbono por la no explotación del petróleo, garantizando así la conservación de la biodiversidad y el respeto por los pueblos indígenas en estado nativo que lo habitan. El Ecuador recibiría, a cambio, una compensación internacional equivalente como mínimo al 50 por ciento de las utilidades que obtendría en el caso de explotar esas reservas. [...] Dejar el crudo en tierra (846 millones de barriles) es una propuesta estratégica de nuestro país como parte significativa del esfuerzo mundial por combatir el calentamiento global", señala Alarcón en la citada nota del diario manabita.

La comunidad internacional se entusiasmó, inicialmente, con el proyecto. La campaña "Yasuní ITT", emprendida por el Gobierno, comenzó en 2007 y estuvo a cargo del empresario y ex alcalde de Quito, Roque Sevilla, a quien acompañó la reconocida ecologista Yolanda Kakabadse. Sin embargo, en 2010, Sevilla y Kakabadse renunciaron a proseguir en esta iniciativa, por diferencias de criterios con el presidente Correa. El diario El Comercio de enero de ese año señaló que la razón de la dimisión de Sevilla fue la declaración del presidente Rafael Correa, de que los términos pretendidos por los donantes constituían una "negociación vergonzosa que atenta contra la soberanía'". El presidente de la República expresó que "Los países donantes querían imponer las condiciones del fideicomiso que está en proceso con el Programa para el Desarrollo de Naciones Unidas (PNUD)". Sevilla refutó esas afirmaciones y dijo que "No habrá imposición, ya que tres de los seis miembros del directorio serán puestos por el Gobierno, dos de los donantes y uno del PNUD". Sevilla denunció que temía que, tras la falta de acuerdo, hubiera "presiones muy importantes del sector petrolero, el cual estaba convencido de que nunca se lograría el apoyo internacional para dejar bajo tierra el 20 % de las reservas de crudo del país".

Quien tomó la posta del proyecto "Yasuní-ITT" fue Ivonne Baki, alta funcionaria en Gobiernos anteriores; sin embargo, luego de ejercer sus funciones durante un tiempo, anunció su desvinculación con la iniciativa, en agosto de 2013. Una nota de El Universo informó que Baki "No quiso explicar sobre la terminación del fideicomiso (constituido para regular este proyecto) ni sobre la devolución del dinero, así como tampoco detallar sobre los gastos internos que se realizaron". Sin embargo, afirma el diario, "detalló que con ella trabajaron 15 personas, con un presupuesto de 7,3 millones de dólares para los tres años, y justificó las críticas, argumentando que logró contribuciones '50 veces mayores a lo (sic) invertido', según dijo".

En definitiva, y a pesar de los esfuerzos y recursos invertidos, una nota de El Comercio, de agosto de 2013, afirmó que aquel primer interés de los potenciales donantes "No se reflejó en el aporte económico, que no alcanzó ni el 1 % de la meta planteada, que a la vez correspondía solo al 50 % de lo que generaría la explotación petrolera". Varias razones explican esta apatía internacional, indica el rotativo. Entre ellas, que el primer mandatario ecuatoriano subrayaba el hecho de que "Los países más ricos son también los más contaminantes y por ello los mayores responsables del cambio climático", y que fueron ellos los que "No pudieron o no quisieron comprender la importancia de la propuesta". Sin embargo, recuerda El Comercio, que "Casa adentro, vale también analizar aspectos de seguridad jurídica, y los mensajes varias veces desconcertantes en política exterior, a veces descorteses contra los posibles aportantes", lo que también les habría desanimado.

En este contexto, –recuerda Paúl Mena en su nota "Yasunidos, los jóvenes que desafían a Correa", en BBC Mundo digital, el 14 de abril de 2014– que el colectivo Yasunidos, conformado por diversas organizaciones de ambientalistas, artistas y ciclistas urbanos, optó por plantear al país una consulta popular para que sean los ecuatorianos quienes decidan dejar bajo tierra o explotar el petróleo en este frágil ecosistema amazónico. Para ello, tal como preveía la ley electoral, entregaron 756.291 firmas al Consejo Nacional Electoral, CNE, para que este, a su vez, tramitara la consulta. Estas firmas debían ser verificadas, y luego, la Corte Constitucional de Ecuador debía pronunciarse sobre el tema y dar luz verde a la consulta. Pero, lamentablemente, a inicios de mayo de 2014, el CNE informó que "Yasunidos" no había logrado el número de firmas requeridas para dar paso a la consulta.

El colectivo impugnó la resolución de Consejo Nacional Electoral y denunció que sus firmas habían sido manipuladas. Lo cierto es que la consulta no se realizó, pero la confrontación entre el Gobierno y los ambientalistas continuó. "Cuando se cae la iniciativa Yasuní-ITT, ya este país no existe. Llegamos a encontrarnos con la dura realidad y terminas desencantándote, precisamente, porque ves que todo lo que se había ofrecido no era tal", dijo Patricio Chávez, uno de los dirigentes de "Yasunidos", a BBC Mundo.

A las agrias relaciones entre el Gobierno y los ambientalistas nacionales se añadió, por aquellos días, un *impasse* en el ámbito internacional. El Universo informó que la "Comisión de Medio Ambiente del Parlamento alemán tenía previsto visitar Ecuador, pero el Gobierno no autorizó su ingreso. Sus miembros querían llegar hasta el Parque Nacional Yasuní [...], pero en una rueda de prensa, el canciller Ricardo Patiño advirtió a los alemanes que el Ecuador 'no es una colonia desde hace 200 años' y tiene el derecho a determinar las visitas que acepta o no en su territorio" (sic). Por su parte, la presidente de la Comisión alemana, Bärbel Höhn, señaló que "Es el interés legítimo de nosotros ver a dónde va el dinero del Gobierno alemán y lo queríamos ver sobre la base de que la cooperación con las instituciones en el Ecuador ha sido muy buena. Nos sorprendió aún más que el Gobierno del Ecuador haya reaccionado de esta manera, no lo entendemos". El conflicto terminó cuando el canciller Patiño anunció la terminación unilateral de la cooperación alemana en temas ambientales, y la devolución de los recursos recibidos el último año, estimados en 7 millones de euros.

A mediados de 2014, el canal de televisión Ecuavisa informó que la ministra de Ambiente, Lorena Tapia, "firmó la licencia ambiental que permite a la empresa petrolera pública, Petroamazonas EP, iniciar las actividades preparatorias para su operación en dos campos de la Amazonía": Tiputini y Tambococha, ubicados en la zona del Yasuní. Para septiembre de 2016, el diario El Universo informó que "se extraen 23.000 barriles diarios en bloque 43, esto es, en el campo ITT, ubicado al borde norte del parque nacional Yasuní. [...] Las proyecciones iniciales de Petroamazonas EP afirmaban que serían 3.000 barriles diarios, pero sus técnicos han venido trabajando en la perforación de varios pozos en la llamada plataforma Tiputini C, desde el pasado 31 de julio [...]. Así lo informó ayer el vicepresidente Jorge Glas, quien dirigió el acto de incorporación del pozo 12 del bloque 43 a la producción petrolera del país" (sic).

A decir del segundo mandatario, este hecho "marcaba 'un nuevo horizonte petrolero' para los ecuatorianos, pues el ITT tiene 'más reservas' de las previstas, y con ellas, según explicó, será posible crear 'riqueza' para la Amazonía y ejecutar obras como hospitales, universidades, escuelas, entre otras. La producción del campo ITT representará unos $ 750 millones de ingresos para el fisco en 2017 [...] El ministro coordinador de Sectores Estratégicos, Rafael Poveda, anunció que los trabajos en Tambococha empezarán el próximo año (2017)".

Las autoridades, informó el matutino, reconocieron que, efectivamente, Tambococha está dentro de la reserva nacional Yasuní y que por ello "Se han tomado medidas ambientales 'rigurosas', de acuerdo con los técnicos de Petroamazonas. En el sitio se puede observar un carretero de entre 4 y 6 metros de ancho, que sirve para llegar hasta el sector en bus. Pero los puentes dosel, que se crean naturalmente de los árboles, han sido conservados para permitir el tránsito de animales. Se aprecian jaguares, aves y monos, y por ello los técnicos sostuvieron que las operaciones son 'amigables' con el medio ambiente". La nota de prensa agregó que, ante la explotación del ITT, "activistas en contra del extractivismo (sic) lanzaron la noche del miércoles (a través de "Twitter"), una campaña de protesta bajo el *hashtag* #CorreazoAlYasuní". Algunos de los mensajes que en esos días se emitieron en las redes sociales decían: "El mundo simplemente no puede permitirse el lujo de perder un lugar como el Yasuní".

Con el paso de los meses se evidenció que las perspectivas de las autoridades ecuatorianas no se cumplieron ya que la intervención en el Yasuní no ha generado los recursos económicos que se esperaban y, se producirán, en mayor o menor medida, daños en esta zona de mega diversidad ecológica ambiental.

94. Reelección indefinida

"**E**cuador, tercer país latinoamericano en aprobar la reelección indefinida". Ese fue el titular de una nota publicada por el diario La Hora, el 3 de diciembre de 2015. ¿Cómo había llegado el Ecuador a este escenario? Revisemos los antecedentes.

Meses atrás, a mediados de octubre de 2014, el diario El Comercio informó que el presidente ecuatoriano había reiterado que se lanzaría a las elecciones en el año 2017, "Si es que 'la restauración conservadora', con la complicidad de la prensa se agrupa para volver el país al pasado". Con ello, el presidente hacía referencia al revés sufrido por AP, su partido político, en las recientes elecciones seccionales y, por ende, a una eventual pérdida de la presidencia en las elecciones de 2017.

Sin embargo, para su postulación a la reelección se requería que la Asamblea Nacional modificara la Constitución de la República, de manera que fuese posible que él participara en una nueva contienda electoral. La Constitución de 2008, en sus artículos 114 y 144, permitía la reelección del presidente por una sola vez; esa norma, justamente, posibilitó que Correa asumiera su tercer mandato (2013-2017), pero impedía su cuarta candidatura consecutiva. Para el primer mandatario, la reelección indefinida implicaba, según sus palabras "El derecho de los ciudadanos a elegir una autoridad que ha tenido una buena gestión" y, de ninguna manera, el hecho de "que Rafael Correa se eternice en el poder", señaló en su nota El Comercio.

Frente a tal anuncio, y ante la inminente posibilidad de que el cambio constitucional se concretara en la Asamblea, por cuanto la bancada oficialista conformaba la mayoría, algunos partidos políticos, tales como Sociedad Patriótica, Pachakutik y SUMA, así como la agrupación política Compromiso Ecuador, propusieron que la reforma constitucional pasara por una consulta popular y no por la Asamblea. Sería el pueblo, de manera directa, quien definiese si deseaba o no que sus autoridades fueran reelectas indefinidamente.

En relación con el tema, Diego Araujo escribió en El Comercio un editorial titulado *Reelección indefinida, acto monárquico*. Allí afirmó:

"Una mayoría de ecuatorianos quiere que la reforma constitucional para la reelección indefinida pase por una consulta popular. El 73 % se pronunció a favor de esta última en reciente encuesta de Cedatos. No solo sería el colmo del abuso que la Asamblea aprobara un cambio de esa naturaleza por la simple voluntad de la mayoría gubernamental; [...] (tal acción constituiría) un retroceso el entrampado debate de utilizar el voto popular para una reforma antidemocrática. Se argumenta que la soberanía reside en el pueblo, lo cual es cierto. Pero aquello no justifica sujetar a su decisión cualquier cosa. Repugnaría a estas alturas [...] proponer a los ciudadanos que decidan sobre un absurdo como, en otro orden de realidades, aprobar que el círculo sea cuadrado. Algo análogo acontece con la reelección indefinida. Con plena razón y buen sentido político, el presidente uruguayo, José Mujica, afirma que esta (la reelección indefinida) es un acto monárquico. Los líderes de los países deben darse un respiro para que la democracia funcione [...] Democracia con alternabilidad o una suerte de monarquía. He ahí la cuestión en el debate sobre la reelección indefinida" (sic).

Quienes se oponían a la reelección indefinida, ya sea por la vía de la Asamblea o de la consulta popular, argumentaban que ella implicaba poner en juego la esencia misma de la democracia y del sistema republicano. Pero otros, como el historiador Juan Paz y Miño, la consideraban necesaria en aras de mantener un modelo político. En junio de 2014, escribió en el diario oficialista El Telégrafo:

"El asambleísta de derecha Luis Fernando Torres llama a constituir un 'frente' que sea 'alternativa de poder y no una simple alternativa electoral', para las presidenciales de 2017, sobre una doble estrategia: de una parte, las posibles candidaturas de Jaime Nebot o Guillermo Lasso; de otra, una 'gran coalición con gente de la izquierda, de la centroizquierda, de la centroderecha, para hacer un llamado a que la reelección indefinida no pase'. [...] El primer paso sería, entonces, quitar del camino a Rafael Correa. Para ello está la oposición a la enmienda constitucional que permitiría la reelección indefinida, pues suponen que así se facilitaría un eventual retorno triunfal de las derechas y de los 'opositores' al proyecto 'autoritario' de la Revolución Ciudadana... Así, mientras la enmienda permita la continuación del proyecto político de AP, esta sería deseable..."

Finalmente, El Comercio informó que "La Corte Constitucional (CC) anunció hoy, 31 de octubre de 2014, que 16 de las 17 enmiendas a la Carta Magna propuestas por el movimiento oficialista Alianza PAIS deben ser tramitadas como enmiendas, es decir, en la Asamblea y sin una consulta popular". La decisión de la CC desató una polémica política y jurídica, que se dirimió en los medios de comunicación, en la Asamblea Nacional y también en las calles, cuando la población, en distintas zonas del país, salió a protestar cuando la Asamblea aprobó la enmienda. La Hora relata los sucesos de esos días:

"La mayoría oficialista del Congreso de Ecuador estableció la reelección presidencial indefinida mediante una enmienda constitucional que se aprobó el 3 de diciembre de 2015, con lo que el país se convirtió en la tercera nación latinoamericana en avalar esa fórmula electoral tras Nicaragua y Venezuela [...]. Luego de más de nueve horas de debates y protestas opositoras en la calle, el legislativo aprobó con 100 votos a favor, 8 en contra y una abstención, un conjunto de 15 enmiendas y cuatro disposiciones que entre otras cosas excluyen a Rafael Correa de los comicios de 2017. [..] Frente al Congreso, decenas de encapuchados intentaron romper un cordón policial lanzando piedras, cohetes y palos contra los uniformados, quienes se protegían con escudos antimotines [...].

'Estamos viviendo en plena dictadura. Esta es una dictadura por un Gobierno prepotente, autoritario, un Gobierno que hace y deshace con nuestros recursos', declaró enojada Patricia Pinto, ama de casa de 43 años, presente en la marcha. [...]. Los diputados oficialistas, que también tuvieron apoyo callejero, aprobaron en segundo y definitivo debate artículos para excluir de las próximas presidenciales y legislativas (en 2017) a aquellos que lleven dos períodos en línea [...] y establecer la reelección sin límites desde los comicios programados en principio para 2021" (sic).

Efectivamente, las enmiendas aprobadas descartaban la posibilidad de que Correa fuese reelegido en las elecciones de 2017, aunque viabilizaban que lo fuese luego de cuatro años. Con esta medida, señaló el diario La Hora, las miradas del partido oficialista se posaron en Lenín Moreno para ocupar la candidatura a la Presidencia de la República en las elecciones de 2017.

95. Artes plásticas: espacios y premios

La pintura y las artes plásticas en general, han ocupado un lugar especial en la cultura de los ecuatorianos desde épocas remotas. Basta dar una mirada a las sugestivas vírgenes de la escuela quiteña de tiempos coloniales; o apreciar los diáfanos paisajes que Rafael Troya pintó en el siglo XIX; o contemplar la portentosa y diversa obra de Camilo Egas, para muchos el mejor pintor ecuatoriano; y qué decir de los grandes pintores ecuatorianos de mediados del siglo pasado como Guayasamín o Kingman, entre muchos otros, que con sus rostros angulosos y manos desgarradoras impactan nuestros sentidos, a la par que denuncian la penosa situación en que han vivido las clases oprimidas en el Ecuador. Referirnos al desarrollo que ha tenido la pintura en el país sería un trabajo que tomaría volúmenes enteros y que, además, corresponde a los expertos y estudiosos del tema. Sin embargo, cabe resaltar en estos episodios, que, a lo largo de estas últimas décadas, dos eventos culturales vinculados a la pintura y las artes plásticas han marcado el derrotero de esta actividad en el Ecuador, y que también han significado los necesarios espacios de difusión para los nuevos artistas nacionales e internacionales. El primero de ellos es el Premio Nacional de Artes Mariano Aguilera, auspiciado por el Municipio de Quito y el segundo, la Bienal Internacional de Cuenca.

El "Mariano Aguilera" se remonta a 1917, cuando, justamente, Mariano Aguilera, concejal del Municipio de Quito, donó su casa, ubicada en el centro de la ciudad, para que con su renta se premiara a los artistas ecuatorianos y, de ese modo, se impulsara su trabajo. Al poco tiempo se instituyó el Salón Mariano Aguilera con un premio anual, al que han concurrido con entusiasmo e ilusión, tanto artistas novatos, como consagrados. De esta iniciativa han surgido figuras relevantes de la plástica nacional, tan diversa como fecunda.

La muestra "Mariano Retro", inaugurada a fines de 2010, evidenció la alta calidad de los artistas que a lo largo de los años participaron y ganaron el premio, y cómo, efectivamente, este premio catapultó sus carreras. Entre ellos, el primero, Víctor Mideros. Su obra evidencia la transición que sufrió la temática pictórica ecuatoriana, que pasó, de privilegiar los temas religiosos a representar lo terrenal y humano. Por esta sala pasaron también Egas, Kingman, Ronquillo, así como Viteri, Barragán, Bueno y un jovencísimo Oswaldo Guayasamín, quien, con su 'Retrato de mi hermano', "Se reveló como un experto dibujante, pues el rostro de su hermano parece una fotografía en sepia", según señaló el diario El Comercio, en su edición de enero de 2011.

Desde hace varios años, el Municipio de Quito impulsa directamente el evento; y, desde 2008, la convocatoria se efectúa cada dos años. En la página oficial del Centro de Arte Contemporáneo de la Ciudad de Quito, CAC, entidad municipal encargada de organizar el premio, se informa que para la convocatoria de 2014 se establecen premios a "La trayectoria de los participantes, como a la generación de nuevos proyectos, por lo cual se concederá un premio-adquisición a la trayectoria, y 10 premios de fomento a la producción artística"; adicionalmente, se instituye el "Premio Nuevo Mariano Aguilera", para artistas jóvenes, que serán premiados con diez becas de USD 10.000 cada una.

Respecto del otro gran suceso para la difusión de las artes plásticas, entre abril y julio de 1987 se llevó acabo la primera edición de la Bienal Internacional de Cuenca. En ella participaron 22 países, con 321 obras de 135 artistas. Su gestora, Eudoxia Estrella, buscaba presentar en Cuenca un muestreo variado "de la pintura que se había venido realizando en el continente americano durante las dos décadas precedentes", señala la página oficial de la Bienal (www.bienaldecuenca.org). Esta primera exhibición "reunió la obra de algunos de los nombres eminentes de la pintura ecuatoriana y latinoamericana de la segunda mitad del siglo XX". Desde ahí en adelante, cada dos años se ha efectuado en dicha ciudad esta exhibición artística, que busca "desarrollar, apoyar, difundir e incentivar la producción y circulación del arte contemporáneo". Así, con el pasar de los años, la Bienal ha ido más allá del arte pictórico exclusivamente, y ha incorporado un abanico más amplio de expresiones de arte contemporáneo.

La XII edición de la Bienal de Cuenca tuvo lugar en 2014. En ella participaron seis artistas ecuatorianos: Adrian Balseca, Mauricio Bueno, José Hidalgo, Manuela Ribadeneira, Juan Pablo Ordoñez y Saskia Calderón, quien ganó el primer lugar con su *Opera Onowoka*. Calderón señala que su obra "comprende una acción en la selva de la Amazonia, una *performance*, partituras de la ópera y una instalación sonora que corresponde al audio registro de la *performance*".   El segundo lugar fue para *The Library of Unborrowed Books* de la artista turca Meric Algün Ringborg, informó El Tiempo de Cuenca.

96. La "Tricolor" en su tercer mundial de fútbol

"La selección del Ecuador enfrentará a Suiza, Honduras y Francia en el Grupo E del Mundial de Brasil 2014, que se disputará del 12 de junio hasta el 13 de julio", informó El Universo en su edición del 6 de diciembre del 2013. Efectivamente, el Ecuador alcanzó el cuarto lugar en las eliminatorias sudamericanas, con 25 puntos, más 4 puntos de gol diferencia. Con ello aseguró su cupo en el mundial de fútbol que se juega cada cuatro años.

Ya en Brasil, el equipo ecuatoriano hizo de la ciudad de Viamao, en Rio Grande do Sul, su centro de operaciones. De la mano de Reinaldo Rueda, la "Tricolor" fue eliminada en la primera fase. En su partido inaugural perdió 2 a 1 frente a la selección de Suiza. En su segundo partido, con gol de Ener Valencia, el Ecuador ganó a su similar de Honduras 2-1; pero tras este triunfo que ilusionaba a todo el país, la "Tri" empató a cero con Francia, y con ello, perdió su chance de pasar a la siguiente etapa. El Comercio, en su edición del 27 de junio de 2014 afirmó que "El equipo tricolor alcanzó el mejor puntaje de los 16 equipos eliminados en esta ronda. Incluso, si hubiese estado en otro grupo pudo haber (sic) clasificado con la misma *performance* [...]. La "Tri" terminó en el puesto 17 del Mundial".

97. El fenómeno "EnchufeTV"

Una nota de El Universo, de 2015, se tituló: "EnchufeTV, entre los 5 latinos que se han transformado en estrellas de las rede sociales". El matutino se refería a la serie de sainetes humorísticos y satíricos que, desde 2011, comenzaron a circular en la red. Efectivamente, los ecuatorianos Leonardo Robalino, Cristian Moya, Martín Domínguez y Jorge Ulloa presentaron una propuesta audiovisual novedosa, que rompía con el espacio y formato tradicional de la televisión. Bajo el sello de *Touché Films* crearon su propio canal de Youtube: EnchufeTV.

Rápidamente, EnchufeTV se posicionó en el mercado audiovisual del ciberespacio. Para algunos, la clave de su éxito está en la calidad de los guiones; para otros, en el tipo de humor que proponen, y para otros, en el uso de un lenguaje neutral que permite que muchos países de América Latina se identifiquen con las situaciones presentadas, más allá de los modismos de cada región. El éxito de estos humoristas ecuatorianos se evidencia en el número de suscriptores del canal. Hasta marzo de 2017, contaban con más de 13 millones de suscriptores, con acceso a unos 200 o 300 videos humorísticos. La gran cantidad de visitas a la página respectiva ha convertido a este canal de Youtube en todo un fenómeno en Latinoamérica, ya que gran parte de sus seguidores están en Colombia, Perú y México.

Los galardones no se han dejado esperar. En 2015 obtuvieron el premio Colibrí, dentro de la categoría a la mejor producción de Internet en el Ecuador. El año anterior ya habían recibido en Los Ángeles, California, el premio "Streamy" al mejor *Show* del año. Este premio es entregado por la Academia Internacional de Web Televisión, y reconoce la excelencia audiovisual presentada en la red. Con esto, Enchufe TV entró en el grupo de los *youtubers* más influyentes.

Claro está que este éxito también ha supuesto algunas complicaciones y críticas. Hay quienes remarcan la crudeza de algunos sainetes, que definitivamente están dirigidos solo para un público adulto. Así mismo, algunas parodias, como la que se hizo de los personajes del conocido "Chavo del 8", levantaron más de una polémica y alguna posibilidad de demanda judicial. Incluso el mismo Roberto Gómez Fernández, hijo de "Chespirito", debió pronunciarse ante la popularidad del video. Roberto Gómez reconoció que, si bien algunos televidentes podrían sentirse ofendidos por el humor negro con el que EnchufeTV retrata al "Chavo" y sus personajes, había que recocer que "los EnchufeTV son talentosos y saben lo que hacen", señala una crónica de El Universo.

Hoy en día, Touché Films ha ampliado su horizonte: trabaja con conocidos actores y productores latinoamericanos, como Eugenio Derbez y Jorge Enrique Abello, y sus episodios se ven en televisión abierta en algunos canales del Ecuador, Perú, Panamá y Estados Unidos. Aun así, Jorge Ulloa   —uno de los creadores de EnchufeTV— afirmó, en una entrevista para El Universo, que "no dejarán su canal de Youtube", pues gracias a este medio ganaron reconocimiento, y eso seguramente da cuenta del profundo cambio que en estos años ha tenido la producción audiovisual, y de la necesidad de generar productos capaces de emitirse junto con la red y la conectividad que esta supone.

98. Herencia y plusvalía, "factores de inequidad"

El 24 de mayo de 2015, en su informe anual a la nación, el presidente Correa aseveró que en los próximos días enviaría la Asamblea un proyecto de ley para reformar la Ley de Herencias, e imponer un nuevo impuesto que grave la venta de inmuebles y propiedades y regule lo que el gobernante calificó como "plusvalía ilegítima".

El diario El Universo se hizo eco de la noticia: "El Gobierno impondrá un impuesto a las herencias superiores a los 35.400 dólares y combatirá la 'plusvalía ilegítima', como parte de un plan contra la inequidad". En su discurso, el presidente dijo que el "patrimonio heredado" es un "factor de inequidad fundamental" y que la "plusvalía ilegítima" proveniente de las ganancias extraordinarias que los particulares reciben por las inversiones que hace el Estado; (la plusvalía) debería quedar en el Estado y no pasar al sector privado, ya que "es generada por recursos sociales". Más adelante, el presidente agregó: "Enfrentaré el costo político que sea necesario (...). Al inicio del Gobierno intenté mejorar el sistema impositivo para las herencias, pero no tuvimos la fuerza política para lograrlo, pese a que solo tres de cada mil ecuatorianos reciben una herencia cada año y tan solo tres de cada cien mil reciben una herencia mayor de cincuenta mil dólares".

Las dudas, incertidumbres y preguntas sobre el verdadero alcance de las estas reformas no se dejaron esperar. Ante el anuncio presidencial, el negocio de bienes raíces entró en *shock*, ya que no estaba claro cuánto se pagaría por los nuevos impuestos. Las aclaraciones llegaron paulatinamente. Una nota del diario El Universo, del 31 de mayo, recogió la información oficial que decía: "Quienes reciban una herencia cuyo valor llegue hasta los 100 salarios básicos (que para este año suman $ 35.400) no deberán pagar impuesto, pero quienes resulten beneficiarios de una (herencia) que supere ese monto deberán tributar de acuerdo con una tabla elaborada por el Servicio de Rentas Internas (SRI) y que será parte del proyecto de Ley (...). En su enlace sabatino, el presidente mostró ayer los porcentajes del impuesto (aplicables) en función del valor de la herencia, por rangos. Y puso ejemplos: si una casa que vale $ 70.000 se la deja a dos hijos, ninguno pagaría el impuesto, pues, individualmente, no llegan al mínimo establecido de cien salarios básicos. 'El impuesto no es (se aplica) sobre el valor del inmueble, sino (sobre) lo que recibe cada hijo; (en este ejemplo) pagan cero', dijo Correa. Otro ejemplo: si una casa valiera $ 70.800 el beneficiario debería pagar un impuesto de alrededor de $ 800. '¿Les parece razonable o no?', preguntó el mandatario a los asistentes al enlace, que se realizó en Girón (Azuay). Sin embargo, existe aún confusión por el detalle de cómo se aplica la tabla del SRI. Correa dijo que el impuesto es para los más ricos, no para la clase media ni para los más pobres".

99. "Mi trabajo es para mis hijos"

El debate sobre las reformas legales en relación con la herencia y la plusvalía se tornó cada vez más acalorado. Pablo Arosemena, presidente de la Cámara de Comercio de Guayaquil, dijo para El Universo del 8 de junio de 2015: "El socialismo del siglo XXI aún no se entera de que la mayor cantidad de la gente trabaja para sus hijos, no para mantener a los Gobiernos". Arosemena consideraba, dijo El Universo, que "El proyecto con el que se pretende 'subir un impuesto en un año difícil, (...) es un fracaso de la creatividad' porque 'afecta la aspiración legítima de toda persona que quiere construir un patrimonio, algo que no es fácil, porque si fuese fácil todo el mundo sería multimillonario'".

En respuesta al proyecto de ley, una noticia publicada en El Universo del 8 de junio dio cuenta de que miles de ciudadanos en todo el país habían salido a las calles a manifestar su rechazo a las nuevas leyes. La noche del 15 de junio, en cadena nacional, Correa anunció que "para evitar que grupos de oposición sigan provocando más violencia y por la necesidad de tener un ambiente de paz, regocijo y reflexión por la venida del papa Francisco el 5 de julio próximo, retirará temporalmente la Ley de la Herencia y de la Plusvalía (...). Si alguien demuestra que las dos leyes afectan a los pobres o a la clase media, archivaré definitivamente los dos proyectos". Así mismo, en dicha alocución, retó a la oposición a presentar una "solicitud constitucional de revocatoria de su mandato".

Una nota de El Universo, del 16 de junio, decía que Guillermo Lasso, dirigente de CREO "pidió a la presidenta de la Asamblea Nacional, la oficialista Gabriela Rivadeneira, que lo reciba (sic) para 'demostrar cómo sus impuestos afectan a la clase media'. Así mismo, Andrés Páez, asambleísta por Creo, y Marcelo Larrea, de la agrupación Democracia Sí, aceptaron el desafío del referendo para la revocatoria, "pero con un Consejo Electoral independiente", señaló Páez.

100. ¿Impuestos para una sociedad más justa?

Un editorial del diario El Comercio de esos días, analizó las nuevas leyes y sus implicaciones:

"La herencia y la plusvalía son temas polémicos. Desde la óptica presidencial se trata de un principio de equidad. (...) Rafael Correa anunció que se establecerá una nueva base imponible para gravar a más contribuyentes con el impuesto a la herencia. Actualmente esa cifra bordea los USD 70 000. Por encima de ese rubro se pagan impuestos. Pero el Gobierno piensa que aquellas herencias que superen los 100 salarios básicos unificados deben pagar tributos. Hablamos de USD 35.400. Está claro que un patrimonio tan magro no es, ni mucho menos, privilegio de las clases que ocupan los quintiles superiores de la población. Es quizá un patrimonio que se hereda de familias de clase media, al menos. Entonces la redistribución no funciona. Debe revisarse la cifra con argumentos técnicos. El aumento de la plusvalía es un anhelo del régimen desde hace tiempo. Se argumenta que la inversión estatal en obra pública aumenta el valor de las propiedades. (...) Se olvida que sobre los bienes inmuebles ya se pagan impuestos municipales y también tasas por obras públicas, que a la vez son financiadas por los impuestos que cancelan los ciudadanos. Gravar la plusvalía sería dar recursos al Fisco extrayéndolos del bolsillo de las personas o empresas" (sic).

En otra nota editorial, el mismo diario manifestó: "Los ciudadanos pagan impuestos para que el Estado haga obras. Los inmuebles pagan ya impuestos prediales a los municipios y las compras también son gravadas. (…). Subir el impuesto a la plusvalía puede parecer una nueva forma de conseguir recursos cuando se agotan las fuentes tradicionales: tributos y recursos del petróleo. Las dos terceras partes del aumento buscado irán a los Gobiernos Autónomos y un tercio a la Caja Fiscal. La sociedad ya paga varios impuestos. Alimentar la obesidad estatal con nuevos tributos no es una buena noticia".

El 16 de junio de 2016, "El Pleno de la Asamblea aprobó el proyecto de Ley Orgánica para evitar la elusión del impuesto a la renta sobre ingresos provenientes de herencias, legados y donaciones con 91 votos a favor, 5 negativos y 22 abstenciones. El proyecto busca crear mecanismos para evitar la evasión del pago del tributo y destinar ese dinero a becas para el quintil (sic) (20 % o quinta parte) más bajo de ingresos de la población". Poco después, en diciembre de 2016, con 79 votos a favor, 27 en contra y una abstención, la Asamblea Nacional aprobó, el proyecto de "Ley Orgánica para Evitar la Especulación sobre el Valor de las Tierras y Fijación de Tributos, más conocida como Ley de Plusvalía" (sic), informó El Universo.

101. "Ya no soy yo; soy todo un pueblo"

En marzo de 2009, el presidente Correa afirmó: "Escúchenme bien, ¿ah? El presidente de la República no es solo jefe del poder ejecutivo, es jefe de todo el Estado ecuatoriano. Y el Estado ecuatoriano es poder ejecutivo, poder legislativo, poder judicial, poder electoral, poder de transparencia y control social, superintendencias, procuraduría, contraloría. Todo eso es el Estado Ecuatoriano".

En septiembre de 2011, el presidente Correa aseveró: "We are the truth", (nosotros somos la verdad), en su discurso en la Universidad de Columbia, Estados Unidos, a propósito del juicio que entonces le seguía al diario El Universo.

En mayo de 2015, el presidente Correa expresó: "El 21 de abril de 2005, mi vida cambió para siempre cuando me nombraron ministro de Economía. El resto ya es historia. Sé bien que yo ya no soy yo, soy todo un pueblo". Estas o parecidas palabras, aunque siempre repitiendo "ya no soy yo, soy todo un pueblo", dijo el presidente en otras ocasiones.

102. Atletas y ajedrecistas

En los Juegos Panamericanos de Toronto (2015), los atletas ecuatorianos obtuvieron un total de 32 medallas, un número importante de preseas, si consideramos que desde que se iniciaron los juegos, esto es, en 1951, el Ecuador ha obtenido un total de 119 medallas. De hecho, en la edición anterior de los Juegos Panamericanos, realizados en Guadalajara (México), el Ecuador obtuvo siete medallas de oro, ocho de plata y nueve de bronce, un total de 24 medallas.

En Toronto, Estefanía García obtuvo una medalla de oro en judo (categoría menos de 63 kilos); también en judo, Lenin Preciado, de 21 años, mereció la medalla de oro (categoría menos de 60 kilos). En la misma disciplina, Freddy Figueroa, de 20 años, obtuvo la medalla de plata (categoría de más de 100 kilos). En patinaje de velocidad, Ingrid Factos, de 24 años, obtuvo una medalla de plata y otra de bronce, en los 200 metros contrarreloj, y 500 metros, respectivamente. También en patinaje de velocidad, Emma Claire, de 19 años, logró la medalla de plata en la categoría femenina 10.000 metros. Neisi Dajomes, con solo 17 años, obtuvo la medalla de plata en el levantamiento de pesas en la categoría de menos 69 kilos femenino, mientras que en la categoría hombres, 105 kilos, Jorge Arroyo se quedó con la medalla de bronce.

En natación, 10 km, aguas abiertas, Samantha Arévalo ganó la medalla de bronce. Por su parte, Esteban Enderica, también en natación, categoría aguas abiertas, 10 km, obtuvo una medalla de bronce. Cesar de Cesare, logró la medalla de bronce en canotaje, así como Anggie Avegno el segundo lugar en canotaje de velocidad 200 metros.

A finales de año, el diario El Comercio informó que "18 ecuatorianos se clasificaron a los Juegos Olímpicos de Río 2016 (...). La lista (...) se completó el 16 de diciembre, cuando el nadador Esteban Enderica obtuvo el cupo y marcó el récord sudamericano en la prueba de 1.500 metros libres. Por el momento, los ecuatorianos que irán a los Juegos Olímpicos Río 2016 son: Marina Pérez (tiro práctico), Andrés Chocho (marcha 50 km), Paola Pérez (marcha 20 km), Mauricio Arteaga (marcha 20 km), Claudio Villanueva (marcha 50 km), Daniel Pintado (marcha 20 km), Magaly Bonilla (marcha 20 km), Jonnathan Cáceres (marcha 50 km), Ángela Tenorio (100 m planos), Byron Guamá (ciclismo de ruta), César de Cesare (canotaje), Miguel Almachi (maratón), Ángela Brito (maratón), Maria Elena Calle (maratón), Segundo Jami (maratón), Rosa Alba Chacha (maratón), Byron Piedra (maratón), Esteban Enderica (natación)" (sic). Finalmente, el Ecuador envió a 39 representantes, lo que significó tres representantes más que los enviados a la edición anterior, celebrada en Londres (2012).

En otro ámbito de competencias deportivas, el ajedrez es una de las actividades en las que se destacan los ecuatorianos. El diario La Hora, de septiembre de 2016, informó que la delegación femenina de ajedrez se ubicó en el puesto 27 en la edición No. 42 de las Olimpiadas de esta disciplina, que se llevó a cabo en Bakú (Azerbaiyán). "Las representantes ecuatorianas fueron Martha Fierro, Evelyn Moncayo, Abigail Romero, Jacqueline Bosch y Carla Heredia. Esta última explicó que el Ecuador fue el segundo mejor equipo latino, detrás de Cuba que terminó en la casilla 18. Heredia, en su cuenta de Facebook, manifestó algunas razones por las que la actuación fue histórica. 'Se debe recalcar que a pesar de no tener actualmente un entrenamiento continuo o competencias de preparación en equipo, cada una se preparó lo mejor que pudo y sobre todo luchó en el tablero como nunca en la Olimpiada'".

Es encomiable la constante y destacada participación de la ajedrecista Martha Fierro, quien desde hace ya varios años ha obtenido importantes triunfos. En la Olimpiada mundial de Ajedrez de 1996, en Armenia, ganó su primera medalla. Luego, en los primeros juegos mundiales de la mente, en Beijín, China (2008), en la modalidad ajedrez rápido en parejas, junto al ecuatoriano Carlos Matamoros, logró la medalla de oro, y en Dresde, Alemania (2008), en las Olimpiadas Mundiales, obtuvo medalla de plata. Hoy por hoy, Martha Fierro es reconocida como gran maestra internacional de ajedrez, tiene título de entrenadora FIDE (Federación Internacional de Ajedrez) y en el 2014 fue nombrada vicepresidenta de esa institución.

103. El papa Francisco visita el país

En su edición del domingo 5 de julio de 2015 El Universo informó que "El vuelo en el que viaja el Papa (...) aterrizó este domingo en el aeropuerto de Tababela a las 14:44 locales (...) En Ecuador permanecerá hasta el miércoles 8 de julio, (...) también visitará la ciudad de Guayaquil".

La visita papal al Ecuador se produjo en un momento particular, informó El Comercio, "debido a las tensiones y polarizaciones que dividen a la sociedad". Tal vez, señaló el matutino, "La visita de Su Santidad puede ser un bálsamo para curar heridas y atenuar posturas de odio en insultos y abrir los brazos entre todos para enfrentar la crisis. Y, desde luego, no debe ser motivo, de ninguna manera, de politización."

Esta visita, continuó el mismo diario, "Es la segunda de un alto jerarca de la Iglesia Católica en Ecuador, antecedida por aquella (sic) de Juan Pablo II". El nuevo pontífice, nacido en Buenos Aires, Argentina, y cuyo nombre es Jorge Mario Bergoglio, fue electo como tal el 13 de marzo de 2013, luego de que, de manera sorpresiva, Benedicto XVI renunció al pontificado. Francisco es el primer jesuita en ostentar esta dignidad. Antes de tomar los hábitos, Bergoglio se graduó de técnico en ingeniería química. Sin embargo, a los 20 años entró a la Compañía de Jesús. En 1992 fue nombrado obispo auxiliar de Buenos Aires, y en 2001, cardenal.

El periplo papal de 2015, informó el diario El Comercio, "Incluye a Bolivia y Paraguay y tiene un significado especial, pues Francisco es el primer papa latinoamericano. (...) El país es mayoritariamente católico, y la visita de Su Santidad será sin duda una oportunidad para reafirmar vocaciones religiosas y la fe en millones de personas". Un informe del Pew Research Center, publicado por El Universo en noviembre de 2014, afirma que el número de católicos practicantes ha disminuido en América Latina y también en el Ecuador; sin embargo, el porcentaje de quienes se identifican con el catolicismo en el Ecuador aún es alto. De acuerdo con un estudio publicado en 2014 en www.metroecuador.com.ec, el 81 % de los ecuatorianos son católicos. Un dato del Instituto Nacional de Estadísticas y Censos, INEC, del año 2012, señala que solo un 11 % de la población ecuatoriana se consideran evangélicos, y un mínimo porcentaje se reconocen como seguidores de otras confesiones religiosas.

El diario El Comercio recogió varios hechos que marcaron la visita del papa Francisco al Ecuador: "A su llegada a Quito al salir del avión de Alitalia, el fuerte viento le jugó una mala pasada y su solideo voló por los aires. Francisco no perdió su sonrisa por el incidente. En Guayaquil sufrió un pequeño resbalón al moverse del altar al atril para dar su sermón (...). Los sacerdotes cercanos se apresuraron a ayudarle y evitaron que llegara al suelo. El presidente de la Conferencia Episcopal Ecuatoriana, Fausto Trávez, ha sido su permanente compañía (...) en el país. El papa estableció una relación especial con los niños y permitió que se le acercasen (...), una niña burló la seguridad y corrió a abrazar al papa. Un guardia suizo elevó a la niña para que alcanzara el beso del religioso".

El papa Francisco deberá enfrentar una serie de problemas que azotan a la Iglesia Católica. Entre ellos, los escándalos de corrupción en el Vaticano, las acusaciones de pederastia en contra de varios sacerdotes e, inclusive, de los más altos prelados en varios países del mundo. Se espera que también se pronuncie sobre temas polémicos como el aborto, el divorcio, el control de la natalidad y la homosexualidad. Justamente, sobre este último punto, Francisco se ha pronunciado en el libro *El nombre de Dios es Misericordia*; allí ratifica que quien busca a Dios no debe ser marginado. "Prefiero que los homosexuales acudan a la confesión, que estén cerca del Señor y que recemos juntos. Se les puede pedir que recen, mostrarles buena voluntad, mostrarles el camino y acompañarlos en el mismo".

104. Despierta el volcán Cotopaxi

A inicios del mes de junio de 2015, los vulcanólogos del Instituto Geofísico de la Escuela Politécnica Nacional alertaron a la población, pues el volcán Cotopaxi había incrementado su actividad. En su informe especial N° 2, dicha entidad señaló que hasta ese momento se habían registrado cinco sismos, aproximadamente a 13 o 14 km de profundidad, originados por la actividad volcánica, y que la emisión de dióxido de carbono había bordeado las tres toneladas. Los vulcanólogos desplegaron su contingente de investigadores y tecnología, para seguir paso a paso el desarrollo de esta reactivación del Cotopaxi. El Comercio informó que en los alrededores del volcán se ubican 59 estaciones de monitoreo, constantemente vigiladas y cuidadas por el Instituto Geofísico. Estas estaciones cuentan con sismógrafos, detectores de movimientos y sensores GPS. De hecho, el Cotopaxi es uno de los volcanes más monitoreados, no solo del Ecuador, sino de América Latina; y, sin duda, hay razones para ello.

En su página oficial, el Instituto Geofísico señala que el volcán Cotopaxi, con una elevación de 5.897 metros sobre el nivel del mar "está a una distancia de 35 km al noreste de Latacunga y de 45 km al sureste de Quito". Sin embargo, y a pesar de su belleza, "el Cotopaxi es considerado uno de los volcanes más peligrosos del mundo, debido a la frecuencia de sus erupciones, a su estilo eruptivo, a su relieve, a su cobertura glaciar y a la cantidad de poblaciones potencialmente expuestas a sus amenazas. Desde el inicio de la conquista española, el Cotopaxi ha presentado cinco grandes periodos eruptivos: 1532-1534; 1742-1744; 1766-1768; 1853-1854 y 1877-1880. [...] La peligrosidad del Cotopaxi radica en que sus erupciones pueden dar lugar a la formación de enormes 'lahares' (flujos de lodo y escombros) que transitarían por drenajes vecinos a zonas densamente pobladas como el valle interandino entre Mulaló y Latacunga, y una parte del valle de los Chillos. Se ha estimado que actualmente más de 300.000 personas viven en zonas amenazadas por 'lahares' [...]. Adicionalmente, la caída de ceniza producida durante una erupción del Cotopaxi podría afectar una parte muy significativa de la Sierra y la Costa del Ecuador".

En una edición especial de agosto de 2015, el diario El Comercio recogió testimonios históricos del último proceso eruptivo del Cotopaxi, ocurrido hace cerca de 140 años: En junio de 1877, el vicario general de Latacunga informó al arzobispo de Quito, José Ignacio Checa y Barba, "sobre el suceso que alarmó a la región circundante al Cotopaxi, particularmente Latacunga, Machachi, pueblos aledaños y el valle de los Chillos, en las cercanías de Quito". El vicario dijo: "Desde hace varios días, el cielo amanecía medio raro. De la boca del cerro Cotopaxi salían algunas bocanadas de humo medio obscuro, pero eso ya era común por cuanto lo habíamos visto desde hace algún tiempo por lo que a nadie le preocupó. Algunos que viajaban hacia la zona de Baeza y pasaban por el sitio Tucupamba por las faldas del nevado, decían que por las noches el cerro botaba fuego acompañado de bramidos y que al comienzo les daba miedo, pero después ya no hacían caso. En el sitio conocido como Chapomanga, habitaba un indio al que todos conocían simplemente como 'misho' [...]. Todos le guardaban mucho recelo por cuanto vivía solo y no permitía que nadie entre a su rústica vivienda. Decían que hablaba con los cerros. Con él permanecían dos perros a quienes alimentaba con chapo, por eso tal vez el nombre del sitio. [...] Lo cierto es que después de la fiesta de San Juan, es decir del 24 de junio, el indio se puso a gritar de mañana y tarde que 'ya mismo retumba el cerro... corran...'. El mismo cogió a sus perros, que por las noches aullaban lastimeros, y se marchó sin saber para donde..." (sic).

En efecto, el 26 de junio de ese año, "la población aledaña al coloso se levantó con la novedad de que por la madrugada había caído una gran cantidad de ceniza y que en forma de lluvia seguía de manera intermitente. [...] a las diez de la mañana, un ruido espantoso llamó la atención de los moradores de Latacunga y del valle de Chillo, el volcán se hallaba oscuro y la proyección de ceniza y fuego era visible" (sic). Algunos, como 'Misho', salvaron sus vidas, pero fueron muchas y lamentables las pérdidas humanas y económicas.

105. Cotopaxi: acciones de prevención y mitigación de riesgos

El 14 de agosto de 2015, el Volcán Cotopaxi comenzó un nuevo proceso de erupción "con una actividad intermitente, a veces alta y otras baja", informó el director del Instituto Geofísico de la Escuela Politécnica Nacional, Mario Ruiz, según una nota publicada por El Comercio, el 9 el octubre de 2015. Sin embargo, "En el corto plazo no se espera una erupción muy grande en el volcán Cotopaxi", dijo el geofísico.

El Comercio informó que el Concejo Municipal de Latacunga había aprobado la entrega de USD 100.000 para la emergencia del Cotopaxi. "El dinero será utilizado en la compra de mascarillas, vituallas y otros elementos. Las poblaciones de [...] Tanicuchí, Pastocalle y Mulaló serán las primeras en recibir las mascarillas". Los técnicos del Municipio de Latacunga afirmaron que "están identificadas las zonas de riesgo y los puntos de seguridad de la capital de la provincia de Cotopaxi". Un mes más tarde, el 15 de septiembre, dicho Municipio entregó a la población "material informativo que contiene las zonas seguras y de riesgo ante un posible descenso de *lahares* del volcán Cotopaxi". Los pobladores de Latacunga, particularmente quienes se asentaban en las márgenes de los ríos que se convertirían en los desagües naturales de la lava volcánica, así como los habitantes de Salcedo, Mulaló y Lasso, realizaron evacuaciones preventivas por la caída de flujos piro clásticos. Niños, mujeres, personas de la tercera edad, mascotas y ganado tuvieron prioridad en la evacuación.

Y mientras el país, y sobre todo la gente de las zonas aledañas al volcán, permanecían en zozobra, el Ayuntamiento de Quito también diseñaba planes de emergencia. Se hicieron reuniones informativas con los vecinos de las zonas que podrían verse afectas por ceniza o flujos volcánicos. Se instalaron sirenas para alertas tempranas; y en el valle de Los Chillos y en Tumbaco se hicieron simulacros de evacuación y se alistaron albergues y refugios.

El Comercio informó que la actividad del volcán Cotopaxi llevó a las familias que habitan en las zonas consideradas de riesgo, a que cambiaran su cotidianidad. "Uno de los más determinantes fue el traslado de niños y jóvenes a instituciones educativas fuera del área vulnerable. [...] Pese a que el volcán está en una actividad interna moderada, los padres que optaron por cambiar a sus hijos de colegio". Se calcula que "cerca de 3 000 estudiantes se movieron de una institución educativa a otra, según el Ministerio de Educación".

Otra de las preocupaciones del Municipio de Quito era asegurar la provisión de agua para la ciudad. Sobre el tema, el diario La Hora del 12 de octubre de 2015, informó que el Municipio de Quito manejaba dos escenarios posibles:

"Si cae ceniza volcánica en la ciudad, el alcalde Mauricio Rodas aseguró que el suministro del líquido vital está garantizado, porque se cuenta con 21 plantas potabilizadoras, de las cuales 18 tienen cobertores fijos; y 3, móviles, que se colocarán inmediatamente para evitar contaminación. 'La caída de ceniza no tendría por qué afectar, no afectaría ni la cantidad ni la calidad del agua para los quiteños', aseguró Rodas. La segunda situación es que la erupción provoque *lahares*, [...] y estos, a su vez, afecten a los ríos que alimentan de agua potable al Distrito, por lo que ya se adelanta un plan para mitigar los daños" (sic).

Según informó El Universo, el 15 de agosto, el Gobierno central decretó el 'estado de excepción'. El primer mandatario señaló que esa medida le permitiría sacar los recursos necesarios para atender la situación, afrontar un eventual escenario de mayores proporciones y desplegar militares para labores de socorro y seguridad. Sin embargo, y para alivio de todos, el volcán Cotopaxi disminuyó su actividad y cesó la alarma, aunque a inicios de 2017 todavía se podían ver columnas de vapor provenientes del cráter.

El coloso ha vuelto a dormir. En "tiempos geológicos" solo está haciendo una siesta. En cualquier momento despertará.

106. De "troll centers" y otras artimañas

Quienes investigan sobre temas de historia política habrán advertido que el escenario de la disputa política ha sufrido profundos cambios en los últimos años. Hoy en día las redes sociales cumplen un papel preponderante en el quehacer político y constituyen, en buena medida, el espacio propicio para transmitir información, publicar la opinión ciudadana, hacer denuncias, convocar a la población, e, inclusive, hacer sátira política.

Facebook o *Twitter* son, actualmente, los medios para informarse sobre el acontecer nacional y mundial. Atrás quedó el murmullo propalado de boca en boca como la forma primigenia de comunicar lo que ocurría. Atrás quedaron los tiempos en los que Velasco Ibarra pedía un balcón para ser presidente; o aquellos otros en que los debates de los candidatos transmitidos por la televisión definían las preferencias electorales; y qué decir de los pasquines impresos o manuscritos que los quiteños de inicios del siglo XIX repartían por las calles, o pegaban en las puertas de las casas, o leían en voz alta en alguna plaza o pulpería, para que la población se enterara de las novedades.

Durante las últimas décadas del siglo pasado los medios escritos constituían, junto a los noticieros de la radio y de la televisión, las fuentes primarias y casi únicas con las que la población se informaba. Pero esas prácticas han cambiado. En la actualidad, la prensa escrita utiliza cada vez más los medios electrónicos para cumplir su imprescindible misión de informar. Hoy por hoy, la información de lo que acontece en este mismo instante en cualquier parte del planeta fluye a través de las redes sociales con tan solamente un clic. Medio mundo está conectado y con un dispositivo en la mano que le permite registrar, fotografiar, filmar y transmitir al mundo entero lo que está ocurriendo frente a sus ojos. Es sorprendente la posibilidad de que un *post* (publicación en línea) llegue de inmediato a un gran número de la población.

Lo que no ha cambiado es el escozor –por decir lo menos– que los mensajes incómodos producen en quienes están el poder. Su reacción usual, casi siempre, es la de intentar frenar las informaciones u opiniones que pudieran interferir con su plan político o imagen. Frente a los mensajes "inconvenientes", el oficialismo –en el Ecuador y en muchos países del mundo– despliega una contra propaganda que pretende atenuar o desmentir lo aseverado. Y si esa acción preliminar no resulta lo suficientemente efectiva, los Gobiernos –de ciertos países– utilizan otros medios, a veces no muy santos.

El 26 de febrero de 2015, el diario El Comercio se hizo eco de lo sucedido con *Crudo Ecuador*. La nota de prensa informaba que con esa denominación un usuario anónimo había creado en el año 2012 un perfil o cuenta en la red social *Facebook,* y que poco tiempo después la misma persona había abierto una cuenta en Twitter. El hecho es que, en contadas semanas, esa cuenta llegó a tener cerca de 450 mil seguidores, gracias a los *memes* (gráficos humorísticos o satíricos) que se referían a personajes y situaciones de la vida pública del Ecuador. Relata elcomercio.com que, en enero de 2015, *Crudo Ecuador* publicó un *meme* sobre el presidente Correa que desagradó al primer mandatario, por lo que este acusó a *Crudo Ecuador* de desplegar un ataque sistemático en su contra, y de estar vinculado a las organizaciones políticas opositoras. Frente a tal crítica, la respuesta de *Crudo Ecuador* fue la de publicar más y más memes relativos al presidente y a su Gobierno. El 28 de enero de 2015, la cuenta de Twitter de Crudo Ecuador fue suspendida por varias horas. Este hecho, que constituyó una restricción a la libertad de expresión, ocasionó que miles de seguidores expresaran su solidaridad con el *twittero* a través de un etiquetado de palabras en línea o *hashtag* "#YoSoyCrudoEcuador".

Poco después, el 20 de febrero, el administrador de la cuenta de *Crudo Ecuador* denunció haber recibido varias amenazas contra su vida de parte del oficialismo, y por ello, publicó su último *twitt* de despedida y cierre de su cuenta, que decía: "#usted ganó señor presidente".

El Comercio afirmó que "El cierre definitivo de Crudo Ecuador tuvo repercusiones a nivel internacional. La Relatoría Especial para la Libertad de Expresión de la Comisión Interamericana de Derechos Humanos (CIDH) remarcó, el 26 de febrero la importancia de 'crear un clima de respeto y tolerancia hacia todas las ideas y opiniones'. [...] Asimismo, hizo un llamado a actuar con 'urgencia' para velar por la seguridad del usuario detrás de Crudo Ecuador".

El fenómeno de las redes sociales vinculadas al quehacer político se evidenció de manera aún más palpable, en las elecciones presidenciales de 2017. La revista Vistazo, en su edición de abril de ese año, menciona la "batalla de las redes" y remarca que ellas "jugaron un papel intenso" en la campaña electoral: "De los 12,8 millones de electores, 4,4 millones tienen un celular inteligente, según el INEC. [...] Dado este escenario, era vital para ganar votos dominar la imagen de los candidatos en las redes". ¿Cómo se logra este cometido? "El objetivo de la campaña en redes es marcar la agenda de los medios y (establecer los temas de) conversación de los ecuatorianos". La nota de la revista agregó que "Cuando en el *chat de WhatsApp* del trabajo, de los amigos, de la familia, te comparten el mismo video, entonces se marca la conversación. La gente se mueve por emociones, y la ira (molestia, apego o tendencia) es más viral". De ahí que este medio resulte de gran utilidad en una campaña.

Expertos en el tema explicaron a Vistazo que, con el fin de hacer viral un contenido, una idea o una tendencia, se contrata personal que tiene el trabajo específico de propagar en las redes sociales un mensaje determinado. Esta novedosa actividad, ejecutada por las denominadas "granjas de *retuits*", o "*troll centers*", tiene el objetivo de establecer una corriente de opinión sobre un tema específico, mediante el envío de cientos de mensajes por las redes sociales, que atiborren la bandeja de entrada del servicio de Facebook, Twitter o *WhatsApp* de miles de personas. De este modo, el bombardeo de información por múltiples canales pretende forjar una idea uniforme y generalizada sobre una situación determinada. Todo un método moderno de lavado de cerebro.

Ante el torrente de información que circula en las redes, la mayor parte falsa o tendenciosa, muchos usuarios –los más perspicaces– han desarrollado una alta capacidad de discernimiento y hasta de suspicacia frente a todo lo que se transmite por esas vías.

107. Un juicio multimillonario

Mucho tiempo ha transcurrido desde el aquel día de 1972, en que desde Lago Agrio, en la provincia de Sucumbíos, llegó el primer barril de petróleo a la estación de Balao, en Esmeraldas. El "oro negro" fluyó por el Oleoducto Transecuatoriano construido con el esfuerzo del Estado y con el apoyo del consorcio internacional Texaco-Gulf. El día de la inauguración del oleoducto, la gente festejó bailando junto al presidente Rodríguez Lara, y untándose petróleo en las manos y en la cara. Poco después, el barril –símbolo de la esperanza del pueblo en días mejores– se exhibió en las calles de Quito, en medio de un ruidoso y colorido desfile militar.

Si bien han sido cuantiosos los beneficios económicos que la exportación petrolera han reportado para el Ecuador, también han sido importantes los "daños colaterales" que dicha actividad ha causado. En primer término, el Estado se ha acostumbrado a depender, preferentemente, de los ingresos que produce el petróleo, para cubrir sus necesidades presupuestarias, con el inconveniente de que, además, el producto tiene un precio muy variable en el mercado internacional. En segundo término, la industria petrolera ha ocasionado daños al medio ambiente y a la población que vive cerca de las zonas de extracción, según afirman los pobladores de las zonas afectadas, como fue el caso, entre otros, de los habitantes Sucumbíos asentados cerca de lo que anteriormente era uno de los campos de explotación petrolera de la empresa Texaco.

El diario oficialista El Telégrafo, en diciembre de 2013, informó que el presidente Correa habló en París sobre el conflicto que desde tiempo atrás "opone a varias comunidades indígenas de la Amazonia ecuatoriana con la empresa petrolera estadounidense Chevron, acusada de destrucción medioambiental y de daños a la salud de miles de personas. En su exposición, el presidente hizo un recuento del conflicto: "Todo empezó en 1964 [...], cuando la empresa estadounidense Texaco (adquirida en 2001 por Chevron) inició su explotación petrolera en [...] la Amazonía ecuatoriana. Esa actividad duró hasta 1992. Al año siguiente las comunidades amazónicas de la provincia de Sucumbíos presentaron, en Estados Unidos, una demanda contra Texaco por contaminación medioambiental y atentado a la salud de los habitantes.[...] Poco después, a petición de la propia empresa, el caso –que los tribunales de Estados Unidos se negaron a juzgar– fue trasladado a una corte del Ecuador".

Cuando Texaco dejó de operar en el país, afirmó el gobernante, "dijo haber 'limpiado' los dos millones de hectáreas de selva virgen en los que operó". Sin embargo, expresó, "esos terrenos, como cualquier testigo puede comprobar, se hallan totalmente degradados". Los pobladores de la zona afirman que los vertederos de alquitrán se filtran en la tierra y contaminan el suelo, los ríos y acuíferos de la zona. Agregan que el contacto con los residuos de la explotación petrolera multiplicaron diversos tipos de cáncer entre la población de la región, e hicieron del suelo una zona no apta para el cultivo.

El apoyo gubernamental a esta demanda de la población originó la campaña internacional denominada "La mano sucia de Chevron". A esta iniciativa se sumaron personalidades del espectáculo internacional, ambientalistas y defensores de los derechos humanos que venían a verificar lo que había pasado en la Amazonía ecuatoriana. Rigoberta Menchú, Danny Glover, Mia Farrow, entre otros, se unieron a la campaña oficial que pretendía movilizar a la opinión pública internacional para presionar la emisión de un fallo favorable en las cortes estadounidenses, en donde se dirimía el litigio.

En el año 2012, la Corte Provincial de Sucumbíos condenó a Chevron a pagar una indemnización de USD 9.500 millones por el daño ambiental. Frente a esa sentencia, Chevron alegó que el juicio no había sido imparcial, y que los abogados demandantes habían falsificado pruebas para demostrar que había contaminación en zonas descontaminadas. Chevron, entonces, presentó un recurso de casación en la Corte Nacional de Justicia, y luego invocó el amparo del Tratado de Protección Recíproca de Inversiones que, desde 1997, está vigente entre el Ecuador y Estados Unidos. Con ello, el caso pasó a instancias internacionales.

En octubre de 2012, el diario El Universo informó que los afectados por la supuesta contaminación demandaron a Chevron en la Corte Penal Internacional de La Haya. Por su parte, la empresa afirmó que "Este es otro truco para distraer la atención del hecho de que la demanda contra Chevron en el Ecuador es sin mérito y el producto de un fraude sin precedentes". Chevron argumentaba que, en 1998, el Estado ecuatoriano reconoció que Texaco había limpiado la zona a un costo de 40 millones de dólares, y que eso la absolvía de toda responsabilidad. Chevron también recalcaba que las cortes estadounidenses determinaron que "los abogados de los demandantes lograron la sentencia (en el Ecuador) mediante un esquema de corrupción", ya que, aducían, dichos juristas habían sobornado a los jueces para recibir una sentencia favorable.

La situación se complicó aún más para la comunidad amazónica demandante, cuando, en mayo de 2014, Chevron informó que la firma de abogados Patton Boggs, representante de la comunidad amazónica en EEUU "acordó pagarle (a Chevron) la suma de 15 millones de dólares [...] a cambio de que (dicha empresa petrolera) retirara las denuncias de fraude, engaño y acusación maliciosa en contra de esta firma de abogados", informó El Universo. Por su parte, los demandantes emitieron un comunicado en el que condenaron la "traición" de Patton Boggs y dijeron "que estaban analizando sus opciones legales contra la firma legal".

A pesar de este revés, el proceso judicial interpuesto por la población amazónica en La Haya continuó. El Universo informó, en marzo de 2015, que la Corte de la Haya "emitió un laudo interino en el que reconoce la demanda en contra del gigante petrolero Chevron y que se deben reconocer derechos individuales de los ecuatorianos. [...] Pablo Fajardo, abogado de los demandantes, [...] recordó que el 20 de abril se efectuará una audiencia sobre este caso en Nueva York y dijo que aspira a que en esa instancia termine por derrumbarse el argumento de fraude esgrimido por la petrolera" (sic).

Sin embargo, en agosto de 2016, El Comercio informó que la corte de apelación de Nueva York había confirmado la decisión que en 2014 había emitido un tribunal estadounidense, y que "rechazaba una multa de USD 9.500 millones que un tribunal ecuatoriano había impuesto a la petrolera en 2011. [...] Esto supone un alivio para el grupo estadounidense, demandado por 30.000 indígenas de la región amazónica, que querían embargar sus activos en Estados Unidos para recuperar los USD 9.500 millones impuestos por la justicia ecuatoriana. [...] Los demandantes apelaron inmediatamente la sentencia, no solo ante la justicia estadounidense, sino ante tribunales brasileños, argentinos y canadienses, para obtener el embargo de activos de la mayor petrolera de Estados Unidos" (sic) en esos países.

En enero de 2017, ecuavisa.com informó del resultado de uno de esos juicios, y dijo que el Ecuador sufrió un "retroceso" en la demanda contra Chevron. "El Tribunal Superior de Ontario rechazó la petición de varias comunidades ecuatorianas para ejecutar la resolución de los jueces ecuatorianos. [...] El Tribunal afirmó que la subsidiaria de Chevron en Canadá no es responsable de las acciones de la empresa matriz".

108. El Ecuador y su litigio con la OXY

El conflicto con Chevron no fue el único que promovió el Estado contra una multinacional petrolera. El diario El Comercio informó que "Cerca de nueve años y medio han transcurrido para que el proceso arbitral que enfrentó al Estado ecuatoriano con la petrolera Occidental (OXY) de Estados Unidos llegue a su fin. El Gobierno espera que este lunes, 2 de noviembre de 2015, se llegue la decisión definitiva sobre el caso, lo que eventualmente podría significar un pago del Estado por un monto superior a USD 2.000 millones a favor de la petrolera".

El conflicto con la empresa OXY se inició en mayo de 2006, cuando el entonces Ministro de Energía, Iván Rodríguez, declaró la caducidad del contrato entre el Ecuador y dicha empresa, que hasta ese día operaba el bloque 15 y los campos unificados Edén Yuturi y Limoncocha, en la Amazonía. Dos días después, la OXY presentó ante el Centro Internacional de Diferencias Relativas a Inversiones (Ciadi), del Banco Mundial, una solicitud de arbitraje para dirimir el conflicto. Fundamentada en el Tratado Bilateral de Protección de Inversiones entre el Ecuador y Estados Unidos, la petrolera reclamaba una indemnización de USD 3.370 millones, y acusaba al Ecuador de confiscar sus bienes al declarar la caducidad del contrato. El diario El Comercio señaló que OXY, en ese momento "producía cerca de 100.000 barriles diarios y su operación pasó temporalmente a Petroecuador, [...] y finalmente a la estatal Petroamazonas".

El Ecuador argumentó que la caducidad era una acción tomada en derecho, por cuanto "en octubre del año 2000, OXY cedió el 40% de sus derechos [...] a la firma canadiense AEC (luego Encana), sin consentimiento del Ministro de Energía. Esta acción unilateral, afirmó el Estado, era penada con la caducidad del contrato, conforme dispone la Ley de Hidrocarburos, y el contrato de participación con OXY".

En octubre de 2012, el tribunal arbitral falló a favor de la petrolera. El Ecuador debía pagar USD 1.769,6 millones. Sin embargo, el pago quedó suspendido "debido a que la Procuraduría General del Estado presentó [...] un pedido de anulación, al argumentar que el Tribunal se excedió en sus competencias y que sus decisiones fueron contradictorias". Sobre este pedido, informó el matutino citado, "El Ciadi se pronunciará en noviembre del 2015; pero en caso que fuese rechazada la nulidad argumentada por Ecuador, la indemnización a favor de la OXY quedará ratificada, y con intereses y costas judiciales, la cifra (a ser pagada) podría superar los USD 2.000 millones. [...] De ratificarse la indemnización a favor de OXY, será el caso más cuantioso para el país de las demandas que ha enfrentado" (sic). Sin embargo, ante un posible resultado en contra del Estado, el presidente Correa contactó a la petrolera para llegar a un "arreglo amistoso". El diario oficialista El Telégrafo informó que, tras el laudo final emitido por el Ciadi, el cobro de la indemnización a favor de OXY sería de ejecución inmediata. "Ecuador, a través de la Procuraduría General del Estado y el Ministerio de Finanzas, ya presentó a la multinacional una fórmula de pago. El acuerdo amistoso al que se espera llegar busca canalizar el pago de acuerdo a la realidad económica del país y evitar que -vía judicial- la OXY solicite el posible embargo de bienes y activos del Ecuador en el exterior" (sic) para cubrir el monto adeudado.

A finales de 2015, el diario La Hora informó que el pago a la OXY "deja al país una nueva deuda neta por pagar" de más de 1.061 millones de dólares. "En la resolución de hace tres años, la cifra que se pretendía que Ecuador entregue a la empresa petrolera era de 1.769 millones de dólares por indemnización y unos 530 millones de dólares por intereses. Así, con la nulidad parcial del laudo dictada esta semana se obtuvo una rebaja del 40% del monto anterior. [...] Pero se desconoce si en el presupuesto de 2016, previsto en 29.835 millones de dólares, tiene una partida destinada para este tipo de egresos" (sic).

El diario La Hora entrevistó a expertos en el tema para hacer un balance de la sentencia emitida contra el Ecuador: "Luis Calero, asesor legal del Foro Petrolero, señaló que es parcialmente positivo que se haya logrado la rebaja del 40%, asegurando que con la recuperación del manejo del Bloque 15 y teniendo la producción solo para el país durante estos nueve años el resultado es favorable por el promedio del precio del petróleo". El experto económico Pablo Dávalos afirmó: "Que el Ecuador reconozca este fallo atentaría contra la estabilidad económica del país, abriendo las puertas para nuevos juicios de empresas que podrían demandar al país, por el precedente de pago de las mismas, independientemente de sus condiciones internas" (sic). Dávalos señaló, además, que "esos más de 1.000 millones de dólares que dispone el fallo, corresponden al 75 % del presupuesto de salud planificado para el siguiente año, por lo que se podría poner en riesgo los programas sociales" (sic).

Según recoge en su portal larepublica.ec., el líder del movimiento CREO y candidato a la presidencia de la República en las próximas elecciones, Guillermo Lasso, expresó en su cadena de WhatsApp que la responsabilidad de la condena hecha por el Ciadi contra el Ecuador "recae directamente en el presidente Rafael Correa. Hoy estamos pagando el precio de ese temprano arrebato". El diario La Hora afirmó que "En enero de 2006, el entonces candidato a la Presidencia, Rafael Correa, hizo un llamado a la resistencia civil para impedir la posibilidad de que el Gobierno de Alfredo Palacio negocie con la OXY y se evite la declaratoria de caducidad [...]. Correa apoyó la caducidad y calificó de 'traidores a la patria' a quienes acepten el arbitraje que interpuso la petrolera ante el Ciadi [...] asegurando que tras la decisión había intereses de 'grandes grupos empresariales'" (sic).

109. Cuatro helicópteros caídos y un general asesinado

El día en que se conmemoraba el octogésimo noveno aniversario de la Fuerza Aérea Ecuatoriana (FAE), y luego de que el general Jorge Gabela, comandante general de esa rama del Ejército, afirmó en su discurso que "La llegada de los siete helicópteros Dhruv indios marca un nuevo camino en la aviación de rescate", ocurrió que, justamente, uno de esos helicópteros se precipitó a tierra, explotó y quedó destrozado en cien pedazos, ante el asombro y el sobresalto de cientos de asistentes al evento.

Este accidente, ocurrido el 27 de octubre de 2009 en la Base Aérea Mariscal Sucre de la ciudad de Quito, "Encendió la polémica en torno a una compra que había sido descartada durante la administración del comandante Jorge Gabela (enero 2007-abril 2008)", recordó una nota del diario El Universo. Gabela había señalado que los Dhruv tenían problemas con el motor y el rotor, por lo que ni siquiera la fuerza armada india los quería. Inicialmente, el proceso de adquisición de estos helicópteros había sido declarado desierto "por no convenir a los intereses institucionales, según consta en el examen especial de la Contraloría realizado entre enero de 2007 y junio de 2011. Pero, pese a dicho informe, la misma Contraloría aprobó posteriormente, en mayo de 2013, la compra que ya se había realizado."

Poco tiempo después de ese accidente, el 29 de diciembre de 2010, el general Jorge Gabela murió asesinado en un hecho turbio. PlanV.com.ec afirma: "El general de la Fuerza Aérea Ecuatoriana (FAE) Jorge Gabela fue baleado la madrugada del 19 de diciembre de 2010 en el vestíbulo de su casa, en una urbanización cerrada de Samborondón, en las afueras de Guayaquil. Falleció a los diez días, luego de dos operaciones con las cuales los médicos intentaron salvar su vida. Cuando el Ministerio del Interior atrapó en abril del 2011 a cuatro personas supuestamente vinculadas con el crimen, lanzó la primera versión de que el asalto y muerte del ex comandante de la FAE había sido por cometer un robo. Según declaró la familia del General, los asaltantes habían seguido al vehículo conducido por su hija Sofía, sorteado con facilidad la estricta seguridad del conjunto privado, ingresado a la casa y disparado contra el jefe comandante delante de su familia. Un robo en el cual no se robaron nada" (sic). Efectivamente, Gabela murió en un suceso que "para la Fiscalía, fue un delito común; y, para su familia, guarda relación con sus cuestionamientos a la compra de los Dhruv".

El diario El Comercio, en una edición de julio de 2012, recoge la versión de Patricia Ochoa, viuda del General Gabela. La señora Ochoa "dijo [...] sentirse abandonada por el Estado en la investigación sobre la muerte de su esposo, ya que si bien se ha detenido a los autores materiales del hecho, no se ha hecho nada para encontrar a los autores intelectuales. [...] Agregó que ha sido víctima de persecución desde que denunció a los medios de comunicación todos estos hechos. Ochoa insiste que podría haber relación con la denuncia (de Gabela) en contra de la inconveniencia en la compra de helicópteros Dhruv y su muerte. Ante la posibilidad de que se trate de un crimen de Estado, dijo: 'Mi corazón no me engaña pero no se los (sic) puedo confirmar'".

El diario El Universo hace un recuento de los sucesos en torno a la adquisición de estas cuestionadas aeronaves: "Después del ataque del Ejército colombiano en Angostura, en marzo de 2008, la ahora extinta Junta de Defensa Nacional declaró de emergencia la adquisición de helicópteros multipropósito, que irían al ala de Combate Nº 22 en Guayaquil. El Comité de Contrataciones invitó al concurso a las compañías que estaban registradas en la FAE. Participaron Hindustan Aeronautics Limited (HAL), Elibitsystems, Eurocopter y Kazan, pero el contrato fue adjudicado a la primera por unanimidad, tras concluir que era la única que cumplía los requisitos establecidos en las bases. Así, el entonces ministro de defensa, Javier Ponce, y el representante de HAL en el Ecuador firmaron, en agosto de 2008, un contrato por $ 45.200.000. Ecuador entregó $ 30 millones de anticipo a la firma del contrato y $ 15.200.000 en 10 cuotas anuales del 2009 al 2018" (sic).

En el año 2010, y tras el primer incidente con el Dhruv, el asambleísta por Sociedad Patriótica, Fausto Cobo, presentó una denuncia penal contra "Ponce y 18 militares y un pedido de juicio político ante la Comisión de Fiscalización de la Asamblea por irregularidades en el cumplimiento de requisitos". Entre otras cosas, se había detectado que cinco aeronaves tenían piezas viejas, "cuando el contrato decía que los helicópteros y sus componentes debían ser nuevos". El pedido de juicio político fue negado por la mayoría oficialista. Sin embargo, "La Contraloría, durante la administración de Carlos Pólit, confirmó aquello en una verificación a los Dhruv 601, 602, 603 y 605. La (aeronave No.) 604 no se revisó, pues ya se había accidentado."

La empresa HAL, proveedora de las aeronaves, se comprometió a reemplazar las piezas viejas, cosa que, efectivamente, se hizo. Pero, a pesar de ello, lo cierto es que tres helicópteros más se cayeron, uno detrás de otro: en febrero de 2014 se accidentó el segundo helicóptero Dhruv; el 13 de enero de 2015 se accidentó el tercero, y pocos días después se accidentó el cuarto helicóptero Dhruv. Estos accidentes ocurrieron a pesar de que algunas naves tenían ya el equipamiento del año 2008, cuya carencia, supuestamente, había sido el motivo del primer accidente.

En el accidente del año 2014 murieron tres militares. De los ocupantes de ese helicóptero, que estaba destinado para el uso del presidente de la República, solo sobrevivió Fabián Pazos Narváez, piloto de la nave, cuando fue socorrido por los habitantes de San Roque, en el cantón Huigra, provincia de Chimborazo. En 2015, el entonces ministro Fernando Cordero afirmó que "La causa de los dos últimos accidentes de los helicópteros Dhruv fue por mal funcionamiento mecánico". Así mismo expresó que de las cuatro aeronaves siniestradas, dos accidentes se produjeron por fallas mecánicas y los otros, por fallas humanas.

El diario El Universo informó por aquellos días, que el contralor Pólit, a través de un correo electrónico, había afirmado que se llevaría a cabo un nuevo examen especial tras los últimos accidentes. Dicho examen "incluirá los procesos de operación y mantenimiento de las aeronaves, adquisición de partes y repuestos". Este sería un examen distinto y complementario a los que se hicieron anteriormente, y "en el que ya se determinaron responsabilidades", afirmó el funcionario. El diario concluye su nota diciendo que "EL UNIVERSO solicitó entrevistas al comandante de la FAE, Gral. Raúl Banderas, pero se dijo que el Ministerio de Defensa es el responsable de dar información; al ahora ministro de Agricultura, Javier Ponce; a Gabriel Rivera y Marllely Vásconez, presidente y vicepresidenta de la Comisión de Fiscalización de la Asamblea. Hasta el cierre de la edición no hubo respuesta". Por su parte, dijo el matutino, el asambleísta Cobo recalcó que "en la adquisición de esta flota de Drhuv, que debía servir para operaciones de rescate, han terminado siendo ellos los rescatados".

El diario el Comercio informó, el 22 de septiembre de 2016, que la asambleísta María Augusta Calle, en representación de la Comisión de la Asamblea Nacional encargada de investigar "los procesos contractuales y precontractuales de la adquisición de los helicópteros Dhruv", presentó el informe final en el que se afirma que "No se detectó (sic) actos de corrupción en la compra de los siete helicópteros que hizo la Fuerza Aérea en 2008 a la empresa hindú (sic) HAL". Además, afirma el informe, no existe relación en la compra de esos equipos con el asesinato del excomandante de la FAE, Jorge Gabela. El documento también señala que "El país invirtió USD 45.2 millones, dinero que fue recuperado por los seguros de accidentes de las siete aeronaves, de las cuales cuatro se estrellaron y tres dejaron de operar. [...] Otros legisladores de la Asamblea señalaron que el informe es 'pobre de contenido'. Uno de ellos fue Ramiro Aguilar. En una entrevista con este Diario, el legislador señaló que la Comisión no ha llegado al fondo del problema. Por lo que considera que ese borrador no fue trabajado de forma adecuada ya que no determina responsables".

110. El terremoto de 2016. Origen

El 16 de abril, a las 18h58, frente a las costas ecuatorianas, entre los poblados manabitas de Cojimíes y Pedernales, a 20 km. de profundidad, se produjo un sismo de 7.8 en la escala de Richter. El movimiento sísmico se sintió en gran parte del territorio continental.

La doctora Alexandra Alvarado, sismóloga del Instituto Geofísico de la Escuela Politécnica Nacional, explicó a elcomercio.com que el fuerte movimiento sísmico se produjo a causa del proceso de subducción, que es el desplazamiento de la placa tectónica o placa oceánica de Nazca, que se sumerge bajo la placa sudamericana o placa continental. "El contacto de ambas placas es en donde se concentra la mayor cantidad de presión y energía que hace que luego de algunos años las rocas no soporten más y se rompan" (sic), provocando el sismo. Esto implica, a su vez, afirmó Alvarado, que luego del seísmo se presenten otros (temblores) de menor o similar magnitud. Estas réplicas pueden durar días y hasta meses, ya que debe liberarse la presión acumulada por el contacto entre las placas.

Este mismo fenómeno, el de la subducción, ocasionó "los sismos del 31 de enero de 1906, que es el más grande registrado en el Ecuador, y el sexto más grande a escala mundial; y el del 14 mayo de 1942, el del 19 de enero de 1958 y del 12 de diciembre de 1979", señala notimundo.com.

111. El terremoto de 2016. La tragedia

Esa noche, la del 16 de abril, resultó imposible determinar los daños que el sismo había causado. En el mismo instante del fuerte movimiento sísmico se desplomaron casas y edificios, y se interrumpió el flujo de energía eléctrica. El miedo inicial se transformó en pánico. Por todas partes se escuchaban los gritos desesperados de unos que buscaban a sus seres queridos, y de otros que clamaban auxilio sepultados bajo paredes y techos desplomados.

La información circuló en su mayoría por las redes sociales. Las ciudades más afectadas fueron Pedernales, Portoviejo, Manta y Bahía, en la provincia de Manabí. No solamente se había afectado la infraestructura de las ciudades, sino también, la de algunas carreteras y vías de acceso a dicha provincia y la de cientos de pequeños poblados de las zonas rurales. Otro poblado seriamente afectado fue Muisne, en la provincia de Esmeraldas. También se registraron daños en la provincia Los Ríos, y en las ciudades de Guayaquil, Quito y Santo Domingo de los Tsáchilas, en donde pasos a desnivel colapsaron, algunas viviendas se desplomaron y otras quedaron tan dañadas, que se hicieron inhabitables.

Los protocolos en caso de desastre se activaron y se conformaron los Comités de Operaciones de Emergencia (COE), tanto en el ámbito nacional, como en el provincial. Al poco tiempo de emitida la alarma, concurrieron a la zona de desastre varios organismos de rescate nacional e internacional. Contingentes enviados desde la capital ecuatoriana y desde Colombia, México, El Salvador, España y otros países, llegaron a la zona con una misión urgente: rescatar a la mayor cantidad de sobrevivientes. "Los expertos dicen que una persona sin heridas graves puede sobrevivir hasta una semana bajo los escombros, luego se debilita hasta el punto de perder la conciencia y ya no puede alertar a los rescatistas para pedir ayuda", informó El Universo, el 21 de abril. En los primeros días posteriores al seísmo, fueron rescatadas con vida, entre los escombros, más de 110 personas. Con el paso de las horas y los días, los rescatistas encontraron solamente cuerpos sin vida. Las cifras oficiales, proporcionadas por el Ministerio de Seguridad hasta julio de ese año, señalaban que el sismo dejó un total de 673 fallecidos, entre ellos, 95 niños y 76 adultos mayores. Seguramente, el número podría variar si se considera, según afirma el diario La Hora, que "se han evidenciado casos de personas que murieron varios días después, por golpes sufridos durante el terremoto y que no están en la lista oficial".

La misma noche del terremoto, miles de personas se quedaron sin hogar; fueron presa de angustia y desolación, y debieron pernoctar en las calle bajo carpas improvisadas, sin agua potable, sin acceso a servicios sanitarios, con escaso alimento, y con el peligro de contraer las enfermedades derivadas de este tipo de situación. La solidaridad de los ecuatorianos se hizo palpable de forma inmediata. Miles de ciudadanos, gremios empresariales, artistas, equipos de fútbol, y otros, se organizaron de distintas maneras y desde todas las provincias del país, con la finalidad de entregar a los damnificados su ayuda, su apoyo, y sus palabras de ánimo y esperanza.

El diario El Comercio, en su edición de 17 de abril, señaló que "La ayuda humanitaria destinada a los damnificados por el terremoto que se registró en el país ayer, [...] ya se dirigió a dos de las provincias más afectadas: Esmeraldas y Manabí. Según la Secretaría de Gestión de Riesgos, a Manabí se enviaron 3.000 *kits* (sic) de alimentos, 7.668 *kits* (sic) de dormir y 2.200 *kits* (sic) de higiene personal. También se llevaron 10.000 botellas de agua. Estos recursos están destinados a Portoviejo y Pedernales. Mientras que a Esmeraldas la ayuda llegará con 584 *kits* (sic) de alimentos, 448 de dormir y 158 de higiene personal." Solo desde la ciudad de Quito se enviaron 1.825 toneladas de ayuda humanitaria, informó el alcalde Mauricio Rodas. Mientras la sociedad civil ayudaba, el Gobierno movilizó "un contingente de 4.602 policías y 10.000 efectivos de las Fuerzas Armadas. Ellos contarán con el apoyo de cuatro aviones, 15 helicópteros y 2 avionetas".

Así mismo, se hizo presente la ayuda internacional: los mensajes de ánimo y solidaridad no tardaron en llegar, y los distintos "Gobiernos y organizaciones de la sociedad civil" enviaron su ayuda. En los siguientes días, la prensa nacional enumeró las acciones que la comunidad internacional desplegó para ayudar al Ecuador: "Acción contra el Hambre ha abierto un canal para el envío de ayuda. Además ha desplegado equipos desde Colombia y España. El Fondo de las Naciones Unidas para la Infancia (Unicef) también ha enviado una alerta en su página Web para entrega de donaciones". Venezuela envió "29 especialistas en evaluación de daños, rescate y estructuras colapsadas". "Chile envió 49 expertos en labores de rescate y seis toneladas de equipamiento para ayudar en la búsqueda de víctimas". También Bolivia se hizo presente, al igual que Colombia, que envió nueve toneladas de ayuda humanitaria. El Gobierno de China donó dos millones de dólares para los damnificados.

Por su parte, la Unión Europea (UE) contribuyó con "un millón de euros en ayuda humanitaria inicial para las víctimas del terremoto [...] y envió expertos a las zonas afectadas para evaluar las necesidades y asistir a las autoridades". También "El secretario general de la Organización de Estados Americanos (OEA), Luis

Almagro, anunció [...] que reactivará los mecanismos de emergencia del organismo ante desastres naturales [...]. La OEA cuenta desde 1995 con un comité para emergencias, otro para la reducción de los desastres naturales y con un fondo para asistencia en situaciones de emergencia que han permanecido 'prácticamente inactivos' desde su creación", y que ahora deben servir para "brindar auxilio de naturaleza social, humanitaria, material, técnica y financiera, tanto en especie como en servicios, a cualquier Estado miembro".

Todas estas muestras de afecto y solidaridad fueron bien recibidas por la población esmeraldeña y manabita que enfrentó las secuelas físicas y emocionales del sismo. La pérdida de vidas humanas dejó a la población y al país sumido en la tristeza, y desamparada por los cuantiosos daños materiales. El país entero se preguntaba si la solidaridad nacional e internacional sería suficiente para afrontar las consecuencias del sismo.

112. El terremoto de 2016. Consecuencias

A un mes de la tragedia, los organismos gubernamentales comunicaron al país los daños ocurridos. Un Informe de *gestionderiesgos.gob.ec,* del 16 de mayo de 2016, señaló que a más del importante número de fallecidos, a nivel nacional había 28.678 personas albergadas, y 6.274 heridas o con afectaciones por el sismo en las distintas casas de salud.

Con respecto a los daños a la infraestructura pública, el informe indicó que cinco hospitales de la zona del desastre habían suspendido su trabajo. Por ello, "Se movilizaron cinco hospitales móviles para suplir a los colapsados." En relación con el agua potable, "La cobertura por red pública en Manabí antes del sismo era del 52 %, con una continuidad del servicio del 60 % y el resto se abastecía principalmente de tanqueros (30 %). La Secretaría del Agua, [...] y el COE Nacional y Provincial han tomado acciones [...] para la provisión de agua potable, así como (para) la reparación de los sistemas. La mayoría de cantones en Manabí presentan afectaciones en la operación de los sistemas de conducción de agua aunque se han rehabilitado la mayoría de las plantas de distribución" (sic). Sobre el servicio eléctrico, "La Provincia (sic) de

Manabí registró los mayores daños en la infraestructura de distribución del sistema eléctrico", pero otras provincias también sufrieron afectación; por ejemplo, "Las centrales de Termo Esmeraldas 1 y 2 dejaron de estar en servicio". Con respecto a la vialidad, el informe señalaba que "el MTOP (Ministerio de Transporte y Obras Públicas) movilizó más de 150 equipos de maquinaria pesada (pública y privada); de esta manera en tan solo 48 horas se logró habilitar 19 de las 21 vías inhabilitadas".

Los grandes daños que sufrieron las provincias afectadas, en todos los ámbitos, llevaron a que el Gobierno nacional decretara, de manera inmediata, el estado de excepción en Esmeraldas, Manabí, Santa Elena, Santo Domingo de los Tsáchilas, Los Ríos y Guayas. En Manabí y Esmeraldas, debió renovarse el decreto "por cuanto algunos ciudadanos pretenden retornar a sus hogares situados en inmuebles que precisamente constituyen un riesgo para su vida o integridad física", informó el diario El Comercio, en junio de 2016.

El plan de reactivación productiva propuesto por el Gobierno contemplaba cuatro etapas: ayuda humanitaria; remoción de escombros; recuperación de infraestructura, y recuperación productiva. Para llevar a cabo este plan, en abril de 2016, el presidente informó sobre las cinco medidas económicas que pondría en práctica para la recuperación: "En las próximas horas, a través de la Asamblea Nacional, se establecerá [...] un incremento de dos puntos porcentuales en el Impuesto al Valor Agregado, (IVA). Es decir que este se elevará del 12 % al 14 %. Esta medida tendrá la vigencia temporal de un año". Adicionalmente, afirmó Correa, se establecerá una contribución por una sola vez del 3 % adicional sobre utilidades, y una contribución del 0,9 % sobre personas naturales cuyo patrimonio sea mayor de un millón de dólares. Estos tributos también se cobrarán por una sola vez. La cuarta medida será el pago de un día de sueldo durante un solo mes para quienes ganen más de USD 1.000. Si la persona gana más de USD 2.000 tendrá que dar este aporte durante dos meses. Es decir, dos días de sueldo durante este período. Pero si la personas gana más de USD 5.000, tendrá que contribuir con cinco días de sueldo, es decir, un día de sueldo durante cinco meses. Finalmente, como quinta medida, el mandatario indicó que el Estado buscará vender algunos de sus activos. [...] En un conversatorio con medios, horas antes, Correa señaló que las cifras definitivas de los costos del terremoto estarán (disponibles) en seis semanas" (sic), señaló El Comercio, el 21 de abril de 2016.

La respuesta a la pregunta que todos se hacían había llegado. La solidaridad nacional e internacional no sería suficiente para la reactivación de la región costera afectada. "En su intervención Correa agregó que el país dispone de USD 600 millones en líneas de contingencia", pero la tragedia requería de mayores recursos. Carlos Licto, experto en temas tributarios, señaló para El Comercio que "El incremento del IVA afecta a todos los bienes muebles y servicios que son grabados (sic) con este tributo", esto es, electrodomésticos, vehículos, ropa, libros, celulares, alimentos procesados, etc. Sin embargo, están exentos de este impuesto los alimentos en estado natural, tales como frutas, verduras, carne, pollo o pescado, así como los servicios de salud, educación, funerarios y religiosos. Se estimaba que el incremento de esos dos puntos porcentuales al IVA se sentiría en la economía de las familias ecuatorianas. "La asambleísta Lourdes Tibán dijo que, al menos, no se debería cobrar el IVA a las provincias afectadas [...]. Añadió, sin embargo, que las medidas no son la solución sino que profundizarán la contracción económica que ya vivía el país antes del terremoto".

113. El terremoto de 2016. Daños en la infraestructura educativa

Los daños a la infraestructura educativa merecen capítulo aparte, tanto por el nivel de los daños, como por las repercusiones políticas. A un mes de la tragedia, el informe citado en el episodio anterior decía que "La evaluación realizada de daños y análisis de necesidades de las infraestructuras educativas, patrimoniales, ambientales, turísticas, deportivas y educativas superiores afectadas [...] todavía estaba en curso" (sic). Pero el análisis preliminar, informó El Comercio en abril de ese año, indicaba que "hasta ahora, según la Secretaría de Riesgos, hay 281 escuelas afectadas en Manabí y Esmeraldas. Este número es todavía preliminar, (pero) el escenario no es muy alentador." El poblado de Canoa (Manabí) perdió su única escuela pública. "En Bahía de Caráquez se construía la Unidad Educativa Eloy Alfaro. Una infraestructura con el diseño de las Escuelas del Milenio. Quedó en soletas tras el terremoto. A pesar de que las aulas aún no eran usadas, estaba previsto que allí se agrupen (sic) la mayoría de niños de los diferentes establecimientos educativos. Un plan que quedará truncado" (sic). El costo de la obra que no llegó a inaugurarse, señala el rotativo, fue de USD 1,9 millones. Así mismo "la Escuela Miguel Valverde [en Bahía], donde estudiaban 200 niños, y 400 profesores dictaban clases, está lista para ser demolida. [...] En Canoa, Bahía, Charapotó y Rocafuerte no conocen para cuándo quedará el inicio del período escolar previsto para mayo".

Efectivamente, el Ministerio de Educación suspendió el inicio de clases en las provincias que sufrieron los mayores daños, pero el verdadero problema consistía en determinar cómo se recuperaría toda esa infraestructura destrozada, toda vez que, inicialmente, se esperaba que las compañías aseguradoras asumieran parte de los costos. En el mes de julio, el diario El Comercio informó que "Con 37 firmas de respaldo de asambleístas de oposición, Bayron (sic) Pacheco (Avanza) oficializó, [...] el pedido de enjuiciamiento político al ministro de Educación Augusto Espinosa, por no asegurar planteles educativos. [...] Pacheco evocó la Constitución [...] y el artículo 5 del Reglamento General para la Administración, Utilización y Control de los Bienes y Existencias del sector Público, los cuales -dijo- han sido violados por Espinosa. 'El Ministro ha sido reiterativo en desconocer y minimizar públicamente la existencia de la normativa, que obliga a asegurar los bienes públicos', dijo Pacheco". La Comisión de Fiscalización aceptó, inicialmente, el pedido de juicio político contra el ministro de Educación, y dio un plazo de 15 días para presentar las pruebas de cargo y descargo. Finalmente, en agosto de ese año, la misma Comisión determinó improcedente el juicio contra el ministro. El Estado debía, en consecuencia, asumir la reconstrucción de las instalaciones educativas destruidas.

114. El terremoto de 2016. Un año después

El sismo de 7.8 grados que sacudió la costa ecuatoriana en abril de 2016 no fue un evento aislado. "De acuerdo con un estudio publicado en Nature Geoscience, este evento formó parte de lo que los científicos han denominado como un 'súper ciclo (sic) de sismos' [...] Esto implica que la fuerza acumulada en una zona se libera por una cadena de sismos que suceden durante varios años, e incluso décadas. A diferencia de un único movimiento telúrico (sic) de gran magnitud, el cual libera una significativa cantidad de energía y reduce el estrés en una zona (con posibles réplicas), en un súper ciclo (sic) los sismos se desarrollan dentro de una misma zona en varios períodos", afirmó un artículo de El Comercio, el 17 de abril de 2017. De ahí que los pobladores de la zona hayan experimentado constantes réplicas, 3.487 en total, que no han permitido que el temor se disipe y que hayan ocasionado que la experiencia traumática, poco a poco, se vaya tatuando en la memoria.

Por otro lado, si bien muchos pobladores de Esmeraldas y Manabí intentaron regresar lo más pronto posible a su vida cotidiana, a fin de reactivar sus negocios y reconstruir sus hogares, para la mayoría de ellos este anhelo todavía no ha sido alcanzado. "Unas 3.600 personas aún continúan en 15 albergues operativos que se levantaron tras el terremoto [...]. Esta información, con corte al 12 de abril de 2017, fue entregada por el Ministerio de Inclusión Económica y Social (MIES), entidad que está a cargo de la operatividad de estos espacios.", señala una crónica de El Comercio, del 15 de ese mismo mes y año.

El 26 de marzo de 2017, El Diario de Manta recogió varios testimonios de los pobladores sobre su visión del proceso de recuperación: "María Cedeño, comerciante de Tarqui, cree que se ha avanzado 'lentamente' en algunos sitios y nada en otros (...). Para lo primero pone de ejemplo a la 'zona cero' de Tarqui, donde aún se trabaja en el nuevo alcantarillado sanitario y de agua potable. Para lo segundo, puntualizó Cedeño, está el estadio Jocay, que sigue destruido; y las decenas de familias que aún no reciben ayuda para construir o reconstruir sus casas afectadas por el sismo. (...) En ese último caso entran las familias que habitaban en los cinco condominios de Manta, y a quienes el Gobierno les ofreció ayuda para construir y reparar los departamentos. (...) Otro punto de vista es el de Geovanny (sic) Soria, habitante de Tarqui: cree que la reconstrucción ha avanzado a buen ritmo. A su criterio, una ciudad golpeada por un terremoto requiere de, por lo menos, tres años para reconstruirse. (...) Estefanía Macías, concejala del cantón, explicó que un ejemplo del avance efectuado es el nuevo hospital del Instituto Ecuatoriano de Seguridad Social (IESS), obra que se prevé estará lista a finales de octubre. La casa de salud, valorada en 60 millones de dólares, será de 150 camas, tendrá 40 consultorios y una unidad de hemodiálisis". Efectivamente, para el Gobierno nacional, la reconstrucción de las zonas afectadas demandará más tiempo y recursos. Por ello, señala El Comercio, "se está negociando con China un préstamo de USD 1.000 millones para reconstruir poblados costeros azotados por el terremoto (...), (según) informó este miércoles 22 de marzo de 2017 el presidente Rafael Correa".

El Diario citado afirma que un reciente reporte del Ministerio de Finanzas, de febrero de 2017, indica que el saldo de la deuda con China asciende a USD 8.272 millones. "Sobre este tema, la Corporación de Estudios para el Desarrollo (Cordes) emitió un comunicado el 22 de marzo de 2017. La entidad sostiene que el 1 de junio de 2016, un mes y medio después del terremoto, la Secretaría Nacional de Planificación y Desarrollo (Senplades) dio a conocer la estimación de los impactos del evento sísmico, (...) y el costo estimado de reconstrucción (...) fue de USD 3.344 millones (...), de los cuales USD 2.253 millones (67 %) serán asumidos por el sector público, y USD 1.091 (33 %), por el sector privado. Cordes calcula que entre los ingresos generados por la 'Ley Solidaria' (USD 1.328 millones hasta febrero que, presumiblemente, llegarán al menos a USD 1.500 millones hasta junio), los USD 364 millones del FMI y los USD 653 millones de otros créditos, ya se supera, en más de USD 200 millones, el monto que según el discurso oficial, sería asumido por el Estado (USD 2.253 millones). Por esta razón, Cordes anota que "el Gobierno estará tratando de conseguir USD 1.000 millones adicionales que le permitan llegar hasta el 24 de Mayo con el falaz discurso de que deja una economía estable y en crecimiento'" (sic).

Otra de los aspectos de la reactivación económica de las zonas afectadas se refiere al turismo. Recordemos la importancia que tiene esta actividad en las provincias de Esmeraldas y Manabí. Durante el año 2016, señala El Comercio, Manabí, Esmeraldas y Santa Elena fueron las provincias más visitadas. Sin embargo, luego del sismo, no solo que la infraestructura hotelera se vio afectada, sino que las continuas réplicas ocasionaron la disminución del interés por viajar a la zona. Campañas y propuestas turísticas atractivas se pusieron en marcha a lo largo del año y tuvieron un éxito parcial. Finalmente, a un año del terremoto, la actividad turística muestra señales de una paulatina recuperación. Para el feriado de Semana Santa de 2017 "Algunos hoteles de Atacames ya cuentan con el 90 % de reservas de su oferta de hospedaje (...), informó la Cámara de Turismo. (...) Paola Guzmán, quien preside la Asociación de Hoteleros de Atacames, comentó que espera una 'gran afluencia' de turistas para este feriado, como ocurrió en Carnaval. Por su parte, Manabí tiene reservado el 85% de sus plazas de hospedaje (con capacidad para 18.000 personas). La coordinadora de Turismo de la Prefectura, María de los Ángeles Gómez, dijo que se espera la misma cantidad de turistas que llegaron en el feriado de Semana Santa de 2016".

El 16 de abril de 2017, "Varias ciudades de la costera provincia de Manabí realizarán (sic) un minuto de silencio (...) a las 18:58", hora exacta del sismo. "Para recordar el primer año de este evento, las autoridades manabitas organizan misas, caminatas, rezos y presentaciones artísticas en honor de las víctimas, de quienes participaron en las labores de rescate y que ayudaron (...) a los afectados. (...) En Pedernales, epicentro del sismo, se prepara la entrega de una ofrenda floral en el monumento a los caídos, (...) y la Orquesta Sinfónica Nacional y el Coro Lírico de Montecristi darán una presentación. (...). En Portoviejo se hará a las 17:30 del domingo una misa campal (…). A la misma hora en que ocurrió el sismo (…) se lanzarán 2.000 globos blancos.", informó El Comercio, el 13 de abril de 2017.

115. *FiFAGate* y la Federación ecuatoriana de fútbol

En febrero de 2016, el diario El Comercio explicó en detalle el caso judicial que escandalizó a muchos, y puso a temblar a otros alrededor del mundo: "Los Fiscales de seis países sudamericanos se comprometieron a establecer un equipo de investigadores para tratar a nivel regional el caso *FIFAGate*". El fiscal ecuatoriano, Galo Chiriboga, señaló que objetivo era 'frenar la corrupción que golpea a la administración del fútbol'".

Este episodio se remonta a 2011, cuando el Departamento de Justicia de los Estados Unidos de América inició una investigación por presuntos actos de corrupción de algunos funcionarios de la Federación Internacional de Fútbol Asociación, FIFA, el máximo organismo rector de ese deporte. La FIFA se define como "Una asociación de derecho suizo fundada en 1904 con sede en Zúrich. Está compuesta por 211 asociaciones nacionales. Su objetivo es mejorar constantemente el fútbol". Cada cuatro años, la FIFA organiza el campeonato mundial del popular deporte que congrega a miles de espectadores en los estadios del país anfitrión, y que es, seguramente, uno de los eventos más televisados a nivel global y uno de los sucesos que más dinero genera en derechos de televisión, publicidad, turismo, etc.

El 27 de mayo de 2015, la fiscalía estadounidense "ordenó la captura de dirigentes de fútbol de la FIFA. Ese mismo día, las autoridades suizas irrumpieron en el Hotel Baur au Lac, en Zúrich (Suiza), para detener a los acusados, extraditarlos a Estados Unidos y juzgarlos." Un total de 16 dirigentes fueron detenidos; entre ellos, constaba "Eugenio Figueredo, ex vicepresidente de la Confederación Sudamericana de Fútbol; el brasileño José María Marín, miembro ejecutivo de la Conmebol; el nicaragüense Julio Rocha, expresidente de la Federación nicaragüense de fútbol y funcionario de la FIFA, y Luis Chiriboga, del Ecuador". La investigación realizada por el FBI los responsabiliza "de lavado de dinero a través del sistema financiero de los Estados Unidos, de aceptar coimas de medios de comunicación, distorsionar el mercado del *marketing* deportivo, y de atribuirse los derechos de comercialización de los juegos de la FIFA en América" (sic). La justicia estadounidense los juzga porque el delito se cometió en ese país y se utilizó su sistema bancario.

Entre los implicados en el *FIFAGate* figura el presidente de la Federación Ecuatoriana de Fútbol, Ecuafútbol: "Según el informe, Luis Chiriboga Acosta era conocido como uno de los líderes del 'grupo de los seis' directivos de federaciones sudamericanas que, en el 2009, habrían exigido sobornos de la empresa T&T (que poseía los derechos de transmisión por televisión de la Copa Libertadores de América). Ellos, presuntamente, exigieron pagos anuales a la compañía T&T y también a Datisa. [...] Según la Fiscalía de Estados Unidos, Datisa, empresa conformada en la Florida, destinó más de USD 110 millones en supuestas coimas por los derechos de las Copa América que se jugaría hasta el 2023, además de otros rubros que se habrían repartido en los últimos 15 años y que llegarían a los USD 200 millones en supuestos sobornos entre directivos del fútbol" (sic).

En mayo de 2016, informó El Universo, "La jueza Ana Lucía Cevallos acogió el pedido de la Fiscalía General del Estado (del Ecuador) y llamó a juicio a Luis Chiriboga Acosta, expresidente de la Federación Ecuatoriana de Fútbol (FEF), en calidad de 'coautor del delito de lavado de activos'". Pedro Vera y Hugo Mora, colaboradores de Chiriboga en la FEF, también irán a juicio como autores del delito de lavado de activos. Mientras el proceso continúa, Chiriboga permanecerá con arresto domiciliario. Sus bienes, así como los de sus colaboradores, serán incautados.

En noviembre de 2016, Luis Chiriboga fue declarado culpable y condenado a 10 años de cárcel. Así mismo, Hugo Mora, "extesorero de la FEF, fue condenado a 10 años como coautor, y Pedro Vera, a 3 años y 4 meses por cómplice". También fue sentenciado a un año de prisión Vinicio Luna, acusado de cómplice. Luna, "ex coordinador general de las selecciones de Ecuador, (quien ya había estado involucrado años antes en un caso de tráfico ilegal de personas), se declaró culpable y a través de un proceso abreviado" (sic), recibió una sentencia menor, informó El Universo.

116. "Preocupa el futuro de fondo de pensiones por ley laboral"

En abril de 2015, una nota del diario El Universo señaló la preocupación de jubilados, trabajadores y analistas de la seguridad social, por el "futuro de los fondos de pensiones del Instituto Ecuatoriano de Seguridad Social (IESS)", en vista de que la Asamblea Nacional aprobó la Ley para la Seguridad Laboral y Reconocimiento del Trabajo del Hogar no remunerado. "Uno de los puntos más polémicos [...] es el retiro del 40 % del aporte que hace el Estado al IESS y el reemplazo por una garantía de que el Estado lo subsidiará únicamente cuando el IESS no tenga recursos para cumplir con esta obligación". También preocupaba, a consecuencia de la misma ley, la inclusión de las amas de casa en la seguridad social.

Fabián Pérez de Castro escribió para El Comercio, que eliminar la "contribución obligatoria e ineludible" del Estado de financiar las jubilaciones y montepíos, con el 40% determinado por los Art. 371 y 372 de la Constitución es una arbitrariedad y una ilegalidad. A esta arbitrariedad, señaló el columnista, "se suma otra, como es la de tratar de desconocer, con todo el cinismo, descaro y audacia que les caracteriza, la inmensa deuda que el Estado mantiene con el IESS, cuyo monto verdadero, lamentablemente, las propias autoridades de esa institución, por incompetentes e incapaces, nunca lo han dado a conocer". Efectivamente, la Ley de Justicia Laboral conlleva profundas preocupaciones tanto para los jubilados como para quienes esperan serlo en algún momento.

Una crónica del diario El Comercio, del 1 de mayo de 2015, afirma que "agrupaciones sociales y del sector indígena" marcharon en Quito como parte de los actos que "celebrarán un año más del Día Internacional del Trabajo. Y aunque este día [...] sirve para exigir mejores condiciones laborales, esta ocasión será distinta porque 'los derechos de los trabajadores están siendo vulnerados con una mal llamada Ley de Justicia Laboral', expresó Edgar Sarango, presidente del FUT. Él considera que la fecha es ideal para concienciar a la sociedad que 'en lugar de avanzar, se ha detenido y retrocedido en el proceso de lucha de los trabajadores'".

Otro de los temas preocupantes, además del señalado, fue que la nueva ley limita a 24 salarios básicos el monto de utilidades que los trabajadores pueden recibir. "Si sobra algún valor, la empresa deberá entregarlo a la seguridad social", dice la norma. Así mismo, preocupaba la afiliación de las amas de casa al IESS, ya que la ley determina que dicho grupo de la población "solo tendrán derecho a la pensión jubilar y no a la atención de salud. Para acceder al beneficio deben aportar 20 años y cumplir 65 de edad. El aporte será financiado por las amas de casa y una parte será subsidiada por el Estado. [...] Según el presidente del FUT, el que los excedentes de las utilidades sean destinados a cubrir parte de la seguridad social de las amas de casa significa que 'los mismos trabajadores somos los que garantizamos esa seguridad y no el Estado; es una política regresiva que implica borrar los derechos adquiridos con luchas y organización muchos años atrás'", según una nota publicada en el diario El Comercio, el 30 de abril de 2015.

Efectivamente, trabajadores y empresarios veían un retroceso en la nueva ley. Sebastián Mantilla, en un artículo publicado en El Comercio el 29 de abril de 2015, afirma que "La flamante Ley de Justicia Laboral [...] en lugar de hacer honor a su nombre, tiene varios aspectos que son perjudiciales para la clase trabajadora del Ecuador [...] Aunque el Gobierno prevé incorporar al sistema de seguridad social a cerca de 1,5 millones de personas no remuneradas del hogar, la cobertura será parcial. [...] La prestación de salud, una de las más requeridas por las trabajadoras no remuneradas del hogar, no se incluye. Y pese a que una parte de esta prestación tendrá un subsidio del Estado, este, en términos comparativos, será sustancialmente menor al (sic) 40 % que venía aportando el Gobierno como subsidio a la seguridad social. Según previsiones del Ministerio Coordinador de Desarrollo Social, el reconocimiento del trabajo no remunerado del hogar generará en este año un ingreso para el IESS de USD 241 millones: USD 158 millones producto de las aportaciones personales y USD 83 millones como contribución del Estado. Si comparamos con el monto que iba a estar destinado al pago del 40% de subsidio a la seguridad social, el cual se estima para el 2015 en USD 1.100 millones, el ahorro para el Gobierno es realmente significativo. [...] El problema de fondo radica no solo en la eliminación del 40 % del subsidio del Estado a la seguridad social (aliviando con ello las dificultades de liquidez que tiene el actual Gobierno producto de la baja de los precios del petróleo), sino en el traslado de esa obligación estatal a los propios trabajadores" (sic).

"El techo al pago de utilidades, decía Mantilla, y el hecho de que cualquier excedente fuese destinado a las prestaciones solidarias para el pago de la afiliación de las amas de casa, es un ejemplo de ello. Si el Gobierno quiere ir hacia la universalización de la seguridad social, eso debería hacerse con recursos del Estado y no con los de los afiliados. En otras palabras, lo que ahora se está haciendo con esta ley de 'injusticia laboral' es eliminar un subsidio necesario y hacer que la carga de las nuevas prestaciones las asuman los propios trabajadores" (sic).

Para entender mejor el alcance de la Ley de Justicia laboral, habría que referirse a algunos datos. "Las reformas al sistema de seguridad social de los últimos años y una mayor población cubierta han hecho que el déficit actuarial en el fondo de pensiones, [...] se multiplique por cuatro", señaló una nota de El Comercio, de abril de 2015. Un déficit actuarial no es sino una "proyección de los recursos que el IESS necesitará a (sic) futuro (en los próximos 40 años) para cubrir los gastos de los afiliados". En 2010 se calculaba que el déficit del IESS alcanzaría los USD 5.142 millones, para 2015; "Lo más probable es que sea de USD 22.862 millones, considerando incluso el aporte estatal del 40 % a las pensiones (que la nueva ley elimina). Sin ese subsidio, el fondo se deteriorará más rápidamente." Todo indica que en el futuro el IESS no tendrá recursos suficientes para afrontar las pensiones de sus asegurados. Los entendidos en el tema señalan que "El monto del déficit actuarial equivale a más de dos tercios del actual Presupuesto General del Estado. Incluso, si el país destinara todos los ingresos generados por sus actuales exportaciones petroleras (USD 13.016 millones en 2014) no alcanzaría para cubrir el hueco", indica El Comercio.

¿Cómo se llegó esta situación? "En agosto de 2010 la Asamblea aprobó una reforma que obliga al IESS a subir las pensiones hasta en un 16,16 % cada año (a menor pensión mayor alza). [...] Antes del cambio, el alza se calculaba solo con base en la inflación, es decir, no iba más allá del 4 %. Otro factor fue el aumento del número de afiliados desde el 2010. Si bien esto es positivo porque incrementó los ingresos del IESS y hace pensar que hoy tiene abundantes recursos, a futuro significa que la entidad deberá pagar las jubilaciones a un mayor número de jubilados. La técnica dice que ocho afiliados deben financiar a un jubilado. Hoy se cumple esta regla, pero en el 2053 el escenario se complica, pues solo entre 2 y 3,5 afiliados financiarán a un jubilado" (sic), indica el mismo diario. Así mismo, ampliar la cobertura de salud a los hijos de los afiliados, también impacta al sistema.

El diario El Comercio afirma en un artículo que "Un alcance al estudio actuarial elaborado por el mismo IESS, de agosto pasado (2014), advierte que sin el subsidio estatal, el deterioro del fondo se acelerará. 'En las condiciones actuales y sin el aporte del 40 % del Estado, solo habrían (sic) recursos para pagar las pensiones (durante) los próximos 12 años' y el déficit actuarial (falta de recursos) esperado del Fondo de Pensiones hasta el 2053 bordearía los USD 70.000 millones, agrega el informe" (sic). Quienes se jubilen en el año 2027 sentirán "el impacto de eliminar el aporte estatal del 40 %". ¿Qué soluciones se plantean?

El mismo matutino indica que el exdirector del IESS, Joaquín Viteri, estima que sin el 40 % de las pensiones que cubre el Estado, "una de las pocas alternativas para compensarlo sería incrementar los aportes de los afiliados y de los empleadores. También puede incrementarse el tiempo para calcular la pensión. Hoy es de cinco años y puede subir a diez o quince años, 'con lo cual las pensiones serán más bajas'. El presidente Rafael Correa dijo, el 23 de marzo pasado, que los déficits actuariales son escenarios a futuro y ocurrirán si no se hacen correctivos, e insistió en que el IESS hoy tiene ahorros para afrontar el pago de pensiones jubilares. Pero este año los ingresos del IESS, sin contar con el 40 %, ya no cubren el pago de pensiones y harán falta USD 339,1 millones para pagar las pensiones y otros beneficios de los 432.780 jubilados" (sic), concluye la nota.

117. Emergencias sanitarias

Las fiebres tropicales, originadas por la picadura de mosquitos, son habituales entre los habitantes del litoral ecuatoriano. La malaria o paludismo ha estado presente desde hace mucho tiempo. Si bien no hay certeza sobre su origen (los últimos estudios señalan que tal vez los chimpancés en África ecuatorial la transmitieron a los humanos), se sabe que infecta a 500 millones de personas cada año, y que ha azotado a la humanidad desde hace miles de años. Hoy en día, el abanico de fiebres tropicales se ha ampliado y muchas de ellas se convierten en verdaderas epidemias, sobre todo, porque el turismo y los viajes entre continentes facilitan su propagación en regiones a las que antes no llegaba.

En junio de 2014, el diario El Comercio informó que "Las agencias de turismo de Quito coinciden en que las alertas por la proliferación del virus chikungunya no frenó la venta de paquetes para viajar al Caribe y a otras zonas donde se han reportado casos del virus como México, Venezuela y Perú". Efectivamente, varios países de América del Sur declararon alertas sanitarias por la presencia de este nuevo virus de origen africano, que tiene características muy similares a las del dengue, otra enfermedad tropical conocida en el Ecuador. "La persona (contagiada) presenta dolores musculares, náuseas, fiebre, dolores de cabeza, vómitos, dolor en las articulaciones".

El diario citado informó que "El primer caso de fiebre chikungunya en el Ecuador se registró en agosto de 2014, con características de 'importado'. Mientras que en diciembre de ese año ya se anotó el primer caso 'autóctono' de esta enfermedad sin antecedentes en el país". En julio de 2015, los infectados con chikungunya alcanzaron "los 27.332 casos en el Ecuador, tras registrarse 3.324 contagios nuevos en las últimas dos semanas, informó este 10 de julio el Ministerio de Salud. En el seguimiento epidemiológico (que realiza dicha entidad pública) se aprecia que los casos pasaron de 24.008 el 24 de junio, a 26.065, el 1 de julio. Los 27.332 contagios registrados ahora representan un des aceleramiento provocado por el cambio de las condiciones del clima, explicó la cartera. Los pacientes con chikungunya son pobladores de las provincias costeras de Esmeraldas, Guayas y Manabí, mientras que en otras regiones es bajo el número de afectados por la enfermedad" (sic).

A fines de 2015, la preocupación por nuevas enfermedades transmitidas por mosquitos iba en aumento. En octubre, El Universo informó que "El Ministerio de Salud Pública del Ecuador dio una alerta epidemiológica sobre el zika [...]. La alerta se dio acogiendo las notificaciones de la Organización Panamericana de la Salud y de la Organización Mundial de la Salud a sus estados miembros, por la presencia del virus zika en América".

El zika, "transmitido por los mosquitos aedes, fue aislado por primera vez en 1947 en los bosques de Zika, Uganda, durante investigaciones con monos rhesus; la infección en humanos se comprobó en 1952 en Uganda y Tanzania. A partir de 2007, se detectaron casos en Oceanía". La sintomatología de la persona infectada de zika es similar a la que tiene quien se contagia de dengue o chikungunya (fiebre; sarpullido; dolor de cabeza, dolores en las articulaciones y musculares y también podría presentar una conjuntivitis no purulenta). Pero, el zika presenta problemas aún mayores que las otras enfermedades, particularmente si la persona afectada está embarazada, ya que hay grandes probabilidades de que el feto se infecte y nazca con microcefalia: "Una malformación cerebral que dificultará su desarrollo y cuyas secuelas lo acompañarán durante toda la vida". Los últimos estudios indican que el zika puede permanecer en el semen de un hombre que ha sido infectado, "mucho después de que los síntomas de enfermedad hayan desaparecido". De ahí que "los especialistas alertan de [...] una transmisión prolongada del virus por vía sexual, lo que debería tenerse en cuenta a la hora de establecer los métodos de transmisión", señala "www.elmundo.es".

A inicios de 2016, en su página web, el Ministerio de Salud Pública del Ecuador informó que, "La Dirección Nacional de Vigilancia Epidemiológica confirma que hasta el 9 de enero de 2016 se han notificado los dos primeros casos ratificados por laboratorio, infectados por el virus zika. Los pacientes ecuatorianos y residentes en Quito, viajaron a Leiva (Colombia) y allí se contagiaron". A inicios de 2017, el diario El Universo informó que desde diciembre de 2015, cuando se detectó el primer caso de sika en el Ecuador, hasta enero del 2017, "el virus ha afectado a 2.942 personas en todo el país, de las cuales el 67 % son mujeres y el grupo de edad con más casos es el que está entre los 20 y 49 años." La nota agregó que el 85 % del total de casos se encuentran en Manabí, que "es la provincia con más afectados. [...] Le siguen de lejos Esmeraldas, Guayas y Santo Domingo". Por otro lado, del total de casos registrados, "239 corresponden a embarazadas" y de ellos, el Ministerio de Salud afirmó que 110 bebés nacieron "sin la evidencia de malformaciones congénitas asociadas al zika", pero, respecto de los 139 bebés restantes, la autoridad de Salud no ha confirmado su condición.

En enero de 2016, informó El Universo, "La ministra de Salud, Verónica Espinosa, [...] afirmó que Ecuador tuvo el menor número de casos [de zika] en Sudamérica (1,7 casos por cada 10 mil habitantes), sin embargo, recalcó que las acciones de control se mantendrán. 'El zika no se ha ido, no se va a ir, una vez que ingresó en el país y la región tenemos que convivir con este virus por muchos años y esto implica que las actividades (de prevención) no deben decaer'" (sic).

118. "Una idea para cambiar la historia"

Estudios recientes de la Universidad de California en los Ángeles (UCLA), demuestran que el cerebro sufre profundos cambios cuando una persona queda ciega. El cerebro "se auto reorganiza con la finalidad de adaptarse a la pérdida de recepción de señales a través de ese sentido". Al investigar el cerebro de quienes han perdido la vista se descubrió que "las regiones visuales del cerebro tienen menos volumen, mientras [...] las regiones cerebrales no relacionadas con la vista, [...] presentan mayor volumen". Es esta capacidad de adaptabilidad la que permite a las personas invidentes, cruzar, por ejemplo, una transitada avenida, con tan solo un frágil bastón en la mano. En forma paralela a este tipo de estudios científicos que permiten comprender mejor la condición de las personas que han perdido la vista o el oído, se han desarrollado iniciativas que buscan adaptar la nueva tecnología con el objetivo de facilitar la vida de quienes, por alguna razón, han perdido alguno de estos sentidos.

Con este propósito, Diego Aguinsaca, Fabricio Reyes, Álex Aldaz y Carlos Canacuán, jóvenes ecuatorianos, estudiantes de la Escuela Politécnica del Ejército (ESPE), desarrollaron el dispositivo *HandEyes*. Una nota de El Universo, de diciembre de 2016, informó que este invento consiste en un "dispositivo robótico de apoyo para personas no videntes o de escasa visión que tiene la posibilidad de usarse adherido al bastón, en la solapa de la camisa, en las gafas o incluso en una gorra." El diario El Comercio explica que "este aparato utiliza un sistema de eco localización, basado en emisión de ondas ultrasónicas, que son captadas por el mismo dispositivo al rebotar contra objetos existentes en el ambiente. Al recibir dichas señales, el aparato vibra y emite sonidos, lo que ayuda al usuario a crear un mapa mental de su entorno." *HandEyes*, señala El Universo, "no solo avisa a una persona cuando un objeto está cerca, también desarrolla su capacidad para percibir sonidos en su entorno".

Con este invento, tal vez inspirado en los murciélagos, los jóvenes ganaron el concurso "Una idea para cambiar la historia", organizado por The History Channel por lo que recibirán un premio de USD 60.000 para desarrollar el mecanismo, y contarán con el apoyo del Banco de Ideas de la Senescyt, de la Vicepresidencia de la República, de la ESPE y de la Incubadora de proyectos Prendho, de la Universidad Técnica Particular de Loja (UTPL).

119. Coca Codo Sinclair y Sopladora

El 12 de abril de 2016, la Agencia Andes, (servicio de información oficial del Estado) informó que el ministro de

Electricidad y Energía Renovable, Esteban Albornoz, afirmó que la central hidroeléctrica Coca Codo Sinclair, ubicada en la provincia de Napo, comenzó a funcionar: "Vamos a operar de forma continua ya las cuatro primeras turbinas que representan 750 megavatios, y próximamente entrarán (en funcionamiento) las otras cuatro; con eso tendríamos el proyecto Coca Codo Sinclair de 1.500 megavatios". El ministro informó que para julio o agosto de ese año estaría concluida íntegramente la obra. Si bien la finalización del proyecto demoró un poco más del tiempo previsto, la hidroeléctrica entró en pleno funcionamiento en noviembre de 2016. El presidente Correa y su homólogo chino, Xi Jinping, inauguraron la principal hidroeléctrica ecuatoriana.

La obra fue construida por la empresa china Sinohydro, a un costo estimado de 1.986 millones de dólares y tendrá una potencia de 1.500 MW. El diario El Comercio, del 23 de agosto de 2011, informó que "dos características comunes comparten los principales proyectos de generación eléctrica que se construyen en el país": la primera es el financiamiento, que llega vía deuda; y "la segunda, es que fueron contratados de manera directa o bajo regímenes especiales." Tanto en el proyecto Coca Codo Sinclair, como en Sopladora, el mayor acreedor es "China, con el 77 % del total del financiamiento, seguido del Banco del Iess, el Biess, con el 18 %, y Rusia, con cerca del 4 %".

El 25 de agosto de 2016 se inauguró otra obra fundamental para la generación de energía en el Ecuador: la Central Hidroeléctrica Sopladora, ubicada entre las provincias de Azuay y Morona Santiago. El diario El Comercio informó que la hidroeléctrica Sopladora "tiene 487 megavatios de potencia instalada y cuenta con tres turbinas. Es una obra subterránea, por lo que el impacto ambiental es menor". El consorcio China Gezhouba-Fopeca estuvo a cargo de la ejecución de la hidroeléctrica; para financiar la obra, el Gobierno firmó en 2011 un préstamo de USD 571 millones con el Exim Bank de China; lo demás fue financiado por el Estado ecuatoriano.

La central costó USD 755 millones y, afirma el Gobierno, generará un ahorro de USD 280 millones anuales. "Según Albornoz, durante las pruebas de puesta en operación, Sopladora ya generó un ahorro para el país de USD 30 millones." Este ahorro, explica el ministro, "Se genera porque la central hidroeléctrica desplaza generación térmica que utiliza combustibles de derivados de los hidrocarburos, los cuales tenemos que importar. [...] La central, dijo el titular del Ministerio, abastecerá un 13% de la demanda nacional. Es decir, la energía de Sopladora tiene la capacidad de satisfacer a más de 1.800.000 familias. [...] El resto, explicó, será para exportación a países vecinos como Colombia y Perú. Este año, el país se ha convertido en exportador de energía", agregó el ministro Albornoz.

El día de la inauguración, el primer mandatario afirmó que la Central Sopladora será concesionada a 30 años plazo. "La razón fundamental, señaló, es obtener liquidez para financiar el funcionamiento del Estado debido a las actuales condiciones económicas. Dijo que hay varios interesados en el proyecto [...] Pero ni el mandatario ni el ministro de Electricidad [...] especificaron cuántos o de quiénes se trata", concluyó una nota del diario El Comercio, de 26 de agosto de 2016.

120. Zaruma: una colmena que se desmorona

En octubre de 2012, ecuavisa.com transmitió la siguiente noticia:

"Enclavada en el callejón interandino, a 1.200 metros sobre el nivel del mar, está Zaruma [...]. Conocida por sus minas de oro, su gastronomía y el buen café, es embellecida por sus calles empinadas y la arquitectura republicana de sus casas. [...] Desde 1998, los habitantes y autoridades han buscado que Zaruma sea incluida en la lista de ciudades patrimonio de la Unesco." Las instancias gubernamentales correspondientes, el Ministerio de Patrimonio y de Cultura, presentaron el expediente para postular la ciudad como Patrimonio Cultural de la Humanidad. "Los próximos dos años habrá varias evaluaciones y visitas de peritos de la Unesco, cuyo comité de patrimonio cultural decidirá en 2014 si incluye a la ciudad orense en su selecta lista".

Si bien la "Villa del Cerro de Oro de San Antonio de Zaruma" no ha sido declarada como Patrimonio Cultural por la Unesco, como lo han sido Quito y Cuenca; o patrimonio natural, como las islas Galápagos y el parque nacional Sangay, la ciudad, ubicada en la provincia de El Oro, está "plagada de edificios patrimoniales, que se empina en una ladera tejida con calles zigzagueantes de las que parecen colgar muchas de sus viviendas. Zaruma, junto con la vecina Portovelo, fue en su momento el centro de la explotación minera del país, y desde allí partieron miles de cargamentos de oro hacia Europa durante la colonia", nos recuerda una nota del diario El Comercio, del 26 de enero de 2015.

En Zaruma, a 150 metros bajo tierra, todavía se encuentran y se pueden visitar los antiguos túneles mineros de los que se extraía oro, plata y cobre. En el año de "1950, una empresa estadounidense explotó el yacimiento y produjo unas 3.000 toneladas de minerales". De hecho, Zaruma está, en buena parte, levantada sobre miles de túneles mineros, muchos de ellos sin las medidas de seguridad requeridas, ya que son parte de la minería clandestina.

El 19 de diciembre de 2016, el diario El Universo informó que en la zona del mercado central de Zaruma y junto a la escuela La Inmaculada, se produjo un gran socavón. "El hundimiento dejó una grieta triangular de 15 metros de largo y motivó la declaratoria de emergencia de parte del Comité de Operaciones Emergentes (COE) cantonal, para proteger el patrimonio arquitectónico de Zaruma. [...] El Municipio estima que el 70 % del centro histórico está en riesgo, lo que comprende unas 8 hectáreas partiendo desde el parque central, donde unas 250 casas patrimoniales constan en el inventario del Municipio y del Instituto Nacional de Patrimonio Cultural".

La situación de la ciudad es grave, informa el alcalde: "Zaruma tiene 14 mil habitantes, los que ocupan 100 hectáreas. La zona en riesgo corresponde al 70 %, remarca el alcalde Jhansy López, quien exige acciones inmediatas para detener las actividades mineras bajo la ciudad orense. Señala a la Agencia de Regulación y Control Minero (Arcom) por supuesta falta de control a la explotación bajo tierra. 'Ahora tenemos las consecuencias', dice López y admite que meses atrás incluso encontraron accesos clandestinos a minas (bocaminas) dentro de viviendas que se encuentran en la zona de exclusión".

"El COE cantonal sugirió instalar sensores de movimiento para determinar el lugar donde se efectúan detonaciones y establecer puntos irregulares de acceso a la zona de exclusión. [...] La Secretaría de Gestión de Riesgos alista un informe y hoy empiezan los operativos para cerrar bocaminas por donde se presume ingresan mineros artesanales a realizar labores clandestinas", informó la prensa en el año 2016. Sin embargo de las acciones tomadas por las autoridades, hasta abril de 2017 continuaba patente el riesgo de una catástrofe.

121. Quito. Traslado y vialidad

Con el fin de atenuar los inconvenientes que padecen diariamente los ciudadanos para trasladarse dentro de la ciudad y los valles aledaños de la capital ecuatoriana, las diferentes administraciones municipales, en las últimas décadas, han tomado diversas medidas: se han ampliado y repotenciado los corredores de transporte público, como la Ecovía y el Trole; se puso en marcha el sistema de *pico y placa*, que limita la circulación de trasporte privado durante las horas de mayor tráfico en las zonas más concurridas; se desarrollaron programas para impulsar el uso de la bicicleta como medio de trasporte alternativo; se han ampliado y construido vías, pasos a desnivel y viaductos que permiten cruzar la urbe de norte a sur sin entrar en ella; en fin, se han realizado diversas obras con tal objetivo. Sin embargo de que los distintos Gobiernos municipales se han ocupado del problema, todo parece ser insuficiente en una ciudad que tiene, de acuerdo con el último censo de 2010, 2.239.191 habitantes, y en donde se calcula que para el año 2.030 habrá un parque automotor de aproximadamente 1.150.000 vehículos, lo que haría casi imposible trasladarse dentro de la ciudad.

Con la intención de atenuar ese inconveniente, el alcalde Augusto Barrera (2009-2014) planteó la posibilidad de que Quito tuviera un medio de transporte subterráneo (el metro). En junio de 2011 finalizaron los estudios que concluían que el proyecto se efectuaría en dos fases. De inmediato comenzó la búsqueda del financiamiento. Edgar Jácome, gerente de Metro Quito en ese entonces, señaló para el diario El Comercio, que el 50 % del proyecto lo financiará el Gobierno central. Para el funcionario, "el único riesgo para no empezar con la construcción prevista para el 2012, es el factor económico. Este proyecto está anclado al apoyo del Gobierno" (sic).

A pesar de los anuncios, a fines de 2012 la obra todavía no se iniciaba. El diario El Comercio, en junio de 2011, explicó el complejo asunto del financiamiento que detenía la obra: "La construcción del Metro de Quito tiene un costo de USD 1.500 millones. Esa cantidad se financiará con recursos del Gobierno central, con presupuesto del Municipio, una titularización del Nuevo Aeropuerto Internacional de Quito (NAIQ), una inversión del Banco del Instituto Ecuatoriano de Seguridad Social, y con préstamos de organismos multilaterales". Del total del monto requerido, decía El Comercio, para esa fecha solo "está confirmado el aporte del Gobierno por USD 50 millones, una asignación del Municipio de Quito de un poco más de USD 40 millones, y un crédito del Banco Europeo de Inversiones por USD 250 millones. Es decir, el 22 % del costo está confirmado"; el saldo restante todavía estaba pendiente. A pesar de estos inconvenientes, la fase 1 del proyecto comenzó en enero de 2013 con la construcción de las estaciones de El Labrador y La Magdalena.

En el año 2014, luego de las elecciones seccionales, Mauricio Rodas tomó la posta en el Municipio de Quito. Muchos se preguntaban si la obra del metro continuaría, tomando en cuenta que el proyecto requería del apoyo del Gobierno central. Por su parte, el Gobierno municipal saliente había señalado que "la obra estaba totalmente financiada". Edgar Jácome informó que "De las cuatro entidades internacionales que ofrecieron USD 909 millones, con dos (de ellas) se han firmado los contratos: con el Banco Europeo de Inversiones (BEI), en noviembre de 2012, y con el Banco Mundial, en diciembre de 2013, mientras que con el Banco

Interamericano de Desarrollo (BID) y la Corporación Andina de Fomento (CAF), están aprobados los créditos". El Comercio agregó, refiriéndose a la financiación del metro, que "la parte fuerte del proyecto aún está pendiente." El nuevo alcalde, agregó el matutino, deberá "ejecutar la segunda fase, que se subdivide en obra civil y equipamiento", esto es, la construcción del túnel de 23 km, de las 13 paradas y la compra de los 18 trenes. "De esta fase, la licitación de la obra civil está lista. Los cuatro consorcios participantes deberán presentar sus ofertas hasta el 6 de junio (2014). Según Barrera, los contratos para la fase 2, la fiscalización y el material rodante están encaminados para que Rodas tome la decisión".

En octubre de 2015, el diario El Universo informó que, finalmente, la segunda fase de la construcción del metro se adjudicó al consorcio hispano–brasileño Acciona-Odebrecht. Inicialmente se tenía previsto que el Metro entrara en funcionamiento en el año 2016, pero el alcalde Rodas indicó que la demora en la adjudicación para continuar con las obras se debió a "cuestiones presupuestarias", y que la construcción tomará unos tres años. "El costo previsto para esta segunda fase es de 1.538 millones de dólares, (financiados) con el aporte del municipio de Quito en un 63 %, y del Gobierno ecuatoriano en un 37 %. En el financiamiento están implicados el Banco Interamericano de Desarrollo (BID), el Banco Europeo de Inversiones (BEI), la Corporación Andina de Fomento (CAF) y el Banco Mundial (BM)".

Las "cuestiones presupuestarias" de las que hablaba Rodas se referían a que la obra final del metro tendría un costo mayor que el presupuesto referencial de 2014, elaborado por la administración anterior. Luego de varios cuestionamientos respecto del precio de la obra; luego de una investigación efectuada por la Contraloría General del Estado para determinar si, efectivamente, la fase 2 del metro estuvo subvalorada; luego de interrogantes sobre la eventual afectación del metro a la arquitectura patrimonial del centro histórico, la construcción de la fase 2 del metro de Quito "empezó en uno de los extremos, en Quitumbe", informó El Comercio, en enero de 2016. La primera línea del metro tendrá 22 kilómetros y unirá el norte y el sur de la ciudad, en tan solo 34 minutos, y transportará alrededor de 400.000 pasajeros al día.

122. Cuenca y Guayaquil: locomoción y vialidad

El diario El Comercio informó, en julio de 2013, que "Paúl Granda, alcalde de Cuenca, (...) dijo que el proyecto de tranvía para la capital azuaya hará que esta sea un modelo de movilidad (...). Para la construcción del tranvía se tiene (sic) dos fuentes de financiamiento, un crédito directo de Francia 'en condiciones excepcionales al 0 % de interés, seis años de gracia y 10 años adicionales de plazo', y el apoyo económico del Gobierno nacional. El costo total de la obra bordea los USD 231 millones. (...) Además, indicó que el tranvía será la columna vertebral del sistema integrado de transporte. A fines de este mes se inicia (el proyecto) con la integración de la primera fase que cuenta con dos terminales de transferencia, se espera que la construcción culmine en 26 meses" (sic).

En agosto de 2014, el nuevo alcalde, Marcelo Cabrera, enfrentó los primeros obstáculos del proyecto. El diario El Comercio informó que "unos 200 propietarios de inmuebles y de negocios de las calles Gran Colombia y Mariscal La Mar", en pleno centro histórico de Cuenca, se concentraron en la plazoleta de Santo Domingo para "rechazar el proyecto del tranvía *Cuatro Ríos* que se construye en esta ciudad desde noviembre pasado". Los ciudadanos, agrupados en el colectivo *Cívico de Cuenca*, argumentaban que la "obra altera el patrimonio tangible e intangible de la ciudad que es Patrimonio cultural de la Humanidad." Fernando García, presidente de esa agrupación, mencionó que por estas calles se levantan inmuebles patrimoniales (algunos de bahareque) que no soportarían vibraciones por el peso de estos vehículos de más de 50 toneladas".

El día anterior a la concentración ciudadana, una Comisión técnica de la Unesco llegó a Cuenca, a pedido del alcalde Cabrera, para analizar "el trazado de la ruta del tranvía Cuatro Ríos de Cuenca, en el tramo que cruza por el centro histórico". Al alcalde también "le preocupaba que la obra física altere (sic) el título de Patrimonio Cultural de la Humanidad" de dicha ciudad. Sin embargo, y antes de que arribara la Comisión de la Unesco, "el presidente de la República alertó que si se cambia el trazado de la ruta retirará el apoyo económico del Gobierno", informó El Comercio en su edición de agosto de 2014.

El informe de la Unesco, señala el diario El Tiempo del 12 de noviembre de 2014, no recomendó ningún cambio sobre el trazado original del tranvía, pero sí mencionó la demora en la ejecución de las obras, que ocasionó varios problemas a los vecinos de la zona. Algunos debieron cambiar la ubicación de sus negocios a causa de las pérdidas económicas que tenían por la ausencia de clientes, que ya no querían o no podían llegar hasta los comercios, a causa de las prolongadas e interminables faenas de construcción del proyecto.

En efecto, las obras se iniciaron en 2013 y estaba previsto que culminaran en poco más de dos años, pero, hasta abril de 2017 (fecha de cierre de esta publicación), el proyecto todavía no se ha inaugurado. Las razones son múltiples. En enero de 2017, el alcalde Marcelo Cabrera dio al consorcio *Cuatro Ríos de Cuenca*, constructora de la obra, "un plazo de 10 días laborables para que el justifique y remedie los retrasos en las obras, de lo contrario terminará el contrato de forma unilateral. (…) Pero al Municipio no se le presenta un panorama fácil", informa una nota de El Comercio. Si rescinde el contrato no dispondría de todos los recursos para continuar. Le harían falta USD 35 millones para las obras complementarias. Además, continúa el matutino, "deberá preparar la defensa internacional ante un Tribunal de Mediación y Arbitraje de Chile, como lo fija el contrato. Según Cabrera, el Gobierno le adeuda USD 21 millones (…) por este proyecto. Está en trámite un crédito por USD 45 millones para financiar lo que falta del tranvía.". Así las cosas, todo indica que Cuenca deberá esperar un poco más de tiempo para tener su tranvía concluido y operando.

Los problemas de traslado de las personas en el puerto principal tienen matices distintos: la estrechez de la ciudad no es precisamente el mayor inconveniente, sino el hecho de que, desde el año 2011, se conocía que el parque automotor de Guayaquil superaría las 400 mil unidades en ese año, y que el número iba en aumento. Los testimonios recabados por El Universo en ese entonces, daban cuenta del problema: "Ronald Bueno se levanta a las 6:00 am., sabe que si se despierta minutos después de esa hora no podrá marcar a tiempo la entrada a su trabajo. Toma dos buses para trasladarse desde la ciudadela La Pradera, al sur de la urbe, y llegar a la Avenida de las Américas, esto es al norte de la ciudad, donde se encuentra el taller donde trabaja. El recorrido se vuelve interminable debido al tráfico que se genera entre las 08:00 y 08:30. Desde las 08:00 presenta mayor congestión vehicular la avenida Pedro Menéndez Gilbert, ruta utilizada por los residentes del norte de Guayaquil y de las urbanizaciones de la vía a Samborondón y Durán para trasladarse al centro y sur. (...) Como usuario de transporte urbano asegura que el tráfico se debe a una 'excesiva cantidad de carros' y que en ocasiones no se respetan las leyes de tránsito. 'He visto buses que invaden carril, conductores que se paran cuando quieren, y peatones que se cruzan con el peligro que sean atropellados', relata" (sic).

Para el año 2016, señala el diario El Comercio, "El sistema de transporte masivo metrovía, en Guayaquil, busca mejorar su servicio para los usuarios. La ampliación de 14 estaciones, construcción de cinco paradas adicionales y la incorporación de su cuarta troncal (otra ruta) están entre los nuevos planes. (...) La metrovía es utilizada por cerca de 400.000 pasajeros al día, en sus tres troncales. Con la ampliación y construcción de paradas, la capacidad será para 430.000, y con la nueva troncal se sumarían otros 100.000 pasajeros diarios" (sic). A estas acciones del Municipio para mejorar el diario trajinar de los guayaquileños, se añaden las obras de infraestructura que el Gobierno nacional efectuó en la urbe, tales como la construcción del cuarto "puente segmental sobre el río Babahoyo, que une a (sic) La Puntilla con Durán, en la provincia del Guayas". La construcción de este puente tardó 38 meses, tuvo un costó USD 102 millones y fue inaugurado en 2011, indica el portal de noticias "www.larepublica.ec".

En el año 2015, informa el diario El Universo, el alcalde de Guayaquil, Jaime Nebot, y su par de Samborondón, José Yúnez, presentaron el diseño del nuevo puente que unirá a estos dos cantones y que aliviará el tránsito en el puente de la Unidad

Nacional. "La vía estará ubicada a la altura del Liceo Panamericano, por el kilómetro 3,5 de la avenida Samborondón, y saldrá por las lagunas de oxidación de Interagua, en la vía Terminal-Pascuales. La obra vial, según la licitación tiene un presupuesto referencial de USD 83.501.000. El 33 % de ese rubro será cubierto por el Cabildo de Guayaquil y el resto por el de Samborondón. Esto es, USD 27.833.000 por el primero, y USD 55.667.000 por el segundo, financiados a 10 años", concluye la nota.

123. "Presidente ordena que el ISSFA devuelva 41 millones".

El diario El Universo, del 5 de febrero de 2016, informó que el Gobierno nacional ordenó "al Ministerio de Finanzas debitar de las cuentas del Instituto de Seguridad Social de las Fuerzas Armadas (ISSFA), (la suma de) USD 41 millones que, a su criterio, fueron pagados en exceso por la compra de 66 lotes de terreno en lo que ahora es el Parque Samanes, en Guayaquil". La compra la había realizado, meses atrás, el Ministerio del Ambiente.

La polémica suscitada entre el Gobierno nacional y el ISSFA por esta situación se originó cuando "la Procuraduría General del Estado dispuso al Ministerio de Ambiente (MAE) y al ISSFA rectificar o modificar el contrato de compraventa de 66 lotes ubicados en el parque Samanes", informa www.larepublica.ec. El contrato, suscrito a fines de 2010, determinaba que el MAE adquiría los lotes por un valor de USD 48.220.391,81. El monto, señala el informe de la Procuraduría, lo propuso el mismo MAE, en aquel entonces a cargo de Marcela Aguiñaga, a base del avaluó que efectuó la Dirección Nacional de Avalúos y Catastros, según informó El Comercio el 11 de febrero. "Sin embargo, según el artículo 58 de la Ley Orgánica del Sistema Nacional de Contratación Pública, el precio del inmueble debía fijarse en función del avalúo realizado por el municipio en donde se encuentren dichos bienes, esto es el Municipio de Guayaquil. (...) La disposición de la Procuraduría General del Estado, pese a tener el carácter de vinculante, no ha sido atendida hasta el momento por el Director del ISFFA", indica www.larepublica.ec.

Frente a esta situación poco clara, tanto el ISSFA como la titular del MAE de aquel entonces, Marcela Aguiñaga, debían explicar por qué no se siguieron los procedimientos determinados por la ley. "Alexis Mera, secretario jurídico de la Presidencia, admitió que 'hubo errores de buena fe" en la compra de los lotes. 'Lo estamos enmendado (...) Por eso hicimos el débito' al ISSFA", dijo el funcionario a El Comercio. Por su parte, el ministro de Ambiente, Daniel Ortega, señaló al mismo diario que "una vez que la Procuraduría identificó el supuesto pago en exceso, se actuó 'de oficio para corregir (el problema), sin una orden judicial'", ya que con ello, señala el funcionario, se "precauteló el orden constitucional". Ante esta situación, "El Alto Mando militar, destituido el viernes anterior luego de rechazar públicamente el descuento de los USD 41 millones, también citó el art. 372 de la Constitución para cuestionar la decisión del Gobierno". Dicho artículo señala que "Ninguna institución del Estado podrá intervenir o disponer de los fondos o reservas, ni menoscabar el patrimonio del seguro social universal".

Ante la crítica de la cúpula militar destituida, el presidente Correa afirmó que "He ordenado al Ministerio de Finanzas que les descuenten los USD 48 millones. Yo no me voy a poner a discutir con nadie, peor con mis subalternos, como presidente de la República y comandante en jefe, ordeno. Mientras yo sea presidente aquí se cumple la ley". Ante tal declaración, los militares en servicio pasivo convocaron a una reunión para "delinear las acciones legales, ante los organismos nacionales e internacionales, que se deban adoptar en caso de continuar con esta sistemática afectación a recursos del ISSFA". El impasse entre Gobierno y los pensionados del ISSFA dio lugar a una discusión sobre cómo se debía manejar la seguridad social de las Fuerzas Armadas, y si esta debía ser independiente del Instituto Ecuatoriano de Seguridad Social.

Metroecuador.com se refería al asunto, al recordar que el 26 de febrero de 2016, en el cambio de mando de la Cúpula militar efectuada en la Escuela Militar Eloy Alfaro de Parcayacu, el presidente Correa afirmó que el ISSFA no era una parte integrante de las Fuerzas Armadas, como sostenían los militares. El ISSFA, dijo el presidente, "Es parte del sistema de seguridad social del país, como lo establece claramente el artículo 370 de la Constitución. Sus entidades de seguridad social forman parte de la red pública integral de salud y del sistema de seguridad social". Más adelante, el presidente añadió que "hay que corregir urgentemente este problema, pero también hay que hablar de otros problemas, de esas desorbitantes cesantías subsidiadas por el Estado, donde un general del Ejército recibe más de 200 mil dólares, o pensiones jubilares de cerca de 5 mil dólares que recibieron los de luto que estuvieron marchando por aquí".

Con esa última frase, el presidente ecuatoriano aludía a los militares en servicio pasivo que, vestidos de negro, se levantaron y abandonaran la ceremonia cuando él se alistaba a dar su discurso. El Comercio informó que los militares "manifestaron que se trató de un 'acto espontáneo' frente a lo que ocurre actualmente con las Fuerzas Armadas del Ecuador. (…) Uno de los ex uniformados que salió (sic) del evento fue el general José Luis Castillo. Él dijo que no están de acuerdo con lo que pasa en el interior de las Fuerzas Armadas del Ecuador. 'Lo del ISSFA es una ofensa más a los soldados. ¿Usted considera que a una institución a la que se le debita USD 41 millones no se la minimiza? Es la seguridad social de los miembros de las FF.AA., los héroes del Cenepa y sus familias'" (sic).

La tensión entre el Gobierno y las FF.AA. era evidente; sin embargo, el Ministerio de Defensa dijo que las noticias de las "profundas diferencias" entre Gobierno y militares que circulaban en las redes sociales desde inicios de febrero de 2016, eran "rumores y desinformación", informó ecuavisa.com. Pero lo cierto es que a finales de ese año, el presidente cambió nuevamente la cúpula militar. El diario El Universo, del 11 de diciembre de 2016, informó que "En menos de un año, las Fuerzas Armadas han tenido tres cambios de comandantes y jefes de sus ramas, decretados por el presidente Rafael Correa, que a criterio de ex uniformados consultados resultan en una afectación a su institucionalidad. Los dos primeros cambios fueron por tensiones o cuestionamientos entre el Ejecutivo y los militares; y el último, decretado el viernes pasado, por razones que aún no fueron explicadas por el primer mandatario [...]. Para el coronel en servicio pasivo Alberto Molina, el cambio de la cúpula es una 'actitud irresponsable' del presidente. Aseguró que afecta la institucionalidad y la salud emocional de las Fuerzas Armadas..." (sic).

124. Arcotel, Cordicom y el concurso de adjudicación de frecuencias

La relación entre el Gobierno y los medios de comunicación sufrió varios momentos de alta tensión durante los diez años del Gobierno de Correa. Uno de ellos fue el proceso judicial contra un editorialista del diario El Universo y sus editores; otro, la promulgación de la Ley de Comunicación o "ley mordaza"; otra, la prohibición expresa del presidente de la República, de que sus ministros otorguen entrevistas a los por él denominados "medios mercantilistas". Junto con esta prohibición, la organización Reporteros sin Fronteras (RSF) denunció el cierre de cuatro radios y de dos canales de televisión ecuatorianos. El diario El Comercio, del 13 de junio de 2012, indicó que los medios de información afectados consideraban que la medida era una "represalia de tipo político". RFS recordaba que la estación "Radio Cosmopolita La Pantera", con 59 años al aire, había sido cerrada por "retrasos en el pago de arrendamiento de la frecuencia". "Telesangay", en cambio, fue sancionado por no instalar y poner en funcionamiento la frecuencia radial dentro de los plazos previstos por la respectiva Ley. Radio "Net", el canal de televisión "Lidervisión", y las emisoras "Radio Líder" y "El Dorado" también fueron cerradas por disposición oficial.

Los propietarios de dichos medios, y agrupaciones tales como Fundamedios, afirmaron que el cierre de los medios irrespetó el debido proceso en la mayoría de los casos. Por su parte, Fabián Jaramillo, superintendente de Telecomunicaciones, expresó que sacaría del aire a 13 estaciones más en los próximos meses, y que el organismo tenía la facultad de realizar una convocatoria pública para cubrir las frecuencias vacantes. Entre enero y junio de 2012, aduciendo falta de pago de las cuotas de funcionamiento, el Gobierno cerró 16 medios de comunicación, la mayoría de ellos, emisoras de radio. César Ricaurte, director de Fundamedios, afirmó que la incautación era ilegal porque todavía existían procesos judiciales pendientes, y que en el Ecuador "existe una cacería de medios". (Recordemos que en junio de 2013, la Ley de Comunicación, que venía debatiéndose en la Asamblea desde 2009, finalmente fue aprobada por la mayoría oficialista, mientras que los asambleístas de oposición, según una nota del diario El Universo, "molestos e impotentes, se colocaron mordazas en su boca como señal de rechazo").

En abril de 2016, Arcotel (Agencia de Regulación y Control de las Telecomunicaciones) informó en su página oficial (www.arcotel.gob.ec) el inicio del Concurso Público para la Adjudicación de Frecuencias de Radiodifusión y de Televisión de señal abierta. Para Arcotel, el concurso era "un hito histórico, porque es un proceso transparente que pretende dar voz a todos los ciudadanos, al facilitar la creación y el fortalecimiento de medios de comunicación privados y comunitarios." Se sacaba a concurso un total de 1.472 frecuencias: 846 de radio FM; 148 de radio AM, y 478 de televisión.

A fines del mismo mes, Fundamedios pidió públicamente que Arcotel y Cordicom (Consejo de Regulación y Desarrollo de la Información y Comunicación), los entes a cargo de llevar a cabo el concurso de frecuencias, suspendieran dichos concursos. Fundamendios sostenía que "Un proceso de este tipo no debería generar dudas o cuestionamientos [...], sino implementarse cumpliendo los principios de independencia, transparencia, rendición de cuentas, justicia, pluralidad e inclusión", establecidos en los parámetros internacionales determinados por la Relatoría Especial para la Libertad de Expresión de la Comisión Interamericana de Derechos Humanos. "Ninguno de esos principios está garantizado en el concurso convocado por las autoridades de telecomunicaciones". Al contrario, decía, las normas que regulan el concurso son ampliamente subjetivas y lo convierten en un proceso discrecional. A pesar de las dudas que el concurso provocaba, participaron en él algunas radiodifusoras y televisoras con muchos años de trayectoria.

En enero de 2017 –informó El Comercio– los directivos de Radio Visión, Diego Oquendo, y de EXA Democracia, Gonzalo Rosero, concurrieron a la Cordicom para "transmitir sus inquietudes sobre el proceso de distribución de frecuencias [...]. Oquendo y Rosero alertaron que sus medios podrían quedar fuera del concurso. De ahí que exhortaron a que se 'respeten los derechos de aquellas personas que ya han sido concesionarias, en reconocimiento de su experiencia e inversión acumuladas'". Al parecer, algunas imprecisiones y modificaciones realizadas al concurso, mientras se realizaba –además de su línea crítica al oficialismo– ocasionaron que estas radiodifusoras estuvieran en peligro de ser cerradas.

Para el portal digital de noticias y análisis político *4pelagatos*, el problema con Visión y EXA Democracia no era solo el de algunas imprecisiones en el concurso de frecuencias; al respecto, afirma que "El proceso de adjudicación de frecuencias está tan viciado, es tan grotesco que la propia Agencia de Regulación y Control de las Telecomunicaciones (Arcotel) tuvo que suspenderlo por 30 días. Esto no cambia para nada el contexto en que se realiza: en período electoral, precisamente para acosar y tratar de intimidar radios o canales de Tv. independientes del Gobierno" (sic). Para *4pelagatos*, el Gobierno usaba el concurso de frecuencias con fines políticos: "Las irregularidades, las inequidades, la abierta dedicatoria contra medios independientes es tan evidente que, salvo Jorge Glas (Lenin Moreno nada dice), los demás candidatos a la presidencia han pedido suspender este concurso y expresado su decisión de desconocer sus resultados. [...] Pensar que Exa-Democracia, Radio Visión, Teleamazonas... puedan estar fuera del aire por su línea editorial; pensar que 'El fantasma' pueda ser el nuevo zar de las comunicaciones en el país, retrata de cuerpo entero al correísmo: [...] Una visión política totalitaria propia de las dictaduras (militares o comunistas) de la guerra fría".

Efectivamente, *4pelagatos* se refería a otra grave denuncia en relación con el concurso de frecuencias: Fundamedios, *4Pelagatos* y otros medios digitales habían denunciado que Remigio Ángel

González, un magnate mexicano radicado en Estados Unidos y, además, dueño de una gran cantidad de medios, participaba en el concurso de frecuencias. González, conocido como el "El fantasma", había presentado "carpetas para 104 frecuencias: 60 de TV, 43 de radio FM y una de radio AM." De estas, denunció Fundamedios, 18 empresas pasaron a la segunda etapa del concurso, a cargo de la Cordicom. "Entretanto, fueron descalificados 497 medios privados y comunitarios; muchos de ellos claramente identificados por tener una línea independiente del Gobierno." Por eso, *4pelagatos* sostenía que el concurso estaba diseñado para favorecer a "El fantasma".

El 21 de marzo de 2017, Teleamazonas informó que "El Observatorio de Frecuencias presentó una demanda de inconstitucionalidad contra el reglamento del concurso de frecuencias de radio y televisión. Además, solicitaron una medida cautelar para que la suspensión del concurso continúe hasta que la Corte resuelva el pedido" (sic) De este modo, al cierre de esta publicación, aún se desconoce el desenlace de las denuncias sobre la presencia de "El Fantasma" en los medios ecuatorianos, así como el destino de las radios en peligro de cierre.

125. 2017, récord histórico de lluvias en el Ecuador

El martes, 10 de enero, Ecuavisa informó que, en lo que va de 2017, "el nivel de lluvias en Guayaquil llega al 70% del promedio histórico que cae durante el mes de enero." Efectivamente, el 9 de enero, Guayaquil "soportó la primera lluvia considerada de intensidad fuerte por el Inamhi, (Instituto Nacional de Meteorología e Hidrología) [...]. En Bastión Popular, noroeste de Guayaquil, una casa se desplomó debido a la fuerza del agua. Tres personas quedaron atrapadas entre los escombros. También se han reportado deslaves y la caída de varios árboles, tanto en el norte como en el sur de la ciudad".

En marzo, el Inamhi informó que "las lluvias mantienen su tendencia de aparecer con intensidad variable, tormentas eléctricas y ráfagas de vientos de manera dispersa; sin embargo, a fines de mes e inicios de abril se estima que se intensifiquen en todo el país". Efectivamente, el 24 de abril, Quito soportó "la precipitación más fuerte de los últimos 43 años [...]. La lluvia [...] duró 40 minutos [...] y se acumularon unos 54,5 mm de agua, lo que equivale a 54,5 litros de agua por cada metro cuadrado, siendo uno de los picos más altos de la actual época lluviosa" (sic), según una noticia de *metroecuador.com.ec.*

La intensidad y cantidad de las precipitaciones se deben a que las temperaturas del Océano Pacifico son altas, situación que usualmente se vincula con el fenómeno del Niño. Sin embargo, BBC Mundo, explicó que "A nivel mundial, los científicos no creen que el fenómeno de El Niño esté teniendo lugar [...] lo que ocurre en (las costas) de Perú y Ecuador es un calentamiento anómalo en el Pacífico oriental que ocasiona lluvias por encima de lo normal. Pero no es reconocido como un Niño. Es un fenómeno muy localizado, muy de nuestra región" (sic). No obstante, se advierte que este calentamiento del mar "podría ser precursor de un Niño global". Sea como fuere, en "apenas 19 días de este mes (marzo), las lluvias ya superan los promedios históricos. En Guayaquil, el registro histórico de 315,7 mm de agua alcanza el 463,4 mm. En la Sierra, Tulcán registra uno de los valores más altos, donde el promedio de 100,8 mm alcanza ya 147,1 mm", informó el diario El Universo, el 21 de marzo.

Si bien en estos primeros meses de 2017, el Ecuador no ha enfrentado tragedias de la magnitud de la de Mocoa en Colombia, o la que vivió la costa del Perú, muchas poblaciones se han visto afectadas a causa del temporal. A principios del año, las provincias de Chimborazo, Tungurahua, Azuay, Los Ríos y El Oro figuraron entre las provincias más afectadas por inundaciones y deslaves. El diario El Comercio del 12 de enero informó que "En la Amazonía, aún se evalúan las afectaciones (ocurridas) en Orellana, Napo, Pastaza y Zamora Chinchipe, tras los desbordamientos de los ríos. En Chimborazo, las lluvias causaron que una gran cantidad del material pétreo acumulado en la parte alta del volcán Chimborazo descendiera por la quebrada Gallo Rumi. El lodo y las piedras impiden el paso a la comunidad Santa Lucía de Chuquipogyo y bloquean 100 metros de la línea férrea, por lo que se suspendió temporalmente la ruta Tren de Hielo. Se requerirán al menos cinco días de trabajo con maquinaria para retirar los escombros".

En febrero, el diario El Universo informó que "El Subsecretario general de Riesgos, Ricardo Peñaherrera, confirmó [...] la muerte de 4 personas, 268 damnificados, 39 viviendas destruidas y 903 viviendas afectadas, debido a inundaciones o precipitaciones en diversas zonas del país". Santa Elena soportó nueve horas de lluvia; la gobernación (de esa provincia) suspendió las clases en todas las instituciones educativas. "También en la *ruta del spondylus* se produjo un deslave en la vía Cadeate-Manglaralto, por lo que se utilizó maquinaria para remover los escombros. En zonas aledañas, las comunidades Salanquillo, Tuguaduja y Julio Moreno se quedaron aisladas por las crecientes de los ríos. [...] Las provincias más afectadas por la alta precipitación son Los Ríos, Guayas y Santo Domingo, en la Costa; Cotopaxi, Imbabura, Pichincha y Carchi en la Sierra; Pastaza y Napo en la Amazonía".

Para fines de marzo de 2017, el Ministerio de Agricultura calculó que "8.905 hectáreas de cultivos han resultado afectadas por esta época lluviosa y más del 90 % de esa superficie corresponde a seis provincias del Litoral. [...] Los rubros que más perjuicio registran son arroz, maíz duro, cacao y banano. La extensión afectada por la incidencia del invierno corresponde a 1.997 productores. Manabí tiene la mayor afectación. Se estima (sic) problemas en 3.108 hectáreas, mientras que en Guayas son 2.918. En Los Ríos hay 2.357 hectáreas", según una crónica de El Universo, del 26 de marzo. En ese mismo mes, la provincia de Loja fue declarada en alerta naranja, pues las fuertes lluvias ocasionaron graves daños en la red vial y varias familias resultaron damnificadas.

En abril, *ecuadortv* informó que "Once cantones en Manabí se han visto afectados por las fuertes lluvias. Solo en Santa Ana se estima que más de 3.000 personas han sido afectadas y un número similar en el resto de la provincia". Los moradores de la zona aseguran que no habían visto nunca antes aguaceros tan fuertes. Como consecuencia de este desate de la naturaleza, los ríos Portoviejo y Chico se desbordaron y causaron la inundación de los cantones Portoviejo, Sucre, Rocafuerte y Santa Ana. Allí resultaron con graves daños muchas viviendas, centros educativos y servicios públicos.

El 21 de abril de 2017, Teleamazonas informó que el temporal dejó 470 familias damnificadas, 224 casas destruidas y 31 fallecidos. "El Instituto de Meteorología indicó que las lluvias que se registran en estos días serían las últimas, pues las condiciones climáticas empiezan a cambiar dando señales de que el invierno estaría por concluir".

126. 2017, elecciones generales

El 19 de febrero de 2017 se realizaron las elecciones para votar por presidente y vicepresidente de la República, 137 asambleístas y cinco parlamentarios andinos. El número de personas posibilitadas para ejercer el voto fue de 12.816.698, compuesto por ecuatorianos residentes en el país y en el exterior, y extranjeros nacionalizados ecuatorianos.

Las actividades políticas previas a la campaña electoral giraron en torno a la posibilidad de conformar alianzas que permitieran enfrentar y vencer al oficialismo que, a pesar de permanecer diez años en el poder, aún se presentaba con las mayores posibilidades de ganar la presidencia. Inicialmente se pensó que una primera coalición estaría constituida por las tendencias de la derecha en torno a la figura del candidato Guillermo Lasso. Sin embargo, esta posibilidad se presentó dividida a la contienda, luego de que el alcalde de Guayaquil, Jaime Nebot, representante del Partido Socialcristiano (PSC) y Madera de Guerrero (MG) no logró un acuerdo con Lasso, quien venía desde tiempo atrás anunciado su segunda candidatura a la presidencia. Por su parte, la tendencia de centro izquierda, conformada por la resucitada Izquierda Democrática (ID), Pachakutik y ex militantes del desaparecido Movimiento Popular Democrático (MPD), se unieron en el denominado Acuerdo Nacional por el Cambio (ANC), en torno a la figura del general en retiro y exalcalde de Quito, Paco Moncayo.

Finalmente, nueve binomios presidenciales inscribieron sus candidaturas: Lenin Moreno y Jorge Glas representaban al oficialismo; Guillermo Lasso y Andrés Páez representaban a la Alianza Suma-Creo; Cynthia Viteri y Mauricio Pozo eran los candidatos de PSC y MG; Paco Moncayo y Monserrat Bustamante representaban al ANC. También participaron en la contienda Abdalá Bucaram Pulley (FE); Iván Espinel (FCS); Patricio Zuquilanda (PSP) y Washington Pesantez (UE).

La primera vuelta electoral estuvo marcada por múltiples denuncias sobre la conformación del padrón electoral, en donde aparecían votantes que habían muerto años atrás, así como otras situaciones que ocasionaron que la opinión pública sospechara de un posible fraude. Por otro lado, también se entabló una guerra de encuestadoras, pues, con resultados dispares y muy distantes, presentaban a Lenin Moreno como el ganador absoluto en la primera vuelta electoral, mientras que otras encuestadoras apuntaban a una segunda vuelta.

El 19 de febrero se llevaron a cabo las elecciones. A lo largo del día circularon en las redes sociales múltiples denuncias sobre irregularidades, como por ejemplo, que algunas papeletas ya estaban previamente marcadas, que en el padrón electoral figuraban personas muertas, o que había coordinadores de varios recintos electorales de origen venezolano y cubano que favorecían al oficialismo. Así también, Ruth Hidalgo, representante de Participación Ciudadana (organización civil autorizada para hacer un conteo rápido con actas oficiales) denunció públicamente, al finalizar la jornada electoral, que en algunos recintos no se les permitió a sus delegados acceder a las actas y, por lo tanto, hacer su trabajo. Todo ello puso a una buena parte de la población en zozobra, pues, además, era evidente y pública la cercanía entre el oficialismo y el titular del Consejo Nacional Electoral (CNE), Juan Pablo Pozo, quien, por lo demás, era compadre del presidente Correa.

Al finalizar la jornada electoral, y escrutadas alrededor del 88 % de las actas, Juan Pablo Pozo se negó a dar los resultados, aduciendo que se habían presentado inconsistencias en varias actas, situación que le impedía completar el 100 % del escrutinio. Los "resultados se anunciarían en tres días", dijo el funcionario.

Ante la incertidumbre respecto a si habría o no habría una segunda vuelta, la población, especialmente de la capital, se volcó a las calles para protestar. La vigilia ciudadana frente a las oficinas del CNE se mantuvo por tres días hasta que, en rueda de prensa y presionado por los medios, Pozo dijo que si bien no había todavía resultados definitivos, la tendencia, a base del porcentaje escrutado, era irreversible, y que habría segunda vuelta electoral. Los contendores del balotaje serían los binomios de Moreno y Glas, con el 39,36 % de los votos, y Lasso y Páez, con el 28,09 % de votos válidos.

La Asamblea Nacional para los próximos cuatro años (2017-2021) quedó constituida con mayoría oficialista (AP), que logró 74 asambleístas. Como representantes del Ecuador al Parlamento Andino fueron elegidos Hugo Quiroz, Rosa Cárdenas y Pamela Aguirre de Alianza País; Fausto Cobo fue electo por la Alianza Creo-Suma y Patricia Terán, por el Partido Socialcristiano.

127. Nueva infraestructura hospitalaria en el Ecuador

En febrero de 2013, la estatal Agencia Andes informó que "En los próximos cuatros años, el Gobierno construirá 60 nuevos hospitales en el país, con lo cual espera avanzar en el campo de la atención del servicio de salud y llegar a todos los rincones del país. El Ministro Coordinador (de la cartera de Salud) agregó que hay la necesidad de recursos para desarrollar estos proyectos y aseguró que el Gobierno los obtendrá gracias al buen manejo económico". Por su parte, "Alberto Ullauri, médico del Ministerio de Salud, dijo que la calidad de la atención es parte fundamental del cambio" que debe darse en el área de la salud.

En marzo de 2016, Correa expresó que "En estos nueve años de Gobierno se ha (sic) construido entre 21 hospitales, entre nuevos y repotenciados. Y en 2017 esperamos llegar a 38 hospitales", recoge el diario El Tiempo de Cuenca. Es decir, un número inferior al inicialmente anunciado. Sin embargo, el primer mandatario añadió que "durante su Gobierno se han invertido cerca de 13.000 millones de dólares en el sector de la salud. Y solo en 2015, un año difícil para el país por la caída de los precios del petróleo, 'se han invertido cerca de 2.500 millones de dólares'".

En enero de 2017, poco antes de entregar el mando, Correa inauguró, en la parroquia de Quisapincha, provincia de Tunguragua, un nuevo centro de salud que "beneficiará, al menos, a unos 15.000 habitantes de esa parroquia", según una noticia del diario El Comercio. "En simultáneo también se abrieron los centros de Huambaló y de Chumaquí del cantón Pelileo y que contó con la asistencia de la vicepresidenta del Ecuador encargada, Sandra Naranjo" (sic). Esa misma mañana, el presidente también "entregó un Hospital con 33 camas en el cantón Sigchos y un centro de salud en la parroquia Chugchilán, en Cotopaxi. "En un solo día inauguramos cuatro centros de salud y un hospital. Las nuevas obras se efectuaron en las provincias que siempre fueron excluidas. Ahora cuentan con equipos y quirófanos de última tecnología. [...] Este es el gasto corriente de la 'burocracia', que critican, que en la revolución ciudadana se incrementó al 22 %, entre médicos y educadores para atender los requerimientos de la población".

Ese mismo mes, el presidente inauguró el hospital público "más grande del Ecuador", dijo una nota del diario El Tiempo de Cuenca, refiriéndose al construido en el Guasmo Sur (Guayaquil). Su costo superó los 187 millones de dólares y cuenta con 474 camas. "Una hemodiálisis cuesta 1.500 dólares en una clínica privada. Aquí, es gratis", afirmó Correa. Luego agregó: "La salud no es una mercancía, es un derecho". La nota del diario aclaró que este hospital "comenzará a funcionar paulatinamente, aún no se encuentra a su 100 %".

128. "Sombras de corrupción"

Durante los diez años que duró el Gobierno de Correa, la prensa nacional e internacional informó sobre una serie de acontecimientos sospechosos de corrupción. Ente ellos, el presunto apoyo económico de las FARC a la campaña electoral de Rafael Correa; la adquisición de furgonetas que aparentaban ser ambulancias por parte de la ministra de Salud, Carolina Chang; los denominados "pativideos"; los contratos a empresas vinculadas con

Fabricio Correa, hermano del presidente; el préstamo de COFIEC a Gastón Duzac; el caso Caminosca, en fin, la lista es larga.

Algunos de estos casos, no todos, han sido abordados en este texto. Sin embargo, como la corrupción puede darse bajo múltiples formas, nos referiremos ahora a las "dudas razonables" que han generado ciertos proyectos de infraestructura que fueron planteados con un presupuesto y tiempo de ejecución determinados, pero que al concluir su ejecución tomaron mucho más tiempo del señalado y el gasto en su ejecución se duplicó o triplicó. Este sería el caso, por ejemplo, del Terminal Marítimo GLP en Monteverde, provincia de Santa Elena: para su construcción se presupuestaron USD 233 millones y su tiempo de ejecución sería de dos años; sin embargo, demoró cuatro años más de lo previsto y llegó a costar USD. 570 millones. Otro caso es el del enorme edificio ubicado en Quito y bautizado "Plataforma Financiera": construido por la empresa china CAMC, su costo inicial se estimó en 79,5 millones de dólares y su precio final fue de 208,9 millones, casi tres veces más. (En mayo de 2017, en plena época de lluvias, el edificio se inundó y entró agua por los techos). Otro caso es el del terminal aeroportuario de Santa Rosa, en la provincia de El Oro: su construcción se estimó en USD 25 millones, pero finamente costó USD 52.5 millones, con el agravante de que este aeropuerto, que se pensó que sería una terminal internacional, tiene actualmente una sola ruta nacional, por lo que la obra está subutilizada. Sobre este caso, la Contraloría señala que entregó a la "Fiscalía General del Estado más de dos mil informes con indicios penales de malversación de recursos públicos". Otro caso es el conocido como "repotenciación de la refinería de Esmeraldas", cuyo costo fue anunciado en USD 167 millones, y el total ascendió a USD 2.600 millones.

Muchos de estos casos no han sido llevados a juicio; en otros, la justicia no ha efectuado un proceso legal eficiente para determinar con transparencia los hechos y sus involucrados. En muchos casos, los inculpados han sido encontrados inocentes; en otros, los funcionarios han sido removidos de sus cargos o han renunciado, y en otros, los funcionarios han sido perdonados y las denuncias han quedado en el olvido. Un caso que sacudió a la opinión pública fue el indulto que concedió Correa, pocos días antes de terminar su mandato, a favor de Antonio Buñay, ex presidente del Banco Cofiec, sentenciado a 8 años de reclusión mayor ordinaria por el delito de peculado originado en la concesión irregular del préstamo de 800 mil dólares a favor del argentino Duzac, indulto concedido "por expresar su arrepentimiento profundo", según se afirma en el respectivo decreto.

De estas situaciones se desprende que el Gobierno de la autoproclamada "Revolución Ciudadana" tenga sobre sí una "sombra de corrupción", tal como señala el portal periodístico PlanV. Así, "La percepción de la corrupción en la administración que termina no ha sido desbaratada ni por el poderoso sistema de propaganda oficial". Esa "sombra de corrupción" se hizo mucho más palpable en los últimos meses de 2016 e inicios de 2017, cuando se conocieron varios casos más: el denominado *los Panamá papers;* la existencia de una red de corrupción en Petroecuador, y también, el caso de Odebrecht.

129. *Panamá papers*

En abril de 2016, el Consorcio Internacional de Periodistas de Investigación presentó al público los primeros resultados de la indagación que había realizado sustentándose en un grupo de documentos que se filtraron del bufete de abogados Mossack Fonseca, de nacionalidad panameña. Los entonces bautizados *Panamá papers* evidenciaron las actividades de este despacho jurídico, que incluían el establecimiento de sociedades *offshore* y su administración. Esta actividad, que en sí misma no es un delito, da lugar a que se constituyan empresas *fantasmas* que tienen una amplia gama de funciones, que les facilitan el lavado de dinero, la evasión de impuestos, o el ocultamiento de patrimonios no precisamente bien habidos.

Ahora, al ser Mossack Fonseca la cuarta empresa que a nivel mundial ofrece este tipo de servicios, el escándalo fue mundial. En los *Panamá papers* aparecieron involucrados altos funcionarios gubernamentales de diversos países, dirigentes políticos y personajes públicos, conocidos personajes de las listas de los más ricos del mundo. Entre otras consecuencias, "Las revelaciones provocaron la renuncia del primer ministro de Islandia, Sigmundur Gunnlaugsson, pusieron en vergüenza al ex primer ministro británico David Cameron, expusieron cómo allegados del presidente ruso Vladimir Putin movieron miles de millones de dólares por el mundo, y pusieron al descubierto maniobras usadas por el rey de Arabia Saudita y el primer ministro paquistaní", indica el diario El Comercio, de diciembre de 2016. Pero ¿cómo se vio afectado el Ecuador con este escándalo?

A decir del portal de noticias *bbc.mundo.com*, el principal nombre citado por los *Panamá papers* es el de Pedro Delgado, ex alto funcionario del Gobierno y primo segundo del presidente Correa. Cuando se desató este escándanlo, Delgado ya estaba prófugo en EEUU y, al parecer, los documentos evidenciaban que "en 2012, Austrobank Panamá S.A., subsidiaria de Grupo ElJuri –uno de los principales conglomerados empresariales del Ecuador– y de acuerdo con la filtración, cliente de Mossack Fonseca, procesó una hipoteca en nombre de Delgado y su esposa, entonces vice cónsul general del Ecuador en Miami. La hipoteca de US\$ 190.000 era para comprar una casa en North Miami Beach. En ese momento, Delgado era funcionario del Banco Central". Otro funcionario que aparece en los documentos es Rommy Vallejo, titular de la Secretaría de Inteligencia del Ecuador (Senain), "quien aparece relacionado en los *Panamá papers* con Javier Molina, quien fue asesor externo de la Senain entre 2014 y 2015, y representante en Quito de Mossack Fonseca hasta 2011".

Por su lado, el diario El Universo, uno de los medios que investigaron el tema junto con el Consorcio Internacional de Periodistas de Investigación, puso en evidencia que también el fiscal general, Galo Chiriboga, y el abogado Javier Molina Bonilla, "quien trabajó para la agencia de espionaje de Ecuador", tenían empresas en Panamá. Así mismo, señala que "de acuerdo con los Papeles de Panamá, el ex gerente general de Petroecuador Álex Bravo compró al bufete Mossack Fonseca (MF) la *offshore* Johanna Investments Corporation, constituida en noviembre de 2013. Las acciones están a su nombre, pero esa inversión no consta en dos declaraciones de bienes que él presentó posteriormente a la Contraloría. Además, la *offshore* Girbra S.A., tanto el Registro Público panameño como los llamados Papeles de Panamá muestran cuatro compañías relacionadas a él; mientras que su esposa y otros familiares tienen vínculos con otras dos compañías" (sic).

La información presentada por este grupo de aproximadamente 300 periodistas, entre quienes constaban los ecuatorianos Mónica Almeida; Paúl Mena y Xavier Reyes, les valió ser reconocidos con el premio Pulitzer, el mayor galardón que un periodista puede alcanzar en los Estados Unidos de América. A su vez, esta investigación evidenció que la corrupción es un asunto mundial. En enero de 2017, El Comercio informó que "se conocieron más detalles en torno a la percepción de *corrupción-2016*, que difundió la organización Transparencia Internacional (TI). El organismo, cuya medición abarcó a 176 países del mundo, advierte que el caso Papeles de Panamá y sus revelaciones hicieron que repunte la percepción de la corrupción a escala global. [..] TI midió a las naciones en una escala de 0 a 100 puntos. Cero significa altos niveles de corrupción y 100 lo contrario. En el caso ecuatoriano, Transparencia Internacional indica que el país tiene 31 puntos y cayó uno con relación al 2015" (sic). El mismo diario afirmó que Los *Panamá papers* pusieron al descubierto una gran red de corrupción en la estatal petrolera ecuatoriana.

130. Red de corrupción en Petroecuador

El 17 de mayo del 2016, el diario El Universo informó que el exgerente de Petroecuador, Alex Bravo Panchano, que se encuentra en prisión preventiva desde el día anterior por el presunto delito de tráfico de influencias, sumaría una denuncia más: "Un supuesto delito de cohecho". Así lo anunció a la prensa Alexis Mera, secretario jurídico de la Presidencia de la República: "Hay una denuncia que hay unos pagos al exterior de unos contratistas petroleros a las cuentas del señor Bravo a través de compañías, lo cual configuraría delito de cohecho, eso habría que verificar" (sic).

Por su parte, Ecuavisa informó que la salida de Álex Bravo, en abril de 2016, de la gerencia general de Petroecuador detonó una bomba que evidenció la existencia de una "red de corrupción que operaba al interior de la petrolera estatal". Al principio se dijo que la renuncia de Bravo se produjo luego de solo cinco meses de permanecer al frente de la entidad, pero en realidad estuvo un total de 10 años en Petroecuador, en distintos cargos. "Varios funcionarios, entre ellos el también exgerente de Petroecuador y luego ministro de Hidrocarburos, Carlos Pareja Yannuzzelli", se vieron involucrados. Según la Fiscalía, la empresa *offshore* Girbra, de Álex Bravo, recibía comisiones de otras compañías que mantenían contratos con la estatal. Girbra, a su vez, probablemente realizó transferencias a Escart, empresa del asesor de Pareja, y a la empresa Capaya, de propiedad de Carlos Pareja Yannuzzelli". Mientras Bravo es investigado y guarda prisión preventiva desde mayo de 2016, Pareja Yanuzzelli, investigado por cohecho, está prófugo. "Salió del país el 28 de septiembre de 2016 y solo el 21 de octubre la justicia dictó prisión preventiva para él y otros ocho vinculados".

En enero de 2017, una noticia del diario El Comercio, sustentada en información de la Fiscalía, señaló que "se ha llamado a juicio a 18 personas investigadas por cohecho en Petroecuador", y más de 80 han sido indagadas. Entre ellas constan contratistas, exfuncionarios de Petroecuador y sus familiares y, por supuesto, también figuran Bravo y el exministro Pareja Yannuzzeli, a quien la Fiscalía identificó como el cabecilla de la red de corrupción.

En febrero de 2017, y en plena campaña electoral, circularon en las redes sociales unos videos en los que aparecía Pareja, "prófugo de la justicia ecuatoriana [...] junto con un supuesto 'experto en poligrafía'", quien le preguntaba sobre la corrupción en Petroecuador. El medio virtual *larepublica.ec* informó que en estos videos, Pareja "asegura que él no tomaba las decisiones y que no se hacía nada sin la autorización del vicepresidente Jorge Glas Espinel, actualmente candidato a la reelección, en binomio con el ex vicepresidente Lenin Moreno". En las horas siguientes, el presidente Correa, a través de Twitter, desestimó las denuncias:

"Pareja 'sale ridículamente con un polígrafo, debería salir con un psiquiatra', El presidente agregó que "esto es una campaña más para desprestigiar al Gobierno y a Jorge Glas por las próximas elecciones del 19 de febrero. [...] En sus mensajes [...] el mandatario señaló que los implicados en esta supuesta campaña están "desesperados por las futuras elecciones" y actúan "con la complicidad de periodistas faltos de ética".

Lo que debió constituir un hecho investigado de manera transparente por la justicia ecuatoriana, terminó transformado en un hecho político, en medio de la disputa por la presidencia. No obstante los dimes y diretes, quedó sembrada la duda sobre la participación de las más altas autoridades del Gobierno en estas redes de corrupción; además, no se conoce el monto del perjuicio económico que se ocasionó al Estado ecuatoriano. Todavía están en curso la investigación y los procesos legales; sin embargo, en el mes de diciembre de 2016, el diario El Comercio hizo un balance en los siguientes términos:

Alex Bravo "benefició a las empresas Multiservicios Valdi (Multival), Nolimit y MMR Group con la suscripción de contratos que sobrepasaron los USD 44,7 millones y que estaban relacionados con la refinería de Esmeraldas. En estas empresas trabajaban sus familiares y amigos. [...]Tres meses después fue detenido Javier B., accionista de la empresa Oil Services & Solution. Su arresto se dio en el aeropuerto Mariscal Sucre [...] cuando intentaba salir del país con USD 33 000 en efectivo. [...] La Fiscalía presentó cargos en contra del empresario por supuesto cohecho. Entre las pruebas se presentó (sic) transferencias por USD 600 000 de una cuenta de la 'offshore' Arkdale, relacionada con los hermanos Jaime y Juan B. y constituida en las Bahamas, a una cuenta de Girbra, empresa panameña de [Alex] Bravo" (sic). Por su parte, la Fiscalía indicó que "durante la audiencia de evaluación y preparatoria de juicio (contra Pareja), el fiscal general, Galo Chiriboga, presentó el informe de la Asistencia Penal de Panamá sobre la constitución de la empresa Capaya y de una cuenta corriente en el Capital Bank con USD 174 267, que tenía como único beneficiario a Carlos Pareja Yannuzzelli. Otro elemento expuesto por el fiscal es el informe del peritaje contable que habría evidenciado un incremento patrimonial del procesado en USD 1 236 849, entre el 28 de febrero de 2014 y el 11 de mayo de 2016" (sic).

131. Odebrecht, corrupción que trasciende fronteras

La historia de la empresa constructora Odebrecht se remonta a las primeras décadas del siglo XX. En 1970 ya era una de las empresas constructoras más importantes en el Brasil; allí realizó varias obras emblemáticas: el edificio de Petrobras en Rio de Janeiro, el puente Colombo Salles, en Floreanópolis; el aeropuerto de Galeao; la Planta Termonuclear Angra 1, entre muchas más. En la siguiente década, Odebrecht se internacionalizó y a partir de convenios con varios Gobiernos, se encargó de grandes obras de infraestructura en Angola, Argentina, Portugal; Colombia; México; Estados Unidos y Venezuela. En el Ecuador llevó a cabo las obras para el proyecto de irrigación Santa Elena (www.odebrecht.com).

En 2009, cuando la empresa pasó a manos de Marcelo Odebrecht, sus actividades se diversificaron. Bajo el nombre de *Foz do Brasil* entró el área de saneamiento ambiental. Con *TransPort*, invirtió en el área de trasporte y logística, entre muchas actividades más. En 2010, Odebrecht recibió el premio a la Mejor Empresa Familiar por el *International Institute for Management Development,* de Suiza.

En diciembre de 2016, señala El Financiero de México, el Departamento de Justicia de los Estado Unidos reveló que la compañía brasileña entregó sobornos por USD 788 millones a cambio de la adjudicación de contratos. Los pagos se concedieron a funcionarios públicos de todos los niveles. "Odebrecht utilizó el sistema de pagos de Estados Unidos para sus operaciones de sobornos" y por ello el sistema legal estadunidense intervino y entabló una demanda. "La subsecretaria adjunta del Departamento de Justicia de Estados Unidos, Sung-hee Suh, expresó que "Odebrecht y Braskem (filial de Odebrecht) utilizaron una unidad de negocios, oculta y funcional, que podríamos llamar 'Departamento de Sobornos', para el pago sistemático de centenas de millones de dólares a funcionarios corruptos en países de tres continentes".

Para las autoridades estadounidenses, este es "el caso más grande de la historia de sobornos en el extranjero". La justicia norteamericana condenó a Odebrecht a pagar "la multa más alta de la historia de Estados Unidos, 3 mil 500 millones de dólares". Los "directivos de la multinacional brasileña acordaron colaborar con la Justicia de los países donde admitió haber incurrido en acciones delictivas", lo que en principio agilitaría las indagaciones y la identificación de culpables, indica El Financiero.

Efectivamente, el diario La República del Perú señala que en Brasil "En la investigación en torno a la causa abierta que afecta a Petrobras se calcula que de los 20.000 millones de reales (6.400 millones de dólares) desviados, 7.000 (2.250 millones de dólares) fueron a parar a Odebrecht". A pesar de que las confesiones "se encuentran bajo secreto, la prensa brasileña filtró nombres clave, entre los que están el actual presidente, Michel Temer, y Dilma Rousseff (destituida de la presidencia) y Luiz Inácio Lula da Silva". En Perú "la Fiscalía anticorrupción solicitó 18 meses de prisión preventiva para Alejandro Toledo. Se le acusa de haber recibido 20 millones de dólares en sobornos de Odebrecht, a la que habría (sic) favorecido en la carretera Interoceánica Sur". Así mismo, "el ex presidente Ollanta Humala se enmarañó tras la revelación del diario brasileño Folha de Sao Paulo, de que la empresa había entregado tres millones de dólares a su campaña presidencial." De igual manera, en Colombia, México y Argentina se han conocido, paulatinamente, los distintos casos de corrupción, y muchos de ellos ya han sido llevados a juicios.

En el Ecuador, el diario El Universo hizo, a fines de 2016, un balance de lo que hasta entonces se conocía sobre el caso. De acuerdo con la información proporcionada por el Departamento de Justicia de los Estados Unidos, Odebrecht posiblemente pagó en sobornos, aproximadamente USD 33,5 millones, desde 2007 a 2016, para lograr beneficios equivalentes a unos USD 116 millones.

En medio de la campaña política que se realizaba en el Ecuador justo en los momentos en que se divulgaba la información sobre los sobornos, la ciudadanía urgía a las autoridades de justicia para que revelara quiénes y en qué casos se efectuaron estos actos de corrupción. Lo que hubo por parte de las autoridades del Gobierno fueron dilaciones y respuestas esquivas. Sobre el tema, Sebastián Mantilla escribió para El Comercio, en diciembre de 2016: "Vuelve a ser noticia el tema de la corrupción. Ya no por el caso de enriquecimiento ilícito y delincuencia organizada en [...] Petroecuador, sino por el pago de millonarios sobornos" de Odebrecht. La información sobre el caso, "reposa en un documento del Departamento de Justicia de los Estados Unidos" y "confirma el pago de sobornos a autoridades, políticos y funcionarios públicos [...]. Pese a la gravedad de estas evidencias, la reacción del presidente Rafael Correa ha sido penosa. 'El Gobierno ecuatoriano no aceptará la versiones de los directivos de la Odebrecht', dijo en un comunicado [...]. En lugar de pedir una pronta y exhaustiva investigación en lo que se perfila como uno de los casos más grandes de corrupción [...], Correa tiende a desestimar, con la finalidad de que no afecte su imagen y proyecto político. De igual modo, la presteza con que han actuado [...] las instancias de fiscalización y control como Fiscalía, Contraloría y Procuraduría ha sido decepcionante. [...] En Perú, la Fiscalía solicitó información a su par de Brasil en julio de este año [2016] (nuestro fiscal lo acaba de hacer recién (sic) en días pasados). [...] En Colombia, la Fiscalía cuenta con un grupo de tres fiscales de alto nivel y 20 investigadores para seguir la pista de este escándalo [...]. Ante estas graves falencias de nuestro sistema de fiscalización y justicia, el cual ha brillado por su ausencia en estos 10 años de Gobierno, la perspectiva que se tiene no puede ser más que pesimista" (sic).

Por su lado "El fiscal general, Galo Chiriboga, dijo en declaraciones a periodistas que están analizando unos 30 contratos relacionados (con Odebrecht), no solo en el período de 2007 a 2015, sino también los contratos suscritos desde 1980", informó El Universo en abril de 2017. De momento, señala El Comercio de esos días, el ex ministro de Energía, Alecksey Mosquera, y el empresario Marcelo Endara, acusados de lavado de activos, mantienen prisión preventiva. Las pruebas en su contra indican que Odebrecht les pagó USD 1 millón "para que el ex ministro agilitara el trámite relacionado con la hidroeléctrica Toachi - Pilatón en su fase de ejecución". Para ello, los acusados usaron una compleja red de bancos en el exterior, testaferros y empresas de papel. "Sin embargo, en la tarde, el fiscal general, Galo Chiriboga, dio más detalles y explicó que aún no puede precisar por cuál contrato Odebrecht habría desembolsado el dinero. Esto porque en la asistencia penal se revela que las transferencias se realizaron el 25 de febrero del 2011, cuando Mosquera ya no era funcionario" (sic).

"El proyecto Toachi - Pilatón no es el único investigado", añade El Comercio. "Otro de los proyectos indagados por el supuesto pago de sobornos es la Central San Francisco, según indicios del Departamento de Justicia de EE.UU. [...] En el informe, las autoridades de EE.UU. mencionaron que entre 2007 y 2008, Odebrecht tuvo problemas relacionados con un proyecto. Para solucionar los inconvenientes, los investigadores señalan que esa compañía contactó, a través de un intermediario, a un funcionario del Gobierno que tenía control sobre contratos públicos. Después - dice el informe- la constructora realizó el pago de sobornos en efectivo a ese funcionario". Es de conocimiento público que en octubre de 2008, Rafael Correa expulsó del país a Odebrecht, luego de que se detectaron fallas en la Central San Francisco. Pero, "en noviembre del 2010, dos años después de su expulsión, el Gobierno llegó a un acuerdo con la empresa, desestimando las demandas por San Francisco, lo que posibilitó su retorno al país para concluir obras pendientes y firmar nuevos contratos" (sic). Así, y de acuerdo con estimaciones del diario El Universo "el presidente Rafael Correa impulsó proyectos por alrededor de 1.600 millones de dólares con esa empresa". El caso Odebrecht aún está pendiente (abril de 2017); la ciudadanía reclama de los funcionarios judiciales del Ecuador que den a conocer "la lista de Odebrecht", para que se conozcan los nombres de todos los implicados en este nuevo caso de corrupción y que se sigan las acciones legales correspondientes.

132. La refinería del Pacífico

En el mes de junio de 2011, el Ecuador y Venezuela acordaron "acelerar la cooperación en temas energéticos". La intención de ambos países, conforme a la crónica de El Comercio, era dar un nuevo impulso "a la construcción de una importante planta petroquímica en la costa ecuatoriana [...]. El gerente del proyecto, Carlos Proaño, señaló que el complejo hidrocarburífero (sic) estará listo en el primer semestre de 2015 y que su producción a máximo nivel se alcanzará al siguiente año". El funcionario se refería a la construcción de la Refinería del Pacifico, ubicada en el poblado de El Aromo en la provincia de Manabí y que se había planificado en el año 2008.

Efectivamente, en enero de 2008, "se suscribió el Memorando de Entendimiento entre Petróleos de Venezuela S. A. y Petróleos del Ecuador", con el objetivo de "crear una empresa de economía mixta para la construcción de un nuevo complejo refinador en el Pacífico Ecuatoriano", según señala la página oficial de la Refinería del Pacifico. El complejo petroquímico "tendría capacidad para refinar 300 mil barriles diarios de petróleo y estará construido sobre 1.347 hectáreas", y permitirá que en el Ecuador opere una cadena productiva integrada: "Tenemos el petróleo primario, lo industrializamos y luego lo comercializamos, indicó Proaño. El acta de constitución de la empresa señala que la Refinería del Pacífico, con nacionalidad ecuatoriana, tendrá como "accionistas a PETROECUADOR con el 51% y a PDVSA con el 49%" (sic).

En julio de 2012, el diario El Comercio informó que el nuevo gerente de la Refinería, Pedro Merizalde, adjudicó a la constructora brasileña Norberto Odebrecht, por la suma de USD 229,9 millones, los trabajos de preparación del área donde se implantará el proyecto petroquímico. "La obra [...] tendrá un plazo de ejecución de 28 meses. [...] Los trabajos de preparación del área comprenden el movimiento de tierras (corte, rellenos, compactación), la construcción de vías internas y la vía de interconexión, además de drenajes, taludes de contención, adecuación de la zona de almacenaje, entre otras obras".

La adjudicación de la obra a la empresa brasileña generó el descontento de otras empresas constructoras ecuatorianas. El diario El Comercio informó sobre la carta abierta que el consorcio Aromo del Pacífico, conformado por las empresas Hidalgo & Hidalgo y Herdoiza Crespo envió al presidente Correa, en la que expresan su inconformidad con la adjudicación: "Odebrecht no debía recibir la puntuación de 10 sobre 10 en el parámetro de Participación Nacional, al ser una firma extranjera. Un siguiente punto es que la comisión técnica, a cargo de la elección, no habría comprobado 'la existencia ni el estado del equipo propuesto por los oferentes, ya que nadie inspeccionó el equipo presentado por el consorcio (Aromo del Pacífico)' [...]. Además, señalaron que la comisión técnica inobservó las recomendaciones del Instituto Nacional de Compras Públicas (Incop), al no descalificar la oferta de la constructora Odebrecht, por su supuesta 'crítica situación financiera, conforme se registra en su estado financiero de los dos últimos años'". Había, de este modo, graves cuestionamientos a la adjudicación de la obra a la empresa brasileña; pese a ello, "Merizalde, insistió [...] que 'todo el proceso ha sido y es transparente'" (sic).

La contratación para el movimiento de tierras estaba hecha, aunque todavía quedaba por definirse cómo y con qué capitales se construiría la refinería. En junio de 2013, el vicepresidente Glas, luego de un viaje a China, informó que el Gobierno ecuatoriano y la CNPC, empresa petrolera china, suscribieron un "convenio marco" de negociación para que esta sea socia de la refinería con un 30 % de las acciones, dijo El Comercio. En enero de 2014, el mencionado matutino ratificó la información oficial y, citando al presidente Correa, agregó que "China financiará la construcción de la refinería (...) que demanda una inversión de USD 10 000 millones, y también se convertirá en socio de ese proyecto". Por su parte, el vicepresidente Glas afirmó: "Ahí donde algunos ven un terreno baldío, yo veo una refinería". Sin embargo, los planes quedaron estancados y la obra no continuó.

En junio de 2015, en un artículo publicado en El Comercio, Carlos Jaramillo afirmó que desde el año 2008, en que se colocó la primera piedra (de la refinería del Pacífico) los trabajos están paralizados. Lo que se había hecho, hasta entonces, era "la adquisición del terreno, movimientos de tierras, una carretera de acceso y algo más, por el monto de 1 200 millones de dólares, pero los otros dos accionistas, Petróleos de Venezuela (Pdvsa) y la Empresa Petrolera Estatal China, no dan señales de vida". Jaramillo agregó que "Lo grave es que estudios de firmas internacionales especializadas establecen que las reservas de crudo de nuestro país [...] no justifican la construcción de una refinería de las características previstas". De ahí que lo que el Gobierno llama una "obra histórica y emblemática", agrega, la oposición la denomine como "faraónica o elefante blanco".

El mencionado diario capitalino informó, en febrero de 2016, que la Comisión Anticorrupción, "presentó una denuncia ante el Fiscal General del Estado, Galo Chiriboga, por supuestas irregularidades cometidas en la adquisición del terreno de la Refinería del Pacífico". La Comisión sostenía que el terreno en El Aromo fue adquirido por USD 6,7 millones, en diciembre de 2009, pero que su avalúo era de USD 121.275. "Es decir que habría un presunto sobreprecio de 50 veces respecto del valor real del terreno. [...] Además, la Comisión indicó que el estudio de línea base ambiental realizado por SK de Corea del Sur, recomendó la adquisición de ese terreno, pese a que un estudio previo del Instituto Oceanográfico de la Armada (Inocar) cuestionaba la idoneidad del lugar. El estudio del Inocar, advirtió que 'la zona era altamente poblada, y la construcción de una refinería era una bomba de tiempo, por el impacto ambiental que esta generaría en la población'", indicó la Comisión.

A base de estos cuestionamientos, la Comisión pedía investigar a Marcela Aguiñaga, Ministra de Ambiente en aquel entonces, "así como al ex alcalde de Montectristi, Washington Arteaga; al entonces presidente del Directorio de la Refinería del Pacífico, Contralmirante Luis Jaramillo, y al exgerente de la Refinería, Carlos Proaño". Así mismo, pedía investigar al contralor general del Estado, Carlos Pólit. Al respecto, una nota del diario El Comercio informó que la Contraloría "habría (sic) incumplido su misión de fiscalizar de manera efectiva el proceso de contratación de esta obra pública, que para inicios del (sic) 2016, esto es, luego de siete años de iniciado el proyecto, solo había registrado avances en cuanto a estudios, movimiento de tierras y construcción del acueducto," pero "aún esperaba conseguir financiamiento para comenzar su construcción".

En abril de 2017, el contralor Carlos Pólit denunció a los nueve miembros de la Comisión Anticorrupción por calumnias, y pidió su prisión por la denuncia que habían hecho sobre la adquisición de estos terrenos para la refinería del Pacífico. Entre los enjuiciados figuraban Simón Espinosa, Isabel Robalino, María de Lourdes Arboleda, Byron Celi, Alfredo Rodas, Ramiro Román, Julio César Trujillo, Juan Fernando Vega, Jorge Rodríguez, entre otros.

El 19 de abril de 2017, relata El Comercio, tuvo lugar la audiencia de presentación de cargos por parte de la Contraloría contra los miembros de la Comisión: "Entraron a la sala en medio de aplausos y abrazos de los asistentes [...] que pedían justicia." El contralor Pólit no asistió. "La jueza del caso, Karen Matamoros, preguntó si había posibilidad de una conciliación. [...] Felipe Rodríguez, (abogado de los comisionados) [...] manifestó que están dispuestos a conciliar con la condición de que el Contralor pida disculpas". Pero, "Simón Espinosa, uno de los acusados, no aceptó (la propuesta del abogado), y pidió que el proceso vaya (sic) hasta las últimas consecuencias." Sin la posibilidad de un acuerdo, el proceso continuó. El abogado del Contralor pidió a la jueza que "se sancione a los nueve comisionados en base (sic) al art. 182 del Código Penal. Allí se establecen penas que van desde los seis meses hasta los dos años de cárcel. Además solicitó una indemnización de USD 900.000 (USD 100.000 cada uno) y el pago por daños", informó el citado diario capitalino.

El 20 de abril de 2017, Teleamazonas informó que "Los nueve miembros de la Comisión Cívica Anticorrupción fueron condenados por la jueza Karen Matamoros por el delito de injurias al contralor Carlos Pólit. Por su parte, el presidente electo, Lenin Moreno, horas antes de que se emita (sic) sentencia, pidió por medio de su cuenta de *twitter* "que el contralor revise la demanda y que tenga tolerancia. 'Animo al señor Contralor, Carlos Pólit, a revisar demanda contra @CNACEcuador. Es momento de mayor tolerancia', escribió. Y añadió 'pero también exhortamos a las organizaciones sociales a proceder con mayor rigor y responsabilidad", indica el portal www.amboslados.com. "Minutos más tarde, el contralor desistió de la querella en contra de los comisionados". El juicio, la condena y el posterior perdón del contralor Pólit provocaron el repudio de la opinión pública ecuatoriana, expresado en cientos de tuits divulgados por las redes sociales.

"Los USD 1.503 millones ejecutados entre el 2008 y septiembre de 2016 en la Refinería del Pacífico se destinaron a trabajos previos a su construcción. […] La cifra incluye impuestos y fue anunciada por el presidente Rafael Correa en el enlace ciudadano del pasado 5 de noviembre de este año. Pese a que ya se ejecutó ese monto en esta obra, el Gobierno aún busca USD 13 000 millones de financiamiento para su construcción" (sic), informó El Comercio, en noviembre de 2016.

133. Las "escuelas del milenio"

Una de las metas del Gobierno de Correa ha sido mejorar la educación en el país. Para ello, se reformaron las mallas curriculares, se incrementó el número de maestros en las escuelas, se impulsó una mayor profesionalización del magisterio, se incrementaron sus salarios y sus horas de trabajo. No obstante, el Ministerio de Educación entró en disputa con la UNE (Unión Nacional de Educadores), el mayor gremio de profesores dependientes del Estado en el Ecuador. La UNE, creada en 1940, ha sido una de las organizaciones con mayor peso político y capacidad de movilización en el país. En mayo de 2015, el Gobierno allanó las oficinas de la UNE que manejaban su fondo de cesantía. La acción fue ejecutada por orden del Gobierno y bajo el amparo de la Ley Reformatoria de la Seguridad Social, aprobada en septiembre de 2014, que dictamina que los fondos (en este caso, de alrededor de 100.000 profesores cuyos ahorros superaban los USD 400 millones) dejarían de ser administradas por este gremio de maestros, y pasarían al BIESS (Banco del Instituto Ecuatoriano de Seguridad Social). Finalmente, en agosto de 2016, el Ministerio de Educación disolvió a la UNE.

Según el Gobierno, el Ecuador es uno de los países latinoamericanos que más invierte en Educación: en abril de 2014, el diario oficialista El Telégrafo recogió las declaraciones del Vicepresidente Jorge Glas, que afirmó que el Ecuador destina el 2 % del PIB a Educación, mientras que Brasil destina solo el 1 %, Colombia el 1,1 % y Argentina el 1,2 %. Agregó que la meta del Gobierno ecuatoriano es incrementar anualmente esos recursos hasta llegar a destinar el 5 % del PIB para educación, (No obstante lo expresado por el oficialismo, las cifras del Banco Mundial respecto al porcentaje del PIB –comprende el gasto público total, corriente y de capital– destinado a educación en un año determinado, en este caso, en el año 2013, afirman lo siguiente: el Ecuador ha destinado el 5,02 % del PIB a educación; Argentina, el 5,34 %; Brasil, el 5,99 %, y Colombia, el 4,90 %).

A mediados de 2016, la Agencia Andes (servicio de información oficial del Estado) expresó, en una nota de prensa, que "Entrar a una Unidad Educativa del Milenio (UEM) es evidenciar cómo la educación ha cambiado en el Ecuador y ver cómo niños y jóvenes de escasos recursos pueden acceder a la educación de calidad que antes se les negó, y que ahora disfrutan de la oportunidad de educarse en un colegio que cuenta con todos los servicios necesarios. El Ministerio de Educación afirma en su página web, que "El propósito del Proyecto [UEM] es mejorar la calidad de los servicios educativos dotando de infraestructura educativa integral". Las edificaciones de las denominadas "Escuelas del Milenio" cuentan con biblioteca, laboratorios, aulas espaciosas, "áreas deportivas y de esparcimiento, con mobiliario y apoyo tecnológico adecuados".

El diario El Tiempo de Cuenca informó que, a inicios de 2016, había 58 Unidades Educativas del Milenio, repartidas en varias provincias del país. A su vez, la Agencia Andes, en su edición del 25 de marzo de 2017, informó que "durante estos diez años [...] se han entregado, se han construido y se planifican 575 Unidades

Educativas de primer nivel en todos los sectores del país, es decir, que se ha entregado una escuela por semana". Al parecer, entre enero de 2016 y marzo de 2017 se construyeron gran parte de las UEM, que, a decir del presidente de la República "hacen a la revolución invencible" (sic).

Por su parte, la revista Vistazo, en su edición de enero de 2017, afirma que en los últimos diez años (2007–2017) se han construido un total de 70 UEM a un costo de aproximadamente USD 6 millones cada una. Sobre el tema, señala Vistazo, la experta en Educación, Rosa María Torres, sostiene que "El actual Gobierno puso las prioridades al revés, al enfocarse demasiado en la infraestructura y dejar en último lugar a la capacitación de maestros y la pedagogía". De ahí que, afirma, a pesar de que el Ministerio de Educación señale que ha cumplido con "todas las políticas de su Plan Decenal de Educación", las falencias están a la vista: "Ecuador sigue sacando notas bajas en la evaluación regional de educación de la Unesco, en las materias de lectura, escritura y matemáticas".

Transcribimos el relato de Rosa María Torres en su visita a la "Escuela del Milenio" de la pequeña ciudad de Guano, Chimborazo, publicada en su blog *OtraEducación*:

"Me preguntan si quiero ver una clase y digo inmediatamente que sí. En el Bloque de Aulas entramos a un aula de sexto año de educación básica. Niños y niñas se paran para saludar y saludan en coro, como es usual en la cultura escolar ecuatoriana. El aula está impecable, todo en orden. Paredes sin usar. Pupitres individuales, organizados en filas, frente a la pizarra y al profesor. 27 niños y niñas con rasgos indígenas, pulcramente uniformados. Intento establecer un diálogo con ellos [...] dos o tres responden a la pregunta [...]. El diálogo no fluye con facilidad. Hay mucha tensión en el ambiente. [...]

"Al salir del aula pasamos cerca de los baños. Desde afuera, se ven bonitos, limpios. La persona que me acompaña me dice que ha costado que los niños usen los baños como es debido, que los mantengan aseados. En sus casas, muchos de ellos no tienen baño, a lo sumo, una letrina. [...] Vamos al comedor. Un espacio grande, frío, vacío. [...]. Aquí se sirve el desayuno y el almuerzo escolar. [...]

Al salir del comedor, un inspector que nos acompaña en el recorrido me dice que está suspendido el almuerzo en la escuela. Alguien dice que no hay dinero en el Ministerio de Educación. [...] Veo a varias mujeres cargando bolsas. Pregunto quiénes son. Me dicen que son madres de familia. Contribuyen con lo que pueden al desayuno escolar [...] Ese mismo día supe que el servicio de almuerzo está suspendido en todas la UEM. Esto significa un problema mayor para estas familias pobres, que dependen del almuerzo escolar para sus hijos.

"Llegamos al bloque donde están el Laboratorio de Física y el Laboratorio de Química. Entramos a este último. El espacio es muy amplio y está vacío. Un señor toma la palabra y nos empieza a explicar, con detalle, cada uno de los implementos que hay en el lugar. Al final de su exposición, le pregunto si él es el profesor de Química. Me dice que no, que no hay por ahora profesor de esta materia y que el laboratorio no se está usando. Él custodia estos implementos. Al frente está el Laboratorio de Tecnología e Idiomas conformado por dos aulas contiguas con computadoras en cada mesa y una pizarra digital al frente. Ambas aulas están vacías. Pregunto por qué hay dos laboratorios de idiomas, uno al lado del otro, y evidentemente subutilizados. Me dicen que así es el diseño arquitectónico. El idioma que se enseña aquí es el inglés. El idioma kichwa —lengua nativa de muchos, quizás la mayoría, de estudiantes de esta escuela— no es lengua de enseñanza.

"[...] Al fondo, el aula de educación infantil, para los más pequeños. Colorida, vistosa, alegre. El espacio más amigable del plantel, como suele suceder. Tampoco hay niños aquí. [...] Después de la visita he visto fotos del patio cívico y otros espacios exteriores, en las que aparecen los alumnos en el recreo, jugando, o bien en celebraciones y festejos de la escuela. Aún en esos casos, la sensación que prevalece es el despoblado" (sic).

Frente a esta realidad, fácilmente constatable, es que Lenin Moreno, entonces candidato a la presidencia de la República, calificó a las UEM de "elefantes blancos", según una nota de El Comercio de octubre de 2016. Para Rosa María Torres y otros expertos en educación, muchas UEM están siendo subutilizadas y no hay una correlación entre el costo que suponen y el beneficio real que significa para la población. En relación con ello, Torres hace algunas observaciones:

Las UEM tienden a la estandarización; todas son de cemento, elaboradas en base al mismo diseño arquitectónico, y están dotadas de los mismos implementos. Todas tienen computadores, a pesar de que en esa zona aún no hay acceso a internet. El diseño arquitectónico estandarizado implica que "no hay señas visibles que indiquen que (esa escuela) está en Guano" o en cualquier otro lugar del país. Por lo tanto, en ellas hay "ausencia de contexto y de cultura, la escuela [...] no se vincula a la cultura ni se nutre de ella". Todo indica, dice Torres, que "la infraestructura aparece en el centro del modelo UEM, no los docentes, ni los estudiantes, ni el aprendizaje. Todo está limpio, ordenado, sin huella, en el afán de cuidar las instalaciones. Las paredes son blancas y están vírgenes. La calidad de la infraestructura se confunde reiteradamente con la calidad de la educación. Cierto es que el aprendizaje se da mejor donde hay aseo y orden, pero también es cierto que el aprendizaje implica juego, movimiento, emoción, comunicación, ruido, libertad, personalización, flexibilidad mucho más que rigidez. [...] La pedagogía convencional se mantiene, no ha cambiado. La relación maestro-alumnos, la clase frontal, las respuestas corales, la organización del aula, el uso de los espacios, replican los patrones escolares convencionales. La propia infraestructura es moderna, no necesariamente innovadora. No invita a la espontaneidad, al diálogo, al encuentro, a la colaboración, al trabajo en equipo, ni entre los estudiantes ni entre los profesores".

Finalmente, uno de los mayores problemas con las UEM es la accesibilidad, "sobre todo en zonas rurales, dispersas y apartadas", señala Torres. Mientras que antes las pequeñas escuelas rurales estaban relativamente cerca de los estudiantes, ahora, al centralizarse la educación en una UEM, los niños tienen mayores dificultades para llegar hasta allí. Sin embargo, esta no es la realidad de las UEM ubicadas en el Distrito Metropolitano de Quito, que al ser "réplicas" de colegios emblemáticos de la capital (Mejía o 24 de Mayo), y al estar ubicadas en sectores más apartados, descentralizan la educación y permiten que los jóvenes de barrios periféricos accedan a mayores recursos educativos que en sus antiguas escuelitas.

134. 2017, segunda vuelta electoral

Con la confirmación realizada por el Consejo Nacional Electoral (CNE) de que habría segunda vuelta, los candidatos Lenin Moreno y Guillermo Lasso, y sus partidos Alianza País y Creo-Suma, respectivamente, se prepararon para una cortísima campaña electoral que finalizaría el 2 de abril con las elecciones.

El camino hacia la segunda vuelta electoral estuvo marcado por situaciones diversas. Por un lado, continuaban los rumores y la preocupación entre la población de un posible fraude electoral que favorecería al candidato oficialista, y por otro, Lasso urgía a Moreno a debatir públicamente sobre los temas trascendentales para el país, pedido que Moreno rechazó desde el inicio de la campaña electoral, al punto de que el pretendido debate nunca llegó a realizarse.

En otro plano de situaciones, el portal de noticias "república.ec" el 15 de marzo, informó que a venezolana Lilian Tintori, activista por los derechos humanos y esposa de Leopoldo López, preso político por el Gobierno venezolano, había sido impedida de entrar al Ecuador. Tintori tenía previsto participar en actos políticos en apoyo a la candidatura de Guillermo Lasso. La prohibición del Gobierno produjo el repudio de un buen número de ciudadanos, y de la opinión pública internacional, que calificaban la medida como propia de un Gobierno autoritario y no de uno democrático y pluralista.

A este tipo de situaciones se añadían cientos de mensajes en las redes sociales. Desde el oficialismo se desprestigiaba a Lasso por haber sido "banquero", y se lo responsabilizaba, sin ser cierto, de haber participado en la decisión de declarar el feriado bancario al inicio del nuevo milenio. Por su parte, quienes apoyaban a Lasso hacían circular en las redes sociales videos de "Capaya" (Carlos Pareja Yannuzzelli) y del primo del presidente, Pedro Delgado -ambos prófugos de la justicia– quienes denunciaron actos de corrupción cometidos durante el Gobierno de Correa. Así mismo, todo lo relacionado con el caso Odebrecht -mencionado en capítulos anteriores-, se convirtió en parte de la campaña electoral. Los rumores sobre este caso y, sobre todo, el hermetismo de las autoridades de justicia del Ecuador al respecto, generaron más de una duda sobre la idoneidad moral del candidato a la vicepresidencia, Jorge Glas, por sus posibles vínculos con la mencionada empresa brasileña.

La confrontación llegó a tal nivel, que esta campaña fue denominada por diversos medios como "la más sucia en la historia del país". Al respecto, la revista virtual *PlanV.com* escribió:

"El escenario nacional está políticamente contaminado, y las denuncias de corrupción, los escándalos y bochornos desvían la atención sobre las propuestas de los candidatos [...]. Ecuador es un país tan polarizado, que no hay perdón ni olvido para los 'asuntos privados' de ningún personaje público, ni espacio para la reflexión del ciudadano sobre los comicios que cambiarán el rumbo de su vida. [...] el país vive, desde hace una década, un entorno de campaña sucia y campaña negativa, desatadas y promovidas desde el régimen, las cuales inevitablemente tenían que degenerar en una respuesta en los mismos términos, de aquellos que finalmente terminaron por perderle el respeto a quien hizo de su marca personal, una ambulante pedagogía de vulgaridad, cinismo y abuso. El tema se complica cuando entendemos que no solo se trata de un estilo digno de enderezarse en una correccional. (Sino que) obedece a la implantación de una estrategia política y de comunicación que requiere explotar el resentimiento social para dibujar antagonismos que la publicidad y la propaganda oficiales han mercadeado a diario en esta década robada a la racionalidad, la verdad y el bien común. Ese contexto marca el último mes de la actual campaña electoral y muy probablemente ningún candidato con posibilidades de entrar a segunda vuelta, saldrá ileso" (sic).

Los comicios se llevaron a cabo el 2 de abril, con los consabidos incidentes, ninguno de mayor trascendencia. Una vez concluidos los comicios, los canales de televisión y medios de comunicación se aprestaban a anunciar los resultados extraoficiales en base de las encuestas a boca de urna que habían contratado. Estos resultados, que por orden expresa del CNE debían ser presentados en primer término a dicha institución, fueron difundidos y generaron desconcierto entre la población: en medio de la gran expectativa nacional, a la hora de cierre de los comicios, cadenas televisivas como Ecuavisa y Teleamazonas presentaron los resultados obtenidos por la encuestadora Cedatos, mientas que los canales oficialistas, TC y Gamavisión, presentaron los resultados obtenidos por Perfiles de Opinión. Los dos grupos de canales presentaron datos distintos entre sí, al punto de que en una cadena, el triunfador de las elecciones era Lasso, y en la otra, el triunfador era Moreno.

En medio de la confusión y el desconcierto, aunque ya entrada la noche, se presentó en los medios de comunicación Ruth Hidalgo, titular de la Corporación Participación Ciudadana, única organización acreditada por el CNE para dar resultados extraoficiales. Por cuanto la información que obtiene esta organización es elaborada sobre la base de actas reales, se esperaba que, de alguna manera, se aclarase la situación y se infundiera calma entre la población. Sin embargo, esta institución informó que no daría resultados, ya que, de acuerdo con sus datos se había producido un empate técnico. Al finalizar la noche, y luego de que el CNE presentó al país los resultados de una encuesta supuestamente realizada con la supervisión de la Escuela Politécnica Nacional que favorecía al candidato Moreno, dicha institución informó que Lenin Moreno iba a la cabeza del conteo, aunque, recalcó, estos no eran todavía los datos definitivos, pues faltaba computar unos pocos sufragios.

A la incertidumbre y escaso margen de diferencia de votos entre uno y otro candidato -aunque, al inicio del conteo oficial Lasso tenía el porcentaje más alto de votos- se añadió un supuesto "apagón informático" que habría ocurrido en medio del conteo y luego del cual, Moreno superó a Lasso. De acuerdo con la oposición, ese hipotético incidente habría constituido la oportunidad para efectuar el fraude electoral para beneficiar al candidato oficialista. Frente a tales denuncias, la población, en varias ciudades del país, particularmente en Quito y Guayaquil, salió a las calles a protestar y a reclamar trasparencia y respeto a los resultados de las elecciones. La vigilia de la población a las afueras del CNE duró varios días, mientras se llevaban a cabo las impugnaciones y los trámites legales para fundamentar sus denuncias.

El 10 de abril de 2017, Ecuavisa informó que "luego de casi 3 horas de audiencia pública nacional de escrutinios, el pleno del Consejo Nacional Electoral (CNE) aprobó [...] los resultados oficiales de la segunda vuelta". Esto se dio luego del recuento de 296.340 votos que habían sido cuestionados por la oposición. El Consejo Nacional Electoral emitió los resultados definitivos y finales de las elecciones presidenciales, que dieron como ganador a Lenin Moreno con el 51.15% (5.060.424) de votos válidos. Guillermo Lasso alcanzó el 48.85% (4.833.828) de votos válidos. Lenin Moreno, del movimiento oficialista Alianza País, fue proclamado presidente electo; el 24 de mayo fue investido como presidente constitucional por un período de cuatro años.

135. Ejemplo de fortaleza, disciplina y persistencia

Ese es el caso del montañista Santiago Quintero. Nacido en Quito en 1974, Quintero no es solamente un guía certificado de alta montaña, sino un amante apasionado de las cordilleras y sus altas cumbres. Le fascinan las rutas extremas por donde marcha solitario en búsqueda de las nieves eternas. A ellas se dirige sin más oxígeno que el que le proporciona el aire límpido de las montañas. En su búsqueda de rutas alternas –le encantan los retos– ha trazado nueve senderos nuevos en Los Andes, donde ha alcanzado 30 de sus cumbres, nueve de ellas de más de seis mil metros. La escalada más destacada dentro de esta cordillera fue por la pared sur del Aconcagua (6.962 metros). Allá -corría el año 2002– subió en la soledad más absoluta -uno y el universo, como el título de Sabato–. La trepada le tomó 30 horas. Se convirtió, por entonces, en el quinto escalador en el mundo en hacerlo de esa forma, y en el primer montañista en escalar 35 montañas en 60 días, estas últimas, en el Ecuador.

Poco después sobrevino una desgracia. Otra vez en el Aconcagua, en solitario, sufrió el congelamiento de ambos pies. Tuvo que pasar varios meses hospitalizado. A pesar de las tres cirugías que le practicaron, le tuvieron que amputar la mitad de sus dos pies. ¿Sería el fin de su gran sueño? Angustia y dolor. Era lo peor que le podría pasar a un montañista, como que a un político le cortaran la lengua... Familiares y amigos le visitaron y ayudaron a sobrellevar la pérdida. A modo de catarsis y de bálsamo, Santiago, entonces, escribió un libro en el que narra las rutas emprendidas y las montañas alcanzadas. Recuerdos del pasado. Pero el dolor en sus pies, no solo en su alma, se tornó insoportable. ¿Volvería a caminar normalmente?

Cinco años le tomó rehabilitarse. Fe y perseverancia. Fuerza de voluntad y firme decisión de no rendirse. Dejó la cama, pasó a una silla de ruedas y luego, a las muletas. Lenta cicatrización, dolorosa. Y búsqueda de una solución –una prótesis– que pueda ¿reemplazar? las partes perdidas de los pies. La lucha, cuenta Santiago, era consigo mismo: aceptar su nueva realidad, admitir que ahora era un ser diferente. Distinto, no solo por sus pies mutilados, sino por su espíritu irreductible.

Y mientras cicatrizaba cuerpo y alma, y tal vez como consecuencia de ello, su sueño se hizo más grande: escalaría la "montaña de las montañas" el K2 (8.611 metros sobre el nivel del mar). Sin todavía hallar una solución a sus pies amputados, consiguió los auspicios para emprender el gran reto al que denominó "K2 sin D2". Y hacia allá marchó con unas prótesis que finalmente consiguió con los auspicios, y a las que poco a poco se fue acostumbrando.

Tres años le tomó la aventura de coronar "dos cumbres de los grandes ocho miles: el Broad Peak y el Makalú", ambos en las inmensas cordillera de los Himalayas, a los que subió en el año 2007 y 2008, respectivamente. En el año 2009, Santiago nos dice que "Nunca jamás nadie intentó escalar el K2, la montaña más difícil y salvaje del mundo, sin dedos", que, además, es la segunda más alta del mundo con sus 8.611 m. "Es el sueño más grande de mi vida". En su diario de expedición relata la aventura. "Acá, en medio de la nada, en lo más lejano de cualquier parte, llevo a mi país en mi corazón…", afirma mientras escala el coloso. Tras varios días de intentarlo junto a un grupo experimentado, desistieron por las inclemencias del clima: nieve hasta la cintura y fuertes vientos. "Gerfried, líder de la expedición, comenzó a cavar una zanja con el piolet y a avanzar 2 metros cada 15 minutos… hasta que llegamos a una pendiente muy parada y una enorme grieta nos cortaba el paso. Imposible cruzar". La cima estaba a tan solo 800 metros cuando decidieron bajar. Al llegar al campamento se abrazó con su mujer: "comenzamos a llorar desconsoladamente, ambos sentíamos que el sueño del K2 se había acabado".

Encontramos a Santiago Quintero, otra vez, en el año 2017. El diario El Universo, 17 de marzo, nos cuenta que "ha vuelto a la carga con su proyecto insigne y más ambicioso": coronar sin ayuda de oxígeno las 14 montañas más altas del mundo, cada una con más de 8.000 metros de altura. Entre las ocho cimas alcanzadas hasta ese momento, consta la del Everest (8.848), que coronó en el año 2013.

"El reto este año será coronar el Dhaulagiri (8.167 m) y el Lhotse (8.511)". Su entrenamiento lo ha realizado en el Chimborazo (6.310 m). "Estoy listo, han sido cuatro meses de preparación". De lograr su propósito, "Quintero habrá coronado nueve montañas de catorce del proyecto". Si bien está concentrado en logar esas dos nuevas cumbres, Santiago no olvida su sueño de coronar el K2: "Es el pico símbolo para todo montañista. No sé cuándo lo vuelva a intentar. Es necesaria una gran motivación para emprender el proyecto del K2". Tras intentarlo en 2009, lo volvió a hacer en 2016, sin logarlo a causa de una avalancha de nieve. Días más tarde, el 31 de mayo de 2017, el diario El Telégrafo informó que Quintero había alcanzado la cima del Dhaulagiri. "Nos la jugamos por la cima, arriesgamos y esperamos hasta el final" Más adelante, Quintero agrega: "Me tocó mi turno de llegar a la cima. Al alcanzar la arista, ninguna emoción; solo miedo y tensión. Había una tormenta eléctrica y pensaba que en cualquier momento nos caería un rayo". La crónica del diario guayaquileño añade que "En ese momento animó al *sherpa* que lo acompañaba para subir el último peldaño, en medio de la tormenta y la ventisca de nieve que caía en esos momentos. Con algo de temor llegó a los 8.167 msnm, desplegó la bandera nacional y se fotografió con ella para certificar su logro". Los próximos años, Santiago Quintero espera coronar las 6 montañas que le faltan para culminar su proyecto de alcanzar sin oxígeno la cumbre de 14 montañas de más de 8.000 metros.

136. Diagnóstico de la economía a diciembre de 2016*

*Estos capítulos (136 al 143) se basan en el documento de CORDES titulado: *La Trampa que Asfixia a la Economía Ecuatoriana*, escrito por Augusto de la Torre y José Hidalgo Pallares, en *marzo de 2017*.

De acuerdo con el documento citado, que ha servido de fuente para este episodio, la economía del Ecuador, a diciembre de 2016, "Se encuentra apresada en una trampa compuesta de tres tenazas: (i) situación fiscal inviable; (ii) contracción económica; y, (iii) moneda sobrevalorada en términos reales". El informe expresa, a modo de resumen, que "Las tenazas de la trampa se refuerzan y retroalimentan entre sí, generando un círculo vicioso del cual la economía no podrá escapar sin un programa amplio que ataque los tres problemas simultáneamente. El espacio de maniobra para instrumentar un programa así se ve restringido por la ausencia de ahorros líquidos, elevada prima de riesgo del país, estructura productiva dependiente de la demanda interna, alta conflictividad política y un contexto externo poco favorable e incierto. Un programa económico que libere a la economía del círculo vicioso preservando la dolarización requerirá de una tregua política y un sacrificio inicial de toda la sociedad, sin los cuales la creciente presión de la trampa podría sumir al país en una crisis sistémica".

El primer desequilibrio es el fiscal, que se relaciona con el "abultado gasto del sector público frente a la caída de los ingresos petroleros". El segundo factor de desbalance se produce en el frente interno, y se refiere a "la contracción de la demanda en el mercado doméstico" que ha originado un proceso recesivo y "la destrucción de buenos empleos". El tercer desequilibro es externo, producto de "la sobrevaloración del tipo de cambio real", que ocasiona "una pérdida de competitividad de los productos ecuatorianos en los mercados internacionales".

Estos desbalances en la economía "fueron gatillados (sic) por el colapso de los precios del petróleo"; sin embargo, "su gravedad" fue el efecto de las desacertadas políticas macroeconómicas implementadas durante la bonanza de dichos precios. "En algunos países (Brasil, Argentina, Ecuador) esas políticas amplificaron los efectos del boom (sic) de precios de los *commodities* y, por ende, las vulnerabilidades macroeconómicas, las que ahora exacerban los efectos adversos del fin de ese boom" (sic). Se denominan *commodities* a las materias primas, productos o mercancías (petróleo, gas, metales, alimentos, insumos) transables en el mercado de valores.

En el caso particular del Ecuador, agrega el informe, las medidas que agravaron esos efectos "provinieron de la fenomenal expansión del gasto público y la imprudente falta de acumulación de ahorros líquidos, así como la eliminación de (los) esquemas de ahorro prexistentes". Los autores describen esta situación como una "trampa [...] que reduce el espacio de maniobra", y que se agrava aún más por otros "factores condicionantes: (i) la ausencia de mecanismos de amortiguación (fondos de ahorros líquidos) que limita la capacidad de la economía para absorber choques adversos; (ii) un muy elevado riesgo país (el segundo más alto de la región después del de Venezuela) que encarece el financiamiento y reduce sus plazos; (iii) una estructura productiva fuertemente sesgada hacia el mercado interno y dependiente del gasto del Gobierno, la cual dificulta la reorientación de la producción hacia los mercados internacionales; y (iv) una intensa conflictividad política que obstaculiza la formación de los consensos nacionales que serían necesarios para viabilizar la reforma económica" (sic).

Este diagnóstico se agrava más todavía por la situación de la economía en otros países: "Bajos precios de *commodities*, ralentización del crecimiento en China, actitudes contrarias a la apertura comercial y en favor del proteccionismo en los países avanzados, creciente probabilidad de un aumento en la tasa de interés de los EEUU, lo cual apreciaría el dólar, etc."(Sic).

Para ilustrar de mejor manera la situación, el informe se refiere al déficit del Presupuesto General del Estado, PGE, que fue de alrededor del 8 % del PIB en el año 2016. Para su financiamiento, el Gobierno ha acudido a la deuda, y se prevé que para los próximos años no le quedará otra alternativa que seguir endeudándose. Las consecuencia de esta situación es que se mantiene alto o se eleva la prima de riesgo país, "lo cual desincentiva la inversión (los inversionistas prefieren invertir en otros países por temor a que el Gobierno se vea eventualmente abocado a subir abruptamente los impuestos o suspender el servicio de su deuda)".

Este desequilibrio fiscal "le resta credibilidad a la política pública, debilita el ambiente para hacer negocios y termina mermando el crecimiento de la economía. Además, la persistencia del déficit fiscal impide la formación de ahorro público y, por tanto, reduce el ahorro nacional que financia la inversión, erosionando así al crecimiento de mediano plazo". De no tomarse acciones correctivas, estos desequilibrios complicarán más la situación de le economía nacional. Si se prolonga la contracción económica la situación social y política podría complicarse, "ya sea por nerviosismo financiero y fugas de capital", lo cual puede ocasionar "la emisión de cuasi-monedas sin el respaldo de dólares reales" lo que podría, a su vez, provocar una grave crisis. Los autores mencionan al caso de los "patacones" argentinos que fulminaron la convertibilidad en ese país, y, de paso, dejan entrever sus reservas frente a la implementación del "dinero electrónico" en el Ecuador.

137. Elevado gasto público

Durante los años previos al bum de los precios del petróleo (2002-2004), el gasto del sector público no financiero (integrado por entidades cuyos presupuestos corresponden al PGE), se situaba en torno al 25 % del PIB, en tanto que en los años 2013 y 2014, llegó al 44 %. Y si bien todos los países de la región aumentaron su gasto durante esta época de bonanza, ninguno lo hizo de manera tan pronunciada. Es en el año 2015, cuando el Gobierno se vio en la necesidad de recortar el gasto por la caída de los precios, que bajó al 38,3 % la relación gasto público y PIB, y se mantuvo en niveles similares durante al año 2016. "Este fenomenal aumento del tamaño del Estado", evidencia el también fenomenal ajuste fiscal que requiere hacer el Ecuador para que su gasto público sea financiable. Si bien se discute sobre el tamaño "ideal" del Estado, afirma el informe, los países comparables de la región dan una pauta de lo aconsejable. Bajo esos parámetros, el Ecuador debería ajustar el gasto anual del sector público a niveles que no superen el 30 % del PIB, lo cual implica reducirlo en 9 puntos porcentuales del nivel actual (2016).

¿Cómo financió el Estado su gasto público? El Estado se financió mayormente de los ingresos fiscales "especialmente, pero no solo, de los petroleros". En los mejores años del bum (2008, 2011 y 2012), "los ingresos generados por la exportación de crudo llegaron a representar entre el 35 % y el 40 % de los ingresos totales del sector público, y entre el 14 % y 16 % del PIB (Banco Central del Ecuador, 2017)". Pero también crecieron de manera sostenida los ingresos no petroleros hasta el año 2013, debido al aumento del consumo y, por ende, a la recaudación del IVA, y a las importaciones (que también aumentaron la recaudación de aranceles). Junto a estos factores, también incidió en el aumento de los ingresos "la creación de nuevos impuestos (por ejemplo, el impuesto a la salida de divisas, cuya tasa fue subiendo del 0,5 % inicial hasta el 5 % actual), así como un control más efectivo por parte de la autoridad tributaria (SRI).

Así, en 2012, 2013 y 2014, la recaudación tributaria (excluyendo contribuciones a la seguridad social) llegó a representar el 14 % del PIB, frente a 10 % de los primeros años del boom" (sic). En el año 2015 se produjeron dos eventos inusuales que explican el incremento de las recaudaciones tributarias (que llegaron al 15,5 % del PIB): primero, las sobretasas arancelarias de hasta el 45 %; segundo, la amnistía tributaria que generó ingresos cercanos al 1% del PIB.

138. Endeudamiento

Sin embargo de que durante los años del bum de los precios del petróleo los ingresos fiscales fueron muy altos, el Gobierno adquirió deuda externa e interna para financiar sus gastos. En marzo de 2010, la deuda alcanzó el 15.1 % del PIB, pero, año tras año, "la deuda pública del Ecuador se ha ido incrementando año a año a un ritmo mucho mayor que el crecimiento de la economía, con lo cual la relación deuda pública/PIB llegó al 39,6 % en diciembre de 2016", lo cual significa que, en relación con el tamaño de la economía, "la deuda pública se duplicó en cuatro años".

En los últimos años, el Gobierno, además, ha hecho "un uso agresivo de operaciones que no están contabilizadas en los boletines oficiales de deuda pública. La principal es el endeudamiento asociado a las ventas anticipadas de petróleo. Según una nota del diario El Comercio, del 21 de febrero de este año, el Gobierno recibió desembolsos por pagos anticipados por USD 10.200 millones, entre 2009 y 2016. Solo en 2015 se concretaron nuevas preventas de petróleo por USD 1.800 millones, aunque este tipo de operaciones se han ido amortizando parcialmente en los últimos años.

Otro tipo de endeudamiento no reportado es el contratado por el Gobierno con el Banco Central, a través de la compra que este último hace de bonos emitidos por el Ministerio de Finanzas. Entre septiembre de 2014 y diciembre de 2016, el saldo de los créditos del Banco Central al Fisco aumentó en USD 4.244 millones, equivalentes al 4,4 % del PIB de 2016. En los dos primeros meses de 2017, el saldo de esos créditos aumentó en otros USD 984 millones (1 % del PIB). (Banco Central del Ecuador, 2017).

Inclusive sin considerar los rubros señalados en el párrafo anterior, "el crecimiento de la relación deuda/PIB del Ecuador en los últimos años fue mayor que en los demás países de la región". "La deuda pública ecuatoriana reportada en 2016 en relación al (sic) PIB es mayor que las deudas de Bolivia, Perú y Chile, y solo menor a (sic) la de Colombia. Sin embargo, la deuda real del sector público (es decir, la que se puede aproximar añadiendo el saldo de las ventas anticipadas de petróleo y la deuda del Gobierno con el

Banco Central) en relación al (sic) PIB en 2016, se acerca mucho a la de Colombia". Debe considerarse, además, como veremos más adelante, que las condiciones en que fueron contratados esos créditos demandan que su servicio requiera de un alto esfuerzo fiscal.

"En 2015, agrega el informe, el precio promedio de exportación del petróleo ecuatoriano cayó a USD 41,9 por barril, muy por debajo de los USD 84,2 de 2014 y del precio referencial de USD 79,7 contemplado en el Presupuesto General del Estado (PGE) aprobado para 2015. En consecuencia, los ingresos petroleros del sector público no financiero cayeron de 10,8 % del PIB en 2014 a 6,3 % en 2015 (Banco Central del Ecuador, 2017), una reducción que bien podría ser aún mayor en la realidad ya que, al parecer, los ingresos petroleros están sobreestimados.

139. Repetidos incumplimientos en los pagos

Otro síntoma del presente diagnóstico de la economía, es la "pésima calificación crediticia" con que el Estado ecuatoriano se ha endeudado en los últimos años. La calificadora *Moody's* otorga a los bonos de deuda emitidos por el Ecuador la nota B3, lo cual los convierte en casi "bonos basura"; a los bonos emitidos por Chile, Colombia y Perú, en cambio, los califica con Aa3, Baa2, y A3, lo que hace que los papeles de estos países sean elegibles para ser incluidos en los portafolios de inversionistas de mayor reputación en el ámbito mundial.

No debemos olvidar, agrega el documento, que la mala reputación crediticia del Ecuador se debe a su historia de "repetidos incumplimientos" en el pago de sus obligaciones, "con el agravante de que el último incumplimiento estuvo basado no en una incapacidad de pago sino en una falta de voluntad de pago". De hecho, el Ecuador es el primer país de América Latina, en los últimos 50 años, que no ha pagado ese tipo de deuda, aludiendo ese argumento. Por todos estos motivos, a lo largo de los últimos años, el riesgo país del Ecuador "ha fluctuado en la vecindad del *spread* de los bonos basura.

Y si bien el Ecuador "dejó de acudir a los mercados financieros internacionales durante los años de bonanza", regresó a ellos a partir del año 2014 -inclusive antes de la caída de los precios del petróleo- para financiar su déficit: en el año 2014, el Gobierno emitió USD 2.000 millones a 10 años plazo, con el interés anual del 7,95 %. En 2015, emitió deuda por USD 1.500 millones a cinco años de plazo, en dos tramos, el uno al 10,5 % de interés, y el segundo al 8.5 %. En 2016 se realizaron tres emisiones de USD 1.000 millones cada una, a seis años de plazo, al 10,75 % de interés, y otra por USD 750 millones a 10 años, y a una tasa del 9,65 %. En enero de 2017, se emitieron bonos por 1.000 millones de dólares, a nueve años de plazo, y a un interés del 9,125 %.

Otros países de la región, durante el período 2014-2016, emitieron bonos "en condiciones notablemente más favorables, y algunos, como Perú, incluso en moneda propia". Por ejemplo, Colombia emitió, en 2014, papeles de deuda por USD 2.100 millones, al 4 % anual y a 10 años. Perú, en 2015, emitió USD 1.250 millones al 4,15 % anual, a 12 años. Chile, en 2016, emitió 1.200 millones de euros, a 10 años, y al 1,75 % de interés. Y hay más ejemplos: Bolivia y Paraguay, economías más pequeñas que la ecuatoriana, emitieron bonos con tasas del 6 %, aproximadamente.

La República Popular China le ha prestado dinero al Ecuador, antes y después del bum petrolero. "La deuda bilateral con ese país (sin considerar preventas de petróleo, que también son una forma de deuda) pasó de USD 7,1 millones (0,07 % de la deuda externa) en diciembre de 2007, a USD 8.144 millones (31,7 % de la deuda externa), en diciembre de 2016", conforme a la información del Ministerio de Finanzas del Ecuador, del año 2017, citado por el informe. "El interés promedio de estos créditos ronda el 7 % anual" y los plazos de muchos de ellos vencen en el período presidencial de Moreno (2017-2021). Conforme con el *Inter-American Dialogue* (centro de análisis político radicado en los Estados Unidos), los desembolsos chinos al Ecuador, entre 2010 y 2016, ascienden a la suma de USD 17.400 millones.

"Tomando en cuenta las tasas de interés y los plazos de los créditos contratados por el Gobierno Central, y suponiendo que no hubiera una renegociación, entre 2017 y 2021 el servicio promedio de la deuda externa (pagos de intereses y amortizaciones de capital), sin considerar preventas de petróleo, rondará los USD 3.500 millones anuales, equivalentes al 3,6 % del PIB de 2016, y al 10 % del PGE aprobado para el mismo año". El gasto fiscal y la deuda del Ecuador "han entrado en una trayectoria inviable. La deuda, en particular, está en una ruta francamente explosiva".

El informe agrega que "una buena parte de la espectacular expansión del gasto público (de 23,5 % del PIB en 2006, al 44 % del PIB en 2014) fue gasto de inversión (formación bruta de capital fijo, FBKF, es decir, principalmente construcción de infraestructura y aumento en el stock (sic) de maquinaria y equipo)".

140. Contracción del crecimiento económico

El Ecuador creció durante los años de bonanza (2003-2013) a una tasa promedio anual del 5,1 %, "similar al de Chile, Colombia y Bolivia, pero inferior al de Perú". El crecimiento fue común en "los países exportadores netos de *commodities* de la región (ubicados mayormente en Sudamérica) y, pese a que el origen del impulso al crecimiento estuvo en el poderoso incremento de los términos de intercambio (esto es, de aumento del precio de las exportaciones con respecto al de las importaciones), la dinámica de crecimiento se basó en la expansión de la demanda interna y el mercado doméstico.

La caída en los precios de los *commodities* y la desaceleración del crecimiento económico en China impactaron de manera negativa en las tasas de crecimiento de todos esos países" (sic).

El pico de crecimiento en América del Sur "se alcanza en 2011 y la desaceleración económica empieza en 2012. En Ecuador la desaceleración empezó más tarde porque el precio del petróleo cayó un par de años después del de otros *commodities* minerales y agrícolas" (sic).

En los países que "manejaron la bonanza con imprudencia, la desaceleración devino en recesión. Ecuador es uno de esos casos, junto con Argentina y Brasil (Venezuela es un caso extremo de despilfarro)." (Sic).

El informe agrega que la contracción parece haber terminado para la mayoría de países de Sudamérica, pero que ese no es el caso del Ecuador, pues "según pronósticos del FMI y el Banco Mundial, experimentará una contracción de 2,7 % y 2,9 %, respectivamente. Es decir, a diferencia de la mayoría de las economías de la región, el Ecuador aún no ha tocado fondo".

El consumo de los hogares se mantuvo como el principal promotor de la actividad económica ecuatoriana, tanto en el período 2003-2006, como en el 2007-2014. Sin embargo, a partir del año 2007 se evidencia "una mayor contribución del consumo del Gobierno", principalmente, de la inversión, sin duda, por el crecimiento de la inversión pública.

En el período 2007-2014 crecen modestamente las exportaciones (al 2 % de promedio anual, frente al 10 % en el período 2003-2006), y aumentan las importaciones a ritmo acelerado. Esto ocasiona que la contribución al crecimiento de la economía por parte de las exportaciones netas, pasara de positiva a negativa.

Ocurre, además, que en 2015 y 2016 se contrae el consumo de hogares y la inversión total (inclusive la pública), y se desploman las importaciones, principalmente en 2016, a una tasa negativa del 10 % interanual (acumulado hasta el tercer trimestre de ese año).

La contracción de la demanda interna, "la suma del consumo de los hogares, el consumo del Gobierno y la inversión que se registra desde 2015, y que continuaría en 2017, representa un reto particularmente difícil para la economía ecuatoriana si se considera que en los últimos años su estructura productiva se enfocó en satisfacer al mercado interno más que a los mercados internacionales" (sic).

141. Cae el "empleo adecuado"

Los problemas de crecimiento y empleo que genera esta situación "bien podrían hacer retroceder el gran progreso social (reducción de la pobreza, caída de la desigualdad del ingreso y expansión de la clase media) que Ecuador -junto con otros países exportadores de *commodities* de la región- experimentó durante los años de bonanza (2003-2014)" (sic).

Hay evidencias de que este retroceso ya ha comenzado a ocurrir: "A diciembre de 2016, el 41,2 % de la población económicamente activa, PEA," tenía lo que el INEC denomina "empleo adecuado". (El Instituto Nacional de Estadísticas y Censos, INEC, designa con ese término a las personas que tienen ingresos no menores que el salario mínimo y trabajan la jornada legal de 40 horas semanales o que, trabajando menos horas, pero teniendo un ingreso no inferior al mínimo, no desean trabajar más). Sin embargo, a esa fecha ese índice registra 5,3 % menos que en diciembre de 2015, y 8,1 % menos que en diciembre de 2014.

Esto significa que, entre diciembre de 2014 y el mismo mes de 2016, cerca de 302.000 trabajadores perdieron su "empleo adecuado", y pasaron a engrosar las tristes filas del "empleo inadecuado". En efecto, a diciembre de 2016, esta categoría significó el 53,4 % de la PEA, "la tasa más alta desde que se tienen registro comparables". Esta caída de la tasa de empleo se debe, también, al aumento de la PEA: desde diciembre de 2014 hasta el mismo mes de 2016, la población económicamente activa se incrementó en 680.000 personas, en tanto que la población en edad de trabajar solo creció en 537 mil personas.

En forma paralela, los costos laborales se han incrementado por el aumento del salario mínimo, pero también por los cambios normativos recientes, que "incrementan los costos de despido" y, en consecuencia, los de contratación. Entre estos cambios constan "la eliminación el contrato a plazo fijo y la incorporación del desahucio incluso en casos en que el trabajador renuncie a su puesto".

A marzo de 2017, agrega un alcance al informe citado, "El ingreso mensual promedio de los trabajadores (expresado en dólares de 2007) fue de USD 325, es decir, USD 14 menos que en marzo de 2016, y USD 19 menos que en marzo de 2014. Esta caída del ingreso promedio de los trabajadores (aquí se incluye tanto a quienes tienen empleos adecuados como inadecuados) se dio pese a que en el mismo período, el salario mínimo legal, que en Ecuador se conoce como Salario Básico Unificado (SBU), siguió aumentando levemente (también expresado en dólares de 2007). En el proceso, agrega el documento, la distancia entre el ingreso promedio de los trabajadores y el SBU se achicó" (sic). Así, en marzo de 2014, el ingreso laboral promedio era 36 % mayor que el SBU. Pero, en marzo de 2017, ese ingreso pasó a ser solamente 25 % mayor que el SBU.

142. Sobrevaloración del tipo de cambio real (TCR)

Otro de los desequilibrios que menciona el informe con el que hemos desarrollado estos capítulos, se refiere al del tipo de cambio. Al respecto, afirma que durante el período de bonanza de los precios del petróleo, al que se ha denominado bum, juntamente con la depreciación del dólar en el mundo, fueron factores que favorecieron a la economía ecuatoriana. Por ejemplo, se cita el caso de Colombia –uno de los socios comerciales no petroleros más importantes del Ecuador y competidor en exportaciones– donde su moneda "se apreció fuertemente frente al dólar", al pasar de cerca de 2.800 pesos al cierre de 2003, a menos de 1.800 a diciembre de 2012. El "fortalecimiento de las monedas de los principales socios comerciales", significó una depreciación del tipo de cambio real, TCR, del Ecuador durante el bum. Tómese en cuenta que el TCR "es una variable clave para el análisis económico porque permite medir la competitividad de los productos de un país frente a los de sus principales socios comerciales". Por ello, durante los primeros años de bonanza, la dolarización ecuatoriana favoreció su competitividad externa. Así, entre enero de 2003 y mediados de 2008 el TCR del Ecuador se depreció en cerca del 30 %; en contraste, los otros países de la región, que tienen tipo de cambio flexible, perdieron competitividad externa al apreciarse sus TCR.

La firma de acuerdos comerciales, si se la hubiera realizado en su momento, habría favorecido a las exportaciones ecuatorianas, y habría, también, ganado participación de mercado en esos países. Pero el Gobierno de Correa priorizó el mercado interno en desmedro de tratados con socios comerciales importantes, tales como la Unión Europea (acuerdo que recién entró en vigencia), o los Estados Unidos. Entre 2008 y 2011 se estabilizaron los TCR del Ecuador y otros países de la región, pero la caída de los términos de intercambio, iniciada en 2012, invirtió las tendencias de los TCR, por lo que "los países con tipos de cambio flexibles registraron fuertes depreciaciones reales entre 2013 y el 2015 (29 % promedio anual en el caso de Colombia y 6,5 % en el caso de Chile)" (sic). Estas depreciaciones contribuyeron a la solución, pues, al devolverle el equilibrio al tipo de cambio real, facilitaron el ajuste externo y evitaron el derrumbe de la economía. Pero, en el Ecuador dolarizado, el TCR se apreció en momentos en que hubiese convenido su depreciación.

Esta situación (sobrevaloración del TCR ecuatoriano) dificultó "el restablecimiento del equilibrio externo frente a la caída del precio del petróleo". Las presiones externas aparecieron a partir de 2010, año en que el país comenzó a mostrar "déficits en la cuenta corriente de la balanza de pagos", a consecuencia del incremento de las importaciones, impulsadas por el gasto público, tanto de bienes como de servicios. La apreciación del TCR originó presiones hacia el déficit externo (2013 y 2014), al punto de que, en 2015, la cuenta corriente registró un saldo negativo de USD 2.120 millones, todo un récord.

La política fiscal expansiva impulsada por el Gobierno incidió en el mercado doméstico: los precios al consumidor "acumularon un incremento del 42 %, superior al que economías no dolarizadas como Chile, Colombia y Perú, registraron en el mismo período" (2007-2014). Una consecuencia de esta "divergencia de trayectorias entre el TCR del Ecuador, que se aprecia cuando debe depreciarse", y la de los países líneas arriba mencionados, es que, medidos en dólares", los salarios en el Ecuador "han aumentado notablemente en términos comparativos desde 2012" hasta finales de 2016. El salario mínimo en el Ecuador "creció a una tasa promedio anual del 10 % entre 2013 y 2012, similar al observado en los demás países de la región". Sin embargo, entre 2012 y 2014, "mientras los salarios mínimos de Colombia, Chile y Perú, medidos en dólares, bajaron en

4 %, 10 % y 3 % por año, respectivamente, en el Ecuador registraron un incremento promedio anual adicional del 8 %". En el caso ecuatoriano, el incremento se debió a decisión de política pública, en tanto que, en los países señalados, se debió, mayormente, a la apreciación de las respectivas monedas.

En 2015, el déficit en cuenta corriente ocasionó contracción de liquidez "agravada por fuertes salidas de capital". Como consecuencia de esto, hubo déficit en la balanza de pagos y el mencionado déficit de cuenta corriente. Esta situación, a su vez, "obligó al Gobierno a complementar las restricciones a las importaciones con el endeudamiento externo agresivo descrito anteriormente. El resultado de estas medidas, en interacción con el estancamiento y recesión económicos, fue el surgimiento de un superávit en cuenta corriente de USD 1.150 millones en el acumulado de enero a septiembre de 2016, gracias al desplome de las importaciones. La eliminación del déficit en cuenta corriente y el endeudamiento externo generaron un importante superávit en la balanza de pagos en los primeros nueve meses de 2016" (sic).

Este esquema no es sostenible en el tiempo, agrega el informe, "ya que se basa en una compresión de importaciones por vía de cantidades (restricciones a las importaciones y caída de la demanda interna) y no de precios (depreciación del TCR). En otras palabras, detrás del superávit externo observado subyace un desequilibrio macroeconómico fundamental: un déficit de demanda interna (es decir, recesión) que no se puede subsanar sin generar presiones hacia el déficit externo mientras el TCR permanezca sobrevalorado" (sic).

Además, la inversión extranjera directa, IED, "está lejos de constituirse en una fuente importante de divisas para Ecuador. De hecho, a partir de 2007 la IED, que ya era baja en Ecuador frente a otros países de la región, ha representado menos del 1% del PIB (frente al 3% de Bolivia, 8% de Chile, 4% de Colombia y 5% de Perú), participación que, con los resultados disponibles hasta el tercer trimestre, parece haber decrecido en 2016. Más allá de la inestabilidad normativa que ha sufrido el sector privado en el Ecuador en los últimos años, reflejada en más de una veintena de reformas tributarias, la pérdida de competitividad externa vuelve al país un destino caro y poco atractivo para la IED" (sic).

143. Factores condicionantes

El Gobierno no ha realizado el ajuste necesario. Los paliativos a los desequilibrios económicos aquí descritos, han sido las restricciones externas, el fuerte endeudamiento y un insuficiente recorte al gasto fiscal. Esta estrategia, más de orden político que económico, no corrige los problemas y, por ende, "no es sostenible en el tiempo".

Finalmente, citaremos brevemente los factores condicionantes que describe el informe, y que agravan la situación descrita.

En primer lugar, la carencia de ahorros líquidos que, ante cualquier eventualidad (caída de precios de petróleo, por ejemplo), "permitirían financiar, sin necesidad de recurrir al endeudamiento, una contracción gradual y menos recesiva del gasto".

Un segundo factor, es "la estructura productiva orientada principalmente a satisfacer el mercado interno lo que, sumado a la pérdida de competitividad externa, hace difícil salir de la recesión actual redirigiendo la producción hacia mercados externos. Los empresarios ecuatorianos, con las excepciones del caso, se alejaron de los mercados internacionales para atender a las necesidades de un estado voraz y de un boyante mercado interno durante la época de bonanza" (sic).

Un tercer elemento es el alto riesgo país que "encarece el financiamiento del sector público y privado, y resta atractivo al Ecuador como destino de inversión extranjera directa […]. La falta de acceso del país a financiamiento de largo plazo a un costo razonable reduce de manera sustancial el espacio de maniobra para llevar adelante el ajuste fiscal en forma gradual y, por tanto, menos recesiva".

Un cuarto, "y crucial factor es el ambiente político altamente conflictivo e ideologizado que hace muy difícil alcanzar acuerdos políticos que permitan avanzar en las medidas urgentes que se deben tomar para que la economía ecuatoriana, no sin sacrificios, salga de la trampa en la que se encuentra" (sic).

El quinto elemento condicionante es el deterioro de la situación externa, que no está dado solamente por el fortalecimiento del dólar y la caída de los precios de las mercancía, sino a la "débil demanda mundial" y a los eventuales efectos que las políticas de los Estados Unidos (ahora en manos de Trump), puedan ocasionar en la economía mundial.

144. Significativo progreso social en el periodo 2003-2014

Como lo hemos hecho a lo largo de esta publicación, nos referiremos también a algunos aspectos de la situación social del Ecuador, en gran medida condicionada por la situación económica y las políticas gubernamentales. Para ello, seguiremos el informe de Cordes, citado líneas arriba.

La reducción de la pobreza y la desigualdad, así como el crecimiento de la clase media, ha sido el resultado del bum de los precios de las materias primas (2003-2014). Para fundamentar esta aseveración, el documento citado utiliza las cifras del Centro de estudios distributivos laborales y sociales, Cedlas, de la Universidad Nacional de La Plata, Argentina, juntamente con las definiciones metodológicas del Banco Mundial. "Según esta metodología, un hogar en situación de pobreza extrema es aquel cuyos miembros tienen un ingreso menor a (sic) USD 2,5 por día (valor expresado en términos "paridad de poder de compra"), y un hogar en situación de pobreza moderada es aquel cuyos miembros tienen ingresos individuales entre USD 2,5 y USD 4 diarios. Un hogar se define como de "clase vulnerable" si el ingreso de sus miembros está entre USD 4 y USD 10 por día, mientras que si el ingreso está entre USD 10 y USD 50 por día, se lo clasifica como un hogar de clase media. Los hogares cuyos miembros ganan más USD 50 por día, se consideran de clase alta" (sic).

"El porcentaje de la población en la clase media prácticamente se duplicó, al pasar de 18,7 %, a 35,9 %. La tasa de pobreza moderada se redujo, de 18,2 %, a 11,9 %, mientras que la de pobreza extrema cayó aún más, de 27,4 %, a 7,5 %, con una reducción particularmente fuerte entre 2003 y 2006. Una buena parte de los ecuatorianos que salieron de la pobreza, sin embargo, no ingresaron a la clase media, sino a la así llamada clase vulnerable (ingresos por persona entre USD 4 y USD 10 diarios), en la que ahora está situada casi el 43 % de la población ecuatoriana.

El informe agrega que el progreso social registrado en el Ecuador no fue un fenómeno aislado en la región, sino que fue "compartido por los países exportadores de *commodities*". Esta situación fue el resultado de "las dinámicas generadas en el mercado laboral por la interacción entre el aumento de la oferta de trabajadores con mayor educación, y el gasto doméstico impulsado por el boom de *commodities*" (sic). Ese fenómeno del mercado laboral favoreció "relativamente más a los ingresos salariales de los trabajadores menos calificados y de menor educación".

En forma comparativa se menciona el caso de Bolivia, país que, junto al Ecuador, mostró reducciones significativas de la pobreza extrema (alrededor de 23 puntos porcentuales durante los años de bonanza), en tanto que el Ecuador redujo ese factor en aproximadamente 20 puntos. Este nivel de reducción de la pobreza extrema es mayor que el de los países de la zona (Perú, Colombia, Chile), que fue de aproximadamente 15 puntos porcentuales. "Este resultado es menos sorpresivo si se toma en cuenta que Bolivia y Ecuador son los países que entraron a la década de bonanza con las tasas más altas de pobreza extrema (34,5 % en Bolivia y 27,4 % en Ecuador en el 2003). Al otro extremo está Chile, donde la tasa de pobreza extrema solo se redujo en 4 puntos porcentuales, pero que al inicio del boom estaba ya en un nivel muy bajo (6,4 % en 2003). En cuanto a la pobreza moderada, su reducción fue casi uniforme entre los países (mencionados): entre 6 y 8 puntos porcentuales entre 2003 y 2014. La reducción de la pobreza moderada (en el Ecuador) fue de 6.3 puntos porcentuales, levemente inferior a la reducción promedio del grupo" (sic).

Respecto a la desigualdad de ingresos, "medida por el índice Gini, que va desde 0 (equidad perfecta), hasta 1 (total desigualdad)", entre 2003 y 2014, los países referidos 8Bolivia, Chile, Perú y Colombia) experimentaron "notables mejoras distributivas", aunque fue mayor el avance del Ecuador. En dichos países, el índice Gini relativo a la desigualdad de ingresos de los hogares cayó en promedio en 0,08 puntos, en tanto que ese índice en el caso ecuatoriano cayó en 0,11 puntos. A su vez, el índice de ingreso laboral cayó en promedio 0,08 puntos, cuando en el Ecuador se redujo en 0,16 puntos.

Durante el período analizado, "fue vigoroso el crecimiento promedio del porcentaje de la población en la clase media: alrededor de 18 puntos porcentuales". En el caso ecuatoriano fue de 17 puntos. Sin embargo, es alto el riesgo de que esta situación se revierta por el "entrampamiento económico" descrito en el capítulo anterior.145.

145. Regalito de despedida

Quince horas antes de dejar su cargo, Correa envió a la Asamblea la denominada "Ley que regula los actos de odio y discriminación en redes sociales e internet". El diario El Comercio, en su edición del 26 de mayo de 2017, dice que "El proyecto legal fija multas de hasta 375 mil dólares para los proveedores digitales que no regulen contenidos considerados de odio y discriminatorios". El objetivo de la norma, agrega el matutino, es regular las acciones de las empresas proveedoras de servicios de redes sociales. El proyecto de ley establece la obligación de que los proveedores de internet que alcancen los 100 mil usuarios, deban emitir "un informe trimestral en castellano" sobre los contenidos ilegales   -entiéndase de odio o discriminación- que emitan los usuarios. En el Ecuador, los proveedores que alcanzan y superan esa cifra de usuarios son Facebook (11 millones); Instagram (2,9 millones); Twitter (1 millón) y Linkedin (1,6 millones). El Comercio agrega que "El informe que deben entregar los proveedores debe señalar las acciones que la red social ha realizado para prevenir los actos que generen odio o discriminación. Los actos de odio están tipificados en el Código Integral Penal".

Además de que el proyecto constituiría una restricción adicional a la libertad de expresión, se argumenta que su aplicación es prácticamente imposible, por cuanto las empresas de redes sociales "no tienen representantes en el Ecuador, sino a nivel regional". Por su parte, el asambleísta José Serrano, alto funcionario del Gobierno de Correa y quien a partir del 24 de mayo ejerce la presidencia de la Asamblea, expresó que "Hablamos de vidas y de familias que no pueden ser destrozadas por conveniencias del marketing, encuestas o pasquines virtuales que inundan las redes sociales. No solo se victimiza a inocentes". El Ecuador espera que el nuevo régimen respete las libertades conculcadas durante los diez años de Gobierno de Rafael Correa.